这就是台湾
这才是台湾

廖信忠
著

九州出版社
JIUZHOUPRESS

图书在版编目（CIP）数据

这就是台湾，这才是台湾 / 廖信忠著. —北京：九州出版社，2014.4（2016.4重印）

ISBN 978-7-5108-2872-0

Ⅰ. ①这… Ⅱ. ①廖… Ⅲ. ①旅游指南－台湾省 Ⅳ. ①K928.958

中国版本图书馆CIP数据核字(2014)第067382号

这就是台湾，这才是台湾

作　　者　廖信忠　著
出版发行　九州出版社
地　　址　北京市西城区阜外大街甲35号（100037）
发行电话　（010）68992190/3/5/6
网　　址　www.jiuzhoupress.com
电子信箱　jiuzhou@jiuzhoupress.com
印　　刷　北京市雅迪彩色印刷有限公司
开　　本　700毫米×990毫米　16开
印　　张　26.5
字　　数　478千字
版　　次　2015年8月第1版
印　　次　2016年4月第5次印刷
书　　号　ISBN 978-7-5108-2872-0
定　　价　45.00元

目录

308

屏东

金黄色的耀眼阳光，透过白色云朵，刺眼却温暖地照射在这美丽的土地上，那美得如画一般的地方，是充满绿色的屏东。

346

花莲

来到花莲出了火车站，很快你就能感觉到这里的步调，就是“慢”，慢慢走、慢慢看、慢慢地活。

388

宜兰

宜兰自古以多雨闻名，台湾有俗谚云“竹风兰雨”，就是描述新竹多风而宜兰多雨的现象。

330

台东

云雾缥缈在纵谷间，骑着自行车，穿过金黄的油菜花，处处见到生活的惊喜与美好。台东，那是个会让人自然而然放松下来的环境。

374

台11线

环台行程中的青春热血公路，尤其是骑车环岛者，绝对不可错过这一段，如果你觉得你的旅行离不开海洋，那么你就走一趟这里吧！

406

澎湖

澎湖是个多变的地方，有纯美的沙滩，有清凉如碧的海水，有生猛的海鲜，还有丰富的历史文物，就像散落在台湾海峡蓝色海洋中的宝石。

[行]

若你想在来往台湾的方式上省钱，可以考虑轮船中远之星从厦门开往基隆的夕发朝至船班。台湾最北端的基隆其实是你台湾之旅非常好的出发点，台北来往基隆一般是坐火车，随到随走，非常方便。从基隆火车站前大巴总站出发乘大巴，向东可到东北角海岸各景点，可到九份，一直到新北市福隆，向西可到北海岸各景点，一直到新北市淡水，四通八达。

[住]

除非有什么非过夜不可的理由，否则大多数人都会选择住在台北，当然基隆各档次旅社皆有，只不过比起台北就差了一些些什么。

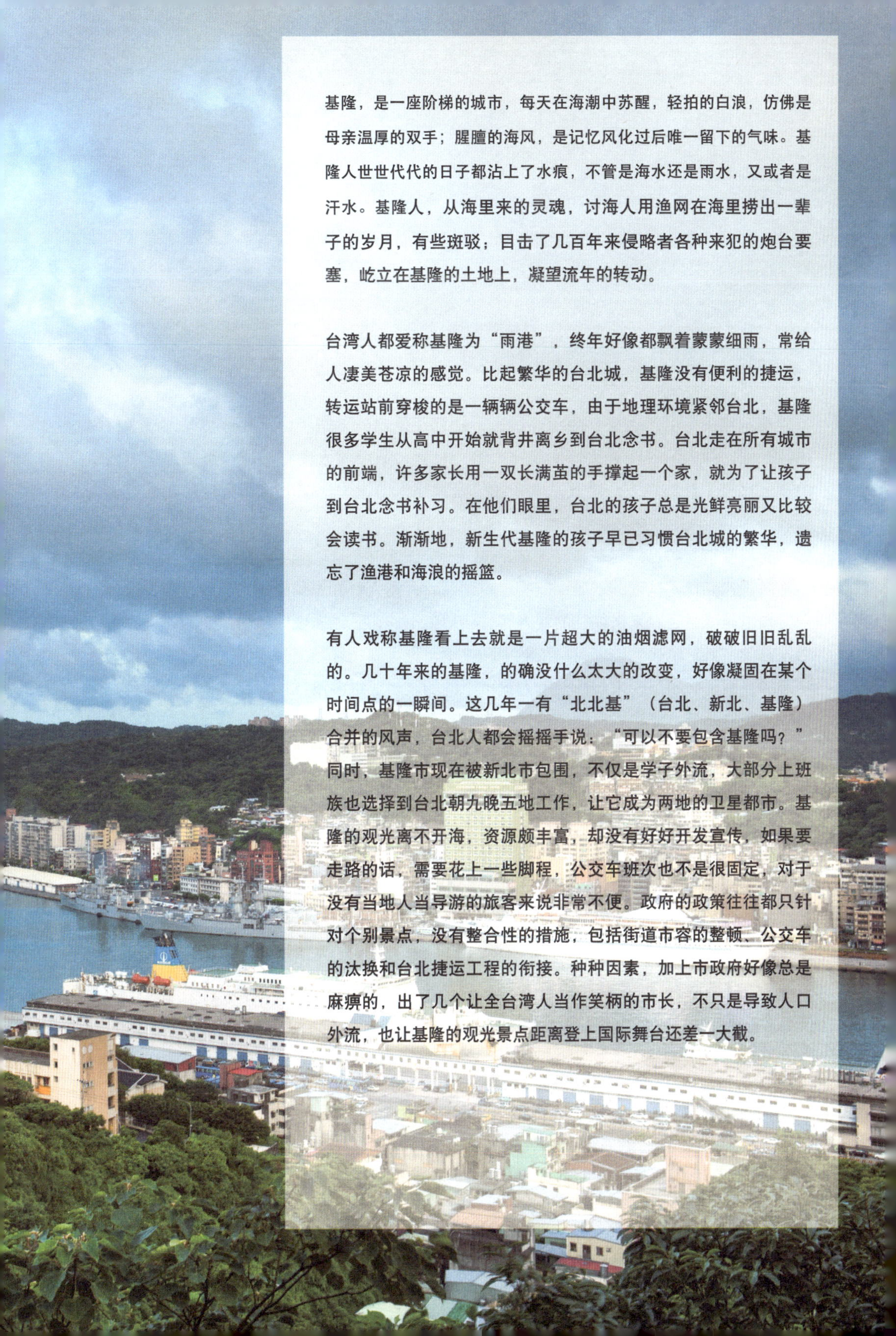

基隆，是一座阶梯的城市，每天在海潮中苏醒，轻拍的白浪，仿佛是母亲温厚的双手；腥膻的海风，是记忆风化过后唯一留下的气味。基隆人世世代代的日子都沾上了水痕，不管是海水还是雨水，又或者是汗水。基隆人，从海里来的灵魂，讨海人用渔网在海里捞出一辈子的岁月，有些斑驳；目击了几百年来侵略者各种来犯的炮台要塞，屹立在基隆的土地上，凝望流年的转动。

台湾人都爱称基隆为“雨港”，终年好像都飘着蒙蒙细雨，常给人凄美苍凉的感觉。比起繁华的台北城，基隆没有便利的捷运，转运站前穿梭的是一辆辆公交车，由于地理环境紧邻台北，基隆很多学生从高中开始就背井离乡到台北念书。台北走在所有城市的前端，许多家长用一双长满茧的手撑起一个家，就为了让孩子到台北念书补习。在他们眼里，台北的孩子总是光鲜亮丽又比较会读书。渐渐地，新生代基隆的孩子早已习惯台北城的繁华，遗忘了渔港和海浪的摇篮。

有人戏称基隆看上去就是一片超大的油烟滤网，破破旧旧乱乱的。几十年来的基隆，的确没什么太大的改变，好像凝固在某个时间点的一瞬间。这几年一有“北北基”（台北、新北、基隆）合并的风声，台北人都会摇摇手说：“可以不要包含基隆吗？”同时，基隆市现在被新北市包围，不仅是学子外流，大部分上班族也选择到台北朝九晚五地工作，让它成为两地的卫星都市。基隆的观光离不开海，资源颇丰富，却没有好好开发宣传，如果要走路的话，需要花上一些脚程，公交车班次也不是很固定，对于没有当地人当导游的旅客来说非常不便。政府的政策往往都只针对个别景点，没有整合性的措施，包括街道市容的整顿、公交车的汰换和台北捷运工程的衔接。种种因素，加上市政府好像总是麻痹的，出了几个让全台湾人当作笑柄的市长，不只是导致人口外流，也让基隆的观光景点距离登上国际舞台还差一大截。

奠济宫—庙口夜市（仁三路）

奠济宫主祭开漳圣王，为漳州移民于1875年始建。早些年台湾北部移民大多来自漳州及泉州，两方常发生冲突，而泉州人势力较强，故漳州人多将开漳圣王庙建于山腰或山顶上比较不好的地方，唯有基隆，始终是漳州人的天下，故敢将庙直接建在平地上。奠济宫100多年来经多次改建，原有的部分已经非常少了，故已不算是古迹，但它发展出的“庙口夜市”，已经是基隆最著名的观光点之一。

奠济宫庙口是基隆的心脏，安稳地跳动着。台湾人都知道基隆的“庙口夜市”，但不一定知道是哪座庙。来来往往的观光客替庙口夜市的摊贩注入一股活力，全天24小时皆有店家营业，偶尔飘起毛毛细雨，依然不减热闹，也许观光客和当地人一样，已经习惯基隆潮湿的表情了。庙口夜市与其他地方夜市不同的是多了很多海鲜，像肥美的奶油螃蟹、热腾腾的海鲜羹汤，还有香气四溢的烤鱿鱼，富有浓郁的渔港风情味。海鲜羹汤通常会搭配上一碗香菇油饭，和红葱头及虾米一起拌炒过的干香菇，特别地道。早期渔获不稳定的季节，这些便宜美味的食材，成了基隆人饭桌上的必备餐点，一口口的小吃，吃进了许多讨海人的风霜。来基隆不吃“鼎边锉”就好像没来过基隆一样，到底哪一间才是老店，其实吃起来都差不多，有位子就进去坐，店里的工作人员会一边招呼客人，一边忙碌地收拾餐桌，端上一碗冒烟的“鼎边锉”，满足饥肠辘辘的过客。

基隆鬼屋（爱一路和忠一路交叉口）

台湾一直有“五大鬼屋”的说法，不管是排上哪五间，“基隆鬼屋”永远榜上有名，广为人知。“基隆鬼屋”是一栋古式洋房，矗立在基隆最热闹的繁华地段却显得荒凉。在这块土地上长大的孩子们，从小就被大人再三警告，不准靠近那栋屋子。鬼屋的故事，一直在基隆坊间口耳相传。传说，在美军驻台的年代，基隆港常有美国军舰停靠，鬼屋原本是间酒吧，美军水兵常在这儿流连忘返。其中，一个酒吧女和美军产生了

奠济宫---庙口夜市（仁三路）

基隆港

情感，但最终被无情抛弃，因此，她放了一把火，烧掉整栋洋房的纸醉金迷，也焚灭了自己，从此这间房子成为大家口中的鬼屋。有人说三更半夜这里常传来哭泣声，也有人说女子的幽魂还一直在房子里徘徊，等待良人归来。这传说的真实性已经无从考察了，事实上，“基隆鬼屋”是日据时代一位矿业巨子所建，但他子孙太多，而又散居海内外，产权过于复杂，分产不但没好处，说不定还要缴纳大笔税金，所以没人愿意出面处理，大宅就空在那儿任其颓废，久而久之就成了台湾著名的都市传说。

基隆港

海风仿佛眷恋吹过的每一寸土地和身躯，黏腻且潮湿。基隆港边可以看见不少船只，从渔民捕鱼的小型船到雄伟的军舰，基隆港都张开双臂，让这些漂泊的人平稳地靠岸。夜间的基隆港，船只的灯火映在海面上，光点随着海浪上下沉浮。偌大的军舰巡视着这片海域，抬头仰望军舰，不禁让人张大嘴巴赞叹眼前这只巨兽。远方的灯塔，除了指引海上迷航的人们，也抚慰航行在黑暗中的大海上的渔民。基隆港灯塔，建造于1899年清光绪二十五年。塔高11米，位于港口西岸码头，有着白色的外形。灯塔位于山坡上，站在灯塔外的高处向远方眺望，可以欣赏货轮、邮轮入港的繁华景象，货柜像是积木一样叠放在船上，码头的工人们指引起重机忙碌地把货柜卸下。比起其他的灯塔，基隆港灯塔算是比较低矮的，平日都有人看守，一般民众无法进入参观，只能远望这港口守护神的模样。

老鹰是基隆市的市鸟。白天的基隆港上空，常可见几只老鹰翱翔穿越港区高楼与车水马龙之间，扑向港间。这是世界罕见的都市鹰群，它们独特的滑翔姿势，在蓝天中特别显眼。许多喜爱摄影赏鸟的民众，晴天时便拿着各式“炮筒”在港边摆好阵式，就等待老鹰出现的那一瞬间。为什么基隆港会有老鹰，说来有点丢脸，因为城市老旧，污水排放管线直接排进港里，港内常漂浮着动物内脏及腐肉，引来众多老鹰扑食。这几年污水下水道计划改管线，到时候不知道还会不会有老鹰出没。

和平岛

和平岛公园

和平岛，位于基隆港北端的一座小岛，连接基隆与和平岛的是一座桥，特地前往的游客不少是带着孩子来踏青的，放慢脚步与呼吸的节奏，才不会因此而错过这大自然的礼物。

岛上因强烈的东北季风影响，形成了独特的地形景观，眼前一块块灰黄色的岩石，仿佛是从地上长出来的蘑菇，再往旁边看去，可以看到岩石像是豆腐一般，整齐地堆在海岸边，被风雨的利刃切割成一块块奇特景观，像是月球表面坑坑洼洼的地貌，是岁月和东北季风的鬼斧神工。这里经过基隆政府的整修之后，人潮增加不少，此地景观不输野柳，就是欠推广，较少人知道。

在岩岸中砌出了一个与海面平行的海水游泳池，引海水入池，水质不错，如果你夏天来基隆还真应该来这儿游一次泳，真的可以享受到与鱼群一同悠游的乐趣，还能欣赏人船入港。

崁仔顶鱼市（孝一路、忠二路与忠三路之间；农历初二、十六休息）

凌晨1点开始，基隆附近渔村的渔船陆续回港，渔获开始一车车地送进市场，到了凌晨4点开市，来自全台湾从事渔获买卖的中盘商、鱼贩、超市餐厅采买开始涌入这弥漫着一股海产的腥咸味的市场。湿滑的地板上穿梭的是一双双胶鞋，小贩们在清透的冰块上摆满鱼类贝类，独特的叫卖方式展现大海男儿的豪迈。在崁仔顶鱼市，是以喊价方式进行拍卖的，送到的渔获先一篮篮整理好，再由粜手一篮篮叫卖，激烈的叫价声此起彼落，热闹滚滚，直到7点，人群散去，只留下整条充满淡淡鱼腥味的马路。这是年营业额十多亿新台币，全台湾最大的渔获批发市场，到基隆怎能不去感受一下激烈豪迈的鱼市交易。当然，首先你要起得了床，并且要能忍受附近居民已经抗议了几十年的腥臭味。

粜（音同“跳”）手，就是鱼市的拍卖员、操盘手，买卖双方之间的中介者。粜手必须反应灵敏经验丰富，有好的体力及嗓门，最好再有点豪爽的江湖气息，因为除了现场交易，有时候还要亲自去渔获源地与渔民“交际”。粜手每天将当天的进货量、天气、承销人数、民间节日、渔获新鲜度等各种参数加以综合分析，以用来作为当日底价的腹案。一位优秀的粜手不仅能为鱼行增加收入，也能因渔获主的信任而有稳定供货来源，使买卖双方双赢。优秀的粜手，在鱼市场有至高的权威。

在进行拍卖时，粜手使用的拍卖术语和手势，简直就是他们行内的暗语。他们快速喊出拍卖数字，显得急促又有节奏，同时也加上手势，“一”到“十”

渔市粜手／黄基峰摄影

的手势，都有一定的比法和念法，又急又快，外行人听起来简直就是茫茫然。

八斗子渔港

旅游书里面可能写过碧砂渔港，但碧砂渔港在台湾人心目中就是“必杀”渔港，经常发生宰客事件。所以现在观光客都跑到八斗子渔港。这里的游艇码头，有船家在码头带着一批批游客到海上夜钓小管，单靠钓竿钓小管并不是那么容易，不过这是给外地旅客的新鲜体验，近年来流行的行程之一。如果单纯想要体验搭船的感觉，可以购买船票，乘船到基隆屿，单程约20分钟。

八斗子，位于基隆市的和平岛东侧，三面环海，一面临着基隆山，是基隆有名的渔村，日据时代日本人填土造陆，将岛与基隆山连接起来，造就了八斗子湾。八斗子海滩沙浅，每当夕阳斜照时，彩霞满天，景色迷人，“八斗夕阳”是基隆著名的景观之一。八斗子渔港建于1975年，附近的住民大部分以渔产加工业为生，包括丁香鱼及鱼子等。这里特殊的“石花菜”是在台湾别的地区看不到的，“石花菜”是一种富含胶质的海藻，经过曝晒处理成干，看起来像是白木耳，可放入滚水中煮，煮完之后水便凝固成果冻状，像是透明的爱玉，搭配甜汤，挤上几滴新鲜的柠檬汁，退火解渴，是台湾东北角夏天里特别的甜点。

潮境公园

八斗子的望海巷，有着美丽的名字，令人不禁联想哪个美丽的身影，在海边望向远方，是等待船入港，还是等待一封漂洋过海的书信？

朝望海巷走去，就可以看见一大片绿色地毯般的草皮，潮境公园内设置了许多游乐设施与装置艺术，石字步道是条腰带，而另一边连接的是海洋的蓝色地毯。“潮境”指的是寒、暖两潮流的混合区，鱼群较易汇集的地方。很难想象潮境公园园区原本是一处垃圾掩埋场，现在这里绿草如茵，蓝海如碧，山海共谱和谐，倚着栏杆看白色的海浪，听大海的吟唱，所有的世俗纷扰都在一沉一浮之间消失。公园里有座“潮境海洋中心”，馆内像是一座小型水族馆，可以在馆内看到多种海洋生物，开放中小学团体参观，虽然规模不大，但也是个寓教于乐的好地方。

夜幕低垂，这里变成情侣欣赏夜景的好地方，九份山城在晚上灯火通明，在群山包围之下，像极了一盆火光，散发着热，燃烧流动的空气，也燃烧九份黄金时代的历史。

基隆炮台群

基隆拥有台湾最多的炮台要塞群，在海湾内外各个高地互为掎角之势守卫着这港口，比较有名的有二沙湾炮台、大武仑炮台、狮球岭炮台、白米瓮炮台等。因基隆内凹式海湾是一天然良港，又富藏煤矿，故各时代都是兵家争取之地。西班牙人、荷兰人曾相继在此建成城堡，而到了清朝雍正年间基隆正式开发后，烽火就一波波地袭来没停过。鸦片战争、中法战争、1895年乙未战争中，这些炮台见证了帝国主义势力觊觎台湾的历史，目前炮台区大多已开放观光，从这些地方通常可以鸟瞰整个基隆港。

二沙湾炮台—海门天险

二沙湾炮台是基隆最有名的炮台，正门是传统的中国城门式石砌而成，依山而建，城门上额题“海门天险”，可于炮座俯瞰港口。在1884年中法战争中，台湾首任巡抚刘铭传亲自督军，二沙湾炮台居高临下，发挥了莫大功用，几次击退法军来犯。

在炮台附近有一民族英雄墓，为纪念中法战争时阵亡的清朝官兵所建。日据时代，此地开路挖出大量中法战争中清兵遗骨，地方集资建墓，后纪念碑被日本人拔除，直到1950年寻获，并在1957年移到目前位置。

除了民族英雄墓，中法战争遗址——法国人墓也在附近。1884年中法战争中，法国提督孤拔进攻基隆，当时的台湾第一任巡抚刘铭传率众抵抗，历时八个月，顺利击退法军，在战争中阵亡的部分法军便葬于此地。距中法战争已70年的1954年，法国政府并没有遗忘这些战死他乡的军人，在此重立了一块纪念碑。而每年农历七月基隆中元祭，台湾人不会忘记这些回不了老家的孤魂野鬼，都会举办纪念仪式，供品常出现法国长条面包、红酒，还会烧欧元冥币。

基隆市区坐“1”开头，往和平岛八斗子新丰街的公交车，坐到“海门天险”站下车后，对面就是“民族英雄墓”，法国公墓就在前方不远处；临近观海街有间白色营房，你可以在墙外看到“太平轮事件纪念碑”。

白米瓮炮台

狮球岭炮台

基隆中元祭

这是全台湾最有名的中元节祭典，加上这期间的活动，已经成为民众热衷的民俗嘉年华会。

早期台湾开垦时期，漳州人及泉州人先后来到台湾，常常为了水、耕地和宗教信仰产生冲突，发生大大小小的械斗。1851年，在基隆一带爆发了大械斗，情况异常惨烈，收尸时都难以辨认是哪一方人士。最后两方领袖终于意识到代价太过惨重，遂以和为贵，将死于械斗的108人合葬，双方合议联合举行农历七月普度，抚慰死于械斗的亡魂。可是两方想要“拼高低”的心结还在，故将彼此的竞争从暴力冲突转变成中元普度庙会时，以阵头（阵头是闽南民俗技艺，是闽南地区及台湾地区民间庙会不可或缺的民俗曲艺之一）的精彩分出高下。

基隆中元祭每年都有一主要姓氏宗族主办当年的主普坛。这是因为当年漳泉双方达成共识，与其以宗族来区隔，不如以“姓”来区隔，原因在于就算族群不同，同姓的人“500年前是一家”，通过合作办理普度庙会阵头，来化解彼此间的干戈。

这个已经办了一个半世纪的祭典，这几年改朝宗教艺术节的方向发展，每到农历七月十四，基隆就涌进大批观光客观赏各式各样的彩灯，岛外各民族乐团也参与演出，如同嘉年华会般的花车绕境，一直游行到八斗子海岸边。活动的高潮是放水灯，一座座写着各姓氏的水灯漂荡在八斗子海边，越漂越远，那是为了帮海上的孤魂照路，引导孤魂到岸上普度。

台湾的中元节

中元节在台湾最通俗的说法，就是孤魂野鬼在阴间受苦了一年，在农历七月间，让他们出来放风一个月，所以称为“鬼门开”。其间，阳间的人要好好伺候这些已经饥渴受苦了一年的孤魂野鬼，避免他们不爽来报复你，也希望这些孤魂野鬼略施点好处。中元节过去也习惯称为“鬼节”，一称鬼节，感觉就有些朦朦胧胧的神秘恐怖色彩。

所以在过去，“鬼门开”期间衍生的禁忌还真不少，灵异传闻在这阵子也特别多，如果发生了什么不幸倒霉的事，都能推给孤魂野鬼作祟。比如台湾人最常说的，农历七月最好不要去游泳，如果游泳溺死了，就会有人说，这是孤魂野鬼在“抓交替”，绘声绘色，让人宁可信其有。

台湾是个移民社会，早期移民渡海来台开垦，面对这么一个陌生的艰苦环境，正是“十去，六死，三留，一回头”。渡海，恶劣的台湾海峡是一关，如果平安顺利到达台湾开垦，又要遭受当地番人顽强的突袭抵抗，还有瘴疠疾病蔓延，加之毒蛇猛兽较多，到处都是死亡的威胁。俗语说“过番剩一半，过台湾无底看”，就是指古时候到外国做生意，只有一半的人可以生还，可是到台湾去的，却一个都没回来。

就算在台湾站稳了，又要面临不同族群间的“械斗”，汉人跟当地人斗、闽南人跟客家人斗、闽南人里漳州人又与泉州人斗；村庄间为了水源可以斗，为了土地也可以斗，凡事皆可斗，又造成了一篇篇客死他乡的无主孤魂的血泪故事。

民间相传，凡死于非命而又未妥善安葬者，怨气太重会化身为“厉鬼”。所以，中元节在台湾，某种意义上是在安抚这些客死他乡的无主孤魂，借由普度，建醮作法，希望受尽苦难的他们在另一个世界能够免于饥寒，早日超度脱离地狱苦难。

台湾人很妙，也不直接称他们为孤魂野鬼，这样好像不太尊重，所以皆称他们为“好兄弟”。以后你到台湾听到人家说那些“好兄弟”，指的可能是另一个世界的兄弟，别误会了；同样的避讳，墓地也不爱叫“墓地”，台湾人爱称之为“夜总会”。

中元节本来源自佛教的“盂兰盆节”与道教的“中元节”，在闽南台湾一带，又融合了“七月鬼门开”的民间传说。但在台湾，这“中元普度”又有它的历史意义存在。

中元节放水灯

[行]

飞机——广义来说，台北有两个机场，一个是在大台北腹地的桃园国际机场，到台北市区约 1 个小时，另一个就是在台北市区的松山机场，这概念就跟在北京三环内或上海内环有座机场一样。松山机场小而方便，除了与大陆对飞，也与东北亚各城市机场，如首尔金浦机场、东京羽田机场对飞，除此之外，它的主要功能还是岛内及外离岛航线，是你到台北的最佳选择。

火车——高铁与台铁均在同个地方，台铁短程的话几乎是随到随走，在非假日，高铁也能达到随买随走的效率，两者均支持网上订票甚至在便利商店订票。

客运——台北主要有三个客运站：一是台北车站北侧的台北转运站，从这里有发往全台各地的各客运公司班车；二是台北车站西侧的国光客运转运站，这里是国光客运公司专用的车站，亦有发往全台各地的班车；三是捷运市政府站上的市府转运站，主要是发往台北邻近县市的车。

市内交通——现在台北人出行一般以捷运为主，事实上这也是你在台北市区移动时最有效率的方法。台北市区的主要干道呈棋盘形，公交车也都是在棋盘状公交车专用道上行驶，其实真要迷路还不太容易。

[住]

台北稍微大一点，最方便的住处还是台北车站附近，台北车站前有各级酒店、民宿及青年旅社可选择。近来有许多背包客会选择在 24 小时漫画店过夜，有吃有看有网上甚至有些可淋浴。如果想省一些钱，强烈建议捷运过淡水河新北市一带，住宿费比起台北市便宜很多。

欢迎来到台北！

这个《台北的天空》《忠孝东路走九遍》《冬季到台北来看雨》的台北；《搭错车》《恐怖分子》《艋舺》《一页台北》中的台北，各文学作品、影视作品中的台北。这个有台北“故宫博物院”、诚品书店、青田街、101大楼、西门町的台北。

那些符号性的玩意儿，影响了好几代人对台北的印象，每次看到关于台北的文章，笔调很自然很莫名地就变得文艺地、充满小清新式地淡淡忧愁起来，仿佛台北就应该是那样的。并且，来到台北后，就会去寻找一些符合心中台北印象的台北符号。

但作为商业繁荣的大都市，台北节奏很快，台北的规矩是每个人自顾自地做好自己的事，尽量不要去麻烦别人，别人最好也不要来麻烦我，中南部的人还会觉得台北人有些冷漠。

台北是个四周被山环绕的盆地，淡水河是这盆地唯一的出口。台北的开发历史很短，几百年前，整个盆地还是一个大湖，待水渐退之后才慢慢有汉人进入开垦，一直到19世纪初，在台湾各城市中都还排不上号。

从清朝末期，日据时代，到台湾光复后，所有的政经资源都集中在台北，台北成为首善之区，这让有些台北人也养成从台北的角度来看事情看台湾的习惯，有些自我感觉良好，有人就戏称台北市是“天龙国”，台北人当然就是“天龙人”[1]。

此外，因为是盆地地形又处于北边，台北夏天很热，冬天又比较冷，这又给人阴晴不定、难以捉摸的感觉，所以台北人不像南部人那么热情。

台北让人爱恨交加，但可能是华人世界中一座最具包容性的城市。这是一座丰富有趣的城市，你想玩什么、想要看什么，几乎都能满足你的需求。

如果光从硬件上来看这座城市，台北还真的破破烂烂的，如果你从101大楼往下看，台北其实还真像东南亚的城市，但台北的“丰富”，就藏在这些破破烂烂当中：台北不大，这是一座完全可以用脚来丈量的城市，可以逛最高档的百货公司及办公大楼，或者巴洛克闽南式的老旧城区；最小清新的鲜花大树巷弄，或者大街小巷中的宫庙及庙会；在创意园区内观赏最前卫的展览，或者在夜市里海吞胡吃各种生猛小吃；上山泡茶或泡温泉，或者去海边冲浪玩水，任何场景、玩法的变化与反差都如此快，也许这就是台北迷人的地方。

台北到底是怎样的都市，请自己来感受，欢迎来到台北！

1　漫画《海贼王》里面天龙人是世界政府创造者的后裔，处处享有特权。他们的特色是自认为血统高贵，因不屑与百姓呼吸相同的空气，所以时时都戴着氧气罩，一旦受到触犯，海军上将便会出动护航，以至于行为达到无法无天之境界。

台北市其实不大，市区不断在往东扩张。沿着淡水河的万华及大同区，因为河运之便是台北最早开发的市区，清末盖了台北城墙之后，主要的市区东移到现在的中正区；再往西日据时代规划的大安区是文教区，这传统一直到现在，而再往东20世纪80年代新规划的信义计划区，现在已成为台北最新最时髦的地区，101大楼就在这里。中正区往北，是中山区、士林区、北投区，往东北，是松山、内湖、南港，往南则是文山区，现在市区都已经连成一片。

中正区

台北车站

来台湾你不可能不经过这个地方，这座1989年建成，屋顶采用单檐庑殿顶的仿传统风格巨大建筑，是台北人生活的一部分，是台北的中心，也是北台湾的交通枢纽。现在这个枢纽在朝着“五铁共构”规划，所谓五铁共构当然不是铁窗、铁门、铁梯、铁栏杆、铁路便当，而是指台铁、高铁、台北捷运、桃园机场捷运、高速公路客运都在这个点交会。作为旅行者，你可以在这里选择你想要的交通方式出发到台湾的任何一个地方，因为这系统如此庞大，有五条地下街七十多个出口，处处人潮涌动，但室内的动线长久以来标示不清，很容易迷路，简直就是台北的百慕大三角洲，所以也有人称台北车站为全台湾最大的迷宫。在这儿迷了路真的会有如鬼打墙般的无力感，而且你绝对无法看懂那个室内地图，如果你在这里看到有人提着行李慌张奔跑，不用说那肯定是他迷路了。

台北车站以北的京站转运站，是各民营大巴公司的汽车站，发往全台各地（大部分是西部地区）。此外，这栋建筑也是百货公司与酒店，热闹程度不输台北任何一个商业区。而往西走则是国光客运专用的汽车站，亦发往全台各处。在地下有庞大的地下街，从捷运西门町站可以一直走到捷运双连站处，横跨了三站地，非常好逛，你想到的任何店在这里都有，走到中山站一带有地下书店街，经常在打折。

你在台北车站捷运地下街也许会瞄到几块黑色纪念铭牌，旁边有标高线，那是指2001年9月17日，“纳莉”台风袭台，带给台北超大豪雨，远高于捷运地下段所能承受的水量。结果，在这个标高线以下，包括往下两层的站台及地下街通通泡在水里，后来还出动海军蛙人潜下去帮忙排水，这就是当年轰动一时的台北地下水世界。这件事给台北人的心理打击可大了，没想到首善之区的台北竟然也会发生这种乡下才会发生的事，捷运直到两个月后才恢复，那两个月，对台北人来说简直是噩梦。

在台北车站，别只是匆匆忙忙路过，你站在室内售票大厅环顾，完全可以把它当作一个景点来观察：看匆匆忙忙的台北人、看从台湾各地上台北的人、看世界各国的观光客、看坐在地上自以为是的年轻人、看来台湾打工的东南亚人士……绝对可以阅尽人世百态。

台北车站前的几条街

台北的90后很喜欢简称台北车站为“北车”，尤其喜欢带着一点挑衅的语气在长辈前喊“北车”，扬扬得意。站前这一带也聚集了许多培训班补习班，学生一下课，通通坐车到这里补习，下课时间你可以见到穿着各式校服的高中生钻进一栋栋大楼上课。南阳街一带就是这么一个典型的地方，号称补习街，整条街都是补教机构的招牌，想要培训什么项目、考些什么试在这里都能找到，每间教室前都贴着满满的榜单做广告。这里总是人潮拥挤，一到补习班下课时间，可谓是万头攒动。当然，这种地方也少不了喂饱学生的各式黑暗小吃料理。南阳街一直流传着一个都市传说：学生解不了的工数高数难题，只要拿给某小贩，他就能帮你解题，不过这种事听听就好。

重庆南路是台北市传统的书店街，过去各类书籍、各分类书店都聚集在这儿，兴盛一时，台湾商务印书馆旧址云五大楼就在重庆南路与汉口街交叉口。这几年许多人慕名前来，但多少带着一些失望而归，因为重庆南路的传统书店已经关了很多，只剩下几间比较大的还在撑，就连云五大楼也只剩商务印书馆那几个大字，店面现在租给特卖场用（新商务印书馆店面搬到旁边）。重庆南路走到底就是“总统府”。转进武昌街，5号2楼就是著名的明星咖啡屋，这间咖啡馆从装修到餐点都充满了早期海派风格，是台北市重要的文化地标之一。几十年来政商名流文人墨客的聚集，也让各时代文青一定要来这儿膜拜一次，是个很有故事的地方，至于它的特色，俄式西餐性价比高不高，自己来感受一次就知道了。

继续往西走与重庆南路平行的是博爱路，是台北的相机街，想要买什么厂牌的相机或者二手相机镜头、相机维修店在这里都有。继续往西走，到了延平南路你会看到像堡

驅勢語言
TOEIC
TOEFL
IELTS
GEPT
日韓文
紐澳
工作證照
www.tlc.tw
Elite
English Language Institute of Testing and Education
Taipei
ELITE
English Language Institute of Testing and Education
KOJEN
English
Language
Centers
國家
國家補習班
升大學
CHIUMAM
鐵板快炒
湯麵
SHARE TEA
美語
1686
500
M5

南阳街

垒的中山堂，这是日据时代1928年为了纪念日皇裕仁登基而建，被作为政绩工程的项目之一，最早称为“公会堂”。1945年抗战胜利台湾光复，台湾省受降典礼便在此举行，也更名为“中山堂”。很长一段时间中山堂的主要功能之一即为召开“国民大会”，并且成为当局及各界举办重大集会之空间，现在有时会在这里举办艺文活动。

中山堂对面的破巷子里有一间上海隆记菜饭，是1949年后上海来台人士所开，虽然在破巷子里一点都不起眼，可是赫赫有名。因为靠近“总统府”政经中枢，以前国民党那帮江浙高官人士都爱吃这间店的菜，经常送外卖到博爱特区各机关里，口味60年坚持不变。带绿色纱窗的破橱柜里还摆着酱鸭、烤麸、油爆虾、红烧鱼等传统上海口味小菜。

至于台北车站以北一带，传统的台北人称为后车站，指长安西路、华阴街、太原路之间。原来台北车站还没地下化前这里是后火车站，南部上来的火车都停在后站的站台，对于台北这个移民众多的城市来说，早期后车站也是许多人踏进台北的第一步。因为这里开始是台北的老城区，所以没改建的老建筑也比较多。因为过去这里聚集了大批人潮，所以也形成了特色的杂货商圈。台北人都知道，要找便宜好用的各式箱包、化妆品、女性小饰品、玩具、各种匪夷所思的日用杂货就要来这儿，并且商圈还经常联合举办促销活动，便宜得不得了。如果你想在台北市中心找便宜的住宿点，这几条街有许多便宜旅馆，不太挑就能找到还可接受的。

二二八和平公园

二二八和平公园原名台北公园，又称新公园，于清朝光绪二十五年所建，至今有百年历史之久，是台北市地区最为悠久的都会公园。1996年，“二二八事件”和平纪念碑在此正式揭碑，新公园改名为二二八和平纪念公园。这个公园白天是阖家游憩的好地方，里面的松鼠很好玩，都不怕人，你拿着小零食引诱它，就屁颠屁颠地跑过来了。入夜后，如果你看过白先勇的小说《孽子》就知道，这里是同性恋者的社交场所，被圈内人称为“公司”（每天都要去上班的地方），这事台北人都知道，如果你还不能接受这种事，那么晚上你就不要经过这儿了。

台湾博物馆

二二八公园内的台湾博物馆，是台北小孩从小寒暑假必去之地，在没重新装修前，很多人在童年都有被里面的阴森吓到的经验。这座融合了古希腊多立克式样及巴洛克时期风格的雄伟建筑建于1915年，是一级古迹，从日据时代就是博物馆，馆藏特色为台湾人文史料与自然产物。目前常设展有台湾的生物展示区及台湾先住民展示区，以历史、民族、地志为主，而馆内典藏之镇馆之宝则是“郑成功御像”“康熙台湾舆图”与“台湾民主国国旗蓝地黄虎旗”，对台湾历史有兴趣的朋友欢迎来参观，如果都没兴趣，光是走进去看看这栋华丽丽的建筑也值回票价。

台湾博物馆斜对面的土地银行旧址也是很有意思的建筑物，这座1933年落成的建筑，与日据时代日本设计师很喜欢在台湾各地盖的希腊罗马风格大型建筑物不同，充满古代中美洲玛雅建筑的神秘风格。这样的建筑在台湾有两栋，另一栋就是台南的土地银行旧址，而这两栋建筑在更早以前都是日本劝业银行旧址。“劝业”就是“实业”的意思，结果台湾光复后成为土地银行，颇有资本主义变成社会主义的感觉。

现在这栋建筑也是台湾博物馆的一部分，照目前的规划是，以台湾博物馆为中心，串联附近的古迹建筑，建构一个属于台湾的自然史博物馆园区，并与博爱特区内的“总统府”、台北宾馆、台北二二八纪念馆等历史建筑物结合，成为一个博物馆园区。目前土银展馆的常设展出有早期的地下金库展示（就是放黄金的地方），还有台湾的金融演进史料展出，最吸引人的还是现在大批的恐龙化石，就放置在过去的营业大厅里，很有电影《博物馆惊魂夜》的风格。这里与对面的台湾博物馆都是拍照的好地方，用台湾人最喜欢的形容词就是“仿佛置身欧洲”。

博爱特区

博爱特区是以“总统府”大厦为圆心的政经中枢区，这个经常出现在新闻里的名词并非特别行政区，而是从戒严时期起，军方所划定的军事管制区。从来没有人说得清博爱特区的范围到哪里，但大家都知道那一带就是博爱特区，总之，当你穿过新公园或走重庆南路看到“总统府”时，感受到那气氛就知道博爱特区到了。

从“总统府”出发，前面那条大马路是凯达格兰大道，凯达格兰是过去台北市的少数民族族名，以前这条路叫“介寿路”，当年这路名不知道是哪个马屁精想出来的，就是“介石万寿无疆”的意思，后来阿扁当台北市长时就改了这路名。

在“总统府”一侧是北一女中，全名台北市立第一女子高级中学，这是台湾TOP1的女校，因为她们的制服是绿衣黑裙，所以你一听到台湾人在说“小绿绿”就是指北一女中。在对角线另一侧，在仁爱路、信义路、中山南路及凯达格兰大道等数条道路交会路口的圆环上，有一城楼，是旧台北城的东门，又称景福门。东门建于清代，原本上面的城楼应是闽式的，后来20世纪60年代被改成北方宫殿式的城楼，所以变成现在这不伦不类的样子。因为该门正后在“总统府”的正前方，据说为便利早期站岗的宪兵卫哨，内部增设厕所，为唯一有厕所的台北府城城门。虽然是一级古迹，但东门的命运很坎坷，因为位处集会游行要冲，每次一游行，不管蓝绿什么阵营，群众一热血冲脑就会拿喷漆

台湾博物馆

总统府

在上面乱喷字，所以现在也只好用栏杆围起来了。

东门后，中山南路11号的大楼是张荣发基金会及长荣海运博物馆，多年前是国民党中央党部大楼，建在这位置，颇有遥望“总统府”的气派，据说连战当年的办公室，打开窗户就能看到已经被阿扁占领的“总统府”。他把“凯达格兰”念得快一点，旁人就觉得他常常在喊“改得更烂”，当然这是网络笑话啦！后来因为国民党精简化，把这栋大楼卖掉搬家。

“总统府”西面的桃源街及博爱路，则大多是军方机构单位，过去人家说被请喝茶，几乎都是到了这里。现在博爱路172号的“国防部”大楼，以前则是人人闻之色变的政治犯批发中心——警备总部，如果你了解一点台湾的历史，一定听过这个机构。但一说到桃源街，台北人绝对不会错过桃源街牛肉面，这小破店竟是号称台北第一名的牛肉面，当然，因为靠近政经中枢，以前各省大员带来的厨师退休后都爱在这几条街上开店，因此这儿也聚集了各省的餐厅与小吃店，桃源街南端，是所谓的牛肉面街；而北端，则是馄饨巷。

仅仅在十几年前，你在博爱特区一拿出相机拍照，马上就会听到哨子声哔哔叫，便衣不知道从哪里冲出来粗暴地把你的相机底片抽掉；而现在，你站在“总统府”前面拍照，警察还会跟你装熟，告诉你哪一个角度比较好看。以前，群众游行都被铁丝网挡在好远之外；现在，这里可以封路办演唱会及举办活动，博爱特区见证了台湾从封闭到开放的过程。

牛肉面

台北市已经办了好几年的牛肉面节，年年评选出名店，仿佛牛肉面成了台北市的特有小吃，但如果对台湾的饮食文化有些了解的人都知道，“牛肉面”这食物，其实跟空军有很大关系，台湾牛肉面店密度最高的地方，都是有空军机场的地方，像新竹、高雄冈山等地。

国民党空军来台时，最后几乎都是从四川直接飞来台湾，所以空军里四川人的比例很高，而四川人的饮食习惯和台湾相差最大，所以常常会自己想办法用台湾现有的食材生产“家乡味”。

没有人知道，第一碗“红烧牛肉面”是谁做出来的，一般认为，是从冈山机场的伙房里面发明出来的。早期台湾其实没有吃牛肉的习惯，尤其是农村，认为牛是工作伙伴，怎么能拿来吃呢？台湾渐渐开始吃牛肉，应该是始于美援来台，带来了大量牛肉罐头，相比陆军乞丐兵只能喝水配馒头，空军得到的美援多得不得了，所以有大量牛肉可以吃。

红烧牛肉面的另外一“味”就是豆瓣酱，台湾人都知道台湾最有名的豆瓣酱产自高雄冈山。原来当时军队人事膨胀、薪饷有限，下级军官搞副业其实是被默许的，所以有一位四川籍的穷士官刘明德，就在家里凑合着台湾的食材弄了一缸辣豆瓣酱出来卖，后来这牌子越搞越大，现在“明德豆瓣酱”几乎是台湾人的家常必备，地位差不多跟大陆的“老干妈”一样。

也就是这两个重要元素，汤浓、面Q、肉大块的台式“川味红烧牛肉面”就出现了。很多年前刚开始赴大陆旅游探亲，有些台湾人想去四川找“正宗的红烧牛肉面”，那当然是找不到了，因为那是台湾发明出来的吃法。一碗牛肉面，有多少大时代的缩影，有多少乡愁在其中啊！

台北市的路名逻辑

很多人知道，台北有很多路都是用大陆地名做路名。这要说到1947年，国民党政府从上海请了一位名叫郑定邦的规划师来设计路名，上海的路名南北大多用省份来分：陕西路、江西路、浙江路；东西则多按照城市来分：北京路、南京路、福州路……他就照着上海的方法，用了大陆地名做台北的路名。

首先画出台北的主干道，孙中山很伟大，所以台北的南北主干道是中山南北路，将其分为南北的是忠孝东西路，两者在台北车站东边的十字路口交叉，这样就将南北分为四大区块了，而横向的路由北往南，先从三民主义开始，分民族、民权、民生，接下来是很重要的南京路，这几条路都被中山北路切成两半，以东是东路，以西是西路，一般来说，你在台北城区听到“西路”的地方，大多是台北的老城区。

接着，台北车站以南的几条横向主干道分别是忠孝、仁爱、信义、和平，只有“和平”又分东西路。主干道是这样分，至于用大陆地名做的路名，就是次干道，若是以“总统府”为“南京”，一路由远而近向西北方去你可以看到这样的路名：徐州、济南、北平、长春、四平等路；向东南，有永康、青田、温州等街；往南，有厦门、韶安、同安等街；往西，有长沙、贵阳、武昌、汉口等街路；西北则有宁夏、大同、迪化等街路。你看你所在的路名，大概就能猜出在什么方位。

而全台湾各城市，几乎都有中山及中正两条路，是台湾最多的路名。据统计，全台湾的中山路总共有191条，而中正路有190条，看来中正还是要谦让点给中山先生，而且这统计还没算上同名的街巷呢！

当年用“中山”“中正”当路名还有许多忌讳，比如说，这两条路一定不会平行，一定都会交会，这就表示中山传承给中正。据说，当年忠孝东西路本来是“中正路”，可是这条路那么长一定要分东路西路，这就牵扯到，在台湾，你会看到中正东路或中正南路，但过去绝对不会出现中正西路与北路，要中正往西，那岂不是……要中正北，那不是败北？所以后来就不分东西，称为中正路，到了这几年才有少数几条路打破了这个禁忌。

在台北街头迷路，开口问路是个好方法。台北人喜欢被问路，能显得自己很友善。如果你是年轻可爱的妹子，经常还会有直接送达赠送餐点的意外Bonus。

军史馆

这是一个聊胜于无的景点，虽然这里陈列了部队在各时代的文物、武器、战迹等，但比起北京的军事博物馆，那简直是小巫见大巫。军史馆里面有三把刀，绝对是镇馆之宝，第一把，是在卢沟桥事变中，团长吉星文率领弟兄用大刀砍杀还击时用的配刀；第二把，是日本侵略中国时侵华总司令冈村宁次的指挥刀五狮刀；第三把，也是传说最多的刀，是当年南京大屠杀时，日本少尉军官野田毅杀人竞赛时所用的刀，这刀柄上还刻着“南京之役杀107人”的字样。

但台湾人一提到军史馆，想到的第一件事却是发生在1999年的军史馆命案，一女高中生走进军史馆查资料，却被里头看守的阿兵哥奸杀，当年这件命案轰动全台，很多人也才知道“国军”有这么一个超爽的单位，而这件命案，从此也为军史馆内从没停止过的灵异传闻再添上了一笔。

军史馆这几栋建筑都是军方所有，旁边的英雄馆本来是招待阿兵哥或退伍军人住宿的招待所，现在一般人也能以便宜的价格入住，而英雄馆的早餐也很有名，既便宜菜色又多，吸引很多民众来吃。

中正纪念堂—自由广场

严格来说，这是一整个园区，包括中正纪念堂、音乐厅和戏剧院，还有外围的公园。这座纪念蒋介石的大型建筑物落成于1980年，设计充满了象征意义。纪念堂正面共有花岗石84阶、大厅阶梯5阶，合计89阶，表示蒋中正享寿89岁。现在纪念堂里正殿每到整点都有驻守的仪仗队交接仪式，一般来说，下午5点关殿前那一班会比较精彩。而一楼的常设展，则展出了各样与蒋介石有关的文物资料，有时会有些文艺展演。

整个广场两侧，仿古代宫殿式的音乐厅及戏剧院，是台湾一流的展演中心，整年都有海内外一流团体在这边演出。中正纪念堂最值得看的不是那座铜像与建筑，而是台湾最高级的演出场地——两厅院中随时更替、便宜而目不暇接的演艺活动。在两厅院中间这大片广场，则经常有人在这儿办免费演唱会，如果10月初来这边，会看到部队仪仗队在此排演、阿兵哥被长官骂到臭头的画面。几年前，知名指挥家小泽征尔率维也纳爱乐乐团在音乐厅演出，一票难求，主办单位遂在广场上搭起大屏幕户外直播，自由进场，当晚聚集了6万乐迷，演奏结束，小泽征尔还亲自走到户外向乐迷致谢，让人难忘。

因为中正纪念堂有充满宗教意义及语汇般的设计，所以20世纪80年代台湾反对运动人士就很喜欢称这为“中正庙”，各种集会活动也都在这儿集合，沿着仁爱路一路走到孙文纪念馆是经典游行路线。后来阿扁把这儿改名为“自由广场”及“民主纪念馆”，待阿扁下台后，改回中正纪念堂，为取折中，“自由广场”的名字还留着。

南门市场

南门市场从日据时代就是蔬果集散中心，也就成了传统贩卖外地南北货、各地家乡小吃的地方，对于喜欢北方食物的人来说，这里简直就是圣地。以前台北市的外省人都爱来这里采买年货，在很长一段时间内，这里被台北本地人认为是“外省人的市

自由广场

场”。有赖自治会的努力，这几年南门市场整修得很不错，俨然成为一个庶民生活的新景点。

牯岭街

很多人是因为同名电影而知道这条街的，早期这条街以旧书店闻名，那是因为日据时代这是一条完全为日本公务员阶层打造出来的街区。后来，这些旧书店有些1949年跟着蒋介石来台的大陆人因穷困而不得不忍痛割爱的古籍珍本。因为来源很杂，偶尔还会出现明清版本甚至宋版线装珍本，但时过境迁，现在也只剩下几间旧书店在苟延残喘了，想淘宝的这真的是个好地方。在这街口有一原日本宪兵队建筑，现在则改成了小剧场，这就是现在很有名的牯岭街小剧场，是台湾唯一规划定位为前卫剧场的表演公共场所，在剧场爱好者圈子中相当有名，满座也不过八十个位子，经常挤爆。部分演出因为舞台设计较复杂，座位数还会缩减，小剧场，离演员多么近，你仿佛可以感受到演员的气息、心跳，有时候观众自己都好像化身演员，成为剧中人。话说回来，你从博爱特区一路走过来，感受一下整体气氛，再看看牯岭街上的老房子，再回去看一次那部电影，便有助于你了解当年牯岭街的少年为什么最终杀了人。

历史博物馆—植物园

这座位于植物园内的博物馆，以原河南博物馆的藏品，加上日本归还的部分中日战争中掠夺的文物为主，共5万余件。藏品中多为早期商朝开始的河南一代的古代文物，包括河南新郑、辉县及安阳出土的铜器；洛阳地区出土的先秦绳纹陶、汉代绿釉陶、六朝舞乐俑与唐三彩。近几年每次有西洋艺术巨匠之作品来台，均在此展出，每次这儿只要一有特展，都是重量级。植物园也值得逛逛，这里最早是日据时代的热带园艺实验所，日本人为了试验南洋、印度一带的植物在台湾能不能生长，于是把2000多种不同植物通通栽植在这儿，林相各异。台湾作家张大春的《城邦暴力团》与杨德昌的《牯岭街少年杀人事件》故事背景都围绕着植物园。

博物馆正对面是建国中学，跟北一女中一样都是台湾TOP1的名校，不过建中是男校。建中正门口有一尊门神蒋公铜像，你只要在毕业季前到这里，每年建中毕业生都会精心地将蒋公打扮一番，往年蒋公曾穿上衣服变魔术师，或者变成宇航员等，这已经成了该校的传统。

历史博物馆

西门町

严格说来，西门町应该算是万华区而不是中正区，只是从台北车站走着走着经常一不小心就逛到西门町去了。西门町早在日据时代就繁荣起来了，因为在台北西门外，所以称为西门町，有好几十年，这里都代表着台北最繁华的娱乐流行圣地，直到20世纪90年代以后台北市区东移，东区及信义计划区的兴起，西门町才逐渐被比下去。但到现在为止，西门町仍然是台北年轻人最爱去的地方，因为那种热闹及活力，美式文化与日式文化再加上一点点台客文化的结合，是其他商业区比不上的。

到西门町都是在捷运板南线西门站6号出口，基本上你顺着人流走就能走到这儿。出口面对的右侧是汉中街步行街，周末经常会有活动在这儿搭台举办，每次有什么歌星办专辑发表会或见面会，也经常在此搭台，甚至还经常有同时段街头街尾各一个场子的情况出现。

往左侧看，会看到一幢红砖八角楼，那是建于1908年的西门红楼，台北人都习惯叫红楼戏院，很长一段时间，它又破又旧，却又以专门放色情小电影而闻名，过去这里与新公园一样，都是“同志圈”的聚集地。重新整修后，现在变成专业剧场，经常有文艺表演在此举办。在台北，每个晚上，不同地方都有不同的演出，如果可以，请在你的台北行程中，增加“晚上看演出”这一项。

在捷运西门站广场逗留，可能会有年轻人凑上来跟你搭讪，说他们在爱心义卖或说他们在卖自己的创意作品赚学费，什么笔或磁铁扇子之类的，这些爱心义卖品普遍都很普通，但价格很高。至于是不是爱心义卖，大家应该都知道实情是什么，如果你觉得困扰，别理他们就好。

欢迎支持台北的弱势族群——你在台北的各捷运站点可能会看到一些人，穿着橙色背心，手中拿着杂志在兜售，这本杂志叫*The Big Issue*（《大志》），是本涵盖时事、社会议题、艺文及娱乐信息的小杂志，一本台币100元，内容相当不错。它推出的目的是提供给无家可归的游民或社会弱势族群一个工作的机会，第一次杂志社会免费提供十本给有意贩卖者，等他们赚到第一笔钱，就能再度用较低的批发价向杂志社进货贩卖，经由这样让弱势者能赚取稳定的生活费。“帮助那些，帮助他们自己的人”是杂志的信念，也就是提供工作机会给那些愿意靠自己力量自力更生重新站起来的人。

西门町以前是哈日族的天堂，也被称为台北的原宿，但自从韩流袭卷之后，本来卖日本潮物的店纷纷改卖韩国的玩意儿，满街都是韩式的小玩意儿。而哈日族最后的堡垒可说是西宁南路与峨眉街交叉口的万年大楼。台北市长大的小孩一定都有来万年大楼鬼混过的经验，不管你是要找化妆品、潮衣、日本杂志、玩具模型、电玩游戏机或冰宫，这幢大楼里面都有，虽然里面的装修简直就是三十年如一日，可是一代代的台北年轻人还是继续涌进这里。

红包场绝对是西门町的一个特殊现象，在汉口街武昌街一带，你可能会看见一些俗艳的招牌，跟西门町“潮”的风格就是很不搭，招牌上通常印着一些“小周璇”“小白光”“小邓丽君”的女艺人照片，门前聚集一些上了年纪的老先生。红包场其实就是演艺厅，大约从20世纪60年代开始，西门町这儿开始出现模仿上海歌厅形式的演艺厅，歌星大多演唱些以前的老歌，观众大多是随着国民党来台的外省人，这些听众会将金钱包在红包中上前送给自己喜欢的歌手，交往互动热络，因此“红包场”之称不胫而走。到现在，红包场仍然是以演唱国语老歌为主，这些数十年如一日来红包场听歌的听众也都上了年纪，随着那一带人慢慢地凋零，红包场也越来越少，逐渐消失。

西门町还有一个特别的现象，就是麦当劳里面有很多单身老人，而且他们一坐就是一整天，你以为台北的老头都那么潮爱吃麦当劳吗？其实有些老人醉翁之意不在酒，都是来泡小妹妹的，精确点说，是等着“帮助”小妹妹的。有时候，单身小女生走在西门町还会被一些怪老头乱搭讪，不过西门町援交妹多也不是新闻了，就看你眼力好不好，能不能发现这传说中的秘密组织。西门町就是这么一个地方，要多潮就有多潮，要多怪就有多怪，形形色色的奇人异事，龙蛇混杂。

武昌街步行街是台北有名的电影院街，过去台北几间最大的电影院，如乐声、日

西门町

武昌街

新、豪华戏院都在这儿，包括昆明路成都路交叉口的国宾戏院，都是以前台北人追求声光效果俱佳的第一选择。近几年流行一个新名词“IMAX”，台北人才赫然发现，原来从小在这几间电影院都是看IMAX长大的。其他大大小小的戏院也都聚集在武昌街上，虽然市区东移影响到了西门町，但西门町现在还有二十几间电影院。走到武昌街底与康定路交叉口，是电影主题公园，经常有户外电影节及创意集市在这儿举办。话说回来，入夜之后尽量别走这一带的小巷，因为这里治安没你想象的好。

忠孝东路沿线

忠孝东路连接着台北市的两个主要中心：西是台北车站，东是信义商圈，而中间也有忠孝复兴商圈及敦化商圈，现在全部被捷运连成一线，不管你在哪一站下，都有惊喜。在忠孝东路上，想要找最时尚的、最文艺的、最宅的地方，都找得到。

华山1914文创园区

这里简直就是台北文青的大本营。原本这里是台北酒厂与台铁以前的华山货运场站，随着台北铁路地下化，酒厂也搬家后，荒废多年，直到2004年整修后重新开放，因为很多建筑是在1914年盖的，故称华山1914。这里没有设围墙，充满了浓浓的工业风格，开放的空间欢迎每一位民众自由人士进出。来到这里，几乎人手一台单反在外拍，现在每天都有各式影展及表演在这儿举行，每个不同的厂房都有不同的展览，每次来都不一样，这里就是个大公园，完全开放式，爱怎么钻就怎么钻，不知道去哪儿的时候就来这里吧！不时也有创意市集。比较有趣的是，在这儿常看到年轻人自己找一个场地随性就开始表演的。在园区后方有一Legacy Taipei，是专门用来做音乐表演的，室内Live Show的仓库，最近很多歌手都喜欢挑这个地方办演唱会，因为，够文艺，上档次。

光华商场

所谓“光华商场”，在台北人心目中不仅仅只是光华数位新天地那栋大楼，还包括这一整片区，在这里你可以挑到一切你想要的IT产品，动漫外围，当然还有谜片。旁边就是台北科技大学，所以这一带的巷子中也充满了便宜的小吃店，每隔几年，台北市长就夸下豪语要将这里打造成“台北的秋叶原”，但到现在，连个女仆都看不到。事实上，深圳的华强北规模不知道比这里要大上几倍了。

忠孝复兴商圈

所谓《忠孝东路走九遍》或是陈绮贞《九份的咖啡馆》歌词中“这样的午后，我在忠孝东路的咖啡店”，指的都是这一带，过去台北人称“东区”，以太平洋SOGO百货、顶好超市及明曜百货为中心扩散出去，在20世纪80年代中期就取代了西门町成为台北的新兴商圈。

相对来说，东区的消费较高，很多奢侈品品牌旗舰店就设在此，物价偏贵，如果说西门町是年轻人的地方，那东区就是中产阶级经常出没的地方。前几年，SOGO精品馆以及微风广场的陆续开业更是炒热了这一带的奢侈品品牌大战，当年两间百货公司还曾爆发全台轰动的品牌争夺战。其中微风广场是挺值得去逛一次的地方，第一次去的人都会被那室内奢侈品店廊道的气势吓到。但你只要走进这些豪华百货的后巷，又是另一番模样，什么餐厅咖啡店，又或者是夜市小吃摊通通都混杂在一起，这就是台北的特色。

关于忠孝东路的故事说也说不完，让人印象最深刻的却是二十几年前，跟时代息息相关的“无壳蜗牛运动”。整个20世纪80年代，台湾经济呈现井喷式的发展，也带动台北地价连连高升，却让越来越多的年轻人买不起房子。他们自称“无壳蜗牛”，终于在1989年8月26日，上万人走上了街头抗议，晚上就直接夜宿在忠孝东路的精华地段，也就是现在SOGO忠孝本馆前的这一段，路上躺了密密麻麻的人群，或聊天、或打牌、或唱歌、或看台上行动剧演出，史称“无壳蜗牛运动”，轰动全台。不过二十多年过去了，台北的地价也没跌下来过，忠孝东路地段也翻倍更贵了。

众所皆知，微风广场的老板娘是名媛孙芸芸，她老爸孙道存当年掏空公司170亿资产后宣布破产，牵连无数投资人，但破产后他仍然过着阔绰风流的生活。所以虽然孙芸芸已经嫁人，作为富二代又嫁入豪门的她，只要一发表一些不食人间烟火的言论，网上众人的反应都是“孙道存还钱来”！

诚品书店

其实你从出了忠孝敦化捷运站，到了敦化南路，就会觉得有种特别的城市气质，传统上林荫漫布的敦化南路就是豪宅的聚集地。台北人一提到“敦南”就好像有一种尊爵不凡又低调的气息，号称天龙中学的天龙国，而自从诚品书店开业后，更充满了一种布

华山文创园区

忠孝SOGO

尔乔亚式的文艺感。

24小时营业的诚品书店绝对是台北市最重要的文化地标之一，以前台北的书店都像个大卖场，直到诚品书店开业，大家意外发现原来书店也能设计成这样，好像进去就很有文艺气息，结果，“逛诚品”也成为一种象征自己品位的流行。如今诚品书店也变成了一个旅游景点，来到台北如果不在晚上10点过后在诚品书店，抽起一本书坐在地上看，沾染一下那文化气息，好像都没来过台北似的。如果时间太早就别来了，人多，甚至还会有旅行团参观。

诚品书店主要还是以人文、建筑、美术、电影等专业书籍为主，而且并不便宜，不仅不打折甚至比其他店还贵。但诚品卖的就是那种中产阶级文艺气氛以及人气，这种气氛及模式现在很多人想学，好像为书店的生存找到了出路，其实学也学不来。一来，诚品书店卖书的销售额只占了30%，其他都是靠百货；二来，诚品老板还有其他本行，再加上有几位企业家股东，诚品连亏15年才开始盈利，老板搞书店根本是佛心来着靠兴趣搞的，若是没有几个钱，这根本不是一般人玩得来的境界。诚品最终找到了他们盈利的方式，与其说诚品开的是书店、文化集团，不如说他们是依托浓浓的文化气息搞商业地产，真正将“文化产业”发挥到了极致。

深夜去书店看书，总给人一种享受孤独寻找自我的感觉，关于诚品书店深夜里，艳遇、一夜情、援交这类的都市传说也从来没断过，更为诚品书店带来一丝传奇色彩。有人经常问，台北真的很容易见到明星吗？至少在深夜的诚品书店，真的很容易遇到。走到书店外面，会看到成群的年轻人在摆摊，如果有机会，你会看到警察来驱赶他们的画面，那互动堪称有趣。警察一来，摆摊者轰轰隆隆把摊子收起放到一边，但没有像日本鬼子进村那样拔腿逃难，反而装作没事，就跟路人甲乙丙丁一样在那边聊天，待警察象征性地巡过三巡，走了，他们又开始摆起摊来。

台北中山纪念馆

落成于1972年的台北中山纪念馆，是著名建筑师王大闳的作品，本体建筑为唐朝风格，线条简练，结合传统与现代，也是台北的地标性建筑之一。到这里一般都是参观整点时的部队仪仗队交接班的仪式，还有一些孙中山墨宝的展示。现在中山纪念馆除了馆内经常办展演外，已经是台北市民休闲的一般去处，在廊下经常可以见到学生在练习跳街舞，而中山纪念馆广场也是拍摄台北101大楼的最佳角度之一，其实，中山纪念馆与中正纪念堂，择一个地方去就行。

松山文创园区

这里也是一个老厂房改建的创意园区，是以前的松山烟厂。在当年规划的时候，就是规划成一个生活机能丰富的工厂大院，是一个放大版的华山园区，但比起华山，这里导入了更多的生态性，经常有天鹅在园区内散步，并且老厂房的改建更注重精致性。举办的展览比起来，华山文化园区偏知识分子一点，松山园区更偏阖家观赏。自从诚品的团队进驻这搞商场，把商场搞成展览场，大块留白，东西反而卖得更高价，文青们更是趋之若鹜。在台北逛文创园区绝对是件有趣的事，一定要先上网看看他们现在正举办什么展。

信义商圈

仅仅在几年前，这里还习惯被称为“信义计划区”，而20世纪80年代，这里还是一片荒芜，忠孝东路四段走到一半就好像到了乡下。没有人会相信，短短20年不到，这已经变成台北最时尚最繁华、地皮最贵的地方。

从捷运市政府站一出来就会给你一种完全不同的台北印象，其他地方的台北，新旧杂处，而信义商圈这一片，全部都是新的。从这一路走到信义路，一间连着一间的商场与电影院，完全针对都市人休闲购物需求设计，采取低密度、低容积的开发方式，外围则是一栋接着一栋的豪宅巨户。

诚品信义店

在诚品敦南店获得巨大成功后，诚品信义店的开业又将“诚品”这个品牌推上了一个新的高度，这是号称全亚洲最大的书店，你可以在这儿参加新书发表、表演艺术、文艺讲座等各式交流活动，加上充满文艺气息的商场、地下室还有美食街，完全可以在这里逛上一天不出来。来到这里你也能了解为什么诚品的模式复制不了，因为他们营收主要还是商业地产在百货的部分。

新光三越百货群

这百货群可说是信义商圈的灵魂，分为几栋：A4、A8、A9、A11，未来还要继续盖，每一栋都有独立百货公司的规模及格局，不同馆有不同的定位及风格，而每一栋之间又有天桥相连，天桥上是观赏商圈里汹涌人潮的好地方。可以说，新光三越在这里一连开了几间，是信义商圈繁荣起来的一大推手。

宝丽广场 BELLAVITA

在新光三越A4馆旁的BELLAVITA，是台北有名的贵妇百货，从一开始就定位成让贵妇来逛的地方，所以内部外部装修都充满了贵气，金碧辉煌，整个就是奢华的欧洲风格。室内就像米兰大街，中庭有挑高的透明圆顶采光罩，而各精品的旗舰大店则环绕于四周，甚至有很多你从来没听过的顶尖品牌。在馆内三楼以米其林大厨在台的唯一餐厅做号召的咖啡馆，成了台湾众名媛贵妇最爱喝下午茶的去处，当然，此举大大奏效，不仅贵妇来了，连想要成为贵妇的女人都喜欢来这里沾染一下那气息。

这间BELLAVITA也非常有传奇性，老板是梁家三姐妹。本来呢，三姐妹海外留学回来，老爸问她们想干吗，她们回答“想开咖啡店”，结果那身为IT公司副总的超级有钱老爸觉得只开咖啡店太没志气，为了“帮他妻女一圆人生美梦”，就很霸气地直接砸了90亿台币让她们去开百货公司玩。这间百货一开业，其奢华程度就直接秒杀了微风广场，相比信义商圈旁边几间百货公司经常杀破头的折扣促销战，BELLAVITA经常是一副不食人间烟火的悠闲姿态，有钱人的世界真是我辈无法理解的。

台北市政府

可随意进出的台北市政府大楼已经变成一个景点，很多人喜欢跑进去跟着公务员们一起吃饭，你在里面经常可以遇到台北市长。1994年落成的台北市政府大楼成“十十”的形状，除了为台北市政府的办公场所之外，另外里面的台北探索馆是用各种多媒体的方式在介绍台北的历史及各样信息，进去借厕所的话可顺便看一眼。

每年12月31日晚上在市政府广场前举办的跨年晚会是台北的年度盛事，号称全球十大跨年地点。2012年，约有80万人涌进这里参加晚会，要知道，台北市也才200万人而已。在2000年以前，台北市的跨年晚会有好几个场子在各处同时举行，每一场都是数万到数十万人不等，歌星都要赶场参加，歌迷也以转战各场子为乐，后来台北市政府前的跨年晚会一统江湖，所有人都涌向这里，当年最红的歌手明星轮番上阵，劲歌热舞，HIGH到最高点。2004年开始，旁边101大楼的新年烟火，如火树银花般，又将这里的跨年晚会推向新的高潮。

除了市政府广场前的跨年晚会，台北跨年的另一重点就是台湾最强不良中年陈升的跨年演唱会，每年都在附近不远的国际会议中心举办。他的跨年演唱会颇有个人风格，与其说是演唱会，不如说是一年一度的老友聚会比较合适，每年都会有让人耳目一新的笑死人噱头，而且这场晚会绝对不会准时结束，每年都被罚钱。

每年跨年晚会结束，捷运站绝对都会被塞爆，那是台北捷运整年人潮的最高峰，一个好方法是可以往前走一站再搭乘。

台北101

这座曾经是世界第一高的大楼，如图腾般大量出现在有关台湾的一切宣传物上，每天也有络绎不绝的观光客来此参观。除了在下面商场购物外，观光客一定都会乘坐号称世界最快的电梯上升到89楼鸟瞰台北（不过这世界最快电梯的纪录已被上海中心的新电梯打破）。大楼内的那个阻尼器也值得一看，毕竟在地震多发的台湾，要建这么一栋超高大楼，也是突破极限的事。

你到了景观台，如果是白天看台北，你就能完全了解台北是一座什么样的城市，台北新旧杂处，市容真的很丑，到处都是如补丁般的铁皮屋顶，跟东南亚城市没啥两样。好些年前，有位台北的城建官员到上海考察后回台，有人问他感想如何，他感叹地说“很羡慕上海能够全部拆掉，全部重建”，结果这句话引来轩然大波。其实台北就是一个没有仔细规划过，便自然错乱发展的都市。这里的气质就酝酿在这些小巷、街头转角中，生活机能及人文情怀浓厚得很。

你可能会好奇，为什么台北101不能带背包上去？那是因为2007年时，奥地利的极限运动选手菲利克斯•保加拿（Felix Baumgartner）在未获台北101管理单位核准的情形下，假装是游客，趁保全人员不注意，翻越91楼露天观景台的护栏，跳了下去，跳下去后马上由同伴接应直接坐车到机场出境，他也刷新了先前由自己创下的全世界最高大楼定点跳伞的纪录，从此台北101就不得带背包上景观台了；而菲利克斯这家伙，在2012年10月14日，成功地从太空边缘（39千米）高空跳伞，破了人类跳伞高度纪录以及人类自由落体纪录。

101大楼的设计概念为节节高升，在台北这毫无天际线的城市显得鹤立鸡群，但经常被笑称为“101灵骨塔”，在台北人眼中就是俗不可耐的象征。如果你让台北人来票选台北最丑建筑，101大楼绝对会是第一名。如果你知道它又是李祖原设计的话，你就能了解，李祖原经常会用中国传统哲思的理念来设计建筑，不过前几年有一个台湾最丑的十幢建筑票选，李祖原设计的就占了五幢，101也在其中，第一名就是中台禅寺，李大师在大陆的代表作是北京盘古大楼与沈阳方圆大厦。

台北101与四四南村

台北世界贸易中心

这座像积木一层层搭起来的建筑建于1985年，算是这一片区最早的建筑，在20世纪80年代中期，这可算是非常前卫新颖的造型，从建好到现在为止，都是台北举办商展的重要场所，每年最热闹的时候莫过于信息展或计算机展，届时你会看到许多阿宅成群结队提着各式提袋走在时尚的信义商圈街头，违和感很强。

四四南村

很难想象与极新的信义商圈只隔了一条路，保留了一个极旧的眷村。1948年11月底，青岛的联勤四十四兵工厂的员工及眷户们匆匆搭乘太康轮渡海到基隆港，后来迁往台北市。这个位置本来是日据时代的日军陆军库房，后来成为联勤第四十四兵工厂。因为他们聚在四十四兵工厂之南，故称为四四南村，是台北第一个眷村，这里也成为兵工厂员工以及眷属们度过他们下半辈子的落脚处，就这样，他们成了一个与外面闽南语世界完全不同的村子。

现在你看到的四四南村其实只剩下一小部分，眷村屋子大多没什么美感，很多都是急就章盖的，为了生活需要四处乱盖，都是违建。全台湾现在保留的眷村不少，但四四南村的保留与否争议性是最大的，那还是在许多文化界人士强力争取之下才得以保留的，毕竟在超级精华地段保存这样的老旧房子，无非只是要保存那段大时代洪流中小人物的记忆，证明曾经来过，重新拾起对“个体”的尊重。一个城市都是新房子就缺乏文化，但如果都是老房子，就要提升新的使用形态及价值；现在四四南村又称信义公民会馆，除了提供场地让个人或团体展览其艺文作品外，经常有些创意市集在这里举办。另一主题是以四四南村文化的眷村主题馆，介绍四四南村的文化历史、眷村妈妈传统手工艺及美食等。现在这里规划得不错，绿意盎然，也是个逃离信义商圈喧嚣的好地方。

眷村

1949年，150万外省人随着国民党来到台湾，台湾人口一下子多了五分之一，可是没带什么钱，又没地方住，于是，省政府很快建了一些简陋的临时房舍解决居住问题。说简陋，因为在那个特殊年代，大家都以为很快就能回到大陆去了，所以眷村基本上是一种临时过渡的居住形态，直到后来，发现好像没什么希望（当然不能明着讲出来），又或者有后代在台出生，不够居住了，才正视了这个问题，兴建稍微好一点的房子，但还是很简陋。

全台各地，只要有兵营的地方都有眷村，而眷村有别于大多数台湾本省人的社会，自成一个小社会，形成都市里的小部落，眷村对台湾本省人来说真是一个很神秘的地方，好像是另一个世界一样；而眷村内的人也认为村外的台湾人好像都要欺负他们一样，也普遍团结。在早期台湾很多影视作品或文学作品里，就经常出现眷村小孩与本省小孩打架的故事；早期眷村多用竹篱笆做围墙，所以“竹篱笆内外”也常成为眷村内外的世界。

眷村里的人来自大陆各省，多是离开老家随着部队到异乡，在台湾本省也没有亲友，只好远亲不如近邻，把来自五湖四海大江南北的邻居当亲友。过年时，来自各地的大妈阿姨，都用台湾能找到的食材做出代表他们家乡口味的拿手好菜，如东北的饺子，西北的泡馍，云南的米线，江浙一带的小笼包、生煎等，大家一起围炉共享。普遍来说，眷村人的感情都不错，没有长辈，没有家族，所以在这块土地上就变成了没有血缘的一家人，眷村内形成了一种融合了大江南北的文化。

近年来老式眷村已经快要消失，大部分的眷村住户都搬进了生活条件较好的新建楼房，典型的是台北市的大安国宅，随着老旧眷村的拆除，也代表一个时代的结束。

中山区

作为台北核心地带之一的中山区，其实一点大都市的气派都没有，新旧杂处毫无统一规划的楼房，肆意悬挂的招牌，隐藏在大马路后的花丛静巷。拐了一个弯，随处可见夜市与创意小店，台北的魅力原来隐藏在不经意的街头抑或转角中，中山区的街道能够很符合你对台北的印象。

行天宫

行天宫算是台北香火最盛的庙宇，一般台北人习惯用闽南语称之为恩主公庙，“恩主”就是救世主的意思，主奉祀关圣帝君，跟其他传统庙宇很不一样的是，行天宫没有烧金纸、演戏酬神、叩谢金牌等行为，而且除了自行带来的鲜花素果外，庙里免费供应香烛；同时庙堂前也没设功德箱，不要信徒添香油钱，做法很清新，很符合都市人的口味。行天宫最有名的服务是“收惊”，民间宗教认为“犯到”“冲到”“煞到”“惊到”或其他什么无法解释的疑难杂症就需要收惊，台湾人很相信这一套，所以你在行天宫里总看到很多排大长龙的等收惊民众，都有劳许多効劳生阿嬷（愿为恩主公奉献一生）一炷香一炷香地收惊而毫不歇息地在服务信众。

在行天宫前的地下道，也是有名的算命一条街，一间间小铺子全部都是替人算命的，总是有很多日本观光客在此算命。不过这地下道每逢台风或豪雨便淹水，人算不如天算呀！

如果沿着民权东路往东走一点点，是台北市立殡仪馆，路两旁都是殡葬服务的店，有几家搞得就像奢侈品店一样低调奢华，你会发现，台湾人不仅能把婚纱业搞到极致，就连殡葬业也一样能搞到极致。

正确的拜拜程序

现在大陆大江南北许多庙宇也都香火鼎盛，许多人爱到庙里拜拜求平安，但很糟糕的是，大部分人都是拿香跟着拜，根本不知道怎么拜，毫无章法可言。事实上到庙里拜拜有一套如SOP的标准程序，每一个程序、仪式，包括献上的牲礼、饭菜、水果、祭品都有讲究，都有它的意义在。

左进右出：一般庙宇会有左、中、右三个门，如果你到庙里的目的是拜拜，记得要左进右出。传统宇宙观认为四方守护神为“左青龙，右白虎，前朱雀，后玄武”，所以左进入龙喉，就是“跃龙门”，右出是出虎口“除煞”的意思。至于中间那个门，是神明专用的通道，一般庙宇都会用栅栏阻挡。

先拜天公：不同庙宇祀奉的主神可能不同，甚至一间庙同时祀奉好几尊神明，主神一定是摆在正中间的。但不管主神是谁，也不管你要求什么，进到庙宇后，除非是天公庙，否则都要先把供品摆在供桌上，朝外拜天公，若有天公炉，要先焚香朝拜，因为天公才是最大的。

如何插香及数量：只要有香炉，就必须插香，数量依诚意而定，但一定都是单数一三五支，因为基数代表阳数，拜好往香炉插香必须用左手，因为传统上认为生活大小事，甚至杀生都用右手，右手不洁，因此插香须用左手表示对神明的敬重。

拜主神：主神一定是摆在正殿最中央，除了拜主神，左右两旁的配祀神亦可拜，顺序是先左后右，若有多尊则左右轮流，由内而外，神明前有香炉拜完都要插香。

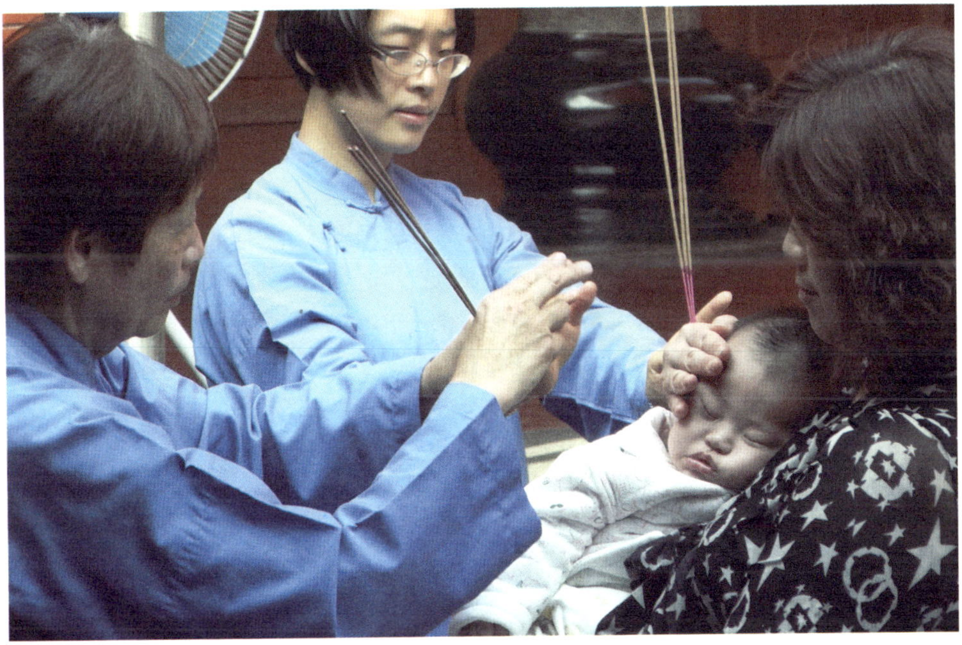

行天宫

请示神意：拜完可掷筊或抽签请问神意，“筊”即在庙里都会看到的月牙形的红色木块，掷筊是人与神明的交流工具，人们借掷筊能获悉神灵的旨意。须连掷出三个“圣筊”，才算是神明答应。详细掷筊方法请洽庙方；庙内亦有专门解签人员，均不收费。

过炉：若求来平安符纸或佛珠、祈福物，在离开前要先拿到香炉上绕三圈，代表神明灵力加持。

烧金纸：将金纸携至金炉焚烧，即完成所有仪式。现环保意识抬头，有些庙宇不烧金纸，信徒可将金纸寄予庙方，庙方会统一携至“环保金炉”助烧。

袖珍博物馆

这是个很特别很有趣很有名的私人博物馆，在一栋大楼的地下室里，占地虽然不大，却收藏着无数令人叹为观止的袖珍艺术品，可以近距离观察这些模型，主要有呈现整座建筑内外布置的娃娃屋；或复原2000年前罗马帝国的壮阔景致；或曼哈顿高级公寓里的舒适享受；或意大利水都威尼斯的浪漫风情；或伦敦东郊的贫民窟，用栩栩如生都不足以形容这里模型制作的精巧，全亚洲就这么一间袖珍博物馆，来过的人都会觉得值回票价。

中山北路沿线

中山区的中山北路到士林这一带，曾经是台北“最国际化”的地区，过去重要外宾来台，都是从松山机场走中山北路一直到“总统府”，是过去的“迎宾大道”，所以中山北路规划得又宽又好。过去美军还驻台时，整条中山北路三段四段有许多美国驻台机构，整排都是为美国人服务的店；而六条通巷子里一带，又是以前日本人来台湾时最喜欢饮酒作乐的地方；到了现在，每到星期天都有大批的菲劳聚集在这里做弥撒。整条中山北路绿荫两旁，藏有许多老牌高级酒店与奢侈品旗舰店，是全台湾五星级酒店密度最高的一条路，而中山北路以西的地方就靠近台北的老城区，所以中山北路跟其他商圈气质很不同，总是散发出那种台北传统老派世家的低调奢华。

逛中山北路沿线，捷运并不是最好的方法，最好乘坐公交车，在这条路上跑的众多公交车到四段之前几乎都是直行，而景点也在路两旁，很方便。

台北当代艺术馆

这座建于1921年的老建筑，跟“当代艺术”这前卫的概念好像很不搭，却也经常巧妙地结合起来，是台湾第一个老建筑活化再生的案例。在日据时代，这建筑是专供日本人子弟受教育的“建成小学校”。1945年后，这里成了台北市政府办公厅舍，直至1994年台北市政府迁入信义区的新市政中心为止。这是个实验性比较强的博物馆，你不用担心当代艺术这个概念你看不懂，每次这里的展览都设计得很好玩很有互动性，经常是父母带小孩来玩，而这样前卫又好玩的地方，也好像为老城大同区注入了活水。捷运中山站这一带的小巷，亦是台北特色小店密度最高的地区，别忘了探头走进小巷里。

六条通

中山北路一段东边的横巷有所谓一条通到九条通的说法，这个范围东至新生北路，南至市民大道，北至南京东路。在日据时代，这一片区称为大正町，每一条巷都有不同的功能，而六条通，以前则是日本高官的住宅，当然你现在已经看不到那些老房子，取而代之的都是钢筋水泥楼房，但从这里辐射出去，这些狭小的巷子，却是你体会台北巷弄文化的好地方。

前三条通住宅还比较多，四条通以后经营的各种行业也多了起来，是台北过去的不夜城。四条通对街的中山北路、长安西路交叉口有一幢极有特色的老建筑，你会看到百年老铺林田桶店，至今仍是老师傅在制作贩卖大小尺寸的木桶，日本观光客最喜欢来这儿参观，可惜后继无人，恐成为绝响。到了六条通后，那就更精彩了，晚上走来这儿你会发现仿佛走入不夜城。短短700米左右的巷子，聚集了百余家的卡拉OK店，说这里是全台最密集的卡拉OK巷，一点都不为过。又或者你走进一无名的巷子，一间间日式小酒馆小餐厅的招牌亮亮地点缀了暗巷，从店里还不时传出日本演歌卡拉OK的声音，除了小酒馆，还有一些日式的Talking Bar或Club藏在其中，到了现在，在台湾的日本人下班后都喜欢往这边跑。

六条通这里是台北“八大行业”最集中的地方，而且是很老派、浓浓怀旧日本风的八大行业，它不是那种赤裸裸的花巷，而是那种充满暧昧神秘气氛，灯红酒绿觥筹交错，越夜越美丽的地方。20世纪90年代末期，日本出版了一本旅游指南《极乐台湾》，（就是买春指南啦！）特别介绍了六条通一带，结果当时的市长马英九再次震怒，来了一次大扫荡，不扫还好，一扫反而大家都知道六条通了。

当然，六条通不仅仅只有暧昧的气息，也有比较新潮的Lounge Bar，很多非常棒的台菜餐厅、小吃、深夜食堂都聚集在这儿。你也可以在这里找到很多便宜并且能够接受的酒店，甚至，这几条通卧虎藏龙，很多台北的望族宅邸都低调地隐藏在这儿，基本上你晚上来逛这里是不会有危险的。

八大行业

一般俗称之“八大行业”，就是那些比较让人遐想的暧昧行业，指“台北市舞厅舞场酒家酒吧及特种咖啡茶室管理自治条例”管理之舞厅业、舞场业、酒家业、酒吧业、特种咖啡茶室业、视听歌唱业、理容业及三温暖（桑拿）业。

台北之家

这座藏在幽绿树影中、风格类似美国南方的殖民式样的二层楼洋式建筑很难不吸引路过的人注意，它是以前美国“大使”官邸，1979年美国与国民党当局终止“外交关系”后，它就被荒废，台北人都知道有这么一间“鬼屋”在这深深庭院里。直到1997年，它被列为古迹，慢慢朝着以电影文化为主的艺文空间规划，一直到2002年正式开馆。现在这里坚持只播放艺术电影，每天晚上除有比较小众的电影播放外，多功能厅经

六条通

常有艺术讲座，也有咖啡厅。在很多人的眼里，它是台湾艺术电影多元和小众的最后堡垒。台北不仅是吃喝玩乐的都市，也是艺文的都市，想要融入台北的腔调，晚上来看一场艺术电影，或找个地方看话剧，坐着听音乐会听到睡着，不用怕找不到，台北晚上的各种艺文演出太多元化了。

圣多福天主堂—金万万市场

你走进中山北路三段，会发现很有“异国风情”，哪一国？如果说是菲律宾肯定很多人兴致少了一半。这里是台北的“菲律宾城”，你只要星期天来这里逛，便会以为你在马尼拉街头，这是来台北很值得一看的现象。原来这里有一间圣多福天主堂，每个星期天，约有5000名菲律宾劳工在此做弥撒。原来多福教堂最早因美军驻台时的美国教徒而成立，美军撤台后，成为英语系外国天主教徒的宗教聚会场所，在台湾菲劳引进后，很快就成为菲劳的宗教中心，现在每逢周日，可以容纳600多人的教堂，要有五个场次的弥撒才符合需求。

因为每到星期天有如此多的菲劳聚集在这儿，附近商机蓬勃，你会看到菲律宾文及英文的招牌比中文的还多。旁边的金万万商场，是菲律宾华人所开，被菲律宾人称为“WON WON BUILDING”。商场被规划成一间间，空间零碎狭小，但卖的东西包罗万象，汇兑中心、超市小吃、菲律宾食品、美容美发按摩、手机杂货服饰、网吧卡拉OK都有，菲律宾客人占绝大多数。每到周日，店家会在店门口播放菲律宾热门的电视节目吸引大批人观看，如果走到这一带真的可以去菲律宾餐厅里试试那些特别的料理。当然，这里也不免存在着一些地下经济，比如非法中介、性交易等，有时候会看到警察来抓非法劳工，然后他们逃进教堂的画面。

台北市立美术馆

这座叠状白色方形非常前卫的建筑，1983年建好的时候成了话题，据说是采用四合院的理念，“井”字形结构，将传统建筑元素之斗拱堆砌为主体架构，多重空间给予展出的多重可能，跟台北世贸中心一样，20世纪80年代的台湾设计师都喜欢设计这种调调的房子。目前美术馆馆藏还是以1940年以后台湾当代艺术作品为主，但经常有重量级的特展出现，从1998年开始，也举办台北双年展。

美术馆旁边一栋可爱的英式都铎风格小房是台北故事馆，建于1914年，曾经是台北某大户人家的别墅与招待所，现在改为咖啡馆使用。美术馆旁大片的公园则是美术公园，包括中山北路对面的整片公园及那些形态各异的建筑，都是2010年台北举办花博会

金万万

的场地，现在都免费开放了。捷运圆山站现在也成了往宜兰基隆方向的客运转运站，附近花博艺场馆也成了台北新兴的创意市集，隐藏了许多好店。

圆山饭店

不管你坐什么车，一过基隆河一定会看到剑潭山上的圆山饭店；如果你坐飞机到台北松山机场，降落前往左侧看，也一定会看到它。十四层宫殿式大楼，巍峨高耸于圆山之腰，饭店红柱金瓦气势宏伟的外观，衬托富丽堂皇的古典气氛，是台北市的地标之一，闻名世界。

圆山饭店始建于1952年，现在这座建筑落成于1973年，早期它一直给人以半官方神秘的印象，虽然它的所有者是以私人名义捐款成立的财团法人，捐款人却是以宋美龄为首的政府要员，实际上是“交通部”管辖。而大家都知道，当年它的老板是宋美龄最疼爱的外甥女，而宋美龄是幕后的真正大老板，当年圆山饭店是个“水很深”的地方，谁都不敢查，等到蒋经国下令查了之后，才发现烂账一堆，赚的钱都跑岛外去了。

圆山饭店在1968年就已经被美国《财星》杂志列为世界十大饭店之一，60年来都是接待各国政要名流的地方，如美国前总统艾森豪威尔、常客李光耀、伊丽莎白·泰勒、阿兰·德龙等人，台湾人对它的印象就是“贵气”，就连服务员个个都是牛气烘烘。一

圆山饭店

直到1995年，一场让台北人印象深刻的大火，圆山的屋顶整个被烧掉，后来是很长的一段停业时间，圆山饭店也只好放低身段，让职业饭店经理人重新规划，才有现在比较“亲切”的服务态度。

圆山饭店一直被认为是“党国”的地方，出入的都是国民党权贵政要，它更传奇的地方在于，1987年，台湾还戒严的时候，一群反对人士在风声鹤唳中“深入敌营”，在圆山饭店里闭门开会，待门再打开，民进党就在这里宣布成立了，简直出人意料。而圆山饭店的贵族气息，也让台湾民众都觉得在这边喜宴请客倍儿有面子；因为圆山饭店声名太盛，现在在圆山饭店门前的欢迎牌上，十有七八是来自大陆的团体。

就算你不住这儿，圆山饭店也绝对值得你来参观，不仅建筑外观，内部大厅那超繁复华丽的装修，尊贵气派绝对会让你震撼。此外，大家都知道圆山饭店地下有多条防核生化逃生密道，据说可直通松山机场，其中最有名的一条还设计成类似溜滑梯的滑行道，长达70米，一路往下盘旋，够刺激。

忠烈祠

圆山大饭店山下不远就是台北忠烈祠，也是台湾最大的忠烈祠，仿太和殿的建筑。从辛亥革命、东征北伐抗日，历次战争牺牲的33万将士官兵灵位，全都被供奉于此，你在这里可以看到张灵甫、张自忠等人的牌位。忠烈祠平常没什么人，但快到整点，门口就神奇地出现一堆游览车及游客，都是要看驻守在这儿的仪队交接班仪式，这里驻防的仪队，站在那儿就像雕像，就算你百般捉弄，仍是一脸严肃眼睛眨也不眨。每天早上9点开殿及最后一班16点40分关殿的仪式有花式操枪。如果你想进入安放牌位的灵堂参观，必须要16点前进入，过了这个时间就不得进入。

美丽华摩天轮

不到20年前，松山机场以北，这里及旁边内湖的大片地都还是荒凉一片，什么都没有，好像是忽然之间就什么都有了，而且建得非常漂亮，科技感十足，都是IT产业的总部大楼，每次偶像剧里有啥富二代出没在公司的桥段，都是在这边取景。如果你参加的是旅行团，那导游可能也会带你们来这里，讲一些很神奇的IT产业发家故事，然后告诉你依靠IT产业的进步，台湾是世界重要的钟表中心，最后会带你去买一些不知啥牌子的表。

而对台北市人而言，会特别跑到这一带，除了上班，那就是坐摩天轮，顺便逛逛美丽华购物中心。这摩天轮架在商场顶上，离地面有100米，可以远眺整个台北市，晚上随着转动还有灯光秀，刚开业时曾经在台北市引起极大话题，许多情侣都爱跑到这里约会，绕一圈17分钟，已经够你告白了。每年元旦，台北南边的101大放烟火，以北美丽华这儿也在放烟火，这一天晚上台北的夜空都被照亮。

一般人到了这一带，除了上述两个原因外，还有一个重要原因，就是这里有很多豪华的汽车旅馆，说直接一点，就是情趣旅馆。台湾的情趣旅馆国际有名，里面的装修豪华且暧昧程度甚至超出你的想象，有机会一定要住一次。

大安区

文青最爱穿梭在大安区那些“充满人文情怀”的小巷子中。作为台北市的文教区，许多台湾一流大学、大型宗教机构堂会都在此聚集，台北市市中心最大的大安森林公园也在这里。大安区一直给人沉稳内敛的感觉，艺文创意与庶民生活的精彩对话，是本区的精华。如果你说“台北人的气质如何如何”，大抵你是整天混在大安区没去过其他地方。

永康街 青田街

大安区这些井字形的小巷子：永康街、青田街、丽水街、金华街，隐藏在大马路后面，繁盛的绿荫挡住了城市的喧嚣，闹中取静。虽然街名取自浙南一带地名，但都给人饶富绿意闲情的想象，又带点文学气质，那是个台北人对理想的一点小坚持，想办法让生活充满一点浪漫的小天地，在日据时代被称为“大学宅地”，是台北帝国大学（今台大）、台湾总督府高等学校（今师大）设立后，逐渐形成的教授宿舍群，后许多从大陆来的台大或师大的教授都住在这里，自然给了人几分文气。在这里现在还能看到不少围墙爬满了藤蔓，保存良好的日式木造房舍，这些年很多自成一格的小店、咖啡店、旧货店进驻，更增添了几分悠闲的气氛，到这里的目的也很单纯，就是随意逛逛而已。

永康街外侧的新生南路二段，沿路上有几栋大教堂、大清真寺、大天主堂，毗邻在一起，号称“天堂大道”，前面还有灵粮堂、信义会真理堂、浸信会怀恩堂的大楼，走一回都“升天”了。

殷海光故居

骄傲如李敖者，一辈子谁也看不起，最尊敬的人就是殷海光。殷海光被称为台湾自由主义先驱与启蒙大师，也是当时台大哲学系的教授，专攻逻辑，当时他担任1949年创刊的《自由中国》的杂志编辑，以科学方法、个人主义、民主启蒙精神为准绳，批判党化教育、反攻大陆问题等时政。李敖说“殷海光的政论文章光芒万丈，出色得使敌人和朋友都为之失色”，后来《自由中国》被查禁，殷海光被迫离开教职，他的著作大部分也被查禁，生活起居也受到监视，身心折磨下罹患胃癌，就在他最后的日子里，仍然笔耕不辍，直至1969年病逝。

现在这幢日式木造的故居里以照片、手稿副本，呈现殷海光的生活与追求自由思想的精神。屋舍空间不大且简朴，陈设亦以展览为主，不过书房正对着的庭园，则为殷海光亲手打造。

紫藤庐

这间外观看起来有些破烂，又看似杂草丛生的老房子茶艺馆，与台湾政治史、文化史脱不了关系。紫藤庐仿佛每个角落都有画面，那是含藏人文，是生活的结果。20世纪60年代，殷海光与雷震等人常在此探讨哲学与政治议题。到了20世纪70年代末，因为主人的关系，紫藤庐为台湾民主运动新生代聚会的场所，陈文茜称这里为“反对

大安区巷子

运动记忆里最美丽的堡垒”。至于另一位反对运动前辈林浊水，也回忆这里是“落魄江湖者的栖身之所”。

紫藤庐的风格与创办人很有关系，你在紫藤庐里可以见到一副对联：岂有文章觉天下，忍将功业苦苍生。这是当年的“财政部”关务署署长，也是紫藤庐创办人周德伟先生所写。周先生师从哈耶克，继承了儒家传统道统，又以弘扬西方自由主义经济思想为己任。紫藤庐的第二代主人周德伟先生之子周渝接管这宅子时（实是公家财产，所以是继续占用），正值台湾民主化运动风起云涌的阶段，周渝先生资助党外活动，许多党外筹备会，讨论会议都爱选择在此举行。因此到了现在，许多人都把紫藤庐当作民主运动的精神堡垒，知识青年文艺青年总是用“朝圣”的心情到紫藤庐沏一杯茶。1997年，“关税局”欲收回被占用22年的公务宿舍，引起各界关注，并发起保存和抢救活动，后来还是特批成古迹才得以保存下来。

龙应台曾说，“台北市有五十八间Starbucks，但台北市只有一间紫藤庐”。台北三间有历史的咖啡馆茶艺馆：波丽路、明星咖啡屋、紫藤庐，正好代表台北三个不同时代不同背景知识分子文艺青年的聚集地。

师大夜市

声名很盛的师大夜市，因为在师大旁边，所以年轻人居多，里面卖的小吃也以多样

紫藤庐

化及便宜而闻名，各国料理餐厅林立。但旁边的泰顺街则又是另一番风貌，总是安安静静，各有特色的咖啡馆林立，梁实秋故居亦在附近的云和街11号。不过最近师大夜市因为扰民备受争议，附近住民与商家闹得很凶，所以声势大减不如从前。师大有许多老外来学英文，所以附近以外国人为主的酒吧及夜店也应运而生。大家都知道，其实师大夜市一带，深夜打烊之后治安不太好，尤其是师大公园，经常有深夜群架、饮酒大喊的事发生，也是有名的“捡尸公园”，经常有如义庄般的“收尸队”在这里，把喝得烂醉如泥的女人不知道捡去哪里。

台湾大学

作为台湾首屈一指的大学，游客可以自由进入参观。台大前身是建于日据时代的台北帝国大学，所以校内各处仍有许多古老建筑，校园很值得随意乱逛，各处都有便宜的学生餐厅及咖啡店。而台大前校长傅斯年的墓也在校内，称“傅园”，有一傅钟，在台大校徽上都能看到这个钟，是台大的象征。傅钟总是敲21响，据说那是根据傅斯年的一句话而来：“一天只有21小时，剩下的3小时是用来沉思的。”台大校园里一直有个传说：情侣不宜一起进入傅园，否则一定会分手，另外有关傅钟敲25响的鬼故事也一直流传着。

到台大，有空可走一趟舟山路，人行步道不疾不徐，建筑物植物新旧相间，是一种恰到好处的人文与自然。台大隔着的罗斯福路对面，就是有名的公馆夜市，几乎是台大学生的天下，这是个便宜又实惠的地方，不仅有肉体食粮，在小巷里还有一些独立书店成了精神食粮。

台大附近的独立书店

诚品书店的确是台湾文化软实力的重要象征，也已经是许多大陆旅行团参观的固定景点。但下面介绍的独立书店，它们在台湾的知名度不高，它们规模都很小，也不会出现在台湾的形象短片上，只有特定的少数人知道，店主开店的目的也不是为了赚钱而是为了推广自己的理想。它们的书籍都是店主喜欢的主题性书籍，读者与店主的互动也更多，与其说双方是买卖关系倒不如说是君子之交淡如水的朋友。这些独立书店比起诚品书店更能展现出台湾人民对特立独行的包容性、奋斗不屈的精神以及为了实现理想所付出的努力。

水准书局（台北市师大路浦城街1号）

水准书局因其独特的进货模式而号称全台湾最便宜的书店。卖的都是新书但价格折扣在5折到7折之间，比起其他书店的8折或9折便宜一些，书虫间开玩笑都说挑书去诚品，买书去水准。第一次逛水准书局的感觉非常差。水准书局虽然卖的是新书，但空间设计跟一般旧书店一样，只留下狭窄的走道，几列高高的书架上塞满了书。更糟的是，大部分顾客都背着大背包有备而来，在选书的时候很容易被别人的背包撞到，再加上老板总是大声地跟客人聊天，老实讲，去水准书局的感觉不像是逛书店，倒比较像是在逛菜市场。水准书局有两个特征，顾客的评价非常极端，喜欢的非常喜欢，不喜欢的就非常痛恨。

第一个特征是水准书局老板曾大福（别怀疑，这是真名）会很热情地向每个已经选好了书要付账单的顾客强力推销自己认为好看的书，被推销的书多半是当时的畅销书，或是他有出资助印的重点书，互联网上有很多被整理成段子流传的经典名言。

“你买的这本不好！推荐你这本！真的是超赞的！保证你看了还想再看！真的不错！不然算你180元（原价350元左右）。”

“那本很贵不要买！买那本不划算！不如你买这本，《追风筝的孩子》超好看的！真的很棒！看了以后你会感动到不知所措！如果书好看要帮我打广告哦！”（我们都知道《追风筝的孩子》是你开的出版社出的……）

“如果眼前有1000英镑跟这本书，我绝对会选这本书，看完不虚此生！”

“看了这本你会感谢我一辈子。”

“我卖书都是在做爱心的，这本算你成本价200元，诚品都卖320元。”

“你长这么美，再多买一本好不好？这本半买半送算你五折。”

“这本随便啦！算你320元就好，另外再送架上最边边那本，这样算350元而已，那本绝对是‘本世纪最好看的书’，不然你用租的也行，五折回收它。”

老板对书的定价没有规则可循，排你前面那个人可能是五折，但轮到你时可能是七折。折扣完全看老板心情。熟客都知道老板对美女或是年轻女性的折扣比对男性顾客的好，最便宜可以打到五折，但中年男性是六折到七折。老板还很喜欢到处搜购一些营运不善之书店的库存，以超低价例如一折、零点五折的方式鼓励客人结账时顺便带走。也常有顾客因为价格很便宜买了也无所谓，或是因为老板强力推销而半推半就顺便买了。

水准书局的第二个特征是老板会在你买的每一本书上盖上很丑的店章，有些顾客无所谓，有些顾客认为店章毁了这本书的美感很不高兴。曾大福老板坚持盖店章是有原因的，水准书局允许客户退书，如果你觉得这本书看过一次就够了，不想再留着，或是临时缺钱等都可以把原先买的书退回去，他会把书价扣掉几十元后再退剩下的钱给你。这等于你用几十元租了这本书，所以他必须盖上店章证明这本书是从水准书局买的，免得客人拿其他书店的书来退。总之，就算你看不懂繁体字，去水准书局听听老板的强力推销也是很有趣的经验。

女书店（台北市大安区新生南路三段56巷7号）

女书店是中文地区第一家女性主义专业书店，是由女权主义运动者、关心性别平等议题的人（包括男人）共同努力的结果。它定位在提供一个看见女性书写、聆听女性声音、交流女性经验的自在空间。它拥有中文地区最完整的女性、性别议题图书与影音产品，并且也展示贩卖少数民族手工饰品。

女书店自己出版的书有两个奇怪却娟秀有如刺绣一般的符号，它并不只是一个单纯的符号，而是一个重要的历史象征。在中国湖南省江永县存在着一种只有妇女会认会写的文字，绵延流传200年，是不识字的湘楚女子独创的似织锦、似图画的文字。当你走进女书店，会看见墙壁上有个写满文章句子的小黑板，墙壁其他空间也贴满了各式以同志或女性为主题的电影海报，除了书以外也卖女性音乐、电影等。这里也会定期举办不同主题的讲座活动，以及女性艺术家、作家的静态展出或动态表演。与其说它是书店，不如说是女性意见交流与互动的中心。但它又不仅仅是书店或是意见交流平台而已，它自己也出版书籍，更协办多场女权主义运动或抗争。

南天书局（台北市罗斯福路三段283巷14弄14号1楼）

南天书局是以地图、汉学、民族文化、台湾本土艺术等台湾相关研究书籍为主的一家书店，店里设立了台湾舆图陈列区，可以看到从世界各地收集来的台湾史料、图像和古地图等。常有许多外国游客到此选购古意盎然的地图作为纪念品。虽然名为“书局”，但在老板魏德文的坚持与努力下，南天已出版六百多本学术性专业著作，范围涵盖史地、古地图集、艺术史、人类学、社会学、宗教、中医药与动植物等。魏德文先生更在2004年获得第28届金鼎奖的“终身成就奖”。

南天出版的《台湾番族惯习研究》《高砂族调查书》《蕃语研究》等，把日本人在日据时期时对原住民的调查报告完整地保存下来，为台湾原住民研究奠定了重要基础。其中的《台湾原住民衣饰文化》一书，更花了20年校对整理后才出书。原住民是台湾最早的居民，但他们没有文字，再加上日据时期被强迫日本化、在国民党统治时期又被歧视，导致他们的历史长久空白。感谢南天书局填补了这一部分的历史，让台湾的历史更多元。如果你有机会去逛逛，欢迎在南天书局买些有台湾特色的礼物，绝对比太阳饼或是凤梨酥更有意义。

唐山书店（台北市大安区罗斯福路三段333巷9号地下室）

唐山书店位于不起眼的地下室，你从楼梯走下去时一定会注意到两边墙壁上贴满了层层叠叠的小众电影、讲座、演唱会及剧场表演的活动海报。走下去后就是一个潮湿有霉味和略显阴暗的空间，如果你是第一次来的新鲜人，会觉得书店环境比上面提到的水准书局还差。但就是这个破烂有霉味的唐山书店，让台湾的知识分子、文艺青年接轨国际视野。这个小小的书店，见证了台湾20余年来从威权到民主的转换以及如巨浪般汹涌的社会变迁。

20世纪80年代是台湾重大变革的动荡时期，唐山书店就是因应大学生及知识分子对于人文、社会科学理论深入探求的强烈渴望而成立的独立书店。在那个思想戒严、信息并不畅通的年代，唐山书店引进了大量社会主义思想书籍，如大陆以及香港出版的简体字出版品，《台湾社会研究季刊》以及各类学术研究论文，马克斯·韦伯、新左派、后现代、福柯、哈贝马斯、女性主义、性别研究、本土研究等。虽然有大量书籍被警察以查禁书的名义没收，但仍为当时极度封闭的台湾提供了批判思想和国际视野的泉源。此外，唐山书店不以营利为目的，愿意让不知名的作家、社团寄卖作品，甚至帮毫无名气的学生出版诗集、论文集，许多无法正式量产的学生作品亦成为书店寄卖的主角，这是它在众多书店中显得更为可贵的原因。

台湾刚解严的年代，社会风气逐渐开放却没有互联网可以让大家讨论。各家独立书店就像是一种交流平台，将许多有着共同兴趣的人聚集在一起；对台湾族群议题、主体意识有兴趣的学生会聚在南天书店；对女性主义有兴趣的会出现在女书店；“左”倾的唐山书店也自然成为对政治改革及左派理论有兴趣的学生最常出现的地方，间接影响了1990年3月的学运。

正如同唐山书店当年的宣传文案：“我们没有华丽的装潢，但我们在微暗的地下室为你张罗了学习之海，唯有你不断地走下阶梯，这片学术之海才可以延续。”

（此几段书店介绍的作者为：@中年格瓦拉）

宝藏岩

宝藏岩这块小山头，过去充斥了随意乱搭毫无章法的违章建筑，依着山丘而建，大多是穷苦单身老兵或弱势族群居住的地方，一走进去就给人进了黑风寨的感觉，是典型的贫民窟。在几年前，舆论为这块地的存废吵得沸沸扬扬之前，很多久居台北的人甚至不知道台北还有这么一个地方，因为太丑了成为都市之瘤，所以被划入都市更新的范围，要求拆掉建公园。

但主张保留的一方反其道而行，认为被拆的理由正是它应该被留下来的理由，因为当年胡乱搭建到一种夸张的程度，一层层随着蜿蜒山头，鳞次栉比，建筑物之间以楼梯、屋顶、露台或墙面相互连在一起，就像迷宫一样，简直就是惊悚电影里小孩玩捉迷藏的地方，再加上这里的故事，正是一个该保存下来的重要理由。

如果只是因为这个理由而保存下来，那整个聚落也太丑了，因此，有一群艺术家入住在这儿落地生根，从打扫这里开始，一点一滴改造这里的环境。宝藏岩现在是这么一个地方，明明就在市中心，但你甚至会怀疑怎么越走越偏僻，没想到柳暗花明，出现房子了，一走进去却又给人一种“进了黑风寨”的感觉。在迷宫般的水泥屋小径中，可能一个拐角，处处惊现装置艺术，或者神来一笔的图画，又或者某个屋里有人正在进行舞台演出，它并不是一个美术馆，而像是一个外来参观者一起互动才形成的艺术有机体。没有台北人会否认台北的建筑都很丑，那只是我们没有心思去点缀去发掘它的美藏在哪儿。2006年，《纽约时报》将宝藏岩纳入台北最具特色的景点之一，与当时全世界最高楼——台北101大楼齐名。

福和桥下跳蚤市场

这是一个游走于法律灰色地带的旧货市场，其实它已经在新北市永和区了，虽然离台北只隔一座桥不到，但台北人知道这个地方的还真不多。福和桥跳蚤市场几乎天天开

宝藏岩

张，清晨5时不到就有摊贩陆续进驻，有四五百摊，不管是卖菜卖肉卖早餐，或是卖旧货，通通都混在一起，你会觉得这根本就是第三世界国家的路边市场。这个市场跟台北其他充满小资文青情调的创意市集跳蚤市场风格不一样，这里卖东西的老板很多都是属于中下阶层，靠着卖旧货忽悠推销维生，因此与他们杀价聊天也特别有趣，可以听到很多稀奇古怪的故事。一进这个市场就会让你眼花缭乱，卖的东西千奇百怪，各种像垃圾的破铜烂铁，有被拆解下的哈雷机车坐垫、婚纱瑕疵品、断了弦的电吉他，还有连老板都不知道能不能运作的德国制电唱机，竟然还有军方退下来的硬盘，各种诡异匪夷所思的商品，你有时甚至会怀疑某些东西是不是赃货。如果你印象中的台北是个充满文艺气质、小清新的都市，你又怕乌烟瘴气的话，那就别去了。哦！台北人会告诉你“那边是台北县”。

万华—大同

台北市的发展离不开淡水河，台北最早的聚落就是从淡水河边艋舺（万华）边发展起来的，后又往北至大稻埕一带，依靠水利之便，成为台北最早热闹起来的地方。在17世纪初，福建泉州之晋江、南安、惠安三邑人士渡海来此搭建茅屋，以贩卖番薯为生而渐成小村落，时称番薯市。由于当时平埔族人系以独木舟自淡水河上游载运农产品来此与汉人交易，平埔族人称独木舟为“艋舺”，此为万华古称“艋舺”地名之由来。

龙山寺

龙山寺号称台北第一名刹，始建于清乾隆三年（1738年），当年艋舺刚开发，环境险恶，瘟疫频传。于是泉州三邑移民，就将福建泉州府晋江龙山寺观世音菩萨分灵至台湾，合资兴建龙山寺。经过多次修建，现在所看到的是“二战”之后所修的模样，精巧的庙埕设计，堪称台湾庙宇艺术的一大精华。早期外国观光客到台北有三个必看的地方，一是台北“故宫博物院”，二是中正纪念堂，三就是龙山寺。

在早期，龙山寺不仅是居民信仰中心，举凡居民议事、诉讼等祈求神灵公断都聚集在此，因为这个传统，所以很长一段时间，龙山寺前的广场都是民间论政的地方。在戒严时，龙山寺还出现过“民主墙”，对政府有什么不满都会贴在墙上。

龙山寺也被称为“民主圣地”，那是在1986年台湾反对运动风起云涌的年代，5月19日这天，一群党外人士在龙山寺聚集，办了一场要求解除戒严的游行，军警将计就计，把龙山寺大门一关，镇暴警察层层包围，把他们关在里面不让出来，于是这群反对人士游行不了，只好就在广场上静坐演讲，又渴又热。没想到，这时候，开始陆续有人从墙外丢水、丢热腾腾的包子进来表示声援，越丢越多，给了挫败不断的反对运动人士极大鼓舞，从此，龙山寺也如同有了个光环，成为“民主圣地”。你现在也

龙山寺

会看到很多绿营人士，选前誓师大会都喜欢在龙山寺举办，那多半是想给人一种“传承”的意味。

青草巷

龙山寺旁边有一条有名的青草巷，最早可追溯到清朝中期，因为早年医药不发达，医生也不多，一般民众只能靠着口耳相传，或者到庙里求神问卜求来的秘方去草药店抓药，青草巷就是在这种情况下出现的，它也被称为“救命巷”。一走进青草巷，浓浓的草药香气就扑面而来，50米长的窄巷几乎都是百年老店，每家店铺都有自己的独门秘方及抓药方法，针对不同功能有不同的材料包。台湾夏季炎热，现在也有很多人喜欢来这里买几包退火的草药回家做青草茶，现场来一杯凉茶也是很棒的。

剥皮寮历史街区

这条街太有意思了，这条原本残破不堪的百年街廓，要感谢当局缓慢的行政效率才得以保存。20世纪70年代就已经规划为预定地，要拆了它，还好案子一直拖到民主时代，待要拆的风声一出，抗议的声浪也随之而来。敌不过强烈的保留声浪，当局终于改变原有规划，这条街也逃过了被拆迁的命运，在全部重新修旧如旧地整修后，变成超有气氛的复古老街，晚上那灯火一开，美啊！

为何这里称为“剥皮寮”呢？现在已经不可考，有人认为是因清代淡水河上游砍伐的树木，以及由福建福州进口的杉材运抵艋舺后，在此地进行剥皮，所以被称为“剥皮寮”。也有人认为，“剥皮”是剥兽皮，是因昔日在此地有宰杀动物制造皮革的产业。不管如何，这条浓浓的闽式红砖巴洛克老街，非常有早期台湾的风情，尤其是那些电影宣传画、店面招牌、摊贩，就连贴在墙上的包治阳痿早泄的小广告，都是复古风格。而电影《艋舺》里GETA老大的家，就位于剥皮寮街区内。另外，这里也规划了一间乡土教育中心，经常有相关的展览，现在这里俨然成为台北市最新的热门景点。

角头

在台湾电影或影视作品中经常会出现这个名词，简单地说就是“地方势力”。但最早“角头”是一种地域区分，是早期移民时代的地区势力组织，各角头都以庙宇作为凝聚地方向心力的中心。

有团体就会有领袖，这领袖不仅要排解自己角头上的疑难杂症，还要代表自己角头跟角头领袖沟通地方事务，久而久之，角头也衍生为地方黑社会老大的代称。

电影《艋舺》中，GETA大仔就是一位“角头”。万华的角头特别多，因为市场多、电影院多、摊贩多、宫庙多，可能一个市场、一家电影院、一座宫庙就是一个角头。角头要做的当然就是替地方摆平麻烦，相应地，做生意的摊贩、赌场、妓院、餐厅等要向角头支付“清洁费”“服务费”。可以说，几乎万华龙山寺一带人随便牵来牵去都能认识到“兄弟”。

东三水街市场

这座又破又腻又湿的传统市场，竟然在日本观光客眼中是台北必到景点之一，当然，这是一间很有“台湾味”的市场，内行的人都知道在里面能找到最地道的原味美食。

三水街附近龙蛇混杂，如果你心目中的台北是个小清新文艺的城市，那这里会让你接受不了，就连很多中产阶级台北人都无法接受台北竟然有这样的地方。在几十年前白先勇的小说《孽子》中，形容这里是“热臭污秽的死巷”，到现在也没有多大改变。这一带的狭窄如迷宫的小巷子，就是电影《艋舺》里两帮人马拿刀追来追去的地方。在街上，你会看到在这城市其他区域不被接受，衣衫褴褛的街友四处游荡，大白天就喝醉酒的醉汉，龙山寺背面的艋舺公园是他们主要的聚集地，他们也是街上几间专门卖旧衣二手用品的旧货店的主要顾客，到了晚上，聚集在东三水市场里铺地睡觉。

在西园路一段至梧州街这段的三水街，是台北有名的红灯区（旧名宝斗里），你甚至可以看到许多阻街女郎当街拉客，只是，陪酒的很多都跟这个社区一样老。话说回来，这里其实还是很安全的，就跟你在香港庙街，也很少看到陈浩南山鸡十三妹，还有大械斗一样，就是有种龙蛇杂处的老城区风味。

华西街观光夜市

作为台湾最早的观光夜市，华西街夜市赫赫有名，比起其他夜市，这里绝对生猛，除了从山产到海产，各式小吃一应俱全，还有中草药店卖灵芝茶，甚至打拳卖膏药的叫卖。华西街最有名的还是蛇肉料理，蛇血蛇胆及蛇汤，许多人都是冲着这个来的。因为早期这一带是红灯区，许多嫖客都要先来这里“补一补”，因此夜市出现了许多以去毒壮阳为号的蛇店及鳖店，有时候还有现场杀蛇或斗蛇等表演，常有大批人围观。

华西街40巷内的古山园旅社是一家在国外背包客中非常有名，保留着古旧风格的旅社，但事实上，它在以前是寻芳客带着小姐外出的“名店”，待换老板后，转型为以背包客为主的便宜青年旅社。店里有一阿姨服务员，她的绝技是“棉被花四十二手”，能够将棉被自由折成各种形状，近来很有名。当年《艋舺》剧组还特别入住此旅社，感受那种时代的气氛。

20世纪90年代以前，台湾的雏妓问题很严重，华西街尤甚，很多未成年的少数民族少女沦为雏妓，都是人口贩子直接到穷困的少数民族部落向她们的父母买来的，从此落入不见天日的娼寮，被迫打催熟针不停地接客。没有人愿意面对这个问题，直到1988年1月9日，大批群众齐聚华西街一带游行，抗议当局的漠视，也抗议警察收红包包庇的行为。群众用少数民族各族语言向娼寮喊话，并且将印有电话的原子笔丢入娼寮。这场游行终于让台湾人认识到雏妓问题的严重，经过几年的努力，当局终于愿意认真对待这个问题。

马场町纪念公园

这个位于万华南边淡水河畔的河滨公园，民众不是在骑自行车、放风筝，就是在打球，一派悠闲，乍看之下没什么特别的地方。这里旧称马场町，在日据时期是重要的军事训练场地，用来操练士兵和骑兵之处，后为“陆军飞机场”，所以台北人又习惯称“南机场”。

你在这儿一定可以看见一个覆满绿色草皮的小土丘，走近一看你才知道这里的历史。在20世纪40年代初期，这里曾是刑场，是白色恐怖时期枪决政治犯之处，据初步统计，短短几年，受难者有四五千人。如电视剧《潜伏》中余则成的原型人物吴石，以及朱枫等人均在此殉难，原来那小土丘是枪决地点，每次枪决后肝脑涂地，血溅满地，就拿土来覆盖，一层层叠上去，竟然成为一座小土丘。尽管这里一派悠闲祥和的气氛，但还是常见有人来此凭吊。

霞海城隍庙

霞海城隍庙是大同区大稻埕一带的重要信仰中心，始建于1859年，现在是三级古迹，最早是由顶下郊拼败下阵来后，逃来此地的福建同安人所建。霞海城隍庙小小的，虽香火鼎盛、信徒很多，但100多年来依然保持原貌，没有扩建。因为传说城隍庙所在地是中国风水上的“鸡母穴”，假如轻易翻动，就会破坏巢穴，使地方不安，所以信徒都不敢随意翻修。虽然是城隍庙，但现在台湾的年轻人都流行来这里拜月下老人求姻缘，据说很灵验，每年来还愿收到的喜饼就快破千盒。这风气太有名，就连日本都大肆报道，所以你会看到现在在庙里拜月老的日本樱花妹也很多。拜月老有一定的程序仪式，可以请洽询问现场人员。

每年农历5月13日是城隍圣诞，当天信徒会举行各种迎神赛会，来酬谢城隍爷的庇佑，是台北市内最热闹的庙会活动，现在已举办成“霞海城隍祭”宗教文化节，整个月都有相关活动。

分类械斗与顶下郊拼

你看台湾史的书，一定会不断出现“械斗”这个词，可以说，台湾的开拓史就是一部分类械斗史，指的是18世纪中到19世纪末的台湾，自我认知不同的族群

霞海城隍庙

间的武装冲突，那时候不仅漳泉械斗、闽粤械斗、县里械斗、异姓械斗、同姓宗族械斗、职业团体械斗，争土地争水源也械斗，原汉之间也会械斗。这“械斗”可不是单纯地打打架那么简单，这类冲突动用的武器通常是置人死地的刀剑，甚至是枪械，纵火烧产，屠村都很常见，一场中大型械斗下来，就跟战争一样伤亡严重。“分类械斗”成了驻台官员上奏清政府奏折和上谕中常用的专有名词。

发生在1853年的顶下郊拼就是很典型的分类械斗，在台北开发史中有重要意义。18世纪中期，台北的艋舺已经开发得很成熟，所谓的“一府、二鹿、三艋舺”。而当年移民于艋舺的，有两大族群，一是福建泉州同安人，因同安人多与厦门一带进行贸易，因此被称为“厦郊”或转音为“下郊”；另一族群则是居于旧街与艋舺淡水河沿岸晋江、惠安、南安三地的三邑人，三邑人因来此地较早，所以人数也较多，为“顶郊”。

1738年龙山寺落成后，三邑人就将顶郊行政中心设于该庙，并控制了当地的行政资源及公共事务，并且有意排挤同安人，这让同安人很不满。1853年时，三邑人的顶郊垄断了艋舺码头的泊船权利，此举等于断了下郊同安人的生路，因此爆发了严重的“顶下郊拼”的分类械斗。

在早期台湾移民社会，“宗族”或“同乡”等概念并没有同属同一个“开拓集团”的向心力强，而一个开拓集团到一个新的地方，首先做的就是建庙，庙里所供奉的神明，因其功能性而常与其他庄有所不同，是朝不保夕的垦荒者心灵的慰藉；庙宇不仅仅是该庄的行政中心，在械斗时，也是发号施令的司令部，所以，打赢械斗的一方，经常会烧毁对方的庙宇，不仅是宣示也是震慑，就跟帝国时代中，一定要摧毁对方的城镇中心是一样的道理。

所以人多势众的三邑人，不仅将同安人房屋全数焚毁，也毁了同安人的霞海城隍庙，同安人败逃之余抢救出了霞海城隍神像，沿着淡水河往北逃至现在大稻埕一带，重新开垦，并重建了霞海城隍庙。

历史有时候很讽刺，三邑人虽然赶走同安人，完全掌握了艋舺的码头航运，但也不过几年荣景，待淡水河泥沙淤积，航运功能尽失，整个艋舺也就没落了；反倒是大稻埕这里，因有河运之便，依靠与大陆及国际间的贸易，成了当时台北最繁荣有钱的地区。

迪化街

说起台北市的老街，大家一定会向你推荐迪化街，一般指的是台北大桥以南的迪化街一段，这条街经过刻意保存，是台北保存最完整的老街，早在清代，就以洋行、茶叶、樟脑、中药，甚至鸦片等买卖闻名，现在是台湾的南北货、中药和布匹批发商集中地，货物从这里上船直达大陆，或者到淡水装船送到岛外。沿民生西路走到底，过了堤防，就可以到大稻埕码头，现在当然只剩下游艇了。

迪化街整条街都是雕工精美的楼房，是研究早期台湾商户的好地方，在文化及历史上都有指标意义。事实上，迪化街及附近几条小巷，你还会看到很多华丽的老洋楼，每户都是几代相传的巨富之家，每一户里的主人都与台湾历史有着千丝万缕的关系。台湾许多传统财团都是从迪化街起家的，逛迪化街大稻埕这一带的方法就是“抬头看”。只要是老房子，每户都有风格，每户都有造型，那花窗、牌楼、柱子，有华丽的巴洛克石雕，也有混搭现代主义风格建筑，那是以前大户人家在互相比气势，争奇斗艳。到现在迪化街那些门面很窄，纵深很深的老房子叫街屋，呈狭长形，室内比较阴暗，因此建筑中间常有天井，第一间叫一进，第二间叫二进，有机会一定要与店家套近乎，让他们带你进去参观参观，据说老房子里都还住着一些低调神秘不为人知的富商家族。在台湾，迪化街被视为地下金融街，一直有这条老街有能力几小时调动数百亿现金的传闻。

迪化街平常时人其实不多，总会与一些有趣店家不期而遇，这是个有生活感的地方。越来越多年轻有创意的人租下这的老房子改建当工作室，它不只是老街区，还是一座活的生活场域，有别于其他观光化的老街，不如说大稻埕是座“城市”。走进这里，创作题材仿佛用不完，但只要临近农历过年，这里每天都有汹涌的人潮，那是一年一度的年货大街，光是卖年货、小糖果、零嘴那些玩意儿，短短两个星期加起来就会有快十亿元的营业额，如果你在这个时候来逛迪化街，从街头走到街尾，光是试吃，你就能吃饱了。你平常去，人比较少，可以慢慢看那些屋宇的华丽立面，年货大街时去很热闹，不过屋宇立面都被遮住了。

慈圣宫

慈圣宫始建于1866年，现在的建筑是1910年时重建的，主祀的神明是妈祖，与霞海城隍庙一样，都是当年同安人从艋舺带神像过来重建的。提到慈圣宫，最有名的不是宫庙本身，而是宫前那一整排小吃摊。在台湾所谓找到美味小吃的三个线索：宫庙前、榕树下、巷仔内，这里全部符合，非常具备草根性的地方，很多小吃摊都是几代经营，与附近居民都是世交。你经常可以看到穿着得体西装做派优雅的老绅士，边吃边跟着同样年老、穿着汗衫的摊主话家常，名车名牌对这一带的传统有钱人来说，远不如老朋友重要，他们可能穿着汗衫骑着破脚踏车就来这吃碗米粉汤。当然，也只有在大稻埕能看得到这景象。在这里，整排小吃几乎没有重样，偶尔还能一边吃一边看酬神剧。方便的是，每摊彼此都很熟，你可以在前面跟想吃的摊子各点一样东西，然

迪化街

慈圣宫口

后说要坐里面某处，吃饱离开只要跟一位摊子结全部的钱，老板会把其他摊子的钱帮你转过去，这就是庶民的人情味。在这里，隐藏了许多老台北人心目中“台北第一”的小吃。

宁夏夜市

如果在台北你只能去一个夜市，又要交通方便，那就来宁夏夜市吧！这里有全台北最齐全最多样的小吃种类，几乎不重复，不用特别推荐一摊，可以从街口吃到街尾。这里也管理得最好，又不会太贵，内行人都知道要来宁夏夜市，这是台北人自己来的夜市。事实上，这一带也正是台北最早的小吃发源地之一，所以你会看到许多祖传两三代，经营了超过50年的摊子。这几年老牌聚集的宁夏夜市重新火爆，却也没有因为这样神气起来，不像其他夜市有名就消费纠纷一堆。前2年宁夏夜市推出了“千岁宴”的服务，打出了名号，只要你们人数够多，就能和夜市管理处联络，他们会带你到专门的室内空间，一次性将夜市里各知名摊子及招牌小吃以合菜形式端到你面前的餐桌，免去东跑西跑的麻烦，不过在冷气房里吃夜市小吃气氛颇怪的，因为小吃就应该在户外吃嘛！

宁夏夜市

台北人对“夜市”的这个概念跟南部人不太一样，南部人以为，“夜市”就是在一块空地上，每个星期有几天会有大批摊贩来摆摊，晚上吃吃玩玩休闲的地方；但对于台北人来说，“夜市”理所当然就等同于“小吃”，这也是一个南北差异。

离宁夏夜市不远，民生西路上有一间波丽露西餐厅，1934年开店，是台湾最早的西餐厅。跟明星咖啡店的外省做派不同，波丽露从日据时代起就是本省文人雅士爱去的地方，那时候的穷文青把妹都拼命存钱到这里来点咖啡配饼干，然后混整个下午，很长一段时间，这里也是台北有名的相亲西餐厅。总之，路过的话可以多看一眼，这一浓浓老派作风的店。

士林—北投

这两个在基隆河北岸的区，阳明山麓占了很大部分，依山傍水，生活质量普遍不错，很多景点主要与山、温泉有关。孟庭苇唱《冬季到台北来看雨》，你真的在冬季到了台北才知道，又湿又冷，这时候，台北人都知道，上山泡温泉的时候到了。

士林夜市

士林夜市简直就是观光客认识台湾夜市的起点，名气不是普通的大，它的范围是文林路、基河路、大南路围起来的这片区域，不仅到处都是小吃，卖各式衣服、小首饰、特产品纪念品的店一应俱全，整个区域逛下来，边走边吃你可以逛一个晚上。很多人狭义地以为士林夜市指的只是公有市场地下室那片美食街而已，其实那地下室的摊商大多是以前地上摊商的集中地而已，因为都集中在那儿反而少了夜市的气氛。而且，本地人都知道只有观光客会走进那地下室，而且价钱普遍偏高。曾经有评论家一针见血地指出，士林夜市是“什么都卖，什么都不好吃”，当然这说法是见仁见智，只是士林夜市里同类的小吃太多是不争的事实。

如果真要找过去士林夜市的感觉，就要从大南路慈诚宫前，以及文林路阳明戏院前那整排的小吃开始，逛士林夜市首重“巷弄”，在这如迷宫的片区中，很多老字号美食经常就藏在不经意的拐角中。吃饱喝足了，再逛逛大东路人潮汹涌的商店街（九成以上都是观光客），再转到基河路的游戏摊赢一些奖品，这样你的士林夜市之旅就功德圆满了。士林夜市有一些专门坑观光客的水果摊，都上了好几次新闻了，要买水果前切记先问清楚价钱。

士林夜市

士林官邸

这幢蒋介石生前在台的官邸及园区，在1996年前是神秘且不可亲近的禁地，在逐步向军方争取之后，逐步松绑，直到2003年1月正馆2楼起居室开放后已经算没有秘密了。整个园区内主要分为官邸和花园两个部分：官邸包括官舍、招待所、蒋介石及夫人做礼拜的凯歌堂、每年为蒋介石做寿设堂之慈云亭；而花园部分，因为这块地在日据时代是园艺管理所，总是花团锦簇，包括中式庭园和西式庭园。另外，还有玫瑰园以及露天音乐座，在不同时期会有不同的花展。

在20世纪90年代以前，每到周日中午，士林官邸前的中山北路总会交通管制，原来那时候还有很多信基督教的政府要员及将领会在凯歌堂里做礼拜，礼拜一结束，一辆辆黑头车就从里面开出来，现在这画面也成了绝响。

此外，你可能会发现，剑潭山这里，包括山背的忠烈祠，总是重兵把守着，因为这里也是军事要地。那座山看到没？众所皆知，里面是空的，至于里面是什么，嗯……爆发生化危机时领导人应该会逃进去指挥。

台北"故宫博物院"

这是不用多作介绍的景点，这座在外双溪山脚下的博物馆，是举世闻名的文化资产，其收藏品的年代几乎囊括了整个中华文化5000余年未曾中断的历史，在世界文明史上独一无二。

台北“故宫博物院”完全能让你在里面慢慢看上一整天，甚至来看好几次，现在馆藏约有85万件收藏品，每次展出约15000件，每三个月即随着展览主题的不同而更换橱窗展示品，真的要看上30年你才能把它给全部看完，旅行团走马观花绝对无法领略其中震撼，所以在参观台北“故宫”之前先上网站预习一下非常必要。一般人会认为，台北“故宫”的镇店之宝是“猪肉白菜锅”：肉形石、翠玉白菜与毛公鼎，总是很多人围着瞧个不停，其实前两项只是过去皇家有意思的收藏品而已，而毛公鼎的出土让周代的铭文呈现。除了历史，更有文学方面的价值，绝非其他工艺品可以相提并论。毛公鼎是真正的国宝，而翠玉白菜和肉形石只是重要文物而已。只是观光业的需求，让大家都懂得逛台北“故宫”，就推行了“酸菜白肉锅”三件套组合。至于会选这三件是有原因的，主要是玉器跟青铜器不容易受光线、氧气等因素而有消耗，所以故宫会长期放展，每次去几乎都可以看到，不易扑空。一般人心目中都知道好的玉不便宜，甚至怀着雅俗共赏的心态，对于去台北“故宫”看玉就有吸引力。台北“故宫”真正镇馆的绝世珍宝其实是范宽的《溪山行旅图》、郭熙的《早春图》、李唐的《万壑松风图》，不过这三幅画只有在特展时有缘目睹。真正内行人，都是冲着台北“故宫”的特展去的。

画家张大千的故居“摩耶精舍”就在台北“故宫”旁边，张大千病逝后，遗骨火化亦安葬于摩耶精舍后院梅丘立石下，其后代子孙将摩耶精舍与其绘画收藏品等全部捐出。现在他的故居由台北“故宫”代管，想参观的可先向“故宫”申请。

现在台北“故宫”游客非常多，10:00~12:00、14:00~16:00这时段人最多，而旅行团也多集中在玉器瓷器青铜器这几个展区（只有2个小时你想能参观多少），所以如果你想稍微安静点参观，在这时段可以先去看书画，等过了这时段再回来看热门的。更安静的时段是周五周六的夜场，基本上下午五点后游客就走得差不多了。台北“故宫”所在的外双溪风景秀丽，本来它环抱于群山中，视野一览无余，你从“故宫”走出来一定可以见到它中轴线正对面盖了一座不怎么漂亮的豪宅，大煞风景，严重破坏视野，当年这栋楼要盖时就引发了很大的抗议，不过也无力回天了。

素书楼—钱穆故居

1949年后一批文化大师，如胡适、林语堂、钱穆、梁实秋、傅斯年等人陆续来到台湾。在台北各处都找得到他们落脚的痕迹，凝神驻足在他们的故居，感受得到动荡时代下沉淀出的文化底蕴。一代大儒钱穆先生的故居，离台北“故宫博物院”不远，就在东吴大学校园里的山坡上。1968年他搬来此居住，取名素书楼是为了纪念先生的母亲，次年便应文化大学聘任担任历史研究所教授，在家为研究生授课，客厅就是钱穆讲学的课堂。听课的学生不限校内生，旁听的比门生多，有的门生一连听课20年；有的学生则听成了教授，又带着自己的学生来听课，成为当时台北一文化重地。

1988年有市议员质疑市产被非法占用，其中便点名素书楼，虽然按契约可使用至1992年，但钱穆自觉受辱，就在1990年，身体状况不好的情况下以96岁高龄搬了家，不过6月搬离素书楼，8月就离开了人世，而在一代鸿儒的最后时日留下这样的事件，也令文化界唏嘘不已。

现在故居展示钱穆在此居住时的文物，也利用这个闹中取静的小楼举办文化讲座、读书会等，作为公共人文空间。此外，此处亦是我大学时翘课打瞌睡的地方，钱穆先生，对不起。

最佳路线

钱穆故居在东吴大学内，正门一条路走到底即是，从后门出左拐走故宫路，再右拐至善路步行一刻钟即可到台北“故宫”。

反之，参观完“故宫”可步行至东吴大学后门钱穆故居处，参观完后由后门出直接打车只要10分钟即可达忠烈祠，参观完忠烈祠后走10分钟即可到圆山大饭店，从另一侧走下山一刻钟可达士林夜市。

新北投

整个新北投一带，是台北传统的温泉乡，非常日式，而且是日式小清新的那种日式。沿着山坡蜿蜒而上的路，两旁都是温泉旅馆，就连空气中，也充满着浓浓的硫黄味，不仅可以舒舒服服地泡个温泉，自然人文资源也很丰富。

从捷运北投站转乘新北投支线开始，整列电车风格跟其他路线的捷运车厢就很不同，完全以温泉为主题装修内部的，在车厢内就开始告诉你有关温泉的故事与信息，让你知道这是一条开往温泉乡的电车。

早在清光绪二十年（1894年），就有德国商人利用北投温泉兴建温泉俱乐部，为北投温泉开发之始。后来日据时代，最爱泡温泉的日本人发现了此地的观光价值，而开始建温泉旅馆，为了方便泡温泉，甚至还特别开了一条铁路支线，也就是现在的捷运新北投支线原路面，做温泉观光用途。

新北投捷运

一出新北投捷运站，沿着中山路走不远，在一片绿树海中会发现北投图书馆，你一定无法相信这座美丽的建筑是图书馆，事实上，它真的是全球最美的图书馆之一。图书馆采用大片落地窗，并善用南向公园、北面临溪的地理环境，让风景与自然光流入户内。这幢像林中树屋的建筑是标准的绿建筑，拥有木建材、太阳能发电、雨水回收系统等绿建筑功能，软件与硬件都与自然景观融为一体。参观图书馆最好的方法不是一直拍照，你可以挑几本书，坐在椅子上静静阅读，享受飘入木窗的微风，打盹、小睡。

图书馆在北投公园内，前面有座圆形喷水池，当年金城武和梁咏琪的《向左走，向右走》中两人初会的场景就是在此拍摄。

温泉博物馆也在公园内，这座外观似英国维多利亚时代乡村别墅式洋建筑，又融合了日式屋宇的博物馆，是日据时代的公共浴场，里面有一座很气派雄伟的中央温泉浴池，由圆拱列柱围起，当年曾经是东亚最大的温泉浴场，两侧墙上镶嵌了彩色玻璃，在这儿泡温泉很有以前罗马浴场的感觉。

公园的另一侧光明路，有一间泷乃汤，破破的屋子，算是北投现存最早的温泉浴池了。1896年建立，朴实平价，推荐来这边一泡，感受一下本地人“生活即温泉，温泉即生活”的理念，这是男女分开的大众浴池，不过就别对设备有过多期待了，抱着怀旧的心情来看看还是不错的。在这里泡汤的人都是本地居民，自成一个小社会，就是俗称的老人温泉浴池，看到陌生人来可能会装老鸟啰唆好意地说你几句，教你怎么泡温泉，你只要乖乖让他们说，其实他们都是很古道热肠好玩的家伙。

沿着中山路继续往山坡上走，会走到地热谷，又有人叫它“地狱谷”，90℃的温

泷乃汤

泉水从这冒出成为一个温泉湖，长年弥漫着白蒙蒙的蒸汽，迷蒙梦幻，谷内的温泉是酸性“青磺泉”，全世界仅有日本秋田与中国台北北投区有青磺泉。台北的小孩以前都有在这边煮温泉蛋的经验，因为经常发生意外，这几年不准煮蛋了，但一旁僻成了温泉亲水公园，地热谷流出的温泉随着北投溪溪水而下，游客可以在温泉博物馆处的溪水间泡脚。

继续沿着温泉路转进幽雅路往山上走，可以到北投文物馆，这幢建筑也是当年北投最高级的温泉旅社，建于1921年的佳山旅馆。被群山绿意环抱的日式庭园，矗立着台湾仅存纯木造二层日式书院主体房舍。当年，在这儿住一晚的价钱可以在一般地段买3平方米，可见其贵气，在日据时代晚期，这里也被日本军方征召，变成神风特攻队的招待所，后来有很长一段时间都荒废着。其实在北投有很多温泉老建筑，台湾光复后国民党政府接收了也不好好整理就任其荒废，待这几年有心人士开始倡议保存，当局才有作为。现在北投文物馆除了文物展览、文艺表演外，在这边来个日式下午茶，或怀石料理，气氛都很不错。

机车服务——在新北投，你可以看到很多写着“机车服务”的摩托车载客，这是在新北投特殊地形及历史背景下应运而生的行业，以前北投是温泉乡，也是温柔乡，艺伎及“女侍应生”经常要穿梭在各餐厅及温泉旅馆间，上坡下坎很不方便，还是乘摩托车最快。自从废娼后，摩托车就转型为服务一般民众，如果要采买啥，要下山到老北投很不方便，于是，摩托车也有帮忙送货或一般载客的服务，所以，在新北投玩乘摩托车走蜿蜒的山路也是件很有本地特色的事。

阳明山

阳明山原名草山，山上草真的很多，但由于老蒋有每游玩到一处就爱改一处名的习惯，当年他住在此时，草山被改名为纪念王阳明的阳明山，据说也因为是避讳，怕人认为他落草为寇。阳明山不仅仅指一座山，而是泛指大屯山、七星山、纱帽山、小观音山一带的山区，通称阳明山。

都经常说阳明山是台北市的后山，后花园，上山交通方便，可是这“后山”好像也太高了一点，最高的地方有1100多米，所以山上还是比市区温度稍低。偶尔，山上会下雪，这时候就会看到台北人都像着魔了一样，通通都想挤上山去看雪。作为离大都市最近的高山与自然保留区，阳明山的自然生态环境当然很丰富，只不过你要拿大陆的那些名山大川来比的话，那可能会让你大失所望，但是如果想踏青登高，看看台北市全景，那还是挺好的。

地热谷

阎锡山墓

阳明山小油坑

林语堂故居

这座中国四合院的架构模式，结合西班牙式的设计取向，兼具东西方风格的美丽宅邸在阳明山半山腰上，是林语堂当年亲自设计的，充分展现了他的美学观，林语堂在这里度过了最后10年的人生岁月，1976年他过世后，也安眠在这后院里。目前这宅第除了参观功能，经常有艺文活动、英文读书会在此举行，这里有附设咖啡及简餐。在林语堂曾经天天坐着乘凉的宅第阳台上，喝着咖啡远眺蓝天白云、远山及台北市，心里直感叹，大师也太会生活了。

山仔后

山仔后这一带是在阳明山上山路上一片平缓的地区形成的一个热闹市镇，你完全感觉不到你是在山里，从这走10分钟可到中国文化大学，这里是公认看台北夜景最漂亮的地方，在学校附近也特别多小吃。此地有间华岗艺校，台湾许多演艺明星都是此校毕业的，所以路上辣妹众多。

在20世纪六七十年代美军还驻台时，大批军眷均住于此，这一带有过去台湾最大的美军宿舍眷区，当年建设时，将20世纪50年代时美国本土的住宅样貌，也就是将美国人的家乡面貌，整个移植到阳明山上来。现在很多房舍已经人去楼空埋在荒烟蔓草中，这几年为了要保存还是建大楼，两方正在展开拉锯战。

阎锡山墓

“山西王”阎锡山来台后几乎就一直住在阳明山，过着“十年隐居，十年著作”闲云野鹤般的生活。据说他的故居建得就跟窑洞一样，是他跟部下亲手盖的，他也在寓所旁亲自选定了他的墓穴位置。现在这陵墓很气派，就跟阎锡山的个性一样，墓前斜坡上，用水泥雕成一个高大的“中”字，取意于阎锡山奉行“中”的哲学：处世、为人、为政，都要“发于仁，归于中”。圆冢前立有3米多高的墓碑，书“阎伯川先生之墓”七字，碑后则刻有一生经历。

其实若不是住在附近的人，还真很少有人知道这个地方，你看现在墓园两侧龙柏茂盛苍郁，还如此干净，那是在还没被定为古迹前，阎锡山的子弟兵张日明老先生近半个世纪以来每日上山打扫的结果。之前，曾经有人看到墓前放了几瓶山西产的陈醋，还是近日生产的，可见有山西的游人特意找到这里凭吊了。

中山楼

你走阳明山公路一定会远远地见到这座白墙青瓦气势雄伟的中国宫殿式建筑，也就是现在台币100元纸钞背面那栋建筑，这是由台湾早年的女建筑师修泽兰所设计，为纪念孙中山先生百年诞辰，完工于1966年。

中山楼也是过去“国民大会”开会的地方，据说当初建造中山楼时还参考了风水，是建在龙穴上面的。从中山楼到士林官邸、圆山饭店和“总统府”都是一条轴线，就叫“帝王轴线”。对台湾人来说，在戒严时代这是个神秘的地方，经常笑称这里妖气缭绕，不仅因为附近温泉硫黄口众多，加上经常大雾氤氲，还有“国民大会”在开会时，经常会发生的一幕幕光怪陆离的政治奇事，台湾人称之为“山中传奇”。

中山楼是全世界唯一一栋盖在硫黄口上的建筑物，硫黄口正好在大礼堂讲台的正下方，当年修泽兰女士将各种建筑材料放到硫黄水中浸泡，以检验其耐腐蚀性，她多选用不会被硫黄氧化的材料，如木头、石头、黄金、玉、贝壳、大理石等，所以内部建筑陈设富丽堂皇。现在中山楼虽然已经不再使用，繁华已退去，但它见证了台湾的政治发展史，见证了从封闭到开放的过程，是极具历史价值的建筑物。

阳明山公园

这里是阳明山游览区的核心地带，最方便的游玩方法是乘坐108路游园公交车，整个山头会绕一圈，各景点及步道都会停，每20分钟就有一班，非常方便。

沿线会经过原蒋介石的行馆阳明书屋，以及山谷间的海芋花田竹子湖，如果你时间不多，前两个可以略过，但小油坑磺烟喷口一定不要错过。整座山头在里面，如同直接被撕裂般出现一巨大的凹陷处，寸草不生，喷气孔终年有硫黄味的蒸气喷出，地上多是黄色硫黄结晶，可以从栈道上近距离参观。从这里有直达七星山山顶的步道，在山顶上往南眺望，整个台北市、新北市一览无余，往北可远眺台湾北海岸。

这游园小巴跑的路线有大部分都是战备道路，经常跑在窄窄的棱线上很惊险刺激，接着会经过一个叫冷水坑的地方，因为冒出只有40℃的温泉，相较于阳明山国家公园其他温泉水温，算是很冷的，所以称为冷水坑。这有一个小小的堰塞湖，称牛奶湖，因为池底喷出硫黄瓦斯，沉淀后使湖泊成乳白色，冷水坑的好处就在于有免费的温泉浴池，其实整个阳明山区有好几个隐藏版免费的公共温泉浴池，都要内行人带才知道。

冷水坑旁有一条岔路可到擎天岗，台北长大的小孩都来过这片山上的大草坪打过滚，这里过去是大片的牧场，现在你还能看到仅剩少数的退休老牛在这儿安养天年。来擎天岗玩真的是要带一点天真的童心，在连绵辽阔的青青草原，缓慢掠过的云影，有时候云飘来了如十里雾中，云散去了又是蓝天绿野，你要怎么喊，要怎么奔跑，要怎么滚都不会有人管你。

南港—文山

台湾中研院史语所文物陈列大楼

除了搞研究的内行人，几乎没有人知道这边也藏着珍宝，台湾中研院史语所收藏的主要是1928—1949年在大陆挖掘的考古学、人类学文物，包括新石器龙山文化、殷商（安阳遗址）到周朝的上古文明的文物，比如安阳殷墟发掘青铜器、甲骨，还有西部出土的居延汉简及珍藏图书、内阁大库档案等数万件的珍贵文物，不用怕看不懂，所有文物，均由史语所各领域研究人员撰文，诠释文物的历史脉络与文化意义；不来这边看，绝对是亏大了。

胡适纪念馆

这间屋宇是当年台湾中研院院长胡适的故居，在1962年他过世后，同年也成为纪念馆，现在故居的建筑、廊道、摆设等格局，大体上仍保持先生生前生活起居的原有风貌，连生活哲学都很受实用主义的影响。此外，也展出著作、手稿、照片、遗物与纪念物，以及胡适在台湾的纪录片等。走出中研院大门就是胡适公园，胡适与夫人合葬于此，旁有其大儿子胡祖望的墓，以及二儿子胡思杜纪念石。

木栅动物园

如果你在台北时间很多，一定要来这座亚洲最大的动物园逛一逛，因为这边太好玩了，性价比绝对高。跟传统的动物园不一样的是，在展示环境之上，呈现的是一种自然风貌，看不到铁栏杆，利用这边的地势来设计动物居住环境，让动物拥有与其原生地类似的居住环境。

整个动物园很大，够你逛一个下午了，为了营造这样的开放式的环境，你会走到腿软掉，有很多区，包括两栖爬虫动物馆、台湾乡土动物区、亚洲热带雨林区、沙漠动物区、澳洲动物区、非洲动物区、温带动物区、鸟园区、可爱动物区、蝴蝶公园、教育中心、夜行动物馆、无尾熊（考拉）馆、企鹅馆、昆虫馆、植物观察区等，尤其鸟园区和蝴蝶公园，你可以走进那个步道，蝴蝶在你身旁飞舞，姿态各异的鸟类也飞掠而过。现在园内的明星动物当然是那两只国宝团团和圆圆啦！

猫空缆车

从木栅动物园山下一直行驶到山上猫空的缆车，近来非常火爆，尤其是引进了地板是透明的水晶缆车之后，大家都抢着乘坐，搭乘缆车在半空中俯瞰，可将猫空茶园美丽绝佳的景致尽收眼底。

猫空缆车在2007年营运时是十足的政绩工程，急急地盖完急急地上马，大家都搭得很高兴，直到有一次在议会上，有人拿出照片踢爆了缆车基座有很多地方根本已经裸露，很危险，群情哗然，立马停开，又花了1年时间为暂停营运加强检修，直到2010年时才再度恢复营运，到现在猫空缆车营运都小心翼翼的，风太大也停驶。所以若你要搭乘，在捷运木栅线往动物园方向的车上一定要注意听广播，看有没有停驶通知（保养日请洽网站）。

猫空在台北人的印象里，是个种茶、喝茶的地方，有许多观光茶园供游赏，文山包种茶及铁观音闻名于世。本来这是山下政治大学学生夜生活的地方，后来名气大起来了，许多台北市民都爱来这里喝茶，黄昏之后，家家户户挂起了五彩灯泡，茶客安静地

猫空缆车

泡茶聊天、远远欣赏台北的万家灯火，是人生一大享受。

景美人权文化园区

这是个从开馆以来就颇受争议的博物馆，它的前身是“警备总部”和“国防部”的军事法院及军法看守所，简称景美看守所，在台湾白色恐怖时期，这里是个让人闻之色变的地方。许多的政治犯，包括施明德、吕秀莲、现在的高雄市长陈菊等都曾经关押在此过，1980年年初，美丽岛事件后的军法大审也是在这里开庭，背负了许多台湾的黑暗人权记录。

现在园区保留了过去军法单位的一切原貌，一走进去就有种肃杀到让你不寒而栗的感觉，游客除了可以参观白色恐怖纪念馆外，也可走进当时的监狱区，比如医院、澡堂、囚室、会客室等，每间囚室上都写着名字，写着过去谁被关过在这一间房，每个空间、每件物品可能都有让你无法想象的故事。如果来这里遇到有导览行程，一定要参加，因为负责导览的志愿者，很多都是以前被关在这里的政治犯，他们说出来的亲身经历，更让人听了震撼。

[行]

新北市区与台北市已连成一片，在台北市怎么行，新北市亦然，绝大多数偏远的乡镇都有方便的交通工具到达。

[住]

与台北市只隔了一条淡水河，但在服务质量不变的情况下，新北市的住宿房价就降了许多，在台北玩，完全可以考虑新北市捷运沿线的旅馆酒店。

新北市以前叫“台北县”，因为人口超过直辖市门槛而直接升格为直辖市，与台北市虽然只差了一个字，是“县”，但不管是建设、气质，好像就差了很多。

以前常有人开玩笑，说台北市人觉得只要一跨过淡水河，通通都是南部。台北市的人觉得以前台北县，现在新北市的人“好像”不算是台北人，其实如果你有机会自己跨过一次淡水河，就会有这种感觉。

比起“文艺的”台北市，淡水河“那一边”会更草根一点，不知道怎么解释。新北市的马路经常让台北人摸不清，台北市区的马路尚属正方，到了新北，一过桥，就跟迷宫似的，绕都绕不出去，还有圆的路，脑子会乱成一团。

台北市人到现在说“新北”都有点别扭，好像只有郊游的时候才会想到那些地方。新北的市区和台北市区明显比不上，但是外围乡镇……嗯……现在已经是“区”了，那些自然风光，山啊海的，人文情调，却经常是世界级的，恐怕，这才是新北市最自傲的地方。

淡水

许多人来台湾都会去淡水看夕阳，到渔人码头去玩。淡水似乎只是个观光客众多的河口小镇，很少有游客会去想，这个曾经的台湾第一大港，在台湾历史上有着重要地位。大概是这个河口小镇的居民看过太多来来去去的侵略者与统治者，有太多艺术作品、音乐作品在描写歌颂这个小镇，尽管游客众多，淡水一直有种淡然而沉稳的气质。

淡水红毛城

16世纪大航海时代，欧洲海权国家势力开进亚洲，这正是东方遇见西方的时候，他们发现台湾地理位置极佳，是连接东南亚及东北亚的中继点。这时已经占领菲律宾的西班牙人眼见台湾南部已经是荷兰人的势力范围，继续北上，他们在这里发现了河口要冲，兼具河港与军事的优越位置，1628年在淡水河口建造了“圣多明哥城”（San Domingo），即今日的红毛城址。

1642年，满头红发的荷兰人北上，驱逐西班牙人并重新筑城，由于汉人称荷兰人为“红毛”“红夷”，此城因而被民间称为“红毛城”。现在看到的红毛城，大部分为这次重建的样式。待郑成功渡海东征驱逐荷兰人，郑氏降清，淡水因与大陆最近，本身又为良港，因此由渔村渐成街庄和通商港口。

1860年的《天津条约》，淡水开港，注意台湾经济利益的英国，于是在开放的各口岸设立洋行及领事馆，英国乃于1867年与清政府订立《红毛城永久租约》，第二年在红毛城内建了领事馆。那三座建筑是19世纪典型的英国殖民地建筑式样洋房，墙壁为清水红砖，屋顶是闽南红瓦，一楼屋内的彩色地砖是爪哇产品。一楼回廊立面是弧券拱，二楼回廊立面是半圆拱，每根砖柱上都刻着蔷薇花。而回廊，是东南亚旗楼特色，兼具遮阳挡雨的功效。那时候的淡水，是茶、樟脑、硫黄、煤、染料等土产的输出和鸦片、日常用品的进口地，使淡水成为全台湾最大的贸易港，各国商人云集。

红毛城

真理街

这条短短的街被称为可以一路从幼儿园读到大学，淡水本地人几乎都在这条街上混过。整条街上，古迹也不少，是充满了故事的一条街。淡水从三民街以西这个片区，是本地人口中的洋楼区，是当年被划为洋人可以置产居留的地方，迥异于淡水其他地方，洋楼、洋行、教堂、西式学校依山坡逐层而建，远远望去颇有拿波里的感觉。

走上真理街的斜坡，淡水中学对面的小白宫，是前清淡水关税务司官邸，建立于1870年，因为整个建筑主体是以白色为主，所以被称为小白宫。再往前走，是有名的淡江中学，众所皆知，这是电影《不能说的秘密》里的主要场景，这是座环境非常优美的历史名校，校舍、回廊、校园都是满满的中西合璧风格。校内八角塔是最有特色的地方，融合了中国的宝塔和西方拜占庭式建筑，并且按照农舍三合院格局将两翼的教室依次降低，是淡江中学历代的精神堡垒。因为学校清幽美丽，不仅是电影，很多MV也喜欢选择在淡江中学校园内拍摄，但你以为周董只是因为学校美丽而选择在这里拍摄吗？事实上，他是这所学校音乐班的第一届校友，对学校充满了深深的感情。

再往前走不远是理学堂大书院，亦是淡江中学及旁边真理大学的前身，1872年到1880年间，加拿大籍传教士马偕以露天教学的方式，于路边、榕树下、溪边或是海边传教，他的职责是培训传教、医疗、教育等人员，故在返乡述职之际募款，1882年学校建成，以马偕故乡牛津郡为名，称“Oxford College（牛津学堂）”，是台湾最早开始西式教育之地。从理学堂大书院到淡江中学，再到旁边的真理大学，历史一脉相传。

理学堂往前走下坡，就会到红毛城，整条真理街本身就是一座历史博物馆，现在你也知道了，周董在《不能说的秘密》里骑着单车载桂纶镁上学，那根本是不可能的事，真理街的上坡会让你骑到累死，还载人呢！

马偕与淡水

在淡水中正路、三民街交叉口有一大胡子像，你晚上看到还会吓到，以为是人脸章鱼身，那就是马偕博士像，提到淡水的历史、北台湾开发史，都离不开这位大胡子加拿大人。

1871年，年轻的传教士马偕，刚从普林斯顿大学毕业，就奉加拿大长老教会派遣来到沪尾（今淡水），展开传教生涯。他学习闽南话，并且四处旅行传播福音，整个台湾北部都有他的足迹。马偕常以医疗传道，一边旅行，一边和助手在路边帮人拔牙，在台湾的30年，马偕总共为台湾人拔了超过21,000颗牙。1880年，他开设北台湾第一家西式医疗院所，就是现在马偕街6号、淡水长老教会旁边的偕医馆。

1882年马偕创设牛津学堂，除了教授神学，还有人文社会科学的历史、伦理、中国历史，自然科学的天文、地理、地质、植物、博物、矿物及现代医学、体操、音乐等，是台最早西式教育之地。1884年，又建立一专供女子读书的女学堂。在那台湾民风保守、不希望女人受教育的年代，女学堂不但学费全免，还补助交通费、提供吃住与衣着，第一年就收了34人。

1884年中法战争，法军企图占领淡水，群情激愤下教会被民众拆毁，但法军猛烈轰炸淡水市街，偕医馆内外都挤满受伤的士兵及百姓，马偕不分中国人和法国人，都尽心尽力地照顾，还受到清政府的褒奖，也得到各国人士的尊敬。

马偕娶台湾女子为妻，在台湾生子，两个女儿皆嫁台湾人，独子也继续接过在台湾宣教的棒子，创办了淡江中学。1901年马偕罹患喉癌过世，最后葬在淡水，就是淡江中学里面的马偕墓园，以围墙与一旁的外侨墓园隔开，以表明自己是台湾人。对于台湾来说，马偕不只是传教，他因着爱台湾的缘故，将西方文明引入尚未受现代化洗礼的台湾社会。而台湾因为有马偕，大大开启了民智，论对台湾之功绩，他是扭转台湾社会风气的第一人。他对台湾的牺牲奉献，正如他的座右铭——“宁愿烧尽，不愿朽坏”。

马偕的著作《台湾遥寄》，是现在研究19世纪末的台湾的重要文献之一。在“卷首语”中，有这么一段话：

牛津学堂

遥远的福尔摩沙是我心所挚爱
在那岛上我度过一生最好的岁月
我爱他那黑褐色皮肤的子民
不管是汉人、平埔族、高山族
过去这二十三年我在他们当中传扬耶稣福音
为了以福音服侍他们
我满心情愿献上我的生命
即使一千次也不足惜

淡水河岸

从淡水捷运站一直走到渔人码头这一段路的河岸风光，除了游客越来越多，基本上几十年不变。一路上会看到老旧洋行仓库，停着小舟的旧渔港，随意搭建的水上人家。信步漫游在河岸边的大榕树下，江风扑面清爽。如果你经过渡船头，可以搭小轮渡噗噗噗慢慢荡到对岸八里码头的商店街去逛逛，吃盘炒孔雀蛤，再慢慢搭回来。若是能站在这里欣赏淡水慢慢落下的夕阳那就更好了，夕阳余晖，满天金光，点点人影，美死了，就像著名的台湾民谣《淡水暮色》里写的“日头将要沉落西，水面染五彩，男女老幼在等待，渔船倒返来”。这是一条多么适合散步的路线。

渔人码头

沿着河岸走到底，是著名的渔人码头。别看淡水河宽阔，其实泥沙淤积严重，渔人码头是以前的淡水第二渔港，就是因应旧渔港无法使用而辟建的。十几年前，渔人码头开始转型为观光码头，打出了名号，到淡水的游客都会来渔人码头玩，自从名为情人桥的纯白跨港大桥建好后，也成了这里的地标。在渔人码头看日落与在河岸看日落是完全两种的不同感觉，开阔而气象万千。

渔人码头刚转型观光时，曾发生一个冷笑话：某假日，渔人码头照例挤满游客，只见一忧郁少女独自站在港边，因为她穿着一袭红衣，站得又离水边那么近，很难不吸引大众的目光，众游客都发现她神情有异，大家都心里有数，但也没人敢上前劝她。只听见“扑通”一声，那红衣少女跳了下去，在岸上的游客心头一惊，说时迟，那时快，只见到一个身影也跃了出去，原来是一老爷子跳进水里，挣扎了几番后将红衣少女救上岸来。群众以崇拜的眼光看着这位英雄，纷纷拍手，有人就问他了：“阿伯，你怎么那么有勇气想也不想就跳下去救人？”老爷子愣了一下，突然就怒了：“恁祖妈勒！也不知是哪一个猴死囝仔突然推我下去……”众人听了哗然，一哄而散。

北海岸

从淡水出发，一路经过三芝、石门、金山、万里到基隆，这条路线是台北的黄金海岸线，有细白的沙岸，也有姿态各异的嶙峋岩岸，这是个很适合坐车一路兜风过去的地方，如果有时间，骑着自行车那是更好啦。你在一路上风景美气氛佳的地方，一定可以看到许多用面包车改装的行动咖啡车，那可是北海岸的特殊景观。

石门洞

石门区真的是因为石门洞而得名，车开到这里只要你没睡着，一定可以看到这个地质奇景，经年累月的海水浪涛冲凿，再加上地形隆起而形成一座高约10米拱门状的天然海蚀岩洞。走入洞门又是另一番景色，海风徐徐吹来让人心旷神怡；而洞外的海滨，石

淡水暮色／杨安生摄影

石门洞

砾浅滩，混杂了大量的螺贝类、粗贝壳沙与礁石，色彩斑斓，造型各异其趣。

十八王公庙

除了自然景观，石门这海滨小镇之所以人潮汹涌，一堆大巴聚集，都是因为这间香火鼎盛的小庙，金纸永远熊熊燃烧，烟味浓密而呛人，全台知名，更奇妙的是，入夜之后才是它最热闹的时候。据说清朝中叶时，有17位福州巨绅于乘船进香途中遭海难而丧生，仅一只随行的忠犬存活，但忠犬最后仍以身殉主，石门乡人见此狗如此义行，乃将17人与此狗合葬一冢，并建庙奉祀，名为“十八王公”。每逢年节，附近的居民便纷纷上香祭拜，日子一久，人们就以“十八王公”相称膜拜。传说自此以后，石门这里的渔夫在海上遇到危难时，“十八王公”经常显灵相救，于是人们乃集资建小庙加以奉祀。小祠建成之后，显灵的事迹愈多，信众也越来越多。如果你在这条海岸公路上堵车，那肯定又是有大批进香团到十八王公庙了。

一个很特别的地方是，十八王公庙的香炉，除了线香外，插满了一根根竖立的白色长寿烟，不知道什么时候开始传说十八王公嗜烟，于是有了这个习俗，也把整座庙熏得浓烟密布，瓷砖壁面都是黑的；又传说溺毙的人身子比较冷，所以供桌上也出现很多如烧酒鸡、麻油鸡之类暖身子的热汤。也许你会觉得奇怪，石门这个海边小镇，最有名的特产竟然不是海产，而是肉粽。据说以前的船家在海中航行时，为求平安，就是以携带方便的粽子祭拜；后四方信徒前来，也跟着用粽子当祭品，祭完顺便带几个粽子吃，石门粽慢慢也成为特产。

金包里老街

从清代开始，金包里（金山）就是北海岸最重要的聚落，以金包里老商业街为核心。大屯山脉南边山脚下是台北市区的北投士林，北边山脚下是靠海的金山小镇，早年金山捕捞到的渔获一路翻山越岭扛到士林贩卖，再将生活所需品扛回来。这条全长20千米的古道称为鱼路古道，现在是台北近郊区最受年轻人欢迎的健行道路之一。

台北人从小说“去海边”，脑子里第一个浮出来的经常就是金山小镇。但现在金山老街假日总是人潮汹涌，不仅因为它是个有点情调的海边港村，或是有漂亮的沙滩，很多人都专程来这里泡温泉吃小吃，尤其是“金包里鸭肉”。金山就是个2万人的小城，一到假日，竟然可以吃掉上千只盐水鸭，半条街的游客都在吃鸭肉。这几年金山出现很多知名的蛋糕店，竟然让一向自以为见多识广的台北人趋之若鹜，一到假日就翻过阳明山来排队。

法鼓山

法鼓山是台湾四大佛教道场之一，较其他三个山头：慈济、佛光山、中台禅寺，近几年多少都有些争议在，但在台湾一提到法鼓山，总是让人由衷地肃然起敬。法鼓山的创办人是同时承继曹洞与临济两大禅宗法脉的圣严法师，终生致力于人间佛教的推广，这实际做法就是“心灵环保”，从心灵的纯净与安定，促进人我和谐，是为“礼仪环保”；保障我们生活的整洁与俭朴，少欲知足、简朴自然，落实禅宗“修行在行住坐卧间”，是为“生活环保”；能简朴自然，必能知福惜福、感恩大地，保护自然环境免受污染，即为“自然环保”。

若你到法鼓山道场，见到他们的寺院，即能从建筑中领会到这个理念，庄严肃穆，低调朴实，整座道场与山色融为一体。当年要建这座道场时，圣严法师特别奔走多国，学习各地经验，就是为了建一座不破坏大自然，融合环境，“境教”的上佳场所。法鼓山所传的法，特别适合现代都市人的需要，是暂时远离城市，禅修的好地方。

筠园——邓丽君墓园

近年来海外旅客会来到金山，多半是往邓丽君墓园，这园子取邓丽君本名邓丽筠中的筠字为名。除了墓园区，还有邓丽君纪念馆，将她的遗物展示于此，包括以往曾穿上台演唱的打歌服及家居服，邓丽君以往出过的所有唱片。园区里自动点唱机内有十首邓丽君成名的名曲，包括《何日君再来》《小城故事》等脍炙人口的好歌。这园区也在非常霸气的金宝山公墓内，当时金宝山以象征性的一块钱争取邓丽君安葬于此，以前曾经有人好死不死就偏要晚上去，结果就被幽幽传来的歌声吓到了。

野柳

野柳是台湾世界级的王牌景点之一，这小小的渔村拥有世界上其他地方都难以找到的自然景观，是观光客到台湾必来的景点，没有之一。

整个野柳景区沿着一海岬展开，其实这是由大屯山系余脉伸入海中的山岬，长约1.7千米，各种海蚀地形以及蕈状岩布满这一带的岩石海岸，你在这里真的可以深刻体会到什么叫“海枯石烂”。野柳最有名的一块石头叫女王头，大家都要排队跟它照相。女王头的脖子因为风化的关系越来越细，也不知道什么时候，可能地震大一点或风大一点就支撑不了而断掉了。作为野柳的“精神象征”，难道不替女王头加固吗？很多年以前，这问题曾经引发热烈的讨论，后来，景区做了一个惊人的决定：尊重自

野柳

然，任其风化断裂。人类在这千万年沧海桑田的地质变化中毕竟太过渺小，如果哪一天女王头自然断了，怀念即可，请不要为它哭泣。

台湾人对野柳有种深深的感情，不仅仅因为它有世界仅有的特殊地形，也因为从小学校组织春游，小学毕业旅行，都会来这里参观。野柳，是许多人童年第一次“长途旅行”的地方。前2年，大陆一个旅行团的游客在野柳的石头上留下“到此一游”的字样，结果社会一片哗然（虽然台湾人自己乱留言的也不少），因为那擦不掉，只能任其风化消失。这事被炒得上升到破坏两岸关系的高度，结果事主还不得不出面道歉，还上了百度百科。

野柳这个渔村，每年农历正月十五元宵节，都会举办一个很特别的“神明净港”仪式，大批壮丁扛着包括开漳圣王、妈祖、周仓将军和土地公等神明的轿子，在热闹的氛围与吆喝声中跃入渔港冰冷的海水中，扛着神轿在港里游一圈，祈求出海渔船满载而归，全台绝无仅有。

在这里也有好多海鲜餐厅，但众所皆知，有一两家是黑店，只要时间不赶，现在内行人都走一段短短的路到野柳另一面的龟吼渔港去吃便宜海鲜。龟吼渔港的海岸也是超美，尤其秋天的海蟹，其他地方还真没办法像这里吃得那么爽。此外，龟吼海岸也相当值得一游，除了奇特如千层派或蛋糕的海岸地貌，这里也是北海岸生态的缩影，除了欣赏观察潮间带生态，若能下海浮潜，这里的海底世界就跟全年繁花盛开的花园一样，由海葵与珊瑚构成，各式各样的鱼类悠游其间。

在台湾三条支线铁道当中，景色最美，最有小清新情调的当数平溪线，只有三节的列车，穿梭在溪谷之间，串起这一个个偏僻的山中小镇。

平溪线铁道的铺建最早是为了运煤，当年这里均是有名的煤乡，在全盛期，整个平溪八成以上的人口依赖煤业而生。后来却也因停产而没落，成为一个人口外流严重的地方，发展停滞，时间好像在这里停止一样。也就是这样，留下了很多古朴有时代特色的建筑。

现在平溪因为放天灯而闻名，再加上许多偶像剧及电影纷纷在此地取景，越来越多的观光客乘着列车涌进这儿。平溪最好选个阴雨霏霏的日子前来，最好带点雾气，列车从小镇中驶过，再往山里穿，那多像一幅画。

猴硐

八堵车站下一站是一无人看守车站，叫暖暖，梁静茹的MV就是在这里的站台上，伴着那站牌拍的，也让这无人小站声名大噪，许多人都特地在这儿下车，只为了跟那块站牌合张影。

往下几站的猴硐，严格说起来，这里还不算平溪线，平溪线是从一个叫“三貂岭”的小站分出去的支线。三貂岭这小站非常神秘，对外没有联络道路，只有坐火车能到这里，站前就是基隆河谷，但这小站在日本火车迷间非常有名，总能看到许多日本人从这里上车。以前这里是煤矿转运站，如果你想看台湾的“废村”，走出去几步就看到了。尽管如此，半路上过去同为煤村，以前不是那么多人注意的小站猴硐，这几年也红了起来。这昔日因煤矿而生的小镇，拥有台湾20世纪60年代最大的煤矿场，居民曾多达6000人。现在除了挖煤遗迹和已经改为博物馆的煤场外，依山傍溪的猴硐，简直就是喵星人的地球侵略指挥部，村子里随处可见喵星人。猴硐就是这么一个猫村，这本来已经只剩下老人的村子，因为有那么多猫在这儿卖萌，吸引了许多游客。有时候你会看到一群人围着一只萌猫在拍拍拍，就跟摄影狂在西藏总是围着藏民猛拍一样。就算你买了逗猫棒想跟它玩，猫咪个个却跟大爷一样，见过大风大浪的，不太甩你，还是继续干它们的事。

十分

这是平溪线中途最有名的一个小镇，列车一路上在山谷间穿梭，随着一声汽笛，你会发现，火车怎么开进街里啦？原来铁轨就直接从十分的商店街中央穿了过去，这也是十分这里最吸引人的地方。过去平溪线还不那么热门时，就凭着这些景色总是吸引大批日本铁道迷专程前来朝圣。

如果你熟悉台湾电影，会觉得十分这个地方怎么有点眼熟，就是因为《恋恋风尘》那张走铁轨的海报太有名了，那个角度就是在十分车站，列车要驶进街上前的铁轨上拍的。事实上，这是部导演吴念真半自传体的电影，吴念真从小就在这一带长大，他的作品里经常提到这里的矿村实景，他与侯孝贤的电影也都爱在这一带取景。

在十分街上，“走铁轨”成了一件理所当然的事。居民在铁轨两旁卖东西，摆摊子；游客在铁轨中央放天灯，铁轨本身就是这个小镇的卖点。十分也是台湾有名的天灯之乡，每年元宵节晚上，总有数千盏天灯在此冉冉而升，将众人的愿望升到天上，上达天听，黑夜中灯火点点，是这个小镇一年中最浪漫的一个夜晚（当然，头低下后看到四处人爆多也就浪漫不起来了）。平常，总是有游客就在铁轨上放起天灯，但如果风太大最好就不要放了，放到一半掉下来，那代表希望破灭，多悲啊！

十分这儿有一台湾煤矿博物馆，以前是煤矿公司，目前馆内保留着台湾煤矿业的相关文物、历史资料与开采工具等，特别的地方在于它还保留了一条运煤窄轨，用以前拉煤的小火车头载游客。

十分街

电气路牌行车制度

你在十分火车站，可能会注意到，司机会与站长交换一个圈圈样的玩意儿，车站交换的场景还经常成为铁路迷捕捉的画面，那玩意儿叫“电气路牌”。这个交换电气路牌的制度全名是“电气路牌闭塞式”（token blocking），就是以路牌作为信物，让甲站与乙站间确认区段无列车，可以安心行使本区间的装置。

以平溪线为例，能够会车的站点只有三貂岭、十分、菁铜三个地方，其他地方都是单轨。这三个车站里都有闭塞机，上面有开锁与送电两个大按键，比如今天十分站要与菁桐站请求闭塞，就是请求路权，十分站站长会先按送电两次，告知菁桐站这条路线有列车即将进入，此时菁桐站也以两声回复十分站，十分站接到送电声之后，站长就可切换至开锁按钮。这时，闭塞机上的路牌就能取出，交由司机带走。

待司机带着路牌一路欢快地开到菁桐站后，菁桐站的站长会再将路牌放入自己站的闭塞机内，再按下送电，等十分站回电后，就可以解除闭塞了。

电气路牌行车制度是个绝对安全的制度，但只适合用在路线简单的地方，所以台铁现也只剩下平溪等支线铁路还在用。

平溪

这是只有一个月台的小镇，平溪最有名的奇景就是火车从老街顶上驶过去，大批摄影爱好者总爱对好时间就在这儿守候，待火车要经过，轰隆轰隆的声音越来越近，大家就越来越兴奋，当火车从头顶呼啸而过，快门声也此起彼落。

短短的老街走到底是一座桥，《那些年，我们一起追的女孩》中的男女主角就是在此桥上放的天灯，现在这儿也变成热门景点，其实，就是一短短小桥而已。

菁桐

过去挖煤盛期，菁桐是支线上最热闹的地方，随着矿业没落，作为平溪的最后一站，也成了最荒凉的地方，就连这几年观光热兴起，菁桐也是最慢热起来的。

列车一到菁桐站，游客马上从站台跳到铁轨上拍照，这小站太有风情了，以至于你

元宵节夜晚天灯齐放

还没下车就会被吸引住。长满野草的铁轨，老旧的站台，装煤的遗迹，还有那古朴的木造小车站，都在述说那过去的故事。

菁桐曾是平溪煤业办事处所在地，过去从外地移入许多矿工与职员，现在还保留着相当多的日式宿舍，遗留的矿业聚落遗迹，却成为拍摄乡土剧及偶像剧的最佳场景。如果你喜欢台湾电影里那种充满淡淡忧愁的小岛小清新情调，菁桐这地方完全可以满足你的想象。此外，铁轨另一侧的山坡上，是以前的矿场，有许多废坑，现在已改为煤矿公园，满布茂盛的植物，交错盘杂的树根成了特殊的画墙，矿村总比农村或渔村给人更多凄凉的想象。

水金九地区

水金九，指的是沿着基隆海岸公路以东，新北市瑞芳区，从海边一路延伸向山上的水湳洞、金瓜石、九份三个地方。这一带就是台湾矿业的缩影，充满了历史与人文风情以及苍凉的美感。

九份

永远的黄金故乡，九份，依照山坡地形建造的街道与房舍，如天空之城般面对山海，云雾飘过，街上一片朦胧；晴空万里时，仿佛可以碰触到天空，晚上往基隆山上望去，灯火就如黄金般璀璨，闪闪发亮。

九份因采金矿业发达而风光一时，也因为停止采矿而变得萧条，暮气沉沉。改变九份命运的是侯孝贤那部突破政治禁忌的经典电影《悲情城市》，这部电影在这几十年没有改变的老矿城拍摄，再加上侯孝贤一贯诗意的长镜头手法，让人重新发现这座怀旧美丽的山城，即使大部分的人一开始都看不懂《悲情城市》在演什么，但越来越多的观光客涌进这里，整个九份街上重新恢复了活力。

整个九份最热闹的一条街是基山街，现在的繁华，让人很难想象当年九份最早开发时只有九户人家，有人从外地回来，什么东西都要买九份，故得名。基山街顺着山势蜿蜿蜒蜒，现在这儿已经没有老九份的气氛了，人潮汹涌，其实基山路早在日据时代采矿全盛期就是全台消费能力最高的商业区。由于采矿全日无休，矿工也三班制轮班，因此当年基山街上到处是酒家，彻夜灯火通明。你现在要看那种灯火通明的景象，一定要等到入夜后，灯火将山坡点缀出网状。现在的基山街都是观光客，看来看去都是卖差不多的纪念品的店。这对九份来说不知是好事还是坏事，侯孝贤也不止一次说，很后悔把九份弄成现在这个样子，当然，这是他的文青想法。

与基山街交叉的是竖崎路，这是条绵长石阶路，一间间房子，一层层随着楼梯而盖，因为九份彻彻底底成了一个观光小城，商家为了做生意随意毫无章法地搭建，也意外造成一种错落有致。在九份真正的老房子已经不多，大多数是后来建的水泥房，单独一栋其实再普通再丑不过，放在一起却产生一种凌乱的违和美感。2001年，动画大师宫崎骏的知名动画电影《神隐少女》（《千与千寻》），便是以九份竖崎路一带，如迷宫般的上坡下坎，沿着大红灯笼扶摇而上为原型去绘制，这也吸引了不少日本观光客。竖崎路上店家的景观都特别好，随便找一家店，不管是吃芋圆，吃饭，喝茶，都有山海入味。

如果你想找安静的九份，那就沿着竖崎路走到顶，到九份小学的地方，从这里开始走，观光客越来越少，山坡上也越来越多未经重装修的老建筑。你不管往哪一条路走都是曲径通幽，远离尘嚣，整个北海岸的山与海，海那么蓝，云飘得那么快。

瑞芳火车站前可以搭乘往福隆方向的台湾好行巴士，九份、金瓜石、水湳洞皆经过。基隆火车站前基隆客运往金瓜石方向的大巴，经停九份。

金瓜石

大部分游客的脚步都停止在九份，不知道离九份不到10分钟车程的山背还有个更幽静淡雅的矿村，这个同样因为矿业没落的小镇，现在好像只有老人跟小孩，石头、红砖、一栋栋黑屋顶错落的矿业聚落景，与邻近的九份相比，没有过度开发及商业化的影响，因此吸引了不少艺术家及民宿在此落脚。

金瓜石的景点沿着各条往山中的小径展开，大多跟采金有关，半山腰上的黄金神社是日据时代供奉冶炼之神而建，但台湾光复后被毁。现在爬到这里，只剩下鸟居、石灯笼、石柱、地基，这种神秘而荒凉的感觉，颇有破败的希腊神殿风格。天气好时可以远眺基隆山与嶙峋的无耳茶壶山，远方海景也一览无遗，这俯视的景色完全能让你联想到侯孝贤电影中的那些长镜头。

1922年，当时的日本皇太子裕仁来台视察矿产，金瓜石此地建了一所日式行馆，又称太子宾馆，以桧木为主要材料，并规划日式庭园、迷你高尔夫球场及射箭场等，建筑风格就是个小型的日本皇居。不过最后太子无法成行，建筑也就留到现在，后来《转角遇到爱》也来这里取景。

如果你时间够多，一定要花个来回2小时爬上那座峥嵘的无耳茶壶山，那条在草丛中如丝带的步道，是美丽的秘境。登上山顶，草山青翠连绵，漫天的芒草，东眺太平洋，西望北海岸一路崎岖的海岸线，这是整个九份金瓜石地区的最高点，也是视野最棒的地方。

金瓜石的产金量曾经是亚洲第一，也有丰富的铜矿，经探测，现在仍有极为可观的黄金蕴藏量，只是开挖成本太高而暂时不再开发。过去的采矿公司办公室、矿坑等遗址，现在也重新装修为黄金博物园区，为这段历史留下记录。

如今一切云淡风轻的金瓜石，也有一段血腥的黑暗历史。在太平洋战争时期，这里曾经是战俘营，关了1000余名以大英国协成员国为主的同盟国军战俘，在环境恶劣及营养不良的情况下被迫劳动挖矿，有大量人员在这种折磨当中死亡。据当地老人说，早些年，常有英国老人来此凭吊，这些年人已经越来越少，当这段历史重新被挖掘出来后，1997年在此立了个纪念碑。

水湳洞

在金瓜石山下有个海湾小渔港，海边有两个村庄遥遥相对，这里是水湳洞。

这海湾是濂洞湾，不过你说濂洞湾没几个人知道，它有另一个赫赫有名的名字——阴阳海。你会看到一幅奇景，海湾中的海水颜色呈黄褐色，与外海方向正常海水的蓝色形成鲜明对比，它并不是污染的结果，因为金瓜石山脉富矿物质，溪流汇聚进入海中，累积了大量矿物质，形成黄色与碧蓝渐层式海岸线奇景。

背山面海的13层是以前的炼铜厂，早已废弃杂草丛生，如巨大的山中要塞，因层层而上有13层而得名，如巨龙盘踞的排烟管，层层埋没在杂草之间，与山势融为一体。站在山下你仿佛能感受到当年建筑内机器全力运转，如雷轰鸣般的震撼压迫感。这工业时代水泥遗迹的荒凉之美，颇有末世的风格，近年来也吸引很多摄影爱好者以及MV在此拍摄。

阴阳海

水湳洞本来是个小渔港，却有艺术风情。近年来，有许多奇人异士搬来这个原本颓圮的小镇，有画家、木作者、陶艺家、铁雕师和打鼓队，这些人经常就把水湳洞搞成一个大的展区，借自然之景来做展览，为这里注入一股活力。

瑞芳几乎可以成为北海岸、东北角海岸旅游的中转点，从瑞芳延伸出去，公路可到九份、铁路可通平溪及北回线至台湾东部。若你能上午至平溪，那么下午就能回到瑞芳转至九份看夜景。若你从东部回台北，列车停经瑞芳，也可在此下车直接前往九份或平溪，不用回台北再来。此外，若去了野柳，玩完后可直接乘出租车前往瑞芳及九份，车费约1000元（司机心情好可杀至800元），或者乘前往基隆火车站的大巴再转乘往九份的大巴。

东北角海岸

除非你是自行车环岛，否则从基隆到宜兰头城这段沿着台2线、北部滨海公路的这段海岸线很容易被人忽略，也许你坐北回县铁路从福隆到头城这段路，会发现离激起滔天巨浪的美丽海岸好近，一整段路都与海并行，让你都忍不住想要跳下车看海，这就是台湾的东北角海岸。

南雅

过了水湳洞，从80.8千米处的南雅开始进入东北角海岸路段。海岸边一片风化岩石，岩石经过千万年海涛和强劲东北季风不断的侵蚀、磨蚀、风化、搬运等作用，纹理如同海水流动般，又像画笔画出的波纹，记录着地质形成轨迹。最令人惊艳的是，海岸边有一如同冰激凌半融化状的岩峰，简直就是鬼斧神工的艺术作品，什么叫作大自然是最好的雕刻家，你在南雅海岸完全能体会到。

鼻头角

在85千米处的鼻头角是整个北滨公路上最雄伟的海蚀崖，如同军舰一般开进蓝色海洋，突出于波涛当中，高耸的岬角棱角分明，峭壁下浪花激荡。鼻头角的位置重要，它以北的海域属东海，以南属太平洋。鼻头角与台湾本岛最东的三貂角和最北的富贵角，合称北台三角。建在岬角悬崖上方的鼻头小学，教室窗外就是无尽的海洋，面朝大海的校园，让人心旷神怡，是台湾景色最美的小学之一。你站在鼻首往下望，海面形成一处俗称“卷螺水”的大漩涡，还造成几个小漩涡，大潮大漩，小潮小漩，海潮澎湃，气势如虹。

龙洞

在鼻头角不远处的龙洞亦是雄伟的海崖峭壁，龙洞之名取自湾岸弧形如蛟龙盘踞，节理鲜明的巨石临海矗立，嶙峋峭立，气势非凡，复杂的断层地形造就了独特的地质景观。龙洞岬崖上有西灵岩寺，这里是观海最佳的地点，潮起潮落，湛蓝而辽阔，无边无际。这一带海岸是美得会让你大喊大叫的地方，但是平常人很少，谁叫大家都只到九份就不知道继续走下去了呢。

澳底

这是北滨公路沿线一个比较大的渔村，也是旅人经常休息吃海鲜的地方，从这里开始到福隆，有一段绵延3千米的金黄色沙滩，是台湾北部最重要的海边胜地。澳底这小渔港20年来另一极大争议就是，离镇上1.5千米的第四核能发电厂工程，你路过一定会看到。在短短的台湾北海岸，东北角海岸就有核一、核二、核四三座核能发电厂，所以你在这一带的村子，一定都能看到某些建筑贴着“避难所”之类的字样。现在台湾核四的争议在于对核能的恐惧以及建设过程中不断爆出的丑闻与质检问题，都让人很不放心，再加上东日本大地震福岛核电厂事故近在眼前，本来台湾人觉得核四厂“理所当然”，现在民意风向也开始转变了。其实，核电比起其他发电方式是比较符合经济效益啦（不算进先期腐败成本与事后废料处理成本）。但只要发生一点事故，尤其像这种在地震带上的核电站，别说澳底，整个台湾北部都不能住人了。

福隆

福隆在台北人心目中可是如雷贯耳的海水浴场，比起福隆，金山、翡翠湾、白沙湾，通通都弱爆了。许多人一定都有从台北坐火车到福隆火车站下车，走几步路就冲向碧海蓝天的夏日经验。福隆的金黄色海滩，是由河水与大海相互作用形成的独特沙嘴地形，区分了平水荡漾的双溪河内河和波涛滚滚的福隆外海，这是台湾北部最有名的海水浴场。

从2000年开始，每年夏天在福隆沙滩上举办的海洋音乐祭，也是年度最HIGH的盛事。这是一个在独立乐团中具有指标意义的音乐祭，跟其他音乐祭不同的是，海洋音乐祭强调的是“创造明星”，而非“需要明星”。所以看看海洋音乐祭邀请的团体，都很强调“原创”，也不分主流非主流，商业非商业，唯一看重的就是音乐原创性及表演实力。因为它是免费入场活动，所以现在一到夏天，爱摇滚的人通通都跑到福隆来了。当然，到海洋音乐祭看的不仅是热血的表演，还有看比基尼，陈升就最爱来海洋音乐祭。

之前为台湾319个乡镇各选出一个特产，福隆被选出的特产竟然是“便当”。福隆车站的月台便当也是很有名，趁着停车3分钟空当跑下车买便当是许多人坐北回线铁路的回忆之一，现在火车站前有两间最有名的火车便当店，各有千秋，只要到福隆玩，几乎没有不吃便当的。

三貂角

若你是坐火车，过福隆后就直接进隧道，看不见台湾最西端的三貂角了。三貂角这个地名跟貂没关系，那是17世纪时西班牙船舰由菲律宾开抵此地海域，因不知地名，便以拉丁文菜市场命名此地为Santiago（圣地亚哥）记在航海记录上，这也是外国人最早对台湾东北角的记录。后来，台湾人用此闽南语音“三貂”来音译Santiago，因这里是台湾最东北部的岬角，所以就成了“三貂角”。

整座三貂角是一条龙的玄武岩层墙，由页岩层中蹿起，直接滂入太平洋中，植被却青葱一片，顶上有一纯白灯塔，风一吹，草也如波浪起伏，与海波连成一片，只有沙沙的声音与波涛拍打岩岸声，步道穿行草原，如同要通往海里。

虽然三貂角没有火车经过，但你可从福隆站下车，租一部自行车。这里有一规划得很好、全长23千米的自行车道，从福隆一路可以穿过旧草岭隧道至宜兰那一侧、石城火车站、三貂角灯塔、卯澳渔村等著名景点，可以很近距离地感受波涛汹涌的太平洋湾岸。

北关

提到“北关”，许多人的第一反应就是“听涛”，以前北关是进入宜兰的关隘，地势重要。东北角海岸姿态奇特的岩石景观，在北关进入尾声，却也来个最后的高潮，在这里主要是豆腐岩和单面山地形，嶙峋险要，巨石林立。站在北关的观海亭上，远眺龟山岛，近观惊涛拍岸，看浪花卷起千堆雪，气象万千，自古即被称为“兰城锁钥扼山腰，雪浪飞腾响怒潮”。

你走一趟东北角海岸，绝对不虚此行，台湾是个小小的海岛，若是比山林景观，或许没有大陆的各式名山大川景色壮丽，但是比海，丰富的程度绝对远远超过人所想象。

三峡—莺歌

这两个台北近郊的老镇，虽然是两个不同区，隔了一条溪，可是一般都当它们是同一个地方，称作“三莺”。这两个小镇各有特色，一个是宗庙重镇，一个是陶瓷产地，两处都拥有人文底蕴浓厚的老产业文化，虽然在外地观光客中不是那么有名，可是它仍然有一游的潜力，尤其是喜欢老街的人，不得不去。

莺歌

莺歌是个以陶瓷闻名的小镇，镇上居民有八成以此为生，陶瓷普遍的程度甚至让人怀疑这边的小朋友从小都是玩泥土长大的，个个会烧瓷。

莺歌的陶瓷业约在19世纪初开始，泉州移民吴鞍发现此地的黏土很适合制陶，再加上本身有技术，便邀族人一同来此从事陶业。而这一支吴姓族人的后人，现在多居住在尖山埔路，这里就是传统的陶瓷老街，现在整条街上几乎都是陶瓷艺品店。艺术陶瓷、创意造型陶瓷、茶壶、茶具等都能找到，不买的话光是欣赏也算长了见识。

如果对陶瓷制作有兴趣，可以到陶瓷博物馆，这是台湾首座专门介绍陶瓷的博物馆，馆内以台湾200年来的烧窑文化为主，在这里每周二到周日每天都有四场陶艺动手课程。

三峡

三峡是台北近郊著名的老镇，在清朝时这里就是台湾重要的染布业中心。流经的三角涌溪水质良好，具备了染布时所需的条件；制作完成后，利用水运而下至艋舺大稻埕，再转往厦门、福州、上海等地。这个产业造就这小镇富裕一时。

三峡老街就是以前本地的商业中心，约是和平街、仁爱路、中山路及民权街一带，短短200米的老街至今仍保留许多日据时代以来的商业街屋建筑，是台湾保存最好的红砖拱廊老街之一。穿梭在老街圆拱廊下，如无尽的桥洞，也如时光隧道般带你回三峡最繁华的

东北角海岸--南雅

东北角海岸--龙洞

三峡祖师庙

年代。也许你也可以注意牌楼上的图案，繁复的雕工，建材质地完好，老街上房子的巴洛克式立面刻字代表着姓氏、行业和堂号，是当时商家做生意时普遍的宣传手法。你可以在一些地方，如桃园的大溪老街等地看见类似的街屋立面形式，这是日据时代的流行建筑样式，当年住在街上的都是富有且有头有脸的人家，当然什么都要搞得最好。

清水祖师庙是来三峡不可错过的地方，事实上，研究东方宗教艺术的人，没有不来清水祖师庙做实地研究的。清水祖师是台湾北部主要的民间信仰之一，本来是北宋时代福建泉州安溪的高僧，由于在安溪清水岩修道，被尊称为清水祖师。原本是佛教禅宗的清水祖师，民间宗教化之后，被安溪人视为地方最重要的保护神祇。在台湾只要是泉州安溪一带移民多的地方都有清水祖师庙，比如三峡祖师庙、淡水祖师庙、艋舺祖师庙。

现在的三峡祖师庙年代其实不久，是1947年开始重建的，重建的主导者是当时的三峡街长李梅树。李梅树也是台湾当代重要的美术大师，庙里的各厅各殿，从雕刻到装饰等，几乎都是他从草稿一步步创作出来的。每一根柱子、彩绘、雕法都有其艺术及宗教意义，他用艺术家的浪漫去重建这座庙宇，想要把它打造成与欧洲大教堂一样的百年建筑艺术。也因为那么烦琐华丽，重建工程一直到20世纪80年代初李梅树过世为止都还没有完成。

三峡祖师庙内用了大量的石雕，由于石雕比木雕要来得耗时精工，造成祖师庙的重建比一般庙宇用的时间长，加上李梅树过世之后，他的设计及理念已经没有人能及了，所以重建计划从雕工师傅、材料、产地、题材也有些无所适从，重建计划就这样缓慢了下来。1996年，祖师庙的重建计划索性正式宣告停顿，因为再建下去也破坏了原来的风格。

不管是“东方艺术殿堂”还是“雕刻博物馆”的称号，都不足以形容三峡祖师庙之美。唯有亲自走一趟，才能感受到原来中国传统艺术技法也能产生如此震撼的作品，打破你对中国艺术的成见。

桃园古时因遍植桃花而名“桃仔园”。地势主要以丘陵和台地为主，早期的经济作物也以茶为主，后来地势较高的复兴乡开始栽种经济作物水蜜桃，也使外地人对桃园的印象多了一桩。

桃园因邻近台北，早期悠游卡可搭火车时，最南端可用卡的站就是中坜站。这也使得学生习惯于假日时相约到台北逛街或参加活动。近几年，中坜市因有高铁的加持，加上观光产业发展，人口已快要追上桃园市，学生放学也几乎相约在中坜火车站逛街。

作为台北的卫星都市，桃园最大的特色就是没特色，什么都跟台北很像却又少了一点什么。桃园人对于桃园的认识分为两种，一种是认为自己处在市郊，不比台北的繁荣热闹，但衣食住行也算方便，是个养生又不容易有天灾的好地方，不过也较容易让人家遗忘位置。

中坜

若在假日来到中坜，一出火车站基本上就会看到个奇观，外县市的人都喜欢称这里是“东南亚租界”“阿劳国”，街上逛街的人，东南亚籍人士比台湾本地人还多，这是中坜的一大特色，同样的景色也出现在桃园后火车站。

桃园跟中坜火车站之所以外劳会这么多，主要原因在于桃园这里以传统劳动密集型产业为主的工业区相当多，又加上这些年台北的房子太贵，许多人都到桃园来买，所以新的建案也很多。这两种产业都需要大量外籍劳工，而每到假日，外劳大多没有私家车，因此他们都会在交通枢纽附近聚集，久而久之，车站就变成外劳聚集的地方了。

说实在话，外劳的消费能力相当高，因此，做他们生意的店也应运而生，你现在在街上，目力所及都是东南亚文字招牌的商家，因此该地附近商家也都逐渐改成贩卖印尼、泰国小吃，东南亚卡拉OK，很多小旅馆也转型成为比较廉价的休息场所，提供给东南亚朋友肢体约会用，甚至也经常有外籍人士约架的事发生。你从桃园各景点回到中坜火车站或桃园火车站时，倒是可以顺便买一些便宜的东南亚进口特产回去。

中坜观光夜市是本地夜生活的主要地方，吃喝玩乐应有尽有，中坜特别有名的就是牛肉面以及各种牛肉料理，许多低调的牛肉面店比起台北的牛肉面名店可说是便宜又大碗，是老饕的最爱。在中坜与平镇交界处的龙岗地区，有一个忠贞市场，原来这儿有一忠贞新村，是1949年后遗留在泰缅的孤军军眷，在20世纪50年代陆续来台，有些人选择上清境农场开垦，而大部分人选择在此落脚，因此也将滇缅当地的一些饮食习惯带来，现在也有许多泰国及越南等地移民在此。这些来自东南亚的人在此卖起了家乡美食，让这里成为全台最大的滇缅美食集散地，比如米干、豌豆粉、鱼汤面及凉拌青木瓜等，专程跑来这里吃特色小吃的人还真不少，如果真想跟当地人聊聊他们的故事，可以到龙前街张老旺先生的小吃店里坐坐，他总有说不完的故事。当年滇缅游击队里有不少人是穆斯林，因此，这里也有台湾桃竹苗地区唯一的清真寺龙岗清真寺，现在除了本地信徒，也吸引许多东南亚劳工来此礼拜。桃园境内遍布不少眷村，而忠贞新村这里算是现在台湾仅存的比较有传统眷村气息和人情味的地方。

花鈿服飾
QQ MONKEY

大溪

SWROM UP
錶帶
價格便宜
服務親切
全新裝潢
住宿
Stay
TEL:(03)
4268181
4269191
請光臨 9樓
CASIO

中坜车站前

大溪老街

大溪获得了台湾票选十大魅力小城的最佳人气奖，拥有美丽的老街，完整地保留建筑外观及牌楼立面，早期因为大溪旁的大汉溪通航，航运可一直到淡水河出海口，所以老街紧靠河港码头。这里洋行林立，这些建筑样式和台湾早期的传统商家相同，都是店面连同住宅的“街屋”形式，当初各商家无不极尽巧思装点楼牌立面，用精致的欧洲风格的梁柱拱门和繁复细腻的浮雕装饰，整条街呈现出充满巴洛克风情的立面牌楼，华灯初上，灯光一亮，你真会以为走在民国街头。

在大溪老街上，还可以看到许多传统的木器店，这项工艺在本地至少也有200年的历史传承。虽然这些年西式家具的冲击不小，但除了努力融合中西式古典家具风格外，在家具的制作过程中，古时候那种精雕细琢的专业精神，也不断发扬光大，所以这一行当在大溪，到现在都还没有断层的情况。

大溪与豆干总是联系在一起，一般以为“黄日香”最有名，在大溪街上可见许多“黄字号”的豆干店，其实每一间的源头都一样，只是因为分家的关系，而各自成立新店，但演变至今是否有口味上的更动，就要看个人的感受了。除了豆干外，路边摊商卖的卤豆干可不要错过哦！浓烈的中药香气，热乎乎的豆干，撒上葱花和搭配特制的酱料，天冷时真的是一大美味。

近几年偶像剧兴起，大溪花海也成了偶像剧争相取景的场地，浪漫的波斯菊在田野中绽放，令人心旷神怡。夜晚的大溪桥也是年轻人约会必去的好地方，浪漫的灯景为两人增添不少情趣。

两蒋文化园区

这指的是蒋介石以及他儿子蒋经国的灵寝所组成的一系列相关景点。蒋介石灵寝在慈湖，据说这个地方老蒋生前很喜欢来，因为景色像他的老家奉化县溪口，又因蒋中正思念其母王太夫人，1962年由蒋中正手书“慈湖”并将行馆更名为“慈湖宾馆”。慈湖名称的“慈”字意为“慈母”。而他1975年过世后，其行馆也改为灵寝。其实蒋介石的灵柩停放于正厅，并未下葬，属于“暂厝”，因为他一直希望有朝一日能再回故乡安葬，所以他的安葬与否一直是个悬而未决的问题，前几年一直有迁葬到“国军公墓”的提议，但最后都不了了之。而蒋经国1988年去世后的灵寝则是在附近不远的头寮，一个小院子里，很符合他简朴的个性，但一样是“暂厝”。在台湾民众茶余饭后的八卦话题里，蒋家后代为什么男丁一直遭遇不幸早死，就是因为蒋介石最终未下葬，遗体虽然做了防腐处理，但说白了就是“荫尸”啦！没有入土为安，导致其家族的衰败。

慈湖除了谒陵，最重要的观光点是仪队的换班仪式，同样的仪式你在台北的忠烈祠和中正纪念堂、中山纪念馆都看得到。几年前有叫停过一阵子，后因地方的观光需要，地方人士向“国防部”极力要求，才又再度恢复。

园区里的慈湖纪念雕塑公园也是个很有意思的地方，里头摆设的是来自于全台各地所拆除的蒋介石铜像，整个园区用步道将所有铜像摆放位置串联在一起。过去为了让台湾人时时可以“瞻仰”蒋公，刻刻思考蒋公的“伟大”，台湾到处都可以看到“蒋公铜像”，不管在学校还是机关单位和广场、路口圆环，几乎是戒严年代唯一的公共艺术。关于这些铜像的制作与摆放，以前还有一个“蒋公铜像制作办法”，铜像要全身或半身，站着、坐着或骑马，戎装或长袍，戴帽或不戴帽，都有严格规定，比如说半身的只能做到三个扣子，多一个少一个都不行等。这个办法呢，除了教人怎么摆放，还列了如何维护，如果公然毁损，还会被以“叛乱罪”起诉。可是近几年蒋介石的神格化色彩越来越淡，人们也渐渐把他当作一个“人”来看待，这些到处都是的铜像就显得很多余，于是开始拆除这些铜像，拆了之后也不知该怎么办，而大溪当地突发奇想，将这些拆除的铜像都收过来摆在公园里，结果共收了150多座形态各异的蒋公铜像，有大有小，有全身、半身像，也有坐姿与骑马的塑像，每一座铜像皆具其时代背景及原所在位置。那么多蒋公铜像聚在一起，非常有后现代特色。

在慈湖灵寝后方的后慈湖，因长期是军事要地而蒙上一层神秘的色彩，在这原始林中，一连五栋的战备办公室坐落于此。此外这里还有从行馆通往指挥所的战备隧道，如今已经成为蝙蝠洞，为了不影响蝙蝠的生态，游客可以通过外面的监视器来一窥隧道内的蝙蝠动静。

若撇开过去沉重的历史政治包袱来这儿参观，可以发现整个园区结合了历史并发挥当地特色，以活泼可爱的方式来取代过去的严肃和死板，是一个成功打出观光名号的观光典范。

龙潭三坑老街

在大汉溪通航的时候，龙潭的三坑老街也是南来北往货物重要的中转站，只是待大汉溪航运衰落，铁路公路开通，龙潭也随之没落，只留下老街与客家风情。龙潭常与大溪被一并提起，都是桃园的老镇，只是龙潭一直没有大溪那么热闹。比起生活质量，龙潭曾经被票选为台湾最有特色乡镇第一名，也是公认的理想退休生活地点之一。逛龙潭的最好方法仍然是骑自行车，从三坑老街出发，一路欣赏沿途美景，一边吃着客家小吃。而龙潭的花生糖全台湾都有名，到了这里别忘记带一些回家。

龙潭街上有一圣迹亭，又名敬字亭。客家人为尊敬知识的传承以及文字所带来的力量，认为印着文字的纸张不能随便乱丢，因此设有敬字亭作为焚烧字纸的炉亭，在客家聚落中多设有敬字亭，目前龙潭这一座是台湾保存比较完整的，有120年的历史。

桃园南边六个乡镇几乎都是客家族群的聚集区，在龙潭的客家庄里就有个客家文化馆，记录了本地客家人的生活点滴。客家人虽然传统，但整个文化馆主体建筑风格却简明又充满穿透感，乃是以现代意象中的极简元素为概念加以设计，用这样的设计来象征客家精神的简朴及硬颈风格。馆区前方广场边的水池（风水池），与过去客家建筑“前水后靠”的建筑风格相呼应。馆内主要以“客家文学”及“客家音乐”为两大主题，将客家文化的根本清楚地展现出来，让到此观游的民众和游客能够深刻地体验与感受客家早期的传统文化精神，对台湾文化有兴趣的人可以来参观。

复兴乡—北横公路

在山区的复兴乡，主要景点都是在北横公路沿线。在横贯台湾的三条公路中，桃园至宜兰的北横公路算是最好走且最短的一条，若是自驾车，快的话大约3小时就能横越。走北横公路一般游客会从桃园大溪出发，一般都是到巴陵及拉拉山游览。

巴陵是北横公路的中点，再过去就能到宜兰的明池。这边也是少数民族泰雅族的世居之地，可能一条小岔路都是一个小部落的联络道路。“巴陵”（Balong）源自泰雅语，为桧木或巨木之意，而巴陵也是著名的水蜜桃产地。这里的水蜜桃主要栽培在海拔1.4千米到2.2千米的高山地。由于地势高、温度低、土壤肥沃，加上时常有雾气迷漫，非常适合种植温带水果，只要在六七月经过这一带，都能买到香软可口又甜蜜多汁的水蜜桃。

巴陵依山势海拔分为下巴陵、中巴陵、上巴陵三个聚落，在上山途中有岔路往拉拉山去。“拉拉”一词在泰雅族语里有美丽的意思，这里也真的美，云雾缭绕气象万千。现在拉拉山一带已经成为自然保护区，游客到这里都是为了看保护区内的桧木巨木群，其树龄在500年至3000年不等，散布于全长3.7千米的景观步道旁，景观一点都不比阿里山差，也是个有名的观光胜地。

若要走北横公路，可从桃园搭乘桃园客运至巴陵，另宜兴客运有一班车从宜兰至巴陵，一天皆只有一班，请注意班车时间。

[行]

作为台北的卫星都市之一，新竹来往台北就跟你走到你家厨房一样没问题，不管是台铁、高铁，还是大巴，都能在 1 小时内到达。新竹市区不大，能看的地方从火车站出发都能走到，不过新竹有大片的山区不通公共运输，若要到山区可要自己想办法。

新竹古称“竹堑”，是台湾北部最早开发的地区，但它又有个名气更大的名字——“风城”，原来是一到秋季，九降风由海面吹来，通过新竹这里时，风力特别强，又遇山丘阻挡，使风势打转。新竹的许多特产，如著名的新竹米粉、柿饼即是依靠九降风来风干的，而那部著名的台湾小清新电影《九降风》，当然就是讲发生在新竹的故事了。

新竹靠海，但往东也有高山，从西往东，依地势这是一个闽南人、客家人、少数民族居住的地区。除此之外，在台湾人印象里，新竹是个很“宅”的都市，这印象当然来自交通大学、台湾“清华大学”，以及新竹科学园区里的那些理工男。

因为园区的建立，近年有大批的“科技新贵”住在新竹，所以新竹的房价及物价一点都不比台北便宜，可是相比起来，新竹的建设好像也没有太大的进步，除了高科技，也说不上有太大特色，外地观光客来新竹，主要都是去看一些客家风情，要不就开车去山里的少数民族部落暂时忘掉都市里的一切。

新竹号称“幸福城市”，不过这四个字也经常被人拿来开涮，新竹这个地方经常是被观光客忽略的，但新竹也拥有全台湾密度最高的博物馆群，而且都是在市区，是一个步行就能逛完的城市，有不有趣，其实见仁见智啦！

市内

新竹火车站前

这座建于1913年的火车站本身就很有看点，两段复折式屋顶、拱形老虎窗、罗马门柱、山墙立面等都呈现浓厚的古典建筑优雅，承袭德国中世纪歌德式红砖与石材造型，既高贵又不流于俗气，全台湾唯一不挂招牌的车站就是新竹车站。

沿火车站前中正路走不远就是新竹东门与护城河，是新竹四座城门中唯一保留下来的，城门所在地被规划为一下沉式广场，一般来说，晚上比白天更漂亮一点。

影像博物馆—市立美术馆

新竹是个博物馆相当密集的地方，许多老建筑纷纷被改建为各有特色的博物馆，关于新竹的各种博物馆请参考文化局网页：http://www.hchcc.gov.tw。中正路过了东门圆环可到影像博物馆，这是日据时期所建，是台湾第一栋有空调的剧院，建筑融合了欧式及阿拉伯风格，台湾光复后作为公共集会的场所。在荒废多年后，改为影像博物馆，除了陈列各种电影相关文物，也经常播放怀旧电影。

离影像博物馆不远的市立美术馆，前身为日据时代新竹市役所，即市政府。当然这个美术馆是比不上台湾几大美术馆的，它主要是以介绍新竹的开拓史为主，一楼介绍新竹的发展史、观光景点及特色小吃，二楼则经常举办主题展览及艺文讲座。

城隍庙

这座全台规模最大的城隍庙，香火鼎盛，位于北门街与东门街的路口。庙内供奉威灵公都城隍，当年光绪皇帝曾颁赐“金门保障”匾额，其后陆续获历代皇帝封赠，成为全台官位最高的城隍爷。

“城隍”为兼管阴阳的神，有点类似人间之警察、检察官及法官的综合体，若遇有善事则通报天庭，遇有恶事则通报地府，所以阎王的生死簿就依据城隍的报告来登记人一生的善恶。走进庙里，最醒目的是挂在梁上的铁算盘，旁边对联曰“世事何须多计较，神天自有大乘除”，还有颇多嬉笑怒骂的莞尔绝句，比如“尔福实难邀，任礼拜衣冠，勿混账，磕了头去”等。每至元宵，花灯、人群将庙宇装点得热闹缤纷，每年中元节城隍出巡，更吸引各地信徒涌入。

观光客来新竹必到城隍庙，不一定拜拜，但是一定不会错过庙口的小吃。新竹最有名的传统小吃是“米粉”及“贡丸汤”，但是除了这些传统美食之外，如润饼、鱿鱼羹及冬瓜茶等，都是经典名吃，不可错过。

城隍庙对面的北门街是新竹市区的老街，在清朝时是新竹往返艋舺的主要道路与商业区，还保留了各时代不同风格的建筑，包括闽式红砖屋、仿巴洛克式洋楼、日本大正时代街屋等。

黑蝙蝠中队文物陈列馆

新竹机场也是台湾重要的空军基地，因为新竹的直线距离离大陆最近，因此，在过去，在国际冷战时期，空军很神秘，专门飞入大陆进行特种侦察的黑蝙蝠中队驻地就在新竹。在1952年，美国中央情报局在台工作站“西方公司”与国民党当局空军合作，成立特种作战部队，对大陆电子侦察。到1958年，正式对外使用“空军第34中队”番号，开始使用“蝙蝠队徽”，从此第34中队又被称为“黑蝙蝠中队”。黑蝙蝠中队执行超低空特种侦察任务期间，总计损失飞机15架，作战人员阵亡148人，占全队人员的三分之二，为空军战损最严重的部队。

刘德华《美丽的一天》这张专辑的主打歌《黑蝙蝠中队》即是以这段历史作为背景。而黑蝙蝠中队文物陈列馆位置就是当年黑蝙蝠中队的营区原址，以介绍历史背景及队员日常生活和黑蝙蝠实体文物为主。

不远处的眷村博物馆，本来是新竹市调查局，后来因闲置而改为博物馆，所以整体建筑还很有严肃的气氛。入口大门以眷村红门白线的传统造型设计，还有一个很特别的“飞机副油箱水塔”，这个副油箱水塔原是F-100战斗机报废的副油箱，后来被眷村居民改装成储水水塔。馆内一楼介绍眷村历史，二楼规划为眷村生活情境区，三楼主题为新竹市眷村改建的过程与目前现有状况，也可办理眷村相关文化特展。

台湾"清华大学"—交通大学

这两所同样以理工科为主的学校，在台“复校”后在新竹市郊比邻而居，台湾人俗称“青椒”，而学生毕业之后也都是理所当然地到旁边的新竹科技园区上班，好像一贯作业一样，所以也有人戏称两所学校每年都为竹科提供好多新鲜的血液。

每年1月，清大校区内的梅花全部盛开，适合赏梅。校内的梅园是1962年复校校长梅贻琦的墓园，由于右任大师题名。墓后石墙上是“勋昭作育”四个大字，上款“月涵先生千古”，为蒋介石所题，而墓志铭则为蒋梦麟撰写。

长期作为邻居，传说中有一条“清交小径”连通两校，两校又是顶尖高校，心结肯定是有的，而每年春天，至今已举办44届的两校梅竹赛就成了年度盛事，选在这个时候来，不仅校内环境优美，还能感受到两校学生最热火朝天的激情。

天宏宫

在清大夜市中的天宏宫，建于1976年，主供奉圣极瑶池金母大天尊，看起来就跟台湾各处都有的庙宇没什么两样，但从1991年开始，在一楼供奉了“中华民族忠灵及先烈”牌位与孙中山、蒋介石的铜像，故又被称为“蒋公庙”。据说，身为退伍军人及大老板的庙祝胡鹏飞先生，1990年带着20多名信众到大陆旅游，造访黄花岗七十二烈士陵园，没想到这时几位师姐突然跪坐下来，大声痛哭流涕，似乎感应到烈士英灵们提醒“你们竟然忘记使命，开始享受了”。于是回来后，胡鹏飞就在“蒋公庙”神龛正位上供奉“中华民族护国忠灵及革命先烈之莲座”，饮水思源。每年的蒋介石诞辰纪念日时（10月31日），许多眷村的荣民会来到这里，缅怀致敬。这也算是台湾的奇庙之一。

新埔

关于台湾的客家人为何都居住在丘陵边上，较主流的说法是客家人当初渡海来台时，比闽南人慢，人数上也比较少，平原好地方都被闽南人占走了，所以只能往丘陵地开垦；另一说法是客家先民在大陆原乡已习惯了丘陵地生活，来台后亦找了同样是丘陵地形之处开垦，亦能控制水源。无论是哪一种说法，个性坚毅善于开垦的客家人在台湾世居于山边、丘陵这些地方，自成了一个小天地，相对来说，客家人的传统文化也就继承得比闽南人好一些。

新埔就是很典型的客家庄，居民90%都是客家人。新埔是乾隆四十年（1775年）由官府出面开垦的，比较幸运的是，因为这里是官府出资的官垦定，所以建设发展非常迅速，短短10年间就形成一个小城市。

小小的新埔，主要以中正路、成功街、和平路为主，也是镇上三条主要的老街，在中正路上的第一公有市场，是非常典型的客家传统市场，早上就能看见许多附近村子的客家妇女带着农产品与自己制作的食品来卖，这里卖的也都以客家食材为主，比如酸菜、梅干菜、水粄、烟肠、粄条等，此外，还有数家传统农用品店，是别的地方比较少见的。

中正路608号广和宫，是供奉客家守护神——三山国王的庙，不过庙内最吸引人的看点还是墙上的仙女壁画，比起其他地方，这里仙女身材非常火辣，而且穿着又非常性感，事业线非常深，好像都快要浮出画面真是呼之欲出呀！

新埔最重要的特产就是柿饼，每年9月到12月，随着九降风的来到，镇上所有空旷的场地都晒满了金黄色的柿子，一片金黄色海成了特殊的风景线，每当这个时期，也引来大批摄影爱好者捕捉这个充满客家风情的画面。

另一特产是柑橘，过去南来北往的商人来到这儿做贸易，也带动了这里的“休闲产业”，在成功路上，曾经有五六十间茶室及电影院供生意人消遣，但时过境迁，现在只剩下一间。你问喝什么茶？就是粉红灯光的摸摸茶啦！不过这仅存的中美茶室，也理所当然地在招牌上打出“百年老店”，老牌得很。而和平街上，还有几户当年大富人家的家庙及古宅四合院，也值得参观。

在离新埔不远处的褒忠义民庙，是台湾客家人的信仰中心，也是全台义民庙的总坛。在每年农历七月的义民祭是整年最热闹的时候，由当地十五大庄轮值炉主祭祀，百年来成为台湾北部客家人重大祭典与信仰的中心。

义民祭的最高潮是“赛神猪”，要宰杀几只养得最肥的猪献给义民爷，这些只只养到150公斤以上的猪，每天都要好好伺候，用高级饲料、奶粉、野菜等喂食，猪舍还要凉爽通风，有时还会放古典音乐。这样细心养3年，就是希望以虔敬慎重的态度养出最好的神猪，奉献给义民爷。

客家人与义民信仰

义民爷被客家人供奉为守护神来崇拜，算是台湾及客家人独有的信仰，这种信仰的起源与林爽文事件有很大关系。

清乾隆五十一年（1786年），林爽文事件爆发，势如破竹，一路从彰化直逼新竹一带。这一带的开垦者组织3000粤籍义民军，在与林爽文对抗过程中，牺牲200余人击退了林爽文，班师时以牛车沿途遍拾有黑布圈为记的忠骸，合葬于新埔一带，其后乾隆特颁亲笔“褒忠”以为奖励，这就是新埔义民庙之来源。

新埔

褒忠义民庙

历史经常有两面性，林爽文事件，过去经常被记载成“起义”，但这起义倒也不是全部的人都支持，加入起义也不是真的为了什么民族大义，有时只是纯粹想要掠夺而已，以至于义军所到之处烧杀掳掠、民不聊生。所以一些不支持起义的地方，为了保护自己得来不易的开垦成果，在清朝派福康安来台镇压之前，都仰赖一些临时组成的民团或义勇军防堵。比如说台湾南部有个嘉义县，嘉义旧名叫“诸罗”，就是这里的义勇军协助平乱有功，乾隆皇帝特赐改名“嘉义”。

早期客家先民多是受雇之佣工，在农场主人及官方的组织下，拿起武器，联合一些闽南人及少数民族组成义军参与平乱，而先民的这些牺牲也换得土地拓垦权利，可以自由开垦，故对客家人来说，那些用血汗为大家争取权益的人，还活着的就称为“开台祖”，牺牲的就叫“义民爷”。

如果习惯了反清复明的这种史观，林爽文这些人都算是“起义”，而协助清政府者便是不义之民，如此一来客家人好像变成朝廷的走狗了，客家族群也因此背负起“支持官方打击义军”的骂名。几百年来，台湾的客家人就非常反感这种说法。在连雅堂的《台湾通史》里就有这种立场，认为台湾在清朝时候出现的多次民变，都是具有民族意识（其实是汉族意识）的“起义”事件，在这样的史观下，协助朝廷平乱的“义民”就跟汉奸没两样。因为连雅堂是闽南人，所以到现在客家人都一直很不爽他的史观，觉得他污辱了客家人的义民信仰。因为对客家人来说，所谓“义民”，就是一批保乡卫土为后代换来生存空间而牺牲生命的英勇客家先民。而因为客家人在闽南人占多数的台湾居于劣势，因此，义民信仰也就成了客家人一种凝聚力的象征。

内湾

如果你带着旅人特有的好奇心，坐着火车沿着油罗溪而上，穿过几座山洞，就好像穿过时光隧道一样，来到了这古朴的小镇。在群山中的内湾现在是台湾很有名的观光地点，但在20世纪50年代至70年代，这里却是个以矿业为主的小镇，大量淘金，做买卖的外地人涌入这大山背，原本宁静的小镇繁荣一时，现在镇上留下来的遗迹景点，很多都是当年矿业最发达时留下来的，有人说它就是九份的翻版。

台湾三条支线列车之一的内湾线本身就是一个观光卖点，这条铁路线最早是运煤运木材，后又成为内湾地区民众下山的重要交通工具，这几年又成为观光客至内湾必乘的路线，有机会可以选择坐在第一节车厢驾驶室旁，那是风光绝佳的景观座。如果你在周五下午在竹科搭内湾线，你可能还会遇到台积电的董事长张忠谋，因为他常搭这路段列车通勤，对于时间就是金钱的他来说，在这路段搭火车比坐汽车还快。

内湾的卖点就是山中的怀旧小镇，一切都是以怀旧为卖点，整个小镇随意走走，本身就是一个景点：老街、内湾车站、内湾戏院以及吊桥等。当地的名产如野姜花肉粽、紫玉菜包、客家擂茶、擂茶冰沙、客家麻糬都是不可不吃的。

有可能的话，尽量在非假日，下着小雨或雨后到内湾，那山中小镇的风情非常细致美丽，不要假日去，因为会被塞爆。

1. 新竹车站搭乘内湾线至终点。
2. 高铁新竹站下，一旁六家火车站乘车至竹中站下转乘内湾线。

五峰乡—尖石乡

新竹东部的山上，有许多交通不便人烟罕至的小村子或部落，主要是赛夏族及泰雅族的地方，与平地相比，除了更清幽，还可以看到台湾的另一面，完全不同的风情。

清泉部落

这是个标准溪谷中的泰雅族部落，有山、有水、有温泉、有吊桥、有步道，小溪流过，云雾袅袅，时常萦绕在山谷间，冷了，走在路上还有温泉泡脚池，很老派的山中小镇。

只是这个小部落很长一段时间一直被蒙上一层神秘的色彩，原来是张学良从1946年到1959年间被幽禁在此，当时这里还驻守了兵力来监视他。现在这里有一张学良纪念文化园区，但原来的张学良故居在早年时因为台风而被损毁，这几年重建，还是通过张学良的侄女所提供的500多张照片，前后花了4年的时间才恢复房舍旧貌。清泉部落是个很幽静的地方，据说当年张学良被软禁在此时，曾托人送了一只表给蒋介石，暗示他“关得够久了，该放了我吧？”结果蒋介石也很冷，回赠了他一支钓竿，意思是“继续耐心钓鱼吧！”

当年张学良与秘书赵一荻在不知情的情况下从重庆直飞台北，又直接从台北送到这里，一个曾经指挥千军万马的少帅，被囚禁在这山深处整整13年，只有宋美龄送了他一台收音机可收听外界讯息，有志难伸，心里的郁闷可想而知。

清泉天主堂也是游客经常来的地方。1976年，来自美国的丁松青神父被分派到清泉部落。艺术家出身的丁神父为教堂里的11扇窗户，亲手设计彩色镶嵌玻璃，其中主耶稣、圣母的脸全以画笔勾勒、上色，教堂四周的墙面绘以当地少数民族生活为主题的壁画及木刻，在那个平地汉人对少数民族还有歧视的时代，信仰以及教堂成为少数民族心灵寄托的所在。

而让清泉部落真正打响名号的是作家三毛。当年三毛因为荷西骤逝，心情抑郁，于是在丁神父的建议下，搬到清泉住了3年，住处名曰梦屋，其实也就是一个小矮房而已。三毛很喜欢清泉这个地方，住处能俯视整个小溪谷，山中部落的四季变幻让她眷恋不已。她在此翻译丁松青神父写的《清泉故事》，描绘在清泉淳朴的山居岁月中，发生的风土民情感人事迹，这也让清泉这个小地方一夕成名。受三毛影响，清泉在那个年代是文艺青年在山路不便，背个背包说来就来的地方。

司马库斯—镇西堡

这两个地名很霸气的小部落，在群山深处，交通非常不便，崎岖难行，经常封路，因为公路必须翻越高山鞍部达山背面而被称为“后山”，是台湾最深山里的部落，却赫赫有名。因为这一带有整座山的千年巨木群，很长一段时间当地部落谨守着这个秘密，在这十几年才因为发展观光业而有限度开放，还好它很难到达，否则全台湾的人都会想去。

司马库斯是个很有意思的部落，因为它到1979年才通电，以前被称为“黑色部落”，因为交通不便，1995年才开通对外道路，也让这里保留了很多原始风貌。这个不到30户200人的小部落，在开始观光业时也有一段开发或保护的挣扎，也曾面对金钱的诱惑，毕竟穷很久了，谁都想翻身过好日子，在好几年的磨合期后，2003年，部落里的领袖到以色列的集体农场参观，在全体部落居民的决议下，采取了“共有制”，按符合传统价值的经营方法成立九部三会（九部是农业、工程、文化教育、经济、研发、人事、环境资源、餐厅民宿部等；三会是长老教会、社区发展协会和共同经营大会），在全体部落居民的决议下，司马库斯的共有制制度化，土地也纳入共有制，全部都变成公家的；而观光收入，游客的住宿，也是很公平地统筹安排，其余生老病死教育费，通通都是合作社出钱，部落居民可说是衣食无忧，只要负责好自己的工作就行。这一切的目的，都是要自己守护着自己土地的纯净不让财团染指。

来到司马库斯，整个部落不到半小时就能走完，好像整个部落就是一个少数民族艺术园区，用原木搭建的房舍依坡而建，目光所及的路标、门牌、指示牌、巨型雕刻，都是族人一笔一刀刻出来的，就连路灯都用了腐朽的松木做灯罩，刻意又不露痕迹地把文明的玩意儿藏在部落文化里。从部落到巨木群还要走5千米的森林小径，然后就能在密林当中发现高耸参天的古老红桧，但往返也需要四五个小时的时间，所以宜以两天一夜游为佳。在晚上，一定要到部落里的信仰中心——长老教会，参加一次聚会，音乐崇拜及诗歌分享会气氛很温馨，还会有部落长老或牧师为观光客介绍部落概况及文化，信仰是他们生活的一部分。他们认为，神木是上帝赐给他们的恩赐，要是没有发现神木，他们可能还过着穷苦、必须离乡背井讨生活的日子。

司马库斯是个非常纯净的地方，人民乐天知命，天真善良又有信仰，观光客的涌入也没有让他们改变原有的生活习惯，来过此地的人身心都得到极大的满足，好像与上帝如此接近，现在大家也称这里为“上帝部落”。

与司马库斯对着山头遥望的另一个部落是镇西堡，这名字听起来很像要塞，其实它只是从泰雅语“柬徙步”音译而来，意思是“清醒熟睡中阳光已经朗照大地，整天日晒不绝直到黄昏，白昼温暖夜晚寒冷，使病虫绝迹、作物生长良好的土地”，短短三个音节竟然有那么美的意思。

镇西堡的神木群分好几个地方，整个区域一直连到宜兰栖兰那里，相对来说比司马库斯这儿更难走，当然，神木也更壮观更密集，庆幸的是，这里没有像阿里山或太平山那样遭毁灭性的砍伐。镇西堡分AB两区桧木步道，A区地势多陡峭且水源取得较不易，考验游客的体能，巨木群分散又路径不明，容易让人错过景点甚至迷路，若没有人带不宜自行前往；B区则比较亲民，但也要注意体力。从神木入口沿途种满水蜜桃，每年三四月花开时节，夹道两旁尽是一片粉红桃花；而到了冬天，则是漫山遍野的红枫。

除了神木之外，镇西堡教堂那融合《圣经》故事与少数民族传统的壁画也很值得参

司马库斯／司马库斯部落议会供图

观，这是村民一砖一瓦，用溪里的白色大理石，花了10年才完工的。另外，游客也经常在当地的新光小学逗留，那是一间非常有当地特色的小学，曾经因为一个红茶广告而声名大噪，校内有一“森林教室”，大黑板架在林木间，再钉上几条木椅，就是上课的地方，非常有趣。

[行]

苗栗观光主打是“小镇风情”，也就是说，你到小镇去还住酒店那也怪怪的，所以，几个观光小镇的民宿业都特别发达，但别以为挂上“民宿”两个字就很便宜。

[住]

除了主干道上的城镇景点，苗栗有很多地方其实是巴士到不了的，要先到邻近镇上再想办法前往。

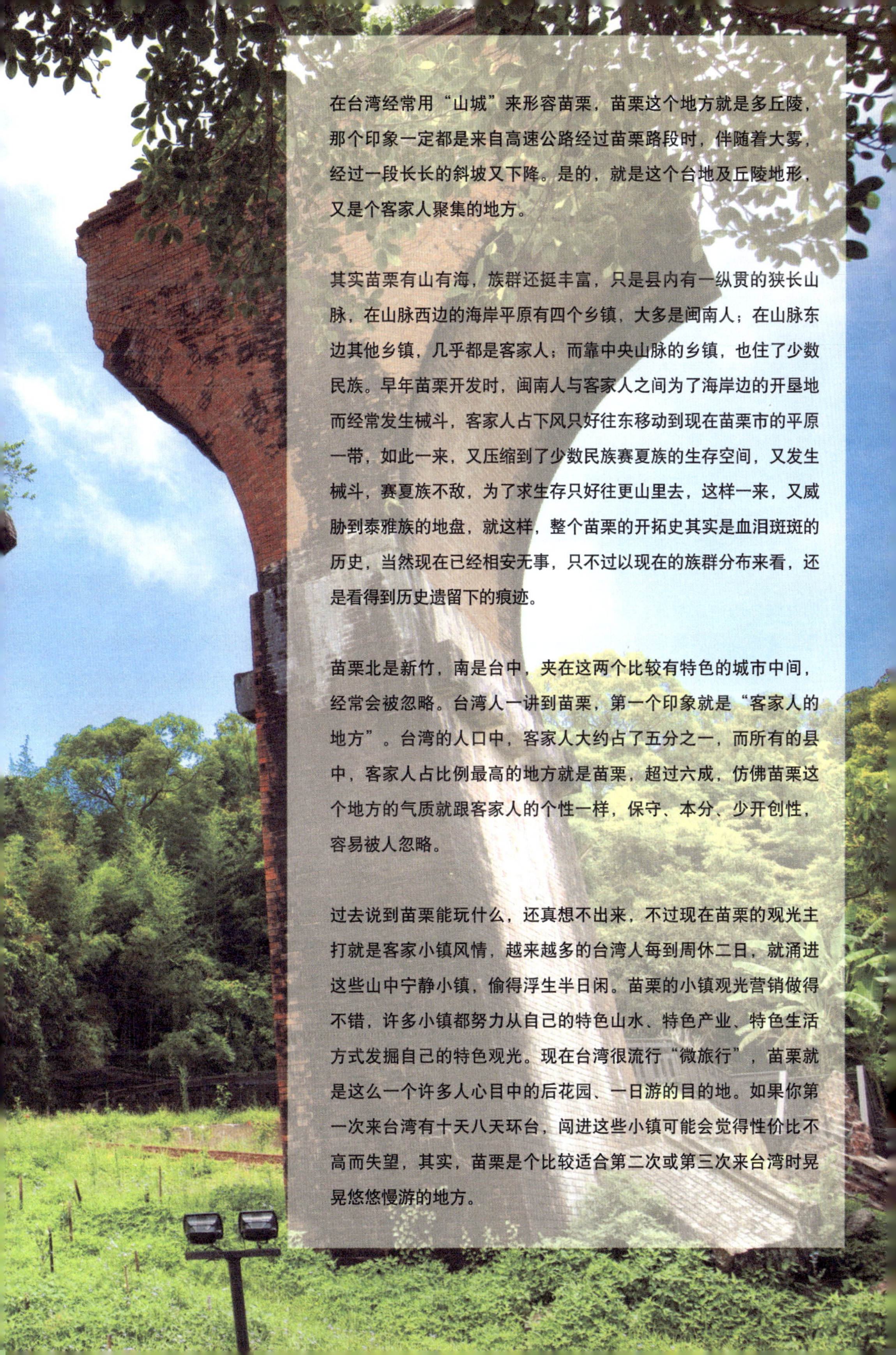

在台湾经常用“山城”来形容苗栗，苗栗这个地方就是多丘陵，那个印象一定都是来自高速公路经过苗栗路段时，伴随着大雾，经过一段长长的斜坡又下降。是的，就是这个台地及丘陵地形，又是个客家人聚集的地方。

其实苗栗有山有海，族群还挺丰富，只是县内有一纵贯的狭长山脉，在山脉西边的海岸平原有四个乡镇，大多是闽南人；在山脉东边其他乡镇，几乎都是客家人；而靠中央山脉的乡镇，也住了少数民族。早年苗栗开发时，闽南人与客家人之间为了海岸边的开垦地而经常发生械斗，客家人占下风只好往东移动到现在苗栗市的平原一带，如此一来，又压缩到了少数民族赛夏族的生存空间，又发生械斗，赛夏族不敌，为了求生存只好往更山里去，这样一来，又威胁到泰雅族的地盘，就这样，整个苗栗的开拓史其实是血泪斑斑的历史，当然现在已经相安无事，只不过以现在的族群分布来看，还是看得到历史遗留下的痕迹。

苗栗北是新竹，南是台中，夹在这两个比较有特色的城市中间，经常会被忽略。台湾人一讲到苗栗，第一个印象就是“客家人的地方”。台湾的人口中，客家人大约占了五分之一，而所有的县中，客家人占比例最高的地方就是苗栗，超过六成，仿佛苗栗这个地方的气质就跟客家人的个性一样，保守、本分、少开创性，容易被人忽略。

过去说到苗栗能玩什么，还真想不出来，不过现在苗栗的观光主打就是客家小镇风情，越来越多的台湾人每到周休二日，就涌进这些山中宁静小镇，偷得浮生半日闲。苗栗的小镇观光营销做得不错，许多小镇都努力从自己的特色山水、特色产业、特色生活方式发掘自己的特色观光。现在台湾很流行“微旅行”，苗栗就是这么一个许多人心目中的后花园、一日游的目的地。如果你第一次来台湾有十天八天环台，闯进这些小镇可能会觉得性价比不高而失望，其实，苗栗是个比较适合第二次或第三次来台湾时晃晃悠悠慢游的地方。

南庄

南庄这个朴实、内敛的山中小镇，曾因为林、矿业发达而繁荣，却也因林、矿业而没落，在二十几年后，因积极推动小镇观光又整个充满了活力，也吸引很多游子回到原乡创业，已经是苗栗人气最高的景点，如果你要选择一个客家小镇，那就来南庄吧！山峦层层叠叠，尽是一片绿，延伸到远方，溪流温顺蜿蜒于叠翠间，房舍散落在山中谷中，有人说，从南庄老街出发，到处是古朴怀旧的景点，不管是质朴的木造南庄邮局、改造成展览馆及餐厅的南庄戏院、复古风情的南庄小学等建筑，还是充满日式气息专卖和服的复兴布行、老金龙饭店等店铺，都是深受旅客欢迎的景点，在老街上就是随意逛逛，吃吃喝喝。《我可能不会爱你》中大仁哥、又青姐与Maggie三人一同出游的地方就是在南庄。

现在南庄山里，一条路可能就通往一间庄园民宿或咖啡店，这些店主很多都不是本地人，大约在20年前开始，一些厌烦了台北都市生活的中产阶级跑来这山里买地自己盖房子，半隐居，现在南庄观光热了，他们索性将自己的家开放成民宿或咖啡店，所以你看这些店都非常有主人自己的个性，经常有不知哪里搜来的稀奇古怪的收藏品，反正钱赚够了生活也无忧无虑，开店或民宿只是他们的兴趣，无非打发时间交交朋友。

除了逛老街，如果你沿着南庄风美道往更山里走去，可以到达以巨石和飞瀑闻名的神仙谷，这里是泰雅族的祖灵圣地，由于附近曾经是埋葬部落先人的地方，因此也称为死亡谷。此外，这里也是电影《赛德克·巴莱》的拍摄场地之一。南庄除了客家人，还住着泰雅族人及赛夏族人，这个少数民族与汉族交界的小村庄，是当年汉人开垦的终点，在清朝时及日据时代都不断有少数民族与汉族冲突发生。

而若你在沿路的东河部落走进另一条岔路——向天湖联络道，可以直上云雾缥缈的向天湖，这是赛夏族人的领域，可能很多人会觉得向天湖是个小小的池塘没啥，其实这里平常也没什么游客来，这里有座赛夏族民俗博物馆，是认识该族文化的好地方。两年一度的赛夏族矮灵祭期间，向天湖这里就热闹起来了，除了赛夏族人纷纷返乡参加祭典，也会涌进大量游客。

南庄

赛夏族矮灵祭

赛夏族人口只有5000余人，人很少，也是最神秘的族群，位于南庄这里的赛夏族人多半会说客语，而新竹五峰乡的赛夏族人大多以泰雅语为主，深受邻近泰雅族及客家影响，是台湾少数民族中文化濒临危机最深的一个族群。而赛夏族的矮灵祭是台湾众少数民族祭典中，最神秘最严谨，禁忌最多，却也是名气最大的祭典，每两年有一次小祭，每十年有一次大祭，只有这个时候，平常大门深锁的祭屋才会打开，每次矮灵祭都吸引众多游客及民俗学者参观。

矮灵祭又称为“巴斯达隘”，相传很久以前，赛夏族附近住了一群身高不满1米的小矮人（taay），其农耕技术相当先进，经常教导赛夏族人耕作种植，让赛夏族的农地每年都能有相当丰硕的收获，因此，在每年的庆祝丰收的仪式中，都会邀请矮人做客，感谢他们对赛夏族人的指导，并且维持两族和平相处的关系。

可是因为矮人经常调戏赛夏族妇女，赛夏族人对矮人渐渐心生不满。终于有一天，赛夏族人再也忍不住气愤，决心消灭矮人，他们独自爬到悬崖边，将矮人平常休息乘凉用的树木锯一半，然后用土掩饰，等矮人爬上树后，树身因不胜负荷而折断，矮人们全部掉入溪谷死亡。

有两名矮人捡回了一命，于是他们诅咒赛夏族日后将灾祸不断，矮人边向东南方逃走，边诅咒：“老鼠与麻雀会来侵害作物，毒蛇猛兽会咬噬你们。”结果赛夏族从此灾祸不断。为了平息矮灵作祟，此后赛夏族人每两年会举行一次矮灵祭典，每十年举办一次大祭，以祈求矮人的原谅。

台湾各少数民族很多都有关于矮黑人的传说，以人类学的角度来看，一直有学者认为矮黑人可能跟早期的南岛民族有关，但由于缺乏考古佐证，矮黑人的存在一直是台湾人类学研究上的谜团。

整场矮灵祭主要仪式分为告灵、迎灵、会灵、娱灵、送灵等程序，其中以迎灵仪式最为神圣及神秘，不容许他人参加或窥视，整场矮灵祭共进行四天三夜。早在二十几年前，矮灵祭都还不对外开放，也全场无灯光，神秘得很，直到这几年媒体开始报道才逐渐广为人知，一般游客仅能参加会灵与娱灵，娱灵自傍晚开始，一直到隔日天亮。下一次的小祭是2016年，大祭也在2016年。若要参观矮灵祭，请先了解相关禁忌，入境随俗，彼此尊重，可不要太固执，以免发生莫名其妙的事。

旧山线：三义—胜兴

台湾的纵贯铁路山线经过苗栗这里，过往会经过一个较大的陡坡，直到胜兴车站，纵贯铁路的最高点后再缓缓下降，1998年起，新的路线建成，这条原有的路线随之废弃，称之为“旧山线”，旧山线与新山线的分歧点就在三义车站，这几年在地方人士极力争取之下，旧山线不定时地会用蒸汽车头作为观光列车复驶。

整个旧山线的旅程一般都是从三义这个以木雕出名的小镇开始。三义几乎有一半的乡民以木雕业为主，在三义街上都弥漫着一股木头香。这里的木材取自阿里山、竹东、竹山等地，以樟木为主，也有桧木、檀香木等其他木材。在台湾，收藏级的木雕几乎都是从三义出来的。因为大陆木雕这几年开始抢攻市场，三义这传统木雕小镇也开始寻求转型，而开始有了个人风格创作风气，这里的师傅最厉害的就是看到什么木头就雕什么，因材施雕，所以也常让人叹为观止。对木雕有兴趣的，也可以至三义木雕博物馆参观，这里收藏的包括各国土著的民族木雕与台湾木雕艺术等。

近年来三义最有名的就是“五月雪”，每年四五月的客家油桐花季，满山满谷的油桐花开，分外雪白，时间一到，春风轻拂，雪白的油桐花瓣飘缀撒遍每一个角落，缤纷似雪。从2002年开始举办了客家文化节，就以白色的油桐花象征纯洁善良优美的客家精神。当年刘亦菲与陈柏霖主演的《五月之恋》中台湾的部分，即是在三义胜兴这一带取景。

在三义火车站前可租到自行车或摩托车，一路沿着“苗49线”这条与旧山线平行的公路，可以看到过去旧山线的名景：如在1935年地震震毁的龙腾断桥，美丽的拱形砖造桥身有种残缺的美感，许多人喜欢在此拍婚纱照。一路到了胜兴车站，这是台湾铁道迷必来朝圣的一个可爱小站，兴建至今已有90余年的历史，整栋建筑以木头为建材，没有用一根铁钉，为一日式虎牙式木造建筑，虎牙式设计据说有避邪祈福的作用。

自从旧山线停驶之后，胜兴这个地方反而声名大噪成了观光地点，胜兴老街每逢假日时，胜兴车站总是涌入大量的观光客到此地游赏。其实老街都差不多，胜兴的卖点主要还是在旧山线，当然作为传统的客家小镇，整条老街有许多客家趣味等着游客去玩赏，说真的，如果你第一次来台湾就不用来这儿了，如果有机会，又遇上旧山线复驶的时候，倒是很值得一来。

三义观光巴士每逢例假日，自9:30至17:30，每隔10分钟自三义火车站前出发，全程约60分钟，随招随停，票价70元，购票当日不限搭乘次数，随招随停。（行驶路线）：三义火车站→新竹客运三义站→木雕博物馆→侨成小学→胜兴车站→龙腾断桥→中山桥→西湖度假村→水美街→新竹客运三义站→三义火车站（巡回行驶随招随停）。

旧山线复驶

龙腾断桥

山线、海线、纵贯线

早些年台湾铁路纵贯线从基隆、台北经由新竹、台中到达台南与高雄，不过因为中部大部分的路段皆穿越山区，火车在此路段无法以一般的速度行驶，影响了运输，因此，决定在竹南到彰化间沿着台中港等中部沿海地带新筑一条平行的新线，称为“海线”（正式名称为“海岸线”）；而原来的竹南经台中到彰化的路段则称为“山线”，在中部的大城小镇几乎都是依山海线发展，不过因为山线经过大城市台中，80%的列车都会跑山线，海线大部分都是些小镇小车站，但久而久之，“山线”与“海线”对台湾人的意义，指的就不仅仅是铁路线，也成为台湾人区分地域，牵涉到地缘政治的一种方法，早些年台湾的流氓报名号时，就会说自己是混山线或混海线吓唬对方，当然，如果底气强一点，最高级的会说自己是混“纵贯线”的。

大陆对“纵贯线”的认识，可能是从那几个老男人组成的乐团名而来。至于纵贯线，一般指的是台湾西部南北纵贯铁路，但更古典的说法是，纵贯线指的是省道台一线，这条南北高速公路还没建成之前纵贯台湾南北的大动脉，所以，以前流氓爱称自己是“混纵贯线”的，就是代表他在台湾从南到北都很有影响力很吃得开，管你山线还是海线。

白沙屯

白沙屯是个台湾西海岸再普通不过的贫瘠小村子，稍微快一点的火车连放慢都不放慢直接呼啸而过。只是每年农历三月妈祖诞辰，白沙屯妈祖赴北港的进香之旅，却能让全台瞩目，苦行般的徒步旅程，比起大甲妈祖绕境进香的热热闹闹，少了几分商业及政治气息，更多了几分草根与温馨及简朴。

供奉妈祖的拱天宫是白沙屯的信仰中心，而一年一度的徒步进香之旅，也是台湾路线最长的进香行程，全程九天八夜的徒步进香，完全没有固定路线。每年农历十二月十五1点，会先在妈祖面前掷筊，掷筊只会问三个时间：次年出发、刈火和回白沙屯的时间，其他如行程、路线、驻驾场地都是未定之数，一出发后就一切交由妈祖带路了，轿子要你往哪儿走就往哪儿走，也不安排休息地点，轿子要你在哪里停下就在哪里停下，也不一定会沿着马路走，有时也会穿进溪里田里林子里，这是个信者恒信的事，对于信徒来说，一切都归于天意。

白沙屯妈祖进香／白沙屯妈祖婆网站www.baishatun.com.tw供图

进香队伍出发后几乎是不眠不休，在不停变换的鱼肚白天光、西滨公路的烈日当头、染红海面的夕阳下前进，沿着海岸线风雨无阻，从白沙屯、台中、彰化，一路跨越大安溪、大甲溪、大肚溪及浊水溪，36小时内，要徒步走200千米，走到云林北港的朝天宫，再原路折返，总共400多千米，很辛苦的行程，但每年都吸引大批信徒自愿跟随。

在电影《练习曲》的末段，主角骑自行车到台湾西海岸见到庙会，众多信徒跟着神轿徒步行走，妈祖神轿所到之处总有虔诚的民众四肢匍匐在地，等着钻妈祖神轿，祈求妈祖赐福，主角忍不住流下了泪水，那就是白沙屯妈祖进香的片段（不过也曾发生信众钻轿底，结果神轿直接从旁边绕过，信众全部傻眼的事件）。

[行]

如果你是穷游的爱好者，那务必试试中远之星客轮，来往厦门及台中港夕发朝至的航班，夜行台湾海峡黑水沟还是很特别的体验。或者，来往福建平潭岛与台中港的海峡号双体飞翼船，单程只要 2.5 小时。

若乘坐高铁至台中，可在高铁站旁台铁新乌日站搭乘电联车至旧市区台中火车站，或乘接驳车可往市区数个方向。若乘巴士，台中有两个主要客运站，一个是火车站前的中部客运转运站（干城站），另一个是高速公路台中交流道旁的朝马转运站。若是高速公路路过车，只会停朝马，若大巴终点在台中，通常会经朝马再进市区，请先问清车停在哪儿。在火车站前中部客运转运站，可找到往中部任何一个乡镇的班车，如往埔里日月潭等地的班车，非常密集，可以多加利用。

因台中腹地分为山线与海线，因此在境内平原地区，最方便的移动方法是火车加客运。感谢市长胡志强任内最伟大的政绩，整合了大台中地区从海边到山上所有的客运公司，并且用 GPS 定位实时回传，可以在手机上精确地查到公交车实时状况，请下载“台中公交车通”这套 APP 软件。

[住]

台中市区从高级酒店到青年旅社都找得到，如果你不在乎钱，大可不必住五星级酒店，但一定要住台中特色：汽车旅馆。台中各种豪华的汽车旅馆，装修的创意绝对超过你所能想象的，非常香艳刺激，不管是情侣旅游、团体包房，或者独守空闺，汽车旅馆都能让你的心理得到满足。至于一般小旅社，很容易遇到按摩服务的困扰。若你去了台中山区，如梨山、武陵农场一带，除非你想露营，否则在夏季旺季时请务必提早订房，此外，许多山中部落亦有天主教堂可借宿。若在山区找不到地方过夜，请求助派出所。

台中市在历史上的起源是在清康熙四十四年（1705年），一位参将发现南屯土地肥沃，便扎营耕耘，发迹主要是在日据时期，因为铁路、海港与公路等建设，使得台中市跃升成为中台湾的政治、经济与文化中心，而在1945年台湾光复之后，渐渐成为中台湾的龙头。

因为位居于台湾的中心位置，不但是苗栗以南、云林以北，600万人口的经济中心，南来北往绵密的交通网，也让台中成为交通上重要的枢纽。台中的地理位置在台风频繁的台湾占有很大优势，因为在中央山脉阻挡下，台中总是能安然度过台风的侵袭，这或许也是台中人乐天的原因之一吧！台中市拥有台北一般的生活机能，每位市民却有更多的绿地可去；台中人具有南部人的乐天、热情与好客，也比其他城市有更多的包容力，这或许是地理位置与历史因素所造成的。台中年均温度23°C，时常阳光普照与宜人的气候吸引了许多外县市的居民迁入，一年四季也吸引了许多观光客到访。

台湾网络上流行“战南北”，因为台中人融合了南北的特色与文化，所以在战南北时没有加入战局，感觉起来好像台中被忽略了，但其实台中的影响力已经渐渐地渗透台湾各层面，比如说你会听到台湾人讲话很流行：“真的假的”“是哦”“嘿”“啊”之类的语气助词，这都是从台中流行起来的。

台中市近几年来，在七期盖了许多豪宅，台中港也进了许多名车，让人有一种台中经济起飞的感觉。可是在台湾一提到“治安差的都市”，又让人第一个联想到台中。一提到台中，又直接让人联想到“情色”，只能说，白天的台中，就跟温驯的小绵羊一样，可是一到晚上，台中就变成了一匹“脱缰的野马”那样奔放。

中区

中区算是台中的核心与旧市区，随着台中市区外扩，旧市区的规划就不是很好，仿佛被市政规划放弃一样，虽然有台中火车站在附近，但因为大楼林立，许多大楼也因为市区没落而荒废，它是治安的死角，也败坏了台中市的市容，许多市民为旧市区的没落与未整治规划感到惋惜与遗憾，毕竟旧市区保留了许多当年的回忆。台中公园附近有许多暧昧的理容KTV，聚集了许多复杂人士，附近荒废的大楼则很容易沦为都市犯罪的温床；抑或假日时，许多外籍劳工聚集在火车站、第一广场，或坐或躺的，也让一般民众不太爱来这儿，算是没落的商圈。

台中火车站

历史悠久的台中景点，从外表上来看有浓浓的怀旧风格，红砖建筑混搭日本风格与文艺复兴风格，十分有特色，也被列为二级古迹，且火车站虽然外表很有历史，但入车站大厅后会发现里面略为挑高，不会让人有压迫感，当然如果遇到假日时，也是人挤人大塞车，事实上台中火车站站前是台湾动线最混乱的站前，所以不太建议假日去参观台中火车站，你可能会被挤得一肚子火。铁轨另一边的20号仓库，建于20世纪30年代，在20世纪90年代末期改建为艺术仓库，是台湾最早的一座艺术仓库，也就是20号仓库的成功，台湾开始有了所谓老仓库再生的意识。整个园区总共有七栋大仓库，有表演场地、剧场、艺术家工作室及展厅等设施，展览主题约每半个月会换一次，火车铁轨改造成的枕木步道，也成了外拍的好地方。

宫原眼科

嗯……这里的确曾经是一间眼科诊所，是日据时代的宫原武熊医生所开设的，后来

宫原眼科

成为台中的卫生院，又经历了一段废墟鬼屋般存在的时期，几年前由知名凤梨酥业者买下此建筑，并将此具有历史的建筑物做了整修后重新开张，以“宫原眼科”为招牌打出了名号。这座建筑物内部真是不得了，挑高的建筑，一排排的柜子像图书馆分门别类地标示，柜子里放的是一本本书籍，像是电影《哈利·波特》中霍格沃兹魔法学院的图书馆一样，但其实是书籍外观的包装盒，里头都是糕饼食品。现在这里已经成为台中非常热门的旅游景点，不管是平日还是假日，总是能看到排着长长的队，每个人都非尝尝这里的冰激凌和珍珠奶茶不可，有制服癖的人应该会喜欢他们家女服务员的制服。

第一广场

现在第一广场是个很妙的地方，它曾经是台中最有名的商场，但现在也因旧市区的规划失败而没落。为什么站前的旧市区会没落？除市政规划失败外，很多人传说，那是因为当初中区主要干道中正路一度改为单行道，只能一路向西，于是，旧市区的命运就如这条路般，一路归西，归去来西。

在本地人眼中，第一广场是个“最好不要去的地方”，其实火车站一带晚上10点以后最好就别去了，如果你假日来到这里，会觉得你根本不像在台湾而像在东南亚某城市，台湾中部工厂里的东南亚外劳一到放假，都会聚集在第一广场这一带与亲朋好友聚会。现在第一广场，你可以看到很多写着东南亚语的招牌，卖东南亚产品的超市，还有各种平价的东南亚小吃美食，都专做东南亚人士的生意，其实这是个很有趣很有特色的地方，只是入夜后还是别去为妙。因为台湾人天生对东南亚人有偏见，觉得他们“好像很脏”“治安很差”，导致大家都不喜欢来这边，但如果这里是白种人聚集地，恐怕态度就不一样了。

自由路二段太阳饼街

台中第一特产毫无疑问就是太阳饼了，这种以麦芽糖与奶油为内馅的酥饼深受台湾人喜爱。你只要到自由路上，满街都是卖太阳饼的店，每一间都以创始人阿明师魏海清传承自居，都自称是创始店。但台中人都知道真正的创始店是自由路二段23号的太阳堂，店内有一幅台湾老艺术家颜水龙的马赛克壁画名作《向日葵》。在以前台湾戒严时期，这幅壁画还曾被尘封起来，因为向日葵“向太阳”，怕触及政治禁忌而遮了几十年。2012年，太阳堂因经营问题歇业，震动了整个台中，连市长都要亲自出面调解，也不知道什么时候复业。但如果你要买太阳饼，也不一定要在乎所谓的创始店，因为现在新的店都有各自的特色与口味，自己喜欢就好，只要看哪一间店排队的人多跟着排就是了。

第二市场

建于1917年的第二市场是台中知名的传统老市场，日据时代附近为日本移民村，所以在当时为较高档的市场，只有日本人才消费得起。它同时也是台湾硕果仅存的特殊市场结构遗址，市场内各通道以六角形放射状排列，在中心会合，又名六条通。市场里当然有很多知名的黑暗料理小吃，台中有种特色的下午茶吃法：菜头粿加上米肠与一颗蛋，这是在其他地方都没有看过的，如果不喜欢吃菜头粿，也可以吃肉包配馄饨汤，有些违和感，但都是不可错过的台中美食。

北区一中商圈

北区是台中学校的聚集地，台中一中与台中科技大学学院为台中历史悠久的学校，因为下课后许多学生到一中附近的水利大楼补习，久而久之形成了一中商圈，有很多初中与高中的学生，到此补习与消费，变成补习班与商场并立。一中商圈主要以青少年为主要消费族群，商圈形态以青少年流行文化为主题，拥有最流行时尚的信息，吃喝玩乐样样有。

一中商圈中友百货的厕所俨然变成一个观光地点，商场里的每一层厕所都会有个主题，比如“畅饮可口可乐”“海底总动员”“秘密花园”“都会新禅风”等12种主题，2011年竟然还登上美国《时代》杂志，经常看到有人在厕所里拍拍拍，也算是奇景了。

西区一西屯区

这两个地方是台中“规划得比较好的地方”。台中的主干道中港路上，这附近居住的大多是较为年长的人或退休族，生活机能方便，沿着中港路也到了这一两年很夯的勤美绿园道，因为兼具商业与艺术，让它成为最近的景点新宠，吸引了许多市民前往。而你常会听台中人说“七期”，指的是七期重画区，这一带就像台北的信义区计划一样，也是百货公司与豪宅聚集的地方，如：大远百、新光三越、老虎城等，又因位居台中主要道路中港路上，所以吸引了外来的居住者，假日也吸引了许多人潮与车潮。

台湾美术馆

这是个很棒的地方，虽然听起来是比较小众，但其实不然，除了馆内有各种分类艺术的展览外，这里真的非常适合全家老小去参观，必来的原因就是免费参观，又有规划良好与冬暖夏凉的空间，除非是特殊展，不然是不用门票的。馆前有偌大广场与草地可以给孩子嬉戏奔跑，为小孩留下成长纪念，馆外也有随处可见的巨型雕塑品与常态展览品，常常会有要结婚的新人来取景。

美术馆对面的忠信市场是一个极为隐秘的艺文聚落，本来就是个台湾到处可见的水泥建筑的老破菜市场，又旧又乱，只有顶棚透下几丝光线，简直就跟以前香港的九龙城寨差不多，但因为租金便宜又靠近美术馆，吸引了一些穷困的文艺工作者，这儿保留了旧有的房厝建筑结构，再尽可能地想办法重新设计规划利用（因为没钱又没补助）。这里逐渐成为艺术工作者聚集的地方，卖鸡鸭、卖猪肉、卖咖啡、老宫庙、艺术工作室、小吃摊通通混在一起，形成一种奇妙的共生关系，经常可以看到一些匪夷所思的装置摆设与宝物，不过因为这里太随性了，一般来说周末来他们大多会在。

勤美诚品绿园道

其实比较适合年轻一点的游客和文艺青年来这里玩，有点拥挤，但不会给人压迫感，设计师将原来的大楼重新改装设计，由地下2楼延伸至地上3楼（高达20米）；用15万棵植栽镶嵌成目前亚洲面积最大的室外植生墙，这栋建筑荣获了2010年的“全球卓越建筑奖”。里面包含儿童馆、音乐馆、诚品酒窖与多功能展演厅，并有超过百坪的诚品文具馆书店。在勤美诚品后面是新人文美学特区，又有人叫它勤美术馆，整个街区摆放了许多大型公共艺术作品，以欧美国家流行的“街区博物馆”为概念，以城市和环境组合成充满艺术感的街区。和美术馆的气息不同，它有丰富的文创感，中兴街附近有许多小店，一如台北的东区，很适合来挖宝，虽然有台北东区般的设计感小店，但价钱比较便宜。假日绿园道上也会有许多的活动，喜欢热闹又有文创气息的不可错过。台中就是这么个地方，好像乱乱的，文艺却又无处不在。

台湾自然科学博物馆

1993年落成的科博馆，是许多台湾小朋友第一次觉得博物馆很好玩的地方，馆内主要分科学中心、生命科学厅、地球环境厅、太空剧场、人类文化厅及植物园六大展区，共24种主题陈列。科博馆的设计非常强调互动性，有很多展示都可以玩，足够你逛上半天，是个小孩大人都会喜欢的地方。

孙立人将军纪念馆

这里曾经是一代名将孙立人的故居，也是他被软禁三十载的地方，在早期时，据说街口四角都有机枪对准这个大门，在解除软禁之前，许多台中人从小就被告诫不要接近这个地方。孙立人是著名将领，1955年，孙立人被控纵容部属武装叛乱、“密谋犯上”等罪名，被判处“长期拘禁”在此寓所，直到1988年1月13日蒋经国过世后，同年5月李登辉才解除孙立人长达33年的“监护”。2010年此处开放成为纪念馆，那一天，上千位白发苍苍的旧部属齐聚现场，缅怀这位老长官，令人印象深刻，到现在，还是经常可以见到他的旧部属来此悼念他。若你参加纪念馆的导览行程，导览员会告诉你寓所里里外外的各种玄机。这是个处于台中闹市中心的优美小院子，但要是你被关在这里面33年，恐怕你就不会觉得美了。现在你推开那扇红色大门很容易，但当年，孙立人33年都望着那扇大门走不出来。

金钱豹

提到台中，怎么能不提到“金钱豹”？正如大陆的“酒店”是指“HOTEL”，而台湾的“酒店”是指有美眉陪酒的夜店；在大陆只知道“金钱豹”是一间很贵很贵的自助餐店，而不知道台中的“金钱豹”却是全亚洲最大最豪华的酒店。曾经有一幅戏谑的台湾地图，各城市有不同的戏称，而台中，就被称为“金钱豹国际总部”，足见“金钱豹”在台中的地位，俨然已经成为台中这座城市的精神地标而存在。

台中的酒店情色文化闻名全台，入夜后的台中充满暧昧迷蒙、灯红酒绿的气息。“金钱豹”并不是台中第一家酒店，却是让台中的酒店文化声名大噪的推手。它的董事长是一位眷村子弟，当时为了拼过竞争的同业，他通过经纪公司来挑选小姐，之后因为小姐都是精挑细选，相貌姣好，让许多酒客眼睛为之一亮，遂在中部地区打响了名号。之后也因为利润丰厚，吸引了黑白两道许多人入股，也壮大了“金钱豹”的势力与名气。

逢甲夜市

距离七期不用10分钟车程的逢甲夜市，是完全不同风格的区块，因为逢甲夜市附近居住的多为逢甲大学的学生，聚集了许多小吃美食与商家，所以它平日吸引市民与学生，假日则吸引许多的外地观光客。早期这里为眷村，直到逢甲工商学院（逢甲大学前身）自台中市北屯区搬迁至西屯区的现址，带来2万余学生的人潮，让学校外围的文华路开始发展成夜市，又因邻近中山高的地利之便，而带来大量的外地观光旅客，使得文华路夜市的规模不断扩大而形成逢甲商圈。它的主消费群为学生，所以以“俗又大碗”的特色吸引许多顾客，除了有薄利多销的店家外，逢甲夜市也以创新的小吃而闻名全台，像黄金乌贼、懒人虾、炒面面包、平价月亮虾饼等，有许多都是由此发源的，所以来台中，热闹的逢甲夜市也是一定要来逛逛的！

东海大学

作为台中象征性的地标之一，东海大学有很传统意义上的大学校园，台湾的大学普遍很小，喜欢在小小的校地上盖几栋大教学楼，可是东海大学不一样，有小丘、有小径、有湖、有大草坪，学校规划依着地形错落有致，有台中最后一片森林。

东海大学的地标是贝聿铭设计的路思义教堂，教堂具有弧形线条的风帆屋顶，采用外表金黄的琉璃瓦铺盖而成，在早期校园里的树木没那么茂密时，在校园里的任一角度皆可看见教堂顶端的十字架，是许多东海人的精神支柱。教堂前有大片的青翠草坪，很适合坐在上面懒洋洋地晒太阳。于是，东海大学的特色之一，就是“日光假”，教授可以接受学生一学期一次的无预警逃学，有好太阳晒，还忙着上课干吗？教授能理解。

东海大学的美丽，吸引了许多造访台中的外地人，来东海大学一睹风采。此外，来到东海大学一定要喝一次农学院牧场自产的东海大学鲜乳，还有吃牛奶冰棍。

台湾美术馆

忠信市场

高美湿地

彩虹眷村

孙立人故居

校园演唱会

校园演唱会是台湾的大学校园里每到迎新或毕业季的重要活动，已经有长久的传统，活动中会邀请一些歌星参加，通常是二三线艺人的大串烧，有些歌手刚出道，走校园风或默默无闻，唱片公司也会主动举办一系列校园演唱会来打知名度，但只要学校名气够大，又刚好有档期在宣传期，也常有大牌艺人共襄盛举。校园演唱会通常不收门票，因此不管是大牌还是小牌歌星，也都是象征性地收个车马费而已。

一般认为，校园演唱会对歌星及主持人都是严格的考验，因为学生普遍毒舌又挑剔，只要你唱得不好或者冷场，马上就会嘘声一片，只要是经得起校园演唱会考验的艺人，几乎后来都会大红，比如说吴宗宪，他的主持功力最早就是在校园演唱会中练就的。

东海大学每到毕业季所举办的校园演唱会在中部院校里相当有名，有兴趣的人可以注意时间，如果你在台湾参观学校时刚好遇到校园演唱会，一定要想办法蹭到一张票来感受一下这种特殊的校园活动。

彩虹眷村

原名台贸五村的彩虹眷村算是台湾最具传奇性的眷村，它会变得那么有名，完全是因为“无聊当有趣”。原来居住在此的87岁的老荣民黄永阜，有一天，因为“无聊”而开始拿起水泥漆，把地板涂成五彩缤纷的彩虹，空白墙面也先涂底色，再拿刷子彩绘图案，想到什么就画什么，从人物、水牛、小鸟到飞机，他越画越多也越有兴趣，把眷村内的巷弄街道当成了天然的画布，在上头彩绘了各式美丽的彩虹线条与可爱动物，变得五彩缤纷。因为用色大胆、构图可爱并充满童趣，让到访者有如置身彩虹世界，故网友称此处为“彩虹眷村”。2010年时，此处因为都市计划要辟成马路，一时之间，掀起了一阵“抢救”运动，大量声援的邮件涌入市长信箱，最后彩虹眷村被保留了下来，未来还计划在台中市新市政大楼要保留一面墙让创作者黄永阜先生去彩绘。

菩萨寺

这是一座“非典型”的寺院，完全颠覆一般人对佛寺的想象：清水混凝土一体浇灌，爬满墙面的藤蔓，明亮的落地窗，建筑充满了当代设计思维，你会以为走进了美术馆，也常被路人误认为咖啡店。没有一般寺庙的华丽装饰，也没有烦琐的仪式，菩萨寺的设计，从门口的水墙、二楼钟楼、大殿听法、三楼传法，一直到顶楼在天空下的坛场，这整个“从地到天”的过程，仿佛传达从“有”到“空”，从“入世”到“出世”，室内随处是亦虚亦实的镂空设计，随着光影，体会四季时间的变化，室内室外没有一定的界线，仿佛都在述说着佛法，充满了禅意。

9·21地震教育园区

这里原本是一间学校所在地，但发生于1999年9月21日1点47分，里氏规模7.3级的强烈地震，让它成为现在的模样，你在园区内，可以见到地震之后的断层错动、校舍倒塌、河床隆起等地震遗址。为了凸显断层经过所造成的地景与校舍毁坏，园区之建筑将展示馆与原毁损校舍整合为一，那原来是操场跑道却被挤压成波浪般的地形让人看得惊心动魄，视觉上的震撼让人清楚明白断层对地层变动所造成的影响。因为这种现象太罕见，因此也不整地重修，顺势将整个废墟给保存了下来，整个园区的规划随断层线走，再依地形地貌调整，室内展馆也是当初因地震而扭曲半毁的校舍，成了错置的不规则形状，打破了对空间既有的认知空间，相互联结而又独立。在这里能体验到大地震后对地层造成的强烈剧变，以及大自然的破坏力。

这里有副对联写得好：“地动山摇原是自然现象，境随心转发挥人类神奇。”当年9•21大地震对台湾人来说是场灾难，对千万年的大自然却再平常不过，若经历过这场灾难后，转个念头想，可以学习到些什么，那也是重生的契机，台湾人也就是从9•21大地震后，心态上开始慢慢学习对自然的尊重，还不晚。

高美湿地

高美湿地是近来新兴的火爆景点，尤其是它的夕阳之美，吸引了大批观光客赶在下午四五点这个时间前来，但如果当天是阴天，这里就不是文艺湿地而只是普通湿地而已了，可以看当天天气好不好再决定要不要去，高美湿地这种火爆程度让本地人都觉得匪夷所思。萧敬腾的MV《收藏》烧钢琴的经典桥段就是在此拍摄（当然他也因此被罚很多钱），使这个台湾西海岸很常见的湿地一炮而红。来到高美湿地，你会看到很多人脱下鞋子走进那片与海连成一片的泥泞，其实这是不被允许的，所以请不要照着做，你大可以什么都不做，仅仅只是望着金黄色的夕阳沉思，或与朋友聊聊天，都是很美的事。湿地拥有潮溪、草泽、沙地、碎石、泥等多样性的环境，所以能在不甚大的环境里孕育着种类繁多、数量可观的生物。而在高美湿地栖息的鸟类多达120余种，为重要之生态保育区，目前已成为喜好赏鸟人士的新兴赏鸟地点。

大甲镇澜宫

镇澜宫始于清雍正八年（1730年），发展至今，在台湾虽然不是最早，但算是名气最盛、新闻最多的妈祖庙。

所谓台湾“三月疯妈祖”，整个台湾农历三月都陷入妈祖诞辰的热闹当中，每年镇澜宫最盛大的活动就数农历三月初的妈祖诞辰“绕境进香”，是全台瞩目的焦点。从镇澜宫出发，在八天七夜的徒步行程中，绕境队伍跨越台中、彰化、云林、嘉义四个县市，经过21个乡镇市区、80余座庙宇，跋涉330千米。每年绕境，总会吸引几万信徒跟随，不管是徒步、骑车，还是开着拖拉机等各种车辆，形成长长又奇异的绕境队伍；而绕境路线两旁，也总有虔诚的信徒沿路摆上各种食物餐点供绕境者免费食用，队伍不眠不休前进，场面浩大而感人，就连电视台都要现场直播。大甲妈祖绕境进香已有数百年的历史，已经成为台湾最重要的民间活动，在这个时间到台湾，有机会一定要去跟着绕境队伍走上一程，感受一下台湾人的宗教热情。

在早期，这种活动称“进香”，终点是云林北港的朝天宫（详见：云林—朝天宫），在1988年时终点改至嘉义新港的奉天宫，活动名称也改为“绕境进香”。所谓“进香”，这种活动在民间宗教中不只是人和神的关系，在传统观念上，进香有“下对上”的关系，分灵出去的庙宇必须定时回到上级庙宇“进香”，就跟充电电池一样，回去进香充电，以保持神力的“有效期限”。在日据时代以前，大甲妈祖是赴福建湄洲进香，但日据时代这传统被迫中止，权宜之计只好往历史悠久又拜“圣父母”（妈祖父母）的北港朝天宫进香。但从几十年前开始，大甲镇澜宫因为名气越来越大，庙方对于“进香”这个说法就有点不舒服了，想改称“绕境”。但绕境这个“境”指的是神明的“管区”，一般是在这尊神明的“祭祀圈”范围内才会叫作绕境，譬如镇澜宫的祭祀圈只有大甲镇以及附近几个乡镇。要改这个名义，北港朝天宫自然不依。到了1987年，台湾还在戒严时，大甲镇澜宫首先挑战禁忌，组团赴福建湄洲谒祖，顺利抢得“头香”，颇有想要一统江湖号令天下的架势。当年就有这么一个笑话啦！因为妈祖像不能托运，

镇澜宫

所以只能替它买一个座位，结果快赶不上飞机了，就听到机场广播说“旅客林默娘女士请尽快登机”，这流传已久的笑话也不知是真是假，总之隔年，镇澜宫立即中断近百年历史的北港进香之旅，绕过北港，改往与北港一水之隔的嘉义新港奉天宫（详见：嘉义—奉天宫）。

如果你想参加绕境

1.整个绕境活动全程是九天八夜，24小时不断徒步300多千米的活动，你可以选择参加全程，也可以参加其中几天，照你心意选择性参加。如果你想陪着全程走完，照规矩，在出发前的星期三晚上11点开始吃全素，一直吃到隔周三到新港祝寿大典结束后。如果你是选择性参加，有各种选择，不管你是要徒步，骑自行车，骑摩托车或坐大巴，三天两夜，两天一夜，请自行掷筊请示神明。

2.撇开宗教信仰，参加绕境简直就是在台湾穷游的入门课程，若你没有宗教信仰，请随俗购买一支令旗，作用等同于通行证，让沿路居民可以识别你是进香客的身份，避免造成你自己的困扰。

[绕境过程中你几乎不用担心吃的问题，几乎可以不用带钱，在沿路两旁都会有信徒不断地提供食物，举凡豆浆、烧饼油条（早餐限定）、饭、面、热

食、包子、粽子、春卷、面包，又或者各式水果、饮料、冰品、咖啡、提神饮料等，也有信徒提供酸痛软膏、贴布、驱蚊液等物品可以拿来用，甚至还有免费推拿，庙里有中医师驻扎，应有尽有，这是你吃遍台湾西海岸各乡镇特色小吃的最佳机会。]

3.在去程途中提供的都是素食，回程有荤食和素食，请不要浪费也不要带走，因为一路上都有，你吃不完的，也绝对不会饿到，简直就是台湾美食进香团。

4.除了几座主要宫庙，神轿驻驾休息的时间不固定，因此随行者都是队伍睡到哪里就跟着在宫庙里席地而睡，有些人会比神轿走得快一点先到下一个宫庙，一边休息一边等妈祖。

5.请自备睡袋，如果你不怕重不怕太显眼，带帐篷也没人管你，只要沿路经过的庙宇、公园、广场等地都能席地而睡，因为走下来太累，真的是走到哪睡到哪，不过因跟随绕境的人数众多，请记得提早占位置，跟着大部队绕境老鸟们一起走基本上是不会睡过头的。至于梳洗，沿途都有免费的厕所及沐浴间，甚至很多虔诚信徒会主动邀请绕境者到家中过夜休息。

6.请穿着适合走路的鞋子，透气的衣服，记得带雨具。因为普通一日都要走10小时以上，行李以轻便为佳，沿途寺庙可以借洗衣服。但三月的台湾晚上仍然稍凉快，请注意保暖，女士在白天请注意防晒，最佳遮阳工具是斗笠。

7.绕境的一大精神就是信徒一路轮流帮忙抬轿一直到终点，如果想体验帮忙抬轿的话，基本上你在一些比较乡下人少的路段，可以客气地请问神轿班的大哥是否可以帮忙抬一段，只要别太无礼应该都能被接受，有什么禁忌请询问神轿班人员。

8.你真走不动，有免费的绕境接驳巴士或小卡车随招随停，一上车坐下就万劫不复不想下车了，可要慎重考虑，或许你也可以试试搭拖拉机。

“标哥”颜清标

作为大甲镇澜宫董事长的颜清标，在台湾也是赫赫有名、充满争议性的人物。在台湾，大家都知道他是黑道出身，因为“战功彪炳”，轰动地方，1987年被送绿岛管训，1991年，32岁的他踏入政坛，仕途顺利，成为地方上的传奇人物，大家都称他为“标哥”，其影响力，就连台湾地区领导人都要敬他三分。

虽然标哥近年来急欲改变形象，而大家对他的印象也慢慢在改观，但在台湾的网络上，你常会听到有人回复说“消波块”，就是大家戏称，如果得罪了标哥这位“海线”的大哥，就准备被埋进水泥里做成消波块，丢去台湾港口海边，衍生出来，如果有人在回复里回“听，海哭的声音……”也是同样意思。

很多人会无法理解，怎么台中会选出这样的人当“立委”，但在当地人眼中的看法又不一样了，颜清标却是个“很有办法”的人，不管民众有什么疑难杂症、纠葛难解的问题，只要找上标哥，他都能想办法帮你解决摆平。他现在用他的影响力在服务乡里，热心公益，这口碑可是有目共睹，所以也得到很多人的支持，算是洗白成功的典范。

2012年11月，颜清标因在任台中县议长时期贪污一案被判3年6月徒刑定谳，褫夺公权，原选区在2013年1月26日办理“立法委员”补选，全台湾都为之关注，最后，由他的长子颜宽恒以1138票的差距击败了民进党候选人。

[行]

彰化市区不大，几个地方安排得好，走路都能走完，可以半日游。彰化主要的客运有两家：

彰化客运——以彰化市为中心到境内乡镇及邻近县市；

员林客运——以员林镇为中心跑彰化南边各乡镇、云林县及南投县山区。

[住]

火车站前有众多便宜旅社可供选择，若你是穷游爱好者，要在鹿港过夜，可以选择宫庙的香客大楼，便宜又干净，有三星酒店的水平。

彰化，旧称半线（早期平埔族社名），清朝时期改名彰化。早期中部地区文人雅士则喜爱以“磺溪”代称彰化，据闻“磺溪”因八卦山温泉的硫黄而得名，“磺溪”雅名流传至今。

有人说，彰化是一座“反骨”的城市，因为从历史上来看，清朝这里发生过民变，日本占领台湾时，又在这一带遇到极大阻碍，不管什么时代，这里都是让统治者觉得难以治理、头痛的一个地方。现在有所谓“磺溪精神”，就是指彰化人个性里都有种追求公平正义，不畏强权，牺牲小我，完成大我，明明知道赢不了，也要硬拼到底的精神。

台湾早期以农业为根基，20世纪60年代发展经济之际政府更喊出“以农业扶持工业”。彰化地理环境以平原区居多，相当适合农业耕作，为台湾农业县市，以发展农业经济为主。在彰化，一旦离开市中心，眼见的景象多为一亩亩农田景色，若在夏季经过彰化乡间小路，常可见满片绿油油的稻田，微风吹拂，整片稻田柔软地摇摆着稻秆，往往让人有种想躺下来的冲动；到了冬季，多数农夫改种植大波斯菊、油菜等冬季作物，以半休耕方式养地，夏季的遍地绿意转变成色彩缤纷的花田。

以务农为主的彰化人总是给人淳朴的形象，戴着斗笠帽、黝黑的肤色、亲切的笑容，甚至在农村里常可见到邻居友人以物换物交换各自种植的蔬果，交换的蔬果不计美丑，而是彼此间那份真诚的心意。

若来到彰化，在全县近九成的平原地区，县内高度最高之八卦山一定得认识。当然也不容忽略百年小镇——鹿港，鹿港古迹、人文风情在岁月风华下，成为今日的迷人小镇。南彰化的田尾公路花园、沿海王功的鲜蚵亦颇有名气。但毕竟彰化是农业县市，能细数出的景点有限，离开市区处处是乡间小路，单一农村景象甚至会让人觉得偏僻、乡下，用GPS导航可能还会走到田埂间。不过，若认真在这里生活，清新微凉的空气是每天早晨的惊喜，便宜大碗是乡下人做生意的诚意，这里有点乡下有点热闹，还有点可爱。

八卦山

八卦山为彰化县内最高山脉，为彰化象征，八卦山于清朝年间为几次战争之重要战场。八卦山原名为“望寮山”或“寮望山”，雍正年间山上的台湾少数民族（当时汉人称之番）起兵造反，台湾府出兵平乱，结束后在山顶建造“镇番亭”，“望寮山”更名为“定军山”。到了同治年间，地方人士戴潮春组织反清地下会党“八卦会”，事实上“八卦会”就是秘密组织“天地会”的分支（天地会领导人为林爽文，乾隆年间起兵反抗，为清朝台湾最大规模的民变），活动于八卦山范围。1862年发动民变抗清，为清代台湾反清民变历时最久者。之后在乾隆时期文献即出现“八卦山”之称。清朝末年，台湾割让给日本，各地民众组织抗日，在八卦山爆发最惨烈的一战，为八卦山战史中最悲烈的一役。

整座八卦山脉的腹地非常广，但在台湾人的印象里，一提到彰化，第一个浮现的就是在彰化市区八卦山上的那尊大佛。这尊大佛在1961年完工，盘坐的大佛四周设有莲花座，从大佛底座有门通往佛身内部；腹内部分为六层，雕塑着各种佛经故事。在台湾的网络亚文化中，总喜欢叫八卦山大佛“大佛钢弹（高达）”。

彰化当地的老人家会告诫小孩晚上不要随便上八卦山，因为这里是古战场，冤魂极多，更有一传说谓之情侣不可以一起上八卦山，若同行出游势必造成分手。对于生活于此的彰化市民而言，八卦山是生活中的一部分，是茶余饭后上山散步的好去处，亦是年轻人看夜景的好景点，一个缓冲市区喧闹之地。作家九把刀就是彰化人，他的小说中就经常出现八卦山的场景，《那一年，我们一起追的女孩》里僵尸踩到瓶罐滑倒一幕，即是在八卦山大佛前拍摄的。

在大佛旁边有一庙宇南天宫，当然，专程走到这儿的人看的都不是南天宫本身，而是那在20世纪70年代“不惜耗资全新打造的电动18层地狱”。各种18层地狱的景象，配合刺激的声光，最重要的是他们都是运行了三十几年的“电动人偶”，惊悚又后现代的老派鬼屋风格，走过一趟，绝对让你心灵得到成长升华，是当地年轻人间口耳相传的绝妙B级旅游去处。

此外，军机公园也可以顺便看看，这里摆放着军队退役的C-119运输机及F-5E战斗机，C-119在台湾曾被喻为“老母鸡”，从1958年到1997年在台湾军队服役，共接收110架，担任运输及空投等任务，台湾是世界上最后一个使用C-119的地区。现军机公园的C-119可进入机腹内参观。

南瑶宫

南瑶宫算是彰化最有名的庙宇，也属台湾名庙之一。它建于何年已经不可考，一般最流行的说法是，在1723年时，彰化设县，有一位来自诸罗县（今嘉义县）笨港的瓦窑工杨谦，他随身携带的妈祖香火袋忘记带走，挂在工寮内，每当入夜附近居民就可见到此处散发五彩毫光，认为是神明显灵，于是集资建庙。

南瑶宫最值得一提的建筑是中央的观音殿，它与台湾其他传统庙宇有相当大的不同，融合中式、日本和式及希腊巴洛克式风格，在台湾寺庙艺术中极为罕见。此外，你一定会看到南瑶宫正殿拱门两侧突兀地漆着两面青天白日旗，还写着“四时咸亨”“普天同庆”，那是因为当年台湾光复后，移防来台的部队没有房舍可供部队驻扎，就借用南瑶宫开放让部队驻扎，最多时曾有上百名士兵住在寺庙内，没想到这一住就是三四十年，其间有士兵在正殿旁两侧水泥拱门上画了四面青天白日旗以表示固守，后来部队移防到其他地方，此物就此保留下来，这也算是时代遗留下来的特殊痕迹。

妈祖会与吃会

全台湾妈祖庙都有所谓的“妈祖会”，就是信众自发性的进香组织，参加者缴钱存做公银，做各种活动经费之用，通常是以个人名义参加。

但在彰化平原一带，早年却发展出以村庄为单位加入妈祖会的形式。原来过去台湾是移民社会，因为原乡祖籍情结，导致族群之间、村庄之间发生各种冲突械斗（详见：分类械斗），虽然械斗不断，但不管是漳州移民、泉州移民，或者是客家移民，都有共同的妈祖信仰，又因为南瑶宫在中部的威信大，有整合调解冲突的本事，故各族群、村庄纷纷加入妈祖会，每年都举行“吃会”，或全庄性宴客的活动，在“吃会”活动中，漳籍人到客籍会员家吃会，或客籍人到泉籍会员家宴客，借由宗教共同的价值观来消除族群间的隔阂，顺便交流开垦的心得。

八卦山大佛

扇形车库

扇形车库：过去彰化为中部第一大城，也是台湾纵贯铁路山线与海线的南端交会点，南北旅客皆在此转乘，因车辆调度需要，考虑到用地大小，1922年在这儿建了扇形车库，是台湾现在仅存的一座扇形车库。扇形车库以转盘为中心，向外延伸出十二股铁道，一端为半圆形的车库，以停放火车头为其功能。几年前本来这里也要拆除了，但在地方人士与铁道迷极力争取后获得保留，现在仍然在使用，不时可以见到机车头调度的画面，铁道迷如果来到这里肯定会HIGH到高潮，在保安室有扇形车库纪念章可盖。

鹿港

鹿港名之由来是昔日多有鹿群群聚于港口草埔，故称“鹿港”，荷郑时期为台湾中部鹿皮出口最大港口，现在历史学家经常将康熙二十三年（1684年）台湾设府至道光二十二年（1842年）五口通商为止前后150多年称为台湾的“鹿港期”。

乾隆四十九年（1784年）清政府开放福建蚶江（今泉州石狮北边），通商后鹿港开始发达，因当时港阔水深，又离大陆最近，自然成为一个繁荣的商业港口城市，很快，本地后续发展出行郊，最具盛名的是鹿港八郊。所谓“郊”，即以前的公会组织，称为“行郊”，当时在鹿港，行郊除了有维护共同商业利益的功能外，还负责庙会祭典、排解地方纠纷、公益事业等功能。由于鹿港是商业极度发达的都市，因此行郊对社会的影响力甚至凌驾于官府之上。当年繁华之盛被称为“一府、二鹿、三艋舺”，列为台湾三大都市之一，直到现在，走在鹿港小镇，你仍可看见“泉郊会馆”“元昌”“日茂”等当时各家商号或商行办公之处。

鹿港的没落在清朝咸丰年间，随着河川淤积，船运盛况不在。而日据时代新建的南北纵贯铁路也不经过鹿港，它的商业活动等于完全被基隆与高雄南北两大港口抢走。待台湾经济起飞的20世纪六七十年代，鹿港因为破落也没什么变化，却也意外地保留了古风，直到罗大佑那首《鹿港小镇》才让台湾人重新发现鹿港这个地方。

鹿港天后宫

台湾唯一奉祀湄洲祖庙开基圣母神像的庙宇。当年湄洲祖庙开基圣母神像共有六座，而鹿港天后宫内之妈祖像即先民来台时带来的其中一座，其他留在大陆的五座于“文革”时被毁。

由于鹿港为贸易、港口发迹的城镇，出海人的守护神——妈祖更于鹿港有重要地位与意义，为当地民众重要信仰之精神所托，天后宫列为鹿港三大古迹之一，香火鼎盛，由此分香出去的庙宇全台达600多座。由于分灵妈祖的法力只有1年，所以每年农历新年到农历三月二十三妈祖诞辰，各地信众纷纷带着各地分灵妈祖回来进香，充电一下，这期间，庙前广场没有一天不是锣鼓喧天。除瞻仰妈祖颜容之外，天后宫庙宇建筑极具特色，主体采三进二廊二护龙之四合院建筑，其中三川殿之八卦结网藻井的细致与华丽不容忽视。天后宫附近有一间主祀田都元帅的小庙玉渠宫，田都元帅是戏剧工作者的守护神，不过庙的横梁上画的竟然都是海绵宝宝、派大星、哆啦A梦、米老鼠！据庙方说是要“与时俱进”，一般观光客还真不知道，旅行书中也绝不会介绍，是隐藏版景点。

龙山寺

同为鹿港三大古迹之一，已有200多年历史，相较于天后宫的香火鼎盛、热闹滚滚，龙山寺幽静了许多，如果你喜欢安静的地方，就来龙山寺吧！龙山寺供奉观世音菩萨。庙宇依传统建筑方式建造，分为山门、庙埕、三川殿、中埕、正殿、后埕、后殿，为台湾传统建筑中最具工艺美学之建筑。若为古迹爱好者，必定得好好注意建筑各细节与结构，如龙柱（被誉为经典龙柱之一）、窗木雕、藻井等，历时200年的庙宇，都是凝结了先人雕刻、彩绘等千锤百炼的多样技艺，为台湾庙宇艺术的杰作之一，古色古香的庄严气氛着实值得前来拜访一回。

传说鹿港龙脉的“龙头”就在龙山寺最后一进广场的三口井位置，因此，过去龙山寺周边的房舍都不准高过该寺。

文祠

鹿港三大古迹之一，为鹿港文人的精神中心。当年鹿港虽然商业极度发达，人文荟萃，但仍然连县治都算不上，所以不能盖祭祀孔子的“文庙”，只能建“文祠”供奉文昌帝君。现存文祠于嘉庆十七年（1812年）所建，过去鹿港读书人多爱在里面论诗评学；春秋两季的例祭，读书人都会到此观礼。

文祠旁是文开书院，建于1824年，命名“文开”是为了纪念明末来台教汉移民读书识字的大儒沈光文（字文开），在创立当时，就已经有30余万册的藏书供阅读。因为有文祠，一个小小的鹿港在道光至光绪年间就出了上百个秀才。但日据后，在全台各地设立公学校，鹿港也不例外，而日本殖民政府担心书生论政，可能会引起叛变，因此禁止书院任何活动，就连文祠的论学也被迫停止。

天后宫

龙山寺

龙山寺藻井

日茂行

日茂行创办人林日茂，乾隆年间由泉州来台经商致富，曾是鹿港第一富商，日茂行也是鹿港第一船行，门前广场正对河港，船只可直接停在广场前，卸货非常方便。林日茂除了经商，也急公好义，在鹿港许多寺庙中都可见到“林日茂敬献”的字样，在当年是鹿港的地方领袖。

但鹿港河道淤塞后，林家逐渐没落。民间传说，日茂行正处于鹿港风水上的“虾穴”，林家后代子孙不明，把门前旗杆漆红，代表虾死了，家运就此没落。

厦郊会馆

厦郊是厦门商人在鹿港的商会办公楼。以前河道从这前面经过，船只可直接泊于此卸货，但这里也是鹿港最早开始淤塞之地，船只无法停泊之后，厦郊也是八郊中最早倒店的一郊。

现在这里是鹿港的老人会，其中，有300年历史的南管乐团——雅正斋仍在此团练及教学。

中山路

沿着天后宫前的中山路一路步行到老街，是鹿港的主动脉，沿途各种小吃、小玩物、小零食等摊位五花八门，天后宫前的蚵仔煎、糕饼店、老师傅手工肉包、传统面茶，尝鲜探奇均可一试，各店家大同小异，都是鹿港当地风味。若想进阶吃些地道小吃，那得费点脚力，中山路上的第一市场是美食好食区，蔡泽记水晶饺、王罔面线糊、鹿港肉羹泉等，都是当地人必定捧场的好滋味。在鹿港一定要试本地的蚵料理，台湾中部西滨沿海一带养出的蚵又肥又大又鲜美，内行人都知道到这儿就是要吃蚵。

过去中山路称为“大街”，在极盛期算是全台最长的商店街，当年商家为了让商贩、居民防风遮雨，在街道的上方以木架构搭成屋顶，形成长达1千米之长的“不见天街”。到了日据时期，日本官方认为“不见天街”不通风、不卫生、阻碍交通，遂拆除改建，形成今日鹿港中山路的面貌。

现在的中山路仿佛有种“气场”，许多店面都不醒目，可是你走到那里就会不自觉地停下脚步，各种老字号的工艺店、糕点店、香铺很自然地就会吸引住你的目光，店里的老师傅无视观光客的探头探脑、闪光灯不断，正专注地在完成一件艺术品。

庙会

鹿港的“匠”

在鹿港不仅看古镇，看淳朴，还要看“匠师”，这三步一小庙、五步一古寺的小镇，有将近60座庙宇就坐落在这鹿港小镇的大街小巷。随着鹿港商业贸易茁壮发展，居民对于寺庙需求日增，开始从泉州、厦门、潮汕地区聘请各类工艺匠师至鹿港兴建庙宇，这些身怀绝技的匠师长年在鹿港建造庙宇，凭着精湛工艺而落地生根，开枝散叶，这也使得鹿港成为目前台湾工艺师傅最多的城镇，是台湾最著名的工艺古城。

鹿港工艺其实就是华南民间传统的延续与发扬，很多在大陆“文革”及破四旧时失传的民间手艺，在鹿港都还找得到，是制香、木雕、神像、灯笼、捏面、锡器等各类工艺匠师的汇集地，兴盛时期为民生工艺采购之重要据点，如鹿港“打锡街”，鹿港为最早出现锡器店家的地区，当时不管是宗教盛会所需器皿、日常用品均以锡来制作，从清末到日据时期，鹿港一直为台湾锡器重要产销地，鼎盛之际出现“打锡街”，高达10家之多。早期泉州移民至鹿港的匠师们，落地生根外也将工艺传承至下一代，造就现今大家称之鹿港有三多：“庙多、小吃多、匠师多”。在台湾的民俗艺品界，你只要听到这是“鹿港师傅”制作，那简直就跟汽车打上“德国工艺”的黄金招牌没两样。

目前台湾几位工艺大师均是鹿港子弟：如木雕李松林，神像雕刻吴清波、施至辉，传统雕刻施镇洋，锡艺陈万能，灯笼彩绘吴敦厚。你走在鹿港街上，路过他们的店，可能还会看到他们认真专注地在做手艺或者跟朋友泡茶聊天。

来到鹿港，除了古迹、小吃之旅外，亦可拜访几间工艺之家。鹿港人非常随和，老匠师们都喜欢跟游客聊天大谈他们的经历与手艺，你的鹿港之行会更精彩。

摸乳巷

鹿港知名度最高的景点恐怕就是摸乳巷了，这是一条非常狭窄幽长的巷子，最窄处还不到70厘米，如果男女正巧面对面走了过来，那有多尴尬。它还有其他的别称，如“护胸巷”“君子巷”，但还是“摸乳巷”最出名。

在上海的枫泾老街也有这么一条狭长的巷子，名曰“莫乃弄”，我一看，立马就懂了。

古市街

指的是埔头、瑶林、大有三条街，鹿港的散步之旅从这里开始最好了。这条铺着红色面砖、两旁各式老店民居紧邻的街是过去鹿港码头区的主干道。过去两旁建筑都是船行，店内进行着各种船货与船期的谈判，店外则是一辆辆的推车经过，就跟大陆泉州老街一样的感觉。别看这屋子门面窄窄的，里头都非常深，一般来说，进深为面宽的10倍。

老街上有意和行、友鹿轩、怡古斋等几间店铺可以参观，其中意和行是保存得最好的二进二院建筑，可以走进去体会一下它的深度。鹿港也是台湾贴春联密度最高的地方，从春联还可以看出这一家从事的行业、主人的格调与素养，春联遍及鹿港各阶层，家家户户，书法之美、内容之讲究，一笔一画把这户人家的精神写到位，可以细细体会。

鹿港腔——台湾的闽南语大多偏漳州腔，而鹿港这里，因为80%以上原籍都

鹿港的"匠"

摸乳巷

是泉州，所以讲话偏泉州腔，台湾人称之为“鹿港腔”，这被视为辨认正宗鹿港人的方法之一。以前鹿港如果要办大型的庙会或活动需要经费赞助，只要到台北的辜显荣家前用鹿港那独特腔调唱民谣《普度歌》，证明自己是鹿港人，就能拿到钱。

九曲巷

鹿港近海，每年九降风（东北季风）吹来，风沙太大，所以居民在建屋时，将街巷建得弯曲多折，使风力分散。

另外有两种说法，一种是清政府怕彰化人又造反，特地派了懂风水的县令杨桂森到彰化各地破坏风水，因为鹿港在风水上是龙虾穴，为了要断“财路”，表面鼓励民间修九曲巷，实则是要把龙虾活活折死。另一说法是，鬼魂只会走直路，不会走弯路，修九曲巷可避鬼魂通过。

总之，九曲巷内特别静谧，值得慢慢散步仔细看看，冬日巷外寒风刺骨，巷内却淡暖如春，这是鹿港八景之一的“曲巷冬晴”。

隘门

鹿港早期有许多“隘门”，这是仅存的一座。原本这里有两扇门，白天开门，夜晚门内一关，迟回的要说暗语才能进入，有防卫的功能。

鹿港早期富裕，是许多盗贼的目标，除此之外，因为各籍移民杂居，难免发生冲突，隘门除了防盗，也是各族群的界限。鹿港俗语说“怙恶不过隘门”，只要逃进自家隘门，敌方就不能追进来了。

这是鹿港八景之一的“隘门后车”。

十宜楼

在金盛巷内会看到一段“天桥”，两边连通的楼房，就是“十宜楼”。

以前这楼的主人好风雅，常请文人雅士来此吟诗作对，有人说“十宜”是以前有10位饱学之人常在这聚会而得名，也有人说，这楼氛围特好，适宜“琴、棋、诗、酒、画、花、月、博、烟、茶”而得名。这是鹿港八景之一的“宜楼掬月”。

瓮墙

如大算盘的瓮墙是鹿港传统民居墙上常见的装饰，早期鹿港引进许多瓮装的绍兴酒，哪一家只要生女儿，就会买绍兴酒藏于地下做女儿红，待女儿出嫁之时作为陪嫁；而喝空的瓮，填进土石，堆上墙头就成了瓮墙，真是一种巧思。

传说日据时代，鹿港的大户人家都将财宝藏在瓮中，免得被日本人搜刮到。鹿港八景之一的“瓮牖斜阳”，即是夕阳透过瓮的缝隙照进院内。只是这种景观在鹿港也越来越难见到了。

兴安宫

这窄窄狭长的庙竟然是鹿港第一座妈祖庙，是鹿港最早的移民——福建兴化人于康熙二十三年（1684年）所建，是兴安人专属的庙宇。

但在泉州人、漳州人相继来到后，人数较少的兴安人慢慢居于劣势，兴安宫也随着兴安人失势而没落，地慢慢被旁边的民宅占用，成了今天的窘态，但却也因为较无力整修，保存了更多的古样。这是鹿港八景的“兴化怀古”。

新祖宫

新祖宫是鹿港三间妈祖庙中唯一一座官建的，乾隆五十一年（1786年）林爽文事件，大学士福康安前来镇压，相传在渡海期间台风侵袭，福康安于是向妈祖祈祷，没想到就此风平浪静，平安到达鹿港。一到鹿港之后，一路势如破竹，大破林爽文，于是他奏请乾隆拨款于本地兴建妈祖庙，为有别于原来的妈祖庙，称之为“新祖宫”。

因为是唯一的官建庙宇，所以你会发现这里妈祖座前的千里眼、顺风耳与其他庙里打赤脚的屌丝形象不同，他们都是穿着正式官服的，因此，这几年台湾年轻人流行考公务员，就是因为听说来这边拜拜特别灵验。庙里有石碑并立，详载大将军福康安平定林爽文叛变之事，这是鹿港八景的“新宫读碑”。

鹿港民俗文物馆

在传统中国风浓厚的鹿港小镇，竟然有一栋这么大的洋楼，原来这是原台湾巨富辜显荣的家。这洋楼是当时最盛行的“式样建筑”，其建筑师与建材竟与台北之总督府相同。这建筑融合西洋古典建筑各时期的造型，加上设计师的奇思妙想，立面变化多端。

现在这里是由辜家所捐出成立的鹿港民俗文物馆，收集了不少历史民俗文物供参观，鹿港八景的“钟楼撷俗”即指此。馆内仍保留了辜家的祠堂，每年辜家后代都还会回到此地祭拜。

鹿港辜家，虽然发迹时间短，但目前可说是台湾最大望族。从日据时代到现在，都在台湾的政商两界有一定的影响力。

关于它的奠基者——辜显荣，是日据时代政商亨通的社会名流，也是一个有争议的人物。他本来为一商人，但在1895年日军登陆台湾时冒险赴日军营舍自愿带领日军进入已陷入无政府状态的台北城，继而随日军南下。此后他成了“红顶商人”，投资无往不利，遂成台湾巨富，1934年被日本天皇敕令为贵族院议员。

其子辜振甫与辜宽敏亦在台湾政商界有相当大影响力，但两人走上了完全不同的政治道路。目前辜家第三代已分为中信及和信两大集团，事业版图之大，掌握了台湾的金融及传媒大片江山。

鹿港送肉粽

鹿港这传统氛围浓厚的镇上，有各种大大小小的庙会及宗教活动，其中最神秘的非“送肉粽”莫属。

你以为这习惯真的只是单纯的“送肉粽”吗？那就大错特错了，在鹿港镇里只要有人上吊自杀或冤死就必须“送肉粽”，在台湾肉粽多以细绳捆绑，悬吊于壁上，因此用“肉粽”暗喻上吊死者。因为此种死法之人怨气一定极重，所以发现尸体的7天内要“送肉粽”，否则冤死者会找替身。确定“送肉粽”后，当地的庙宇就会通知当地居民路线及时间，通常是出殡当晚11时之后联合举办法会，从尸体发现处规划一条路线，最后从福鹿溪送出海，传说是因为怕死者因为怨气太重会再找下一个人上吊，所以必须由当地的庙宇来举办法会将煞气（绳子）送到海边来烧掉。

在送肉粽之前，庙宇会通知当地居民路线及时间，此夜，所经路线街上所有的店面全部都会紧闭门窗，在门前窗前贴上符咒及扫把避煞，各个路口都有

“王爷”及乩童把关以防有人闯入，所有不相干的人车等都先躲起来了，黑暗又冷清的路仿佛死城，只有不断的诵经声及鞭炮声，吵闹却阴森。

前几年鹿港也曾发生吊死事件，送完“肉粽”后，过一阵子附近居然又发生吊死事件，人们就直接怀疑是“肉粽”没有送走，找了替身，附近角头又得再慎重地办一次“送肉粽”。这种事宁可信其有，不可信其无，如果你到鹿港游玩真那么不巧碰上“送肉粽”的仪式，千万不要兴奋地马上拿出手机微博直播，一定要跟着队伍走完全程，表示送死者一程，回家前，再去庙宇求取香火护身即可。

鹿港附近

玻璃博物馆—玻璃妈祖庙

别以为庙宇都很传统，这是一座全台湾乃至世界独一无二由玻璃打造的庙宇，结合电子科技、绿能生态环保、艺术文化、休闲旅游等特质的“科技庙”。内外墙及屋顶由七万多片玻璃装饰而成，外墙的玻璃可抗17级风及8级地震，庙中连供品都是玻璃做的。白天，阳光每时每刻折射不同角度，散发出晶莹剔透的耀眼光芒；晚上，七彩灯光照射之，如同身置琉璃水晶宫之中。

在台湾的生女真人——福兴乡粘厝庄

在鹿港南边不远的福兴乡，是台湾有名的酪农专区。除此之外，乡里有个粘厝村，四五百户人家，90%都姓“粘”这个百家姓里根本找到的少见姓氏，全台湾“粘”处有8000多人，住在这里的就超过一半。

粘厝庄是台湾唯一的生女真族聚落，“粘”这个姓来自金太祖完颜阿骨打的侄儿“完颜宗翰”。完颜宗翰，本名粘没喝，亦称粘罕，他在靖康之难时俘虏了北宋徽、钦二帝，而女真部族入侵中原后，逐渐汉化改姓，但完颜粘这一支系，却以名为姓，此为粘姓的由来。

粘厝庄民的祖先原先住在东北吉林附近，后迁河南及山东一带到了第八代，其中一支为了逃避元末战乱，又到福建泉州府晋江一带。在18世纪时，又迁到台湾，到了现在，这支女真族的后裔已经全部闽南化，讲着泉州腔的闽南语。

每年的农历二月十五，粘厝庄都会举办“猛安谋克”，就是在台粘姓的宗亲大会。本地祠堂桓宗堂，“桓宗”是金太祖完颜阿骨打追授粘姓一世祖粘罕的谥封。里头供奉着一尊穿着战袍的完颜粘的塑像，壁上彩绘一怒目咆哮的直立战龙，持着“粘”字旗及战斧，处处提醒粘姓后人不要忘记自己身为大金皇族后裔的骄傲。

溪湖

溪湖是个很神奇的地方，作为彰南平原整个蔬果的集散中心，凌晨时分，刚采收下来的蔬果纷纷送进这里，盘商激烈地竞价叫卖，一车车载满各式蔬果的卡车得赶在黎明前开上高速公路，往北疾驰而去。只要溪湖这里的菜价连续涨上一个星期，台湾的菜价，甚至是物价可能都要受到影响。

现在外地观光客来到溪湖，几乎都会去溪湖糖厂参观。这座建于1919年的糖厂，就是当年辜显荣的产业之一，整个厂子生产了快一世纪的糖，在2002年正式停工，并转型为观光工厂。厂里保留了所有当年的制造设备，游客可入内参观，游客可爬上锈迹斑斑的铁梯，走进巨大的机械设备旁边，那感觉就像外国电影里会发生枪战的工厂一样。而糖厂的观光小火车也是卖点之一，这条全长10千米的铁道，来回约50分钟，悠闲地穿越了一片又一片的田地；在过去，小火车用来载运甘蔗；而早期台湾彰嘉南一带的田野，都有类似的铁道，住在田间村庄的民众，经常也必须利用这种糖厂小火车来通勤。这古老的燃煤蒸汽小火车头是1937年在比利时生产的，一直到1977年才退休，现在又重新拿来利用，这段铁路这些年也吸引了很多日本的铁道迷来参观。溪湖糖厂内现在也贩卖各式自制冰品，特别有名，到此地玩不可错过。

台湾人都知道，溪湖羊肉炉超级有名，虽然现在全台各地都吃得到羊肉炉，但羊肉炉的发源地溪湖羊肉炉有名之处在于汤头主要以中药或姜丝为汤底炖煮，搭配各家自制蘸酱豆腐乳，风味十足，是冬天进补首选，一块羊肉一口热汤，全身都暖起来了。在员鹿路及溪湖路两侧到处都是羊肉炉店，一到寒流来袭，附近县市的吃货们都会仪式性地特别跑来这儿吃。

王功渔港

彰化沿海地带以养殖渔业为大宗，以王功渔港享誉美名。由于台湾海岸的环境因素，西海岸沙滩景象多为黑色沙滩，带着挖土工具跟水桶，在黑色潮间带中挖细沙，找寄居蟹、小螃蟹等，这是王功给予当地孩童的特殊沙滩记忆，有时脚步踩重一些，可能整个陷入黑色细沙泥中，由于沿海养蚵人家众多，赤脚走在沙滩上，不免踩到细碎的蚵壳。

王功本来也只是台湾西海岸的一个没落小渔村，但近年来推展观光业有成。提到王功大家津津乐道的是王功夕照、蚵嗲两大王功特定美景与美食。王功夕照顾名思义为王功夕阳西下美景，根据不同气候状况变化出各式风景，有时余晖遍布满天云层，映照至海面与沙滩上，天地一色十分动人；有时万里晴空，斗大的夕阳缓缓落入海面，远方的夕阳与海面的倒影相映成趣，也因此傍晚总是吸引许多摄影爱好者咔嚓咔嚓快门不停地拍摄唯一也是瞬间的夕照之美。近年，渔港附近兴建多处观景台与王功生态景观桥，提供游客可避风又可观赏海岸景观之所。

男人养蚵，女人剖蚵，是本地人的生活写照。王功沿海以养蚵为主，在海与沙滩交接处插满细细竹竿，那是养殖蚵仔之最佳场所。走在王功，处处可见一篓篓刚收上岸的鲜蚵，妇女们围坐在工寮里，操作着熟练工具，挖出一颗颗肥美鲜蚵，以及剩下来的蚵壳。王功特定美食——蚵嗲，每日产地新鲜上菜，这是彰化外出游子思念的家乡味。

这几年，王功海岸发展出蚵农生态文化之旅，蚵田、潮间带导览、搭乘以前蚵农专门在采蚵时用的铁牛车穿梭在蚵田的滩涂、蚵壳手工艺品制作等，新形态的海岸旅行方式，强调亲身体验，亦是一种认识王功渔港的快速途径。台湾西海岸有很多这样不起眼的小渔村，在这里，你可以看到这些年许多本地人士为了复兴地方及特色所做的努力，真的很令人感动。

王功：彰化火车站出站，搭乘台湾好行——鹿港线达鹿港北区游客中心，再转搭台湾好行——鹿港大城线即可抵达王功渔港或王功美食街。王功渔港与王功美食街距离4.7千米，择一站下车。

从鹿港反杜邦运动到反国光石化运动

就在罗大佑高唱《鹿港小镇》之后，鹿港这早已没落的小镇才重新回到人们的视野里，但鹿港小镇在这首歌炒红后几年，着实面对了一次大危机。

20世纪80年代，在台湾经济高速发展的思维下，各地纷纷设立工业区，引进外商驻厂。1986年，“经济部”同意美国杜邦“二氧化钛”化工厂于彰滨工业区设厂，因为工厂生产过程可能排放废气、废水，将危害健康及环境，鹿港居民

王功夕照

开始展开反杜邦抗争，从联署、陈情，地方人士筹组团体办理座谈会，一堆老头老太发起游行抗争（因为年轻人都到大城市去了），他们集聚于天后宫广场前高喊“我爱鹿港，不爱杜邦”，后来还北上至“总统府”前抗议，在当时搞得惊天动地。在鹿港居民的团结及周围乡镇各地人士支持下，历经1年多的抗争，杜邦于1987年宣布退出设厂。就在那一年，台湾“环保署”成立了，另外，也成立了专门应对街头冲突的镇暴部队。

这是台湾第一次反污染运动游行，是鹿港小镇发展观光过程的重要一役，亦是台湾环保运动重要一战，“反杜邦运动”使民众开始意识到在地环保问题，环保开始以“事前预防”为目标，阻止未来可能发生污染，如反核运动、反国光石化等。力退杜邦设厂，保留住鹿港小城历史风味，鹿港成为彰化著名观光景点，不只是外地人喜欢到小镇一游，对于本地人而言，每年至少也得到鹿港一趟，拜妈祖、赏花灯、买糕饼、吃小吃，是在地人休闲生活的好去处。

但彰化滨海地区一向是重工业建厂之地，在2008年，国光石化公司提出将于彰化大城乡与芳苑乡北岸河口湿地以填海造陆方式兴建国光石化园区，包含建造一座炼油厂，号称此一兴建案将提高沿海地区民众就业率。2009年年底环境评估大会决议进行“大度拦河堰开发案”提供国光石化用水所需，此一开发案将对河口、海域生态造成重大影响；2010年年初，“彰化县环保联盟”发起“收复湿

海耕牛

蚵田／芳苑乡公所供图

地、还我河口”抢救浊水溪彰化海岸重要湿地网络联署，2月台湾首度环境信托行动“浊水溪口海埔地公益信托”正式启动，以守护中华白海豚（俗称妈祖鱼）为诉求，呼吁民众认领浊水溪口湿地，以保护海域生态环境。

环保团体担心彰化的国光石化案，会影响濒临灭绝的中华白海豚生态，因此向“内政部”陈情，没想到当时的台湾行政主管部门负责人吴敦义却说“白海豚会自己转弯”，此言一出，各方抗议的声浪更高，吴敦义又有了个新绰号叫“白海豚”。

此环保运动受到彰化在地人民大力声援，首要冲击为大城、芳苑沿海地带渔农，因为一旦国光石化兴建运作，所排放废气、废水将严重影响海岸生态与养蚵。以云林六轻麦寮沿海为例，蚵仔将不再肥美鲜甜，甚至可能会遭受毒物污染，无法食用，导致渔民失去赖以维生的经济产物。此外，彰化为农业大县，冬天东北季风、夏天西南季风将会把国光石化厂所排放的废气吹往各地，号称台湾谷仓的作物经遭污染之后，造成的影响不单是种植作物的农夫经济，更大影响在于台湾的粮食蔬果供应，第一波认养湿地活动的影响不单单只对彰化县，在网络串联下，获得台湾各地民众支持。

[行]

坐火车云林有斗六、斗南两个车站，以这两个站为出发点可至云林各乡镇，但云林县内交通不便，公交车班次极少，尤其是海线几个乡镇，运输的班次比往台中、台北等都市的班次还少，这大概是只在云林才能看得见的奇景，若要前往，务必记好发车时刻。

[住]

基本上不用担心住的问题，只要你不太挑，从中上的酒店到便宜无空调、苦逼业务员出差用旅社都找得到。如果有可能，建议住一次汽车旅馆，云林的汽车旅馆，有一种说不出的乡村俗艳之美，当然如果在偏远的小镇，就将就点吧！

云林位于台湾中部，西边濒临台湾海峡，故滨海养殖业发达。县政府设于斗六市。

昔日云林以种植甘蔗生产蔗糖为主，县内铁路四通八达，历经产业变迁后，县内人口仍以第一级产业为主，运输蔗糖的铁路也荒废停驶，致使县内交通不便，而以一级产业为主也面临着人口流失等问题，离乡人口比率居台湾之冠。云林县内平原居多，适合发展第一级产业，稻米、花生、蔬菜等产量皆居全台湾之冠，但都市化的磁吸效应造成人口流失，人口老化、隔代教养等问题层出不穷，有人主张引进工业区更多工作机会而留下青年，而这一主张也实现了，如高污染的石化产业——麦寮六轻，当年只有云林张开双臂拥抱，而利弊与否，只有当地人心有戚戚焉。

云林人口数位居台湾县市第九位，人口看似不少，但年轻学子多半在外求学后便在外就业，突显出云林不仅高等教育不足，也没办法提供毕业后的就业机会。县内没有一般大学，仅有两所科大，农民的所得无法支付教育的支出也是原因之一，尽管台湾曾有过经济起飞的美好时光，但农民的收入却未随之起飞，不仅许多学生的营养午餐费用无法缴纳，更多人在读完高中甚至初中后就辍学离乡工作，这概率大概也是台湾数一数二的，在当今大学生满街跑的台湾算是不可思议！

在外县市的眼中，云林看似民风淳朴而人们也安居乐业，也许老一辈的较为知足或是农人的形象使然，但年轻人接收的新知却促使其无法满足于此。一级产业的低收入和辛苦不是一般人所能想象的，而许多农夫打拼了一辈子，省吃俭用，却是希望自己的子女能坐办公室或者不再靠天吃饭，你说云林人不知足不快乐吗？他们安分守己、恪遵其职，但他们不愿意再让自己的子女也跟他们一样辛苦，这种心情，外人很难体会！

北港

十位来台湾的观光客，九个会跳过云林，剩下一位玩深度一点的就是来北港。北港这座小城市简直就是台湾的宗教之城，城里的一切都好像是在为妈祖服务，沉浸在浓厚的宗教气息之中。北港朝天宫庙中供祀天上圣母、镇殿妈、湄洲妈祖、观世音菩萨等神像。汉人自明清时代移民来台湾时，因为台湾海峡险峻加上台湾四面环海，海上活动频繁，故信仰妈祖求平安；现代科技发达，海上意外不再频传，妈祖香火仍旧鼎盛，原因为何呢？因其早已转成台湾人最普遍的信仰，无论求神问卜、健康、家庭，甚至农作物的种植时间，其中以北港朝天宫供奉的妈祖庙最为闻名。

北港这一带早期称“笨港”，是早年偷渡来台者的登陆地点，如当年的海贼王颜思齐、郑芝龙等人便在此登陆，迄今仍有其纪念碑。笨港早些年繁华一时，曾经是台南以外最大的都市，现在北港朝天宫的前身“笨港天后宫”建于1700年。但1799年北港溪洪水泛滥，将笨港一冲为二，分“笨港北街”及“笨港南街”，而后发生的漳泉械斗，造成泉州人居笨北港、漳州人居笨南港的局面。北笨港就是现在的北港；而南笨港则发展为一水之隔、北港溪以南的嘉义新港（详见：新港）。

现在的北港朝天宫是在1837年的旧笨港天后宫原址上重建的，但这一重建问题就来了，到底是北港朝天宫还是新港奉天宫的妈祖比较正宗，到底哪一座才是真正继承旧笨港天后宫的妈祖庙，彼此吵了快200年，这是台湾历史上的著名宗教恩怨。

朝天宫历史迄今已逾300年，名列世界三大妈祖庙之一，也是全台湾百多座妈祖庙的总庙，每年有百万游客慕名而来，无论是跟团进香或者求神问卜，无论是游客或是本地人，妈祖凝聚了所有人的心。外来游客多半是跟着进香团而来走马看花，也有人是特地来求神解惑，庙内一小座柜子上挂满了“金榜题名”“心想事成”“早生贵子”等写在金箔纸上的愿望。也许你会问妈祖跟“金榜题名”“心想事成”“早生贵子”等有什么关联呢？朝天宫内还供奉了“观音”“三官大帝”“圣父母”“文昌”“福德”“注生娘娘”等殿，是神明的联合办公大楼，可以说涵盖了台湾人大部分的信仰。如果想要解惑的，也可以在妈祖娘娘面前默念自己的生辰地址名字、想要问的事情，然后掷杯，连掷三个圣筊（一正一反）便可求签，而在旁随时有庙方人员解说签意。

朝天宫／北港朝天宫供图

三太子／观光局云嘉南滨海风景区管理处供图

北港朝天宫终年香火鼎盛，但最热闹的时间分别是农历正月十五的元宵节及三月二十三的妈祖诞辰日，元宵节会举办花灯比赛，而妈祖诞辰期间，各地信徒及分灵庙宇陆续回北港进香，大约有400万人要涌进北港小城，规模盛大，锣鼓喧天，万人空巷。

妈祖庙香火鼎盛，也间接地带动了附近商店的生意，附近的北港老街上许多都是百年老店，如北港大饼、花生、麻油都是远近驰名，而较少游客会知道的是北港牛墟，这是台湾最大的牛交易市场。现在早以机器代替畜力，牛也渐渐沦为食用，牛墟也只剩单纯的牛相关物品交易，变得名不副实。可是北港牛墟简直是台湾最劲爆的市集，有卖小鸡、小鸭、小狗、迷你猪、各式渔获、作物，还有卖耕田器具、五金用品、二手物品，各种匪夷所思让你脸上三条线的玩意儿，当然，最生猛的还是卖A片跟公然签赌六合彩。这台味十足的地方，只有每月逢3、6、9开市，对观光客而言可遇不可求，如果要参观，最佳时段是上午7点至9点。

电音三太子

“三太子”指的就是中国第一位坑爹的李家公子李哪吒。在台湾的庙会中总是以大型人偶的形象出现，走在庙会游街时的阵头行列当中。

这种本来是很传统的阵头角色之一，为什么会与电音相结合变成一种新形态的演出呢？比较好听的说法是突破传统，不拘一格。在电音三太子刚出现之始，经常把老一辈的人气得血压飙高，大骂不敬而轰其下台，没想到几年之后爆红，又成了另类的“台湾之光”。可是在娱乐之余，社会上普遍对电音三太子有刻板印象，比较直接的说法是，在一些民间庙会阵头中，许多角色都是由不怎么爱读书的年轻人来担任，这些年轻人当中又有许多爱泡舞厅，于是乎，就有了这种“创意”。你会看到，三太子戴着白手套，手持荧光棒，咬着奶嘴，随着台式电音跳着舞步，摇头晃脑，这都是舞厅亚文化里的常见现象。而什么是台式电音呢？那概念大概就是大陆一般人对“农村非主流重金属”的印象，两者结合起来，就有种不可思议的草根热闹违和感。

电音三太子的意外爆红，变成了台客文化的代表，也登上了国际表演的舞台，一时之间，演出邀约不断，什么活动都要找电音三太子热场，以台湾人一头热一窝蜂的特性来看，差不多也快被玩残了。

虎尾

虎尾这小镇历史并不长，20世纪初，日本人在这里建了一座东南亚最大的糖厂，才带动了这里的发展。几十年来整个虎尾镇的发展，还是不脱当年日本人规划的格局，时间如在这里凝结般，几乎都是旧的。而虎尾的发展史，就是台湾糖业的兴衰史，从盛极一时到逐渐没落，人口外移。镇上还有许多糖厂的遗迹，巨大的烟囱，马路上的小铁轨，日式小火车站、铁桥等。镇里还有一座建于1917年的虎尾寺，是有着浓厚仿唐风格的日式寺庙，现为供奉观世音菩萨的纯比丘尼修行道场。虎尾对于老建筑与传统社区文化的保存工作相当有心得，这都要感谢镇上努力的文史工作者，小镇上竟然就有五间文史工作室，还有一间诚品书店，竟然连星巴克都有了。

对许多20世纪六七十年代出生的台湾人来说，从小到大最深的记忆就是那雕刻精细而动作丰富、故事有趣的布袋戏，从一般庙会的布袋戏到电视演出的《云州大儒侠》，不仅造成万人空巷，收视率更高达97%，对比现在有如天方夜谭。其中背后的推手便是黄俊雄大师，出生虎尾，从小便跟着父亲黄海岱学习有关布袋戏偶的一切，被誉为人间国宝。

加上1998年年初才开放的云林布袋戏馆，师出同门的霹雳布袋戏公司在虎尾拥有数千坪的戏厂，这里原为虎尾郡役所，落成于1931年，占地700余坪，是一栋三合院、二层楼的半木造的厅舍，是虎尾镇上最雄伟的建筑。这布袋戏馆使虎尾成为布袋戏发展的重镇，也是海内外布袋戏迷的朝圣之地，戏馆开放戏偶参观和雕刻工坊、放映室等，在满足布袋戏迷戏外戏内的好奇心的同时，也见证了布袋戏陪台湾人走过的岁月。

云林布袋戏馆

布袋戏在台湾的发展

布袋戏又称为掌中戏、傀儡戏，一般说来起源于17世纪的福建泉州一带，传至台湾后，有两位值得一提的操偶大师，就是台北的李天禄与云林的黄海岱。

李天禄创办的亦宛然掌中剧团，在20世纪60年代末期布袋戏逐渐没落后，开始走传统与精致相结合的路线，将这原本只是在民间酬神庙会野台演出的曲艺推向更高层次的艺术欣赏境界，近20年经常赴世界各国公演，屡获大奖。李天禄本人亦参与过多部侯孝贤电影的演出，最知名的角色就是《恋恋风尘》中的淡定阿公，还有《悲情城市》中的林家大家长，总是一副看尽人世沧桑的调调，而《戏梦人生》这部电影则是描述他前半生的故事。

在云林的黄海岱与儿子黄俊雄一派，则走上了完全不同的路线。为了适应新媒体的冲击，他们将布袋戏改良成适合在电视上演出的“金光布袋戏”，也就是融合了声光效果、更多动作场面的布袋戏，在1970年成功地推出《云州大儒侠》系列。

《云州大儒侠》不仅以全闽南语播出，还讲述各种文言文诗词，着实令人赞叹说云州大儒侠——史艳文是台湾电视史上最成功的角色不为过。这个讲述主角云州大儒侠史艳文带领中原群侠对抗藏镜人等反派人物的电视布袋戏剧集，创下了史无前例的97%的收视率，人人争看，不看都要茶不思饭不想，在播出4年后，因为社会效应太大，被政府以“影响农工作息”的理由禁播。但一般认为，停播的理由是这部以闽南语播出的剧集与当时推行的国语运动抵触才遭停播。当时决策者是宋楚瑜等人，也就是这件事，20年后，宋楚瑜一到选举，这件旧事就会被挖出来重鞭一次，说宋楚瑜是打压本土文化的打手，国民党不尊重本土文化云云。

有个笑话是这样的，当时这部剧太轰动，以至于小学考试时经常有人答“（史艳文）是民族救星”；又有好事者穿凿附会，说剧中人物“怪老子”被当局认为影射蒋介石，而大反派“藏镜人”则又讽刺蒋经国；而为了“迎合上意”，剧中后期也加入了一个叫“中国强”的角色，这位头戴青天白日斗笠的高手，只要每次史艳文快被打趴下时，他就会配合着当年有名的爱国歌曲《中国一定强》出现解救史艳文。史艳文是最成功的电视英雄角色，当然，作为史艳文最大的敌人，总是隐身不见真身的大反派大魔头也就是最成功的反派人物，他最有名的一句台词台湾人都知道：“别人的失败，就是我的快乐。”到现在，一般台湾人或媒体说“藏镜人”时，指的就是隐身在幕后的黑手。

在20世纪80年代末期，随着电视技术的更新，黄家第三代又陆续推出了

"霹雳布袋戏"与"天宇布袋戏"系列，不仅仅在戏偶的拟真化上进行了改良，在拍摄上也不断进行新尝试，所以你现在可以看到大型布景、隐形地道、动画合成背景，甚至实景，加上声光爆破、电脑特效，你想不到这是传统偶戏。而这一切，角色台词都承袭传统布袋戏的方式配音，由号称"八音才子"的黄文择担纲演出，也就是一个人配全部角色不管是男女还是抑扬顿挫的台词。

"霹雳布袋戏"现在还一直在推出新的剧集，也拍了电影版，世界观越来越大，推出了许多外围产品，比如漫画，还有十几款各种计算机游戏及在线游戏。2006年时，票选"台湾意象"，霹雳布袋戏竟然击败玉山、台北101大楼等强劲对手，成为最能代表台湾的意象。

虎尾镇上有一家兴隆毛巾观光工厂，是一家观光工厂。"观光工厂"是近年来台湾极力在推动的旅游方式，许多传统产业都纷纷转型成观光工厂，特别介绍这里，是因为它就是整个台湾传统产业的缩影，2002年台湾加入WTO后，大陆毛巾大量进入台湾市场，导致20世纪六七十年代曾经盛极一时的虎尾毛巾产业面临重大冲击。许多传统产业不是西移大陆就是开始寻求转型，有些成功，但大多数失败了，兴隆毛巾观光工厂就是一个转型成功的例子。

转型后的兴隆毛巾观光工厂没有老旧厂房灰暗的印象，反而设置了庭园造景，一方面可以参观毛巾的制作过程，也可以DIY自行制作；另一方面还可以学到许多挑毛巾的知识，当年很红的蛋糕毛巾最早就是兴隆毛巾厂的创意。只是业者在导览中可能造成了对大陆商品的冲击，黑心商品等有一定的不爽看法及意见，有兴趣的人可以去听听这些平常不太能听到的声音。

每年的农历七月中元节期间的虎尾中元祭，虎尾就非常"火爆"，供桌沿街排去，长达数百米，蔚为壮观，尤其入夜后，整个市街简直就成了不夜城，俗艳璀璨的灯光，加上回音不断的电子琴声，唯有用酷炫来形容。在这期间，你一定可以看到台湾有名的电子琴花车女郎，穿着清凉的服装，一边唱歌一边颤动，有时候气氛太热烈，观众一起闹……这就是号称"北基隆，南虎尾"的虎尾中元祭。

西螺

在台湾只要提到西螺，人们一定不会忘记那雄伟的横跨浊水溪，连接彰化、云林的西螺大桥。西螺大桥长度达1.939千米，在现代的观点看来可能觉得没什么，但亲身体验

云林布袋戏馆

西螺老街

看看，方能知道当初完工时为什么被称为远东第一大桥、世界上仅次于美国旧金山金门大桥的艰巨工程。大桥不仅供汽车、机车通过，在糖业尚未从台湾消失时，甚至并设铁路运糖，也是当时的奇景之一。而在1952年西螺大桥竣工时，云林、彰化两县市的人也为此座桥的命名而争吵。对西螺人而言大桥不仅仅是联系南北交通，也使长期被隔阂的南北两地居民有了交流融合的契机，促进了当地经济发展。而另一层的政治意义是刚从大陆撤退来台的国民党政府，借由美援完成这座日本人兴建到一半的大桥，是台湾美援时代的象征，当年台湾10元纸钞上便印着西螺大桥。西螺大桥也在当地人及政府的努力下转型成观光大桥，在现今交通不再受浊水溪阻隔的时代，西螺大桥扮演的历史角色及意义长存人心，它不仅是交通的连接，更是凝聚南北两地民众的大桥。

浊水溪的政治意义

很多人都知道台湾的政治版图呈现“北蓝南绿”的格局，而这政治分界线一般认为就是以浊水溪来划分，以北的彰化往上，几乎都是国民党的地盘；以南云林往下，就是民进党的天下。早在16世纪时，欧洲人绘地图就以浊水溪为界，误将台湾分成南北两岛，因为浊水溪非常宽广，平常是涓涓细流，在雨季又容易如海啸般滚滚洪水暴涨，可见浊水溪对当时南北来往的人有多不便。在日据时代，作为“农业”的台湾，浊水溪以北的亚热带气候多种稻米；以南的热带气候多种甘蔗。现在，台湾一般也用浊水溪来分南北。你可能听过台湾人常挂在嘴边的一句话“下港尚出名，顶港有名声”，“下港”指的就是浊水溪以南；“顶港”指的就是以北地区。这句话的意思就是全台知名有口皆碑，只是台湾的政治经济重心北移后，“下港”无形之中就变成了“乡下”，好像矮人一截。

早在20世纪90年代初，台湾政治刚开放不久，大家都对政治很狂热，刚成立的“新党”，曾夸下豪语说要“跨过浊水溪”，结果这被南部民众视为极大的挑衅，新党在演讲时就爆发了严重冲突。现在每临近大选时，所谓国民党“跨过浊水溪”还是常会被提出来，这已经变成一种战略性的象征。

此外，台湾有个古老传说，就是一旦浊水溪变清澈，就是改朝换代的预兆，每次大选前，新闻都喜欢拿浊水溪是否变清来大做文章。

延平老街是西螺的旧街区，作为曾经的台湾南北交通要冲，过去也是商贾云集，当年这条街是日本人设计的示范道路，整条街上，巴洛克式立面风格建筑、日式建筑、清代土角厝都见得到，每栋老房子都没有过多的装潢与装饰。不像现在很多观光老街，已经充分商业化，延平老街仍然非常生活化，居民该干吗就干吗，你别看它门面都窄窄的，里面都非常深，若想走进去瞧瞧，可以到延平老街文化馆内参观。当然，就跟所有的老街一样，这里隐藏了许多美食待你去发现。周杰伦的电影《天台》（《天台爱情》）中加利利市波第商街的主要取景地点就是在延平老街。

云林海线：台西、麦寮

一般的旅游书中，百分之百不会出现这个地区，事实上，对大多数台湾人而言，这一带仿佛也是从地图上消失了一般，似乎根本没有观光资源，但若你想见识台湾完全不为人知的另一面，比如一些社会问题：穷、人口外移、隔代教养、地层下陷等，在这儿都见得到，这一带是台湾的“里世界”。

靠近云林沿海一带，经常给人的第一印象就是风大，有时候风大到沙石飞天，苍茫一片，荒凉到你会觉得这根本是个杀人弃尸的好地方。如有注意，在这儿经常可以看到一个台湾非常有名的奇景，即不管是房舍还是农田，通通都泡在水里，而田间祖坟的小土丘，就像一座座小岛；这一带，也是台湾地层下陷最严重的地区，因为长期超抽地下水，导致土层已经低于海平面，每次海水一倒灌，一定被淹，水久久退不了，所以你在路上经常会看到“垫高”的广告牌。虽说是奇景，但说了那么多年，也是束手无策。

台西

台西虽然是小乡，却在台湾“赫赫有名”，多半是贬多于褒，对其有根深蒂固的观念，那就是“黑道的故乡”，仿佛台西海线一带人都特别好勇斗狠，血气方刚。这都源于20世纪80年代初一部讲述黑道人生的电影《台西风云》，电影不仅造成轰动，更使台西蒙上一层洗不掉的阴霾。直到现在，电影给人留下的逞凶斗狠、黑道寻仇等印象，不仅让台西人难于启齿自己的故乡，甚至影响到求学，或遭受排挤等不公平待遇。而现实生活中的台西人嗓门奇大，动作粗犷，却善良淳朴。台西主要的产业还是水产，成片的渔塭渔港、胶筏、蚵壳是云林滨海间的渔村风情。近几年来台西也不断在转型，努力地摆脱恶名，在越来越多志愿者、年轻学生以及社区人士的努力下，展开了台西国际彩绘村的计划，邀请世界各地的青年来到这里，用颜色来丰富这个原本失去生机的小乡镇。你会看到各种奇奇怪怪的图案颜色，各种代表世界各国风情特色的图画，画风迥异，还有用特产蚵仔拼贴出来的蚵壳壁画，让原本冷清僵硬的普通水泥房，开始出现了朝气。

台西在一般人印象里除了是“黑道的故乡”，也是“电子琴花车之乡”。电子琴花车从台西一带被发明迄今几十年，已经是台湾最重要的低俗文化资产。在台湾乡间的庙会，或者是婚丧喜庆时，经常可以看到几辆装饰着闪耀亮片，后有小舞台的改装小货卡；再配合着要多俗艳就有多俗艳的音乐，车上几名穿着暴露的女子一边扭着身体一边唱歌，怎么形容呢……那在台湾乡下是一道亮丽的“风景线”。有些先进一点的电子琴花车，还配备油压系统，车身打开就是一座舞台，包含全套声光设备外加干冰，当然少不了钢管等道具。可能有些人不能理解，庙会不是都庄严肃穆的吗，怎么会有电子琴花车？这实在跟台湾人爱热闹的个性有很大关系，无论婚丧喜庆或宗教活动都要热热闹闹。所以在乡下，过去庙会都是请一些传统剧团酬神，现在多是一些好色又爱假借神意的信徒，请了一堆电子琴花车来庙会夜晚现场劲爆演出炒热气氛，有时还在附近好几个场子同时演出，为了拼人气，还会各出“奇招”吸引观众捧场，据说几十年前还经常有“特异功能”的演出。很悲哀的是，电子琴花车的出现严重压缩了乡下传统戏曲班子的生存空间，为了求生存，过去就常常发生戏班与电子琴花车在庙会打对台时，唱到最高潮，王宝钏把衣服一撕，“坦荡荡”与电子花车女郎正面对决。一般来说，在越保守的乡下地方，电子琴花车女郎的尺度会越大。这种结合机动性、声光效果、情色暧昧的演出，恐怕也算是另类的台湾奇迹了。

麦寮

麦寮在台西旁边，在台湾一谈起麦寮，就有道不尽的感叹。想要见识全世界最大的填海造陆工业区吗？你在麦寮就可以看到。整块新生地，就是个重工业之城，这里有全球第五大的燃煤发电厂，每年制造了近6800万吨的二氧化碳，占了台湾的四分之一。对于摄影爱好者，每天晨曦与日落，那冒出浓烟的密集烟囱，工业区的惊人天际线，璀璨的灯光，其实是个很好的题材。麦寮的天空经常是灰蒙蒙的，外地人初到此地，可能会觉得空气中有股呛鼻的味道，眼睛也不由得酸痛，不过当地人都习以为常了。

当年宜兰陈定南在电视上大战王永庆之后，气得老王将六轻（第六套轻油裂解厂）计划迁移到云林麦寮一带，云林一直以来是台湾的穷县，对于这重大投资简直是举双手跪地恭迎。六轻的来到，使得本来是穷县的云林一跃成为台湾排名第五的缴税大县。六轻给予附近乡镇学校午餐费、学杂费免费，建医院，也保证让当地人优先就业等许多承诺，可是相对的，云林县从中央分到的款项却少得可怜，重工业带来的严重污染，水质变差，麦寮成了台湾第一癌症高发病率的地区，根本就是污染留地方而税收缴中央，台塑的承诺也大多数跳票，地方人士多少有些上了贼船的感觉，这些年来也抗争了不下数百次。你如果误闯这一带，或许可以与当地乡民谈谈这些问题，思考一下环保与经济发展到底要怎么取得一个平衡，当地人给的第一手震撼言论，绝对不是教科书上或新闻里见到的那种隔靴搔痒式的旁观者发言。

口湖牵水状

云林海岸线的口湖乡，每年农历六月初八，都会举行一个叫“牵水状”的特殊仪式，虽贵为台湾三大民俗庆典之一（另外两者是大甲妈祖绕境进香、东港迎王平安祭典），却鲜为人知，第一次参加的不知情者，甚至会觉得整个仪式都让人发毛。

这仪式起源要说到1845年六月初七，那一天狂风暴雨袭击，溪水暴涨，来不及疏泄的溪水，在强烈台风的席卷下，倒灌形成了巨大海啸，沿海地区全成汪洋，附近村庄全部灭村，7000多人罹难。

这是开台以来的最大水患，惨烈程度直接惊动了在北京的清朝道光皇帝，皇帝下令开官粮库银赈灾。史料记载，当时棺木被买光，草席也被买光，只好在全乡挖了四个大穴集体掩埋冤魂，后来这坟地被道光皇帝敕封为“万善同归”，意思是人莫不有死，死后同归一路。

现在所谓的“水状”是一种牵魂祭器，应该写为“水轍”，字出于道士科仪书本，本字应该是“旋”（旋转不停的意思），现在一般写为“状”。是以一个竹子为骨架，外面糊白纸，约半人高，贴上一个个祖先头像的圆筒形的法器，由手持招魂幡的法师带领民众穿梭在水状阵中，一边诵经一边触摇水状，称为“牵”，象征祈求早年水难亡魂得以超生并保佑地方平安。

在牵水状仪式期间，成千上万的水状以万善同归祠为中心沿街摆放，长达数千米，风一过，水状被吹得哗哗作响，就好像当年的巨浪扑来。“牵”的方法就是沿着一列列水状“摸”一下，代表牵过水，将亡魂从水里牵上来；以前社会距离灾难很近，因此很重视牵水，据说牵水会有愈牵愈重的感觉，表示有将水魂牵升“起来了”，意味着牵引先祖挣脱轮回苦海。在仪式当中，有些乡民会自愿让亡魂或祖先的灵魂附体起乩，让他们上岸诉冤，当然这是无法解释的现象。等到黄昏，就开始“倒状”，推倒水状。将水状堆起来，伴随着夕阳，一把火点燃开始“烧状”，熊熊烈火，水状灰飞烟灭，海岸边常有黄昏的火烧云，如同从地上烧到天上，表示对祖先的缅怀和哀悼之意，随火光升华至上天。

晚上，乡民早已堆成数千个代表万人冢的小土丘，并在小土冢旁点上一盏盏蜡烛，场面肃穆隆重。这就是口湖地区独特的牵水状仪式，简单地说，就是请不幸溺亡的冤魂上岸饱餐一顿，换上新衣服，好好侍候一顿再请他们回去的过程，而“水状”，其实就是“救生圈”。每年仪式那两天都有大批民俗学者来参观，观光客反而不多，但这也有

刣狀／苏俊杰供图

晒乌鱼子／苏俊杰供图

好处，整个仪式根本没有商业气息，完全留给了本地人及归来乡亲了解它的历史及意义，神秘又哀伤。

观光客不用怕晚上滞留在当地没地方去，虽然仪式有点悲凄的感觉，但一结束，就如同全台庙会过后一定会有热闹的夜市，疯狂一整夜，有吃有玩有拿，当然，一定少不了酷炫又清凉有劲的……不过如果你看到警察拿着摄影机在下面监控，也就不用太期待了。

台湾人非常迷恋乌鱼子这种食物，而口湖乡，就是乌鱼子的故乡，在产季时到处可见晒乌鱼子的画面。小小一片金黄乌鱼子，浓郁又绵密，你真的吃得出大海的滋味。乌鱼子是昂贵的食物，但在口湖乡里，到处可见烤乌鱼子的摊位，乌鱼子抹上高粱酒现烤，切片后配上萝卜或大蒜，真会让你一片接一片吃得停不下来。《舌尖上的中国》第四集里，即有介绍口湖的乌鱼子。

台湾最神秘的"土地"：外伞顶洲

外伞顶洲是台湾本岛的最西端，云林嘉义外海的一片沙洲，号称台湾最神秘，又最飘忽不定的一块土地。因为浊水溪夹带的沙石冲积，它本来在云林这里，但近百年来一直往南移，每年会往西南方移动70米，现在到了嘉义外海，因为不断往南移，就连岛上的灯塔，都不断地在往南重建。因为这块土地一直飘忽不定，也让云林与嘉义县的土地归属管理当局相当头大。

在外伞顶洲上，是一片一望无际的浅滩、湿地与沙洲，涨潮与退潮时面积差了五倍，但走一天都走不完，景色空旷到让你觉得人类好像都灭亡了。现在，岛上仅有一户人家，用竹子撑起来的草寮，挂的门牌就叫“云林县口湖乡竹篙寮”，之前这块特殊的门牌还被人家偷走。在去往外伞顶洲的船上，你会看到成片的蚵仔田，原来这里与嘉义东石之间形成的潟湖，是台湾最主要的蚵仔（牡蛎）养殖区，非常有传统台湾西海岸的特色。

现在外伞顶洲逐渐在缩小中，如果你真的连这地方都去过，那简直就是把台湾给玩绝了，因为绝大多数台湾人都没去过或根本不知道还有这个地方。如果想去看看台湾这块最神秘的土地，虽然它在云林县，但必须从嘉义东石观光渔港出发，那里有几间经营至外伞顶洲观光胶筏的船家，退潮时抢滩，涨潮时开回。如果是散客，就只好去那里碰碰运气，看有没有刚好要出发观光的团体，可以跟他们一起拼船，一般不会被拒绝。

[行]

南投现在发展观光业，所以一些重要观光地点交通均方便，县内两大观光重点：溪头与日月潭，皆可在高铁台中站搭乘台湾好行巴士前往。若要往山区，如清境农场、奥万大、庐山温泉等地，则在埔里镇有较多班次前往，往埔里可在台中火车站前干城转运站前往。此外，搭乘铁路“集集线”往日月潭方向亦是旅游重点。

[住]

如果你是去一些观光景点，如日月潭，不差钱的话那可以住到超级好的酒店，其他各档次酒店民宿一应俱全；如果去清境农场，则一定要试试住欧式民宿；至于要在中横沿线过夜，除非在梨山，否则你就别太挑了。在山区可能会路过一些少数民族小部落，均有特色民宿可住。

南投县是台湾唯一内陆的行政区，别于其他县市，全区被群山环绕，因此展现出另外一种风情。

古时由福建漳州移民自沿海一带不断向内进行开拓，并由当时居住在此地的平埔族手中购得大量土地，或许是因为南投本身所拥有的地形，开发起来着实不易，也因为地处台湾之中心，加之“众山拱县”之故，所以少数民族受到西部前来开发的“移民”影响，或避山头，或随之交融，往山里跑的，就容易来到南投这山多的地方，也因此，现存之少数民族种族较多的，就是南投。好不容易披荆斩棘至此的拓荒者们，或许因为过程艰辛，又或者在那一路的筚路蓝缕中相互扶持而产生了革命情感，更能了解离乡背井来此发展的辛苦，因此在这里相遇的族群都能和平共处，时常见到闽客混居的社区。

在这里生活的族群，在终日“开门见山”的生活中，多少受到山本身形象的熏陶，显得较为朴实、乐天知命，因为在这里过日子，必须和大自然共处：一场大雨可能招致土石崩落，也可能造成溪水暴涨，在这样的环境之中，只能往前看，并试着接受这样的环境，所以来到南投，你可以感受到乡下地区人民的那朴实却又显得热情，热情之余又带着含蓄的待客之道。当这些人文特色反映在艺术创作上则更加明显，在南投境内时常可以见到许多不同文化背景交融出来的艺术作品。

受到环境限制，对南投产生两方面的影响：一则为遇雨则声名大噪，二则为南投本身在开发上有不少限制，亦难发展成都市等级的规模。前者影响的范围多为天灾，但凡台风过境或是锋面带来的大雨，容易造成南投境内几处乡镇土石流、道路坍方问题，因而时常上新闻头条。所以当南投子弟到外地求学工作时，不是被询问“9・21”之事，便是土石流灾难的关切问题。

因为地势的影响，南投不像台北或是邻近的台中，发展成了重要的都会区，主要还是承袭了小乡镇的特色，仍以农业活动为主。车子驶进南投境内，除了随意一瞥就能瞧见的山群之外，还可以看到一畦又一畦的稻田，或是种类繁杂的果树。除了满山满谷和满地的农作物外，南投因为地形造成开发不便之故，反而保留了更多自然景观与文化，更讲求珍惜、保存这些文化。因而近几年开始推动文化观光产业，并且规划相关的发展愿景，希望能够用小镇风情让外来游客体验不同于大都市中所感受到的，并对这对外交通不像其他县市便利的南投留下印象。

南投市—中兴新村

对30岁以上的台湾人来说，小时候考试经常面临一个问题：台湾省政府在哪里？五个大概有三个会答“台北”，但正确答案是“南投中兴新村”。在那动荡的年代，这里正是为疏迁而建的省政府行政特区。1957年完工的中兴新村，参仿了英国新市镇的风格规划建设，从无到有，是当年台湾最精心规划的新市镇，曾经是冠盖云集权倾一时的政治中心，也是一个超大的花园，超大的眷村。

你可能注意到台湾的车牌有些印着“台湾省”，而有些感触，除了台北市及高雄市外的车牌，全部都属于“台湾省”，但“台湾省”这个层级在20世纪90年代末被“精省”冻着备而不用，从此中兴新村这曾经呼风唤雨的地方也顿时冷清了不少，为求再利用，于是官方将中区多个部会移设于此，并建立起新的白色大门，展现了全新风格。

中兴新村是个超大型的大院，又是个大花园，村中常见绿荫处处，一抬头便能看到沿街矗立的樟树，仿若另外一个绿色隧道，不时有居住在此的爷爷奶奶拄着拐杖出来漫步，或是附近的孩童踩着自行车嬉笑而过，他们可能都是以前省政府的家属们，为这总是静谧的天地带来些许笑语。中兴新村中的住屋有旧时提供给荣民、公务员等居住的矮房家属院，也有后来新盖的房子，依照兴趣先后及官阶，可以找出四十几种不同的风格。当年参与设计的人都是台湾战后第一代的建筑精英，什么形式的房子都有，就是没有公寓大楼，或许是因为怕打扰这样的安宁，又或许是怕打破这样的和谐，这里仍旧是安静的一角，但如果你愿意花时间造访，你会瞧见在这恬静的社区中，满布着许多历史轨迹：台湾省政资料馆、台湾历史文化园区、中兴新村牌楼以及过去各行政单位楼等，都等着你走在绿荫里来相遇。

每年夏天，中兴新村便飘起“黄金雨”，遍地金黄。仔细一看，原来是阿勃勒绽放的季节到了，一树又一树开得奔放的阿勃勒，随风一吹，黄金色的花朵迎风飞扬，让人有种来到国外的错觉。如果你看多了西洋电影，也想要体验公园长椅上，黄金雨飘落的美景，不妨在此时造访中兴新村，来赏赏这难得的花期。

日月潭

日月潭

作为大陆同胞心目中台湾名声最大的景点，日月潭可说是游台时不得不到的地方，就连日月潭所在的鱼池乡都计划要改名为日月潭乡。只是相较于大陆更多名山大川与大湖的规模，日月潭或许就像小池塘般，但放在台湾这样一个地狭而山众的地方，却突显出它的沉静与特别。日月潭美不美？当然美，最美的时刻是每天清晨薄雾笼罩湖面之时，可惜大多数来这里的游客都不过夜，对日月潭的印象也就匆匆一瞥，非常两极化了。

日月潭又称明潭，在20世纪初期也就是个山中小潭，直到1934年日据时期因水力发电需要在此建坝，水面上升，从原来的4.55平方千米扩张至7.73平方千米而成为现在的模样，如果由高空中俯瞰，能看到一日一月的轮廓而得此名。在日据时期，开发出来的明潭水库静静地在历史中发展出自己特有的生态与景观。

在这里，主要为邵族的生活圈，如果环潭一圈，能看到许多木雕作品，还有属于这个民族的特有饮食。由于环湖巴士的时间耗费较长，也不能好好欣赏日月潭的美景，因此建议旅客搭乘由水社码头出发之游艇，在游艇上享受微风吹拂的畅快之余，亦能一览日月潭的风景，又或者骑上自行车，环着全球十大最美单车道之一的日月潭环湖单车道，迎着微微山风，随意前往想要的方向。

水社码头

几乎所有游客游日月潭的起点都在这儿，从这里出发，不管你是要搭环湖公交、租自行车，又或者搭游船游日月潭都能很快找到，建议先到水社游客中心，这里能找到一切游日月潭所需要的信息。

涵碧楼

这栋颇富传奇色彩的旅馆，从日据时代开始就是日本要人到此一游时的下榻处，后又成为蒋介石的行馆，三面环湖风景绝佳。现在涵碧楼重新装修过后已是台湾最著名的高级酒店，其极简且充满禅意的风格一直是许多建筑模仿的对象。如果是一般游客，可以走走酒店前的涵碧步道，那条蒋介石经常沉思散步的湖畔小径，当年，他痛定思痛，在这里制订了国民党的改造方案。

拉鲁岛

如果你坐船游湖，可以近距离观察这座原名为“光华岛”的小岛。近些年少数民族平权运动兴起，遂改回原名“拉鲁岛”，这座小岛是世居于此的邵族人祖灵安息的地方，近年因地质侵蚀，和1999年“9·21”大地震的破坏，现在这岛已经越来越小，而在邵族人的争取之下，外人现在已经不能随便登岛，只能在外围的栈道上观看。

向山游客中心

这里绝对是最容易被游客忽略的地方，只有环湖的人才会发现这座建筑，与其说它是建筑不如说是湖边的大型雕塑。清水混凝土低调地融入日月潭地景，整座楼犹如双手环抱整个日月潭的湖光山色，湖光山色穿过宽阔的跨距空间，建筑展现了对自然的尊重，又谦卑地把人带入环境中，人、建筑、湖，瞬间融为一体。这里没有旅行团，清幽静谧，绝对值得欣赏。游客中心除了提供游览信息，有时也有艺文表演，日月潭地区的陶艺、纸艺、工艺、酒类、红茶及农特产等特色产业都有详细的介绍，并且以公道的价格出售。

玄奘寺

大部分游客都是从水社码头直接搭船过来这里游览，如果在这码头下岸，一下岸便能够欣赏少数民族歌舞，也能够品尝日月潭闻名的“阿婆茶叶蛋”，来见证这传说中以鱼池茶叶、香菇熬煮的小吃是否如传闻中的齿颊留香。要是你的肚子已经在上一站给填饱了，暂时对茶叶蛋提不起兴致，那么，可以从少数民族歌舞表演的场地后方，拾阶而上，去瞧瞧那建在上方的玄奘寺，这里供奉了玄奘灵骨，也可以自玄奘寺前的广场向下望去，以不同的角度欣赏不一样的潭景。在玄奘寺后方的沙巴兰山上，可见一高塔，为慈恩塔，是1971年时蒋介石怀念其母王太夫人所建，若登上塔顶，正好是海拔1千米，整个日月潭一览无遗。

码头旁的玄光寺口，你可以看到石碑上刻着“日月潭”三个字，并且肯定很多游客排队等着合照，这也是有名的“打架石”。在很多年前，日月潭没有这样的碑，以至于很多大陆观光客来日月潭游览时找不到那块景点都一定有的碑合照，只能跑到“日月潭风景管理处”的门牌前合照表示到此一游，这件事还上了新闻。后来台湾观光当局了解了大陆游客的旅游习惯后，也开始立了同样的碑，并且台湾各旅游点也越来越多这样的碑了。如果你准备环潭游，也请别急着在此拍照，因为整个日月潭环潭至少有五块这样的碑等着你。

这几年日月潭涌进了大量的大陆游客，但让当地商家烦恼的是，大多数游客都不会在这里过夜，只是匆匆来去。因此，前2年台湾旅游主管当局主意就打到张艺谋的团队上去，想让他们在日月潭如法炮制一出《印象·日月潭》，但是，后来这计划被叫停了。

伊达邵码头

规模仅次于水社码头的伊达邵码头为少数民族生活的主要地区，也是环日月潭地区最热闹的地方，于此下岸能够在此品尝少数民族小吃，欣赏沿街摆出的少数民族饰品，或者可以在此选择邻岸的餐厅、饭店，一边享受美食，一边享受湖景。日月潭盛产“曲腰鱼”，因为过去蒋介石爱吃，故又称“总统鱼”，水煮及红烧是最正宗的做法，此外，烤山猪肉及小米香肠都是有名的小吃。从伊达邵码头出发，也能乘缆车直达九族文化村。

潭南部落

从伊达邵往南走63号乡道，约4千米可达信义乡的布农族部落：潭南部落——这里是十足的秘境部落。当年“9·21”大地震后，这深藏山中的世外桃源也遭受了毁灭性的打击，但重建过程反而成了部落重生的开始，他们舍弃了过去的水泥建筑物，开始用传统民族造屋方法为基础，又融合了现代需要，重建了整个部落。如果你到此参观，一定要看看以布农族农家屋为概念重建的潭南小学，以及石板屋少年会所，部落内处处充满了民族风情，而部落最高点是天主堂，有立在石头上面朝部落、张开双手的白色耶稣像，就跟所有的少数民族部落一样，这里的大多数居民都信仰基督教。

文武庙

观其名便可知其意。文武庙所供奉的神明有文有武，也是全台湾最具规模的文武庙，其坐落于日月潭畔，正对着日月潭的方位，俨然是日月潭的守护者。从正门牌坊进入，是一个广场，广场上两座硕大的红狮分占左右，进入主体后首先看到的是拜殿，各类祭品摆放于此，接着是武圣殿，主要供奉的神祇为关圣帝君，最后是大成殿，主要供奉的神祇为至圣先师，而此座文武庙为全台唯一祭祀孔子而具神像的庙宇。整座庙宇以红为主色，雕梁画栋，无论是在龙柱抑或斗拱、屋檐等无不见其做工之精细，各殿所呈现的风格也因为主祀神祇而有所不同，整座庙宇展现其辉煌大度之态。即便无宗教信仰者，亦可秉着欣赏传统艺术之心，前来欣赏传统雕刻技艺的美妙，或者顺着大门前的年梯，拾阶而上，将你的愿望系在那满布愿望的长梯上，望着日月潭随风摇曳。

日月潭的另类玩法

每年9月的“万人泳渡日月潭”活动是日月潭一整年最热闹的时候，每年都有两三万人、数十国的游泳爱好者参与。随后，环日月潭外围也会举办铁人三项竞赛，每年都吸引大批参赛者挑战，每年铁人三项都在中秋节前举办，此期间日月潭周围的旅馆都会被订满，若这期间来要住宿记得提前预订。此外，许多人游日月潭都是坐游艇，但很少人知道日月潭可以划独木舟，花个几百元租了设备，一个人静静地慢慢地划到湖心，享受大自然山水的宁静。划独木舟必须提前向日月潭管理处申请，三到五天可申请下来。以上两个活动请洽日月潭风景管理处网站。

日月潭缆车

日月潭泳渡

埔里位于台湾地理中心，镇上的虎头下还能见到“台湾地理中心碑”。但对于埔里居民来说，地理中心碑只不过是多出来的一块石头，虎头山才是真正长久陪伴他们的标志。这些年很多“奇人异士”喜欢移居埔里，除了艺术家看中这里的好山好水，许多灵修人士都认为这里的“磁场很强烈”而聚集在这儿，总之，埔里在台湾人心目中是个很“乐活”又缓慢悠闲的地方。这几年虎头山的山顶也发展成为飞行伞的聚集地，假日时，常有玩客来此挑战，用不一样的方式——在高空中游览埔里，或许你也可以前来试试，体验这种不一样的观光方式。

地母庙

地母庙为全台道教信仰的热门据点之一，有别于日月潭文武庙的富丽堂皇，地母庙在用色上以清雅的白墙绿瓦为主，展现出另一种风貌。进入正门牌坊后，亦是一个广场，再顺着斜坡往上走则来到前庭的八卦九龙池，小小八卦阵内涵乾坤，若非修道之人则不适合入内，偶尔一些重要节日，才开放给修道的师兄师姐入内运走八卦。庙宇本身设计同文武庙一般，具层次性，沿着旁边的阶梯，可以看到用心营造的花圃，建筑主体的石阶也在雕刻上极具巧思地依照不同层次的拜殿，雕刻不同的花样。直至第三层的乾元殿望正门方向一眺，即可将埔里镇的风景一览无遗。

广兴纸寮—造纸龙手创馆

南投为传统手工造纸技术发展的重镇之一。发展至今，南投境内最为人所熟知的造纸业为埔里的“广兴纸寮”和“造纸龙”。广兴纸寮成立于1965年，为“广兴制纸加工所”，因感于埔里纸业的前瞻性及所处之地——爱兰台地水质良好所设立。初期仍以手工研发改造为主，后因渐入佳境于1973年改为“广兴造纸厂”，并成功研发高质量手工宣纸，开始外销日韩市场。现已传入第二代，并主张“纸爱台湾”“纸爱社区”之理念，推广纸艺观光化，将造纸技术公之于大众，并且提供相关DIY课程，让参访者能够制作属于自己的手札笔记等。场内的解说员主要为资深员工，将自己对纸厂的相关记忆口述说明，更能让民众了解，南投各学校也常通过户外教学带领学生来体验、传承文化，来了解纸的历史以及纸的珍贵。

造纸龙手创馆成立于1979年，原为“埔里纸厂”之二厂，相较于广兴纸寮的传统风格，造纸龙馆内设施环境较为现代，色彩亦较为明亮，容易吸引小朋友的注意。一楼为

纸教堂夜景

中台禅寺

园区导览，在造纸区的部分陈列了传统至现代的造纸机器，完整介绍造纸的流程，有工厂造纸过程的详细说明及影片，并展有相关纸制作品，并设有DIY体验区，提供亲子、师生互动的教学游戏，较广兴纸寮更适合幼童参观。

桃米生态村

位处埔里镇桃米里的桃米坑社区是通往日月潭必经之地，区内有遍布的林木，还有桃米坑溪、种瓜坑溪大小支流流过滋养这块土地。南投自古以来就是交通不便、经济发展迟缓的地区，自“9•21”大地震过后，桃米村更是一蹶不振，当地居民一直在思考要怎么重建，重建的不仅仅是建筑，更重要的还有“心”。面对重建问题的居民，开始考虑到居住环境得天独厚之处，慢慢发展成生态社区，朝生态旅游的方向发展。经过这么多年，桃米村已经是台湾社区总体营造的成功典范，大家都要到这里取经。社区里有许多湿地、苗圃，种类繁多的生物栖息在此，因此在规划重建时，当地居民保留了这些自然地，并小心营造，让更多的生物可以在此孕育生命。也结合当地特色，以竹编编制出许多的艺术作品，还设置妈妈教室，并开设许多不同的课程，让当地居民可以趁着晚上空暇之时，学习不同的技艺，例如染布、藤编等课程，并且将完成品置于橱窗，供游客欣赏或购买。

村里原名为Paper Dome的“纸教堂”，是新兴的热门旅游景点。1995年阪神大地震后，日本建筑师坂茂为烧毁的神户鹰取教会所设计，纸教堂的结构便于拆卸、移动与重建，当时抚慰无数阪神地震灾民，而待台湾“9•21”大地震后，搬迁至重灾区的埔里，教堂内部由五十八根高压纸浆铸造而成的立柱支撑起整个教堂，屋顶则覆盖透光天幕，外围以成本较低的玻璃纤维浪板构筑成长方形外墙。其中在玻璃纤维外墙与立柱间巧妙地构成一个椭圆形空间的回廊，当光线由透光的天幕射下，让人有一种庄严与神圣的氛围。

中台禅寺

介绍这里前先给跪了。又是个到日月潭一带游览不得不来的地方。这座结合中西建筑元素的寺庙，是全世界最大最高的佛教寺院，又是著名的李祖原大师所设计的作品，主体建筑以石材为主，象征修行的坚固和永恒不变。由侧面看主体建筑，仿佛是一位在青山中禅坐的行者，正面外观则像蓄势待发的喷射机，象征禅宗“顿悟自心，直了成佛”的无上心法，设计兼具时代开创新意与绵长的禅宗古意。但当年刚建好时，这种造型的寺院也算是惊世骇俗，整座建筑晚上灯光一亮，连迪士尼乐园的城堡都无法比，网络酸民就爱戏称那夜景是妖寺。

中台禅寺的开山方丈为惟觉老和尚，是四川省营山县人，30岁时剃度出家、受戒，先后到过宜兰吉祥寺、新竹圆明寺、香港大屿山等地闭关。20世纪70年代末期从香港返回台湾，随着禅风日盛，信徒人数的增加，1994年中台禅寺动土，到2001年落成启用。台湾佛教四大山头一直是政界极力拉拢的对象，其中法鼓山及慈济较少对政治发表意见，但佛光山的星云法师及中台禅寺的惟觉老和尚却经常对政治发表意见，尤其是后者，经常会有一些惊人之语出现。

中台禅寺的佛教历史文物馆也拥有丰富的佛教收藏品，包含距今1450多年的北周石雕释迦如来等，寺内建筑、佛像、壁画、彩绘、雕刻、书法等，蕴含丰富艺术内涵及宗教精神，其实，光是看看那栋寺院主体就值回票价了。

溪头森林游乐区

位于鹿谷凤凰山脉的溪头，其原身为台湾日据时，东京大学农学部所选之附属演习林，于1970年由台湾大学农学院接手成为其试验林，故而园区一片郁郁之色，常年雾霭烟岚。如若厌倦尘嚣，想转投大自然的怀抱，不妨来此欣赏那蓊郁的树林和高耸参天的神木，抑或在大学池畔旁，聆赏鸟鸣，想象遗世而独居的空谷幽情。溪头的“天空步道”很有名，穿梭在森林里的高架步道，仿佛自己变成了松鼠，跳过一根根的枝头。在20世纪70年代时，溪头可是许多新婚夫妻度蜜月的首选之地，来一次就知道，这里真的很适合情侣手牵手散步。

妖怪村

在溪头森林游乐区大门旁，可以瞧见于2011年开始经营的“妖怪村”，这本来只是一条1分钟就能走完的商店街，却被打造成整个台湾最不可思议的小村子。保留了先前留下的日式建筑，打造以妖怪为主题的日式街坊，在经营概念上也直接以日式和风呈现，该区的店家皆身穿和服，店内的摆设、贩卖物品也环绕着“妖怪”及日风摆设，每一栋屋子几乎都有一种妖怪的主题，根本就是隐藏在森林里的童话世界，还没去过日本但是想提前体验吗？那么妖怪村欢迎你。

南投内湖小学

内湖森林小学

位于南投鹿谷乡的内湖小学乍见之下，让人猜不出它是一座小学。建筑骨架以美国南方木为主，主体采用西方结构、东方行架系统的结合，建筑又融合欧美日的风格，大量采用了当地所具备之建材，以原有之块石筑墙、砾石筑路。凡是造访过此处的旅客或是县民，不知情者也都以为自己误入仙境，看着那依坡错落在一片原始杉树林中的小学，还有那在制高点设置的“树屋”、校内开辟给学生观察的生态池，无不让人产生来到某山林别墅之感，但这样的一个仙境竟是一座小学，徒让人欣羡，不知在此读书的学生有多么大的福气，有这样的好运气可以在这环境中求学。其实，内湖小学也是在“9•21”后重建的校园之一，看着它现在的样子，实在很难联想当初遇灾时是怎般情景！

鹿谷冻顶乌龙茶

鹿谷是台湾高山茶的故乡，光是茶农就占全乡居民的50%以上。台湾最知名的冻顶乌龙茶原产地就是南投鹿谷乡冻顶山。传统冻顶乌龙茶生长在海拔700~1200米的山坡地，主要以青心乌龙品种制成，采一心二叶或一心三叶，为半发酵茶，传统发酵程度约30%。冻顶乌龙茶制茶特殊处在于茶菁在干燥后，要再以布包成球状揉捻茶叶，压迫使茶成半球状，称为“布揉制茶”。冻顶乌龙茶水色呈橙黄，耐泡、味醇是其特色，并带明显焙火韵味，跟包种茶一样是相当注重香味的茶叶。只是这些年附近的日月潭在大陆游客心目中名气太大，就连鹿谷茶都要挂上日月潭的招牌才好推销，其实内行人都知道那是鹿谷产的。如果你能在鹿谷待一夜那就更好了，看着凤凰山脉茶园的层峦叠翠，仿佛空气中都充满着茶香。

集集线铁路之旅

集集支线的铁路是在日据时代即1921年兴建的，当时日本人为了兴建日月潭的大观电厂，从彰化县纵贯铁路的二水站分支，经过源泉站即进入南投县，有浊水站、龙泉站、集集站、水里站，车埕站为终点。集集至车埕这段小铁道是当时为了兴建大观发电厂、运送工程所需机具和物资时，特别建造出来的，尔后当发电厂兴建完成，当局将车埕通往发电厂的铁路拆除，此支线也暂时没落沉睡在此，直到“9•21”过后，当局开始着力重建，并考虑到观光发展，因而整修了这条支线，让柴油火车在这条沉睡一段岁月的旧车道上徐徐而行，现在，已经是台湾著名的观光支线铁道。

搭乘集集线列车可从台中车站或彰化车站上车，又或者从台中搭乘往水里方向的客运至集集站下车再转乘火车，集集站、水里站、车埕站这三站区间是集集线的精华。水里镇上，也有车直达日月潭、埔里、东埔温泉等地。

集集镇

集集车站、绿色隧道

南投本身由于受限于地形，并未开发出铁路干线连接外县市，只有这条小小的铁道，却在今日吸引了许多观光客慕名而来，只为体验这不同于干线的小火车风情。沿着老旧的铁道走，会看到一片绿意的树林，对于游客来说，这是一趟返璞归真的旅程，但对于当地人来说，这是归乡的一段路程，特别是在瞧见那片由樟树所构成的绿

集集线

集集车站

色隧道时，家，就不远了。对游子而言，这是一段通往回忆的时光隧道。集集线本来也是个没落的小镇线，当年也曾因为严重亏损，一度有意停驶，1999年“9•21”大地震时那座小巧的老车站不敌地震而严重损毁，让台湾人心痛不已，后来在集集镇长积极推动观光事业下，车站又重新建立起来，才让集集逐渐恢复生机。

武昌宫

武昌宫原为1980年时，善心人士捐地为供奉玄天上帝重建的庙宇，耗资千万建好的几年后，遭逢“9•21”大地震而功亏一篑。现在受到“9•21”而重创的庙身还刻意保留着地震后坍塌的样貌，不再重建，借此当作教学教材，以期不要让后代忘记这一夜带给人们的震撼。

明新书院

建于清光绪年间的明新书院，是被列为三级的古迹，位于南投永昌小学内，为集集镇每年祭孔处。主要为宫殿式建筑，燕尾檐、左右对称的两厢，还有砖墙、木门、木柱等皆为其特色，书院里摆设了许多古代的农耕民俗文物，有牛车、车轮、水缸等古色古香的摆设，借以呈现古时农耕生活的些许面貌，提供的一些历史文物也能够作为乡土教学用。

水里乡

水里蛇窑

水里蛇窑的整个园区由“陶”所构成，里面有许多利用“陶”所创造出来的天地。之所以称之“蛇窑”，是因为烧陶时所需使用的窑本身身长如蛇，因为这样一个长的窑身，提供了更多的空间容纳陶坯，便于温度的控制，完成了许多艺术作品。园区时常邀请国内外艺术家来此切磋技艺，亦不定时展出园区师傅的作品。因为园区内提供陶艺DIY的教学，因此南投境内一些学校也会在户外教学课程中，带着学生来一趟艺术之旅，进行文化的传承。如果你想创造出属于自己的艺术，不妨亲自动手，体验艺术大师的行程！

车埕

顺着集集铁路支线一路向下，将来到南投铁路的最后一站——车埕。此站建于日据时代，车埕车站不愧是台湾最美最可爱的火车站，如秘密花园般被环抱在群山中，附近火车用仓库及住家仍保存旧时样式，一下站除了眼前老旧的木制屋外，空气中总飘散着一股木材清香，还有那时不时漫过来的云雾，像老相机的视框，擦了又擦仍是朦胧，为车埕多添一股神秘。一面连着明潭的水坝，一面接着蜿蜒至隧道尽头的铁路，那是身为这个小站的骄傲。很多人觉得车埕是个超浪漫的地方。

车埕木业展示馆

从日据时代开始，车埕就是伐木加工业的重镇，现在伐木业衰微，过去伐木业遗留下的木工加工厂与设施，成为集集支线重要的景点与地标。旧厂房改建成目前的“车埕木业展示馆”，让往来的游客可以了解台湾木业当时的盛况，亲身感受木业的制造过程与环境。

“9·21”大地震的创伤与回忆

1999年9月21日凌晨的一阵天摇地动，几乎骇醒了全台睡梦中的百姓，尤其是震中南投的居民。那一晚，地牛突如其来地翻身，谁也没什么思想准备，就在慌乱中携家带眷地向外狂奔，唯恐一个不慎，屋倒墙倾，当然，慌乱之中有幸运逃生的，也有不明就里沉沉睡去不再睁眼的。那个夜晚，谁的脸上都没能瞧见笑容，流着泪的——有人喜极而泣，因为家人健在，感谢上天不弃；有人哀恸不已，因为一夜家毁，悲叹造化弄人……就那一夜，来不及反应，已是天人永隔。

只是，没能让人太专心在这样的哀伤和庆幸之中，因为即便是逃出家门，那一波接着一波来袭的余震也无法叫人省心，平时踏过的地面，一下子变得好陌生，晃啊晃的，没人能站个稳，黑压压的马路上，蹲坐着大批倾家而出的“灾民”，之后，没人可以安心睡着，那一夜大家就这样守着彼此、守着还在身畔的

车埕车站

9·21地震原爆点／杨安生摄影

家人，一夜无眠到天亮。天一亮，趁着余震较不如一开始密集，逮着空当，家长们安置好小孩后，都速速地冲进屋子里，将一些可以使用的物资搬出家门，开始做好“外宿”的准备。也是这时，大家才通过时不时传出“沙沙”声的收音机，得知昨晚那场梦魇是怎么一回事，还有那相对于昨夜之前，对众人来说还显得陌生的里氏7.3这个数值。

由于那晚的一震，震得到处屋毁，桥和路面肝肠寸断，小孩们暑假结束才开学没多久，又开始了另一段不知何时会停的假期，也因为那些灾害，所以断水断电了一阵。那三五时就来一下的余震，就像神出鬼没的游击队，在你就要放下心时，现身作势捅你那么一下，如此来回几次后，家，也没人敢回，总是匆匆进入，摸着了需要的东西，就快快撤退。虽然没人说出口，但从那反应来看，大家真的都被吓坏了，面对昔日好不容易打造出来的家，此刻却戒慎恐惧，那心情是多么……五味杂陈。

那一年的中秋，没人欢乐地烤肉剥柚吃，大家是在马路上，盯着头顶上的月亮，听着收音机中传来的广播声，吃着各地募捐的爱心赈灾干粮度过的。就这样，那一个月的时间，有家却归不得，或是已然无家可归者，都只得在马路上、学校或社区活动中心等，搭起帐篷过日子。渐渐地习惯了总是在顶头飞来飞去的直升机螺旋桨的声音，还有部队在运来一车又一车赈灾物资时，村里吆喝着大家排队去取的声音。后来，当局安抚妥当了，余震也不再神出鬼没地来吓人时，生活才逐渐恢复正常。

尽管那一次的天灾，造成了多方面损失，但也借由那一次的灾难，让南投居民们感受到那来自台湾和世界各地源源不绝的爱心。在重建的过程中，多亏来自外界各方，可能是一个小学、一个慈善机构、一个基金会又或者是宗教团体的认养，不断地交流关怀，协助募资建立校园或是重建社区家园。因此原本遥遥无期的上学日来了，学生们终于可以背着书包上学去，或许还得在又小又闷热的组合屋里读书，而外面还有阿兵哥们在已经倒塌的旧校区帮忙后续处理工作；而原本无家可归的灾民，也能在集结大家筹募的资金所搭建的组合房里，展开新的生活。

现在，灾难已过了10多年，原本重创、坍塌的家园和学校已经建立起来，为了纪念这一次灾难的牺牲者，还有见证重生后的南投居民，也划了一些景点纪念这次的灾难。

九份二山震灾纪念公园

位于南投县国姓乡南港村的九份二山，是当年地震的震中震爆点，造成了走山断层，当年整座山瞬间消失。在“9 · 21”过后，被列为震灾纪念公园。此公园内保有许多当时“9 · 21”大地震后所留下的痕迹，进入纪念公园第一站将看到极具代表性，也是游客最感兴趣的“倾斜屋”。原为普通住屋，但在地震后受到挤压隆起，导致屋内呈现倾斜，有许多游客一进屋内便会感到一阵轻微眩晕，这是因为人体内耳控制人体平衡的器官跟地心引力相互作用的结果，大家来此都想挑战在屋内站直，却受到磁场影响而易导致重心不稳。而这里在被规划成地震公园后，修了许多栈道、观景台和说明标示牌，以方便游客观察公园内遭受震灾而留下的痕迹。观景台上可以一览地震滑山造成的“大崩壁”，还有“堰塞湖”等特殊的景致，这也是当地居民难忘的灾难所遗留下来的一切，还留着些许阴霾。

仁爱乡 信义乡

这两个乡是南投的高山乡，除了几个观光区，大部分地方都人烟罕至，如果你摊开地图，会发现弯弯曲曲的支路处处，每一条路可能都通往一个鲜有人知的秘境部落，台湾人对这里有种崇敬式的向往，一进入这儿，就离开了俗尘。

雾社

素有“樱都”美称的雾社位于南投县仁爱乡，海拔1.148千米，终年气候凉爽、视野辽阔、景色宜人，在日据时期便以绯寒樱之美远近驰名。每年2到3月间通往雾社清境农场一带的台14线，摇身一变成为樱花公路，吹落的樱瓣随着旅途而行。

电影《赛德克・巴莱》中故事的主要发生地就在雾社。1930年，居住此地的赛德克族人，因不满日本殖民者的高压统治，在首领莫那鲁道的带领下愤而起身反抗，于雾社公学校运动会上袭杀日本人，事发后立即遭总督府调集军警，以飞机、山炮、毒气等武器强力镇压，该族死伤殆尽，史称“雾社事件”。在雾社，你仍然可以看到上面写着“碧血英风”的莫那鲁道抗日纪念碑。

雾社也是这一带山区景区的集散点，三条不同的路，分别前往奥万大、庐山温泉以及清境农场。

奥万大森林游乐区

你问台湾人赏满山红枫叶要去哪儿？十个有九个跟你说奥万大。地处海拔较高的仁爱乡，入冬之后，就是满山满谷、充满野性的枫红，奥万大的枫不像其他地方一夜之间全数火红，而是随着海拔高度红绿渐次。一入园区，可看到一片茂密的树林，顺势一路往上走，能够一边吸收山林独有的芬多精，一边欣赏虫鸣鸟叫，体验自然。园内有通往各区的自然步道，因此保持着山林原有的风貌，一些栈道也根据人体力学特别打造，体贴了许多登山者。如果你想当“鸟人”，这里有多达120种的鸟类，能满足你的需求；如果你想赏枫，那么随时注意网站上公告的信息，可以立即把握赏枫好时机；如果你只是希望登山健行赏自然，它的多种面貌都等着你亲自来挖掘。因为它的自然，它的得天独厚，因此除了外来游客，南投当地居民也会在此时携家带眷，一块爬山健行，走累了还能上园区内的天梯吊桥，在桥上俯瞰枫红一片，除尽疲惫。

庐山温泉

庐山温泉位于南投仁爱乡，系台湾最大温泉之一，因为属于变层岩碳酸氢钠泉中的碱性温泉，PH为8至10，所以不像台湾其他地区的温泉带有浓浓的硫黄味，因此庐山温泉又称为“美人汤”。庐山温泉可煮蛋亦可泡面，在温泉里煮出的蛋，蛋黄已熟，蛋白呈果状，十分特殊，加上怡人的风光，在夏天可以来此避暑，冬天可以泡热乎乎的温泉，深受台湾人的喜爱。从温泉入口的庐山吊桥走起，吊桥彼端衔接着一条石板路，前段密布着形样各异的特产店和温泉旅馆，颇有日本温泉胜地的风味。不过若你亲自来过此温泉区，就能深刻感受到，在山谷两旁盖起的楼房简直就是杂乱无章，毫无水土保持意识。就在2008年，陆续遭受几次强烈台风的摧残后，此处多数温泉旅馆倒塌，成为危地，重创本地观光产业。后来政府为了重建该地，请来许多专家学者针对该地现状作勘察评估，目前得到的结论是无法以工程手段治理，因此庐山温泉区存在封地危机，要存要留一直有争议。

清境农场

位于仁爱乡境内的清境农场于1961年成立，当年系台湾行政管理部门“退除役官兵辅导委员会”为安置部队退除役官兵，在此从事农垦开发而设置的。原名为见晴农场，后因蒋经国先生某一次的造访，对此地有感而发云“清新空气任君取，境地幽雅是仙居”，结果随行的马屁精们机灵得很，马上把见晴改为清境。

一般清境农场，印象就是“绵羊、欧式建筑民宿”，清境农场能满足一切游客对欧洲牧场的想象：青翠山坡上随处可见的小羊，牧羊犬追逐的羊群，还有多条步栈道可供游人散步。栈道视野辽阔，居高临下能够观看清境全貌，沿途远眺中央山脉群峰峥嵘。这几年游客越来越多，已经成为一个商圈，就连7-11、星巴克都有，越来越多的旅游业者在这里买地造民宿，现在一登清境，随处可见满溢着浓厚欧式风味的民宿建筑，所以现在每当提到清境农场，很多人喜欢称之为很有欧洲风情的“小瑞士”，前几年清境农场下大雪，照片一发出去大家都惊叹：“台湾竟然有那么像欧洲的地方！”

其实这种心态，多少跟台湾人崇洋有关，建了那么多豪华的欧式建筑民宿（其实造型也不伦不类），的确是非常漂亮典雅，却失去台湾原有的文化特质。由于清境农场位于海拔1.748千米处，所以将建材运送至此处实属不易，对于一些较为大型的建材在运送路途中，还得注意天气、小心弯曲的山路，有时候气候不佳、天雨路滑之下，也有几起翻车意外发生，但这些困难仍阻挡不了这些业者的进驻。2012年公布的清境空拍影片当中，可以看出清境农场已经过度开发，到处是被挖得满目疮痍的土地，水土已被严重破坏，于此，究竟该怎么开发并且可持续经营，成为目前最需要注意的问题。

泰北孤军与清境农场

清境农场最特色的料理竟然是云南的摆夷料理！现在已经很少人记得清境的历史，如果你仔细一点，会见到这边有个不起眼的小小楼牌，上面写着博望新村，这是清境农场最安静的地方，也是最最容易被忽略的地方，却是清境农场的起点。

可能有部分人知道泰北孤军的那段历史：1949年，国民党退台，但在西南一带的国军93师在被包围的情况下，只能且战且退往泰缅一带，最终成为一支孤军。这支孤军多次企图“反攻大陆”未果，又遭遇缅甸军方攻击，后来又成为泰国的佣兵帮忙打泰国内战，在夹缝中求生存，作家柏杨的名著《异域》就是在讲这批孤军的故事。后来部分能够撤退来台的军眷，被安排到现在的清境农场所在地开垦，一刀一斧，一砖一瓦，在没水没电的原始荒林里，徒手开山辟路、种植花果，胼手胝足地将这里发展成雾上桃源。

博望新村是台湾少见的云南人眷村，你在这里还可以听到很多老人家讲一口云南官话，清境这里的小学还有摆夷舞的教学课程；其实，这一带的广大山区有好多“新村”，山里不同交通线的末端，或平台或谷底，可能就有一个“新村”，那是1949年来台的那批老兵，退役参与开路的工作，路开完之后就地以班排为单位留下开垦所建立的，他们种植些经济作物为生。

现在大家来这里没吃到滇缅料理，就好像没来过清境农场，但如果有机会，也可以到博望新村的滇缅文史馆走走。这简陋的展览管展示出许多异域孤军及少数民族的老旧照片，非常有纪念意义。

东埔

标高1.2千米的东埔是著名的布农族部落，就在玉山脚下，也是登玉山的必经路径之一。走东埔的路就好像往云海里钻一样，虽然在深山之中交通不便，却因为著名的东埔温泉吸引很多观光客前来，就算不爬玉山也要泡温泉。每年1至4月，梅、樱、梨、桃花轮流绽放，景致缤纷迷人。东埔也是前往八通关古道的入口，现在是台湾登山健行的热门古道之一。而前往东埔的日月双桥，是与玉山主峰合照的好地方，如果坐车经过，务必要求司机让你们在这里下车拍照留念。

东埔附近还有很多非常美丽的深山部落，如罗娜、望乡、风柜斗等地，光看地名都知道是一些云深不知处的地方。如果你真不怕麻烦想去这些地方，那最好避开夏天雨季台风后，因为，这一带的泥石流也是台湾最有名的。

台湾的高山越岭道

台湾多山，那是处在欧亚板块边缘的中国台湾与菲律宾板块1000万年来不断挤压的结果，小小一个台湾岛，隆起好几个3千米以上的山脉山系，其中最高的是玉山：3.952千米；而台湾南北大山脉——中央山脉，特别是花莲这中央山脉中段，又包含了全台湾25座3.5千米以上的高峰。所以在台湾，在短短的时间内，你可以见到赤道到北极圈的各种森林类型，阔叶林、针叶林、高山寒原各种植被一次看完。如此多样化的地貌，可说是得天独厚，孕育出种类繁多的动植物，以单位面积而言，台湾与世界其他地方相比，动植物种类之丰富，足以排上世界第一。

但这种地形也分隔了台湾东西部，中央山脉南北纵贯，不仅造成地形东高西低，也阻碍了东部的发展。从清朝开始，为了方便移民和统治，遂辟建了数条横贯东西的越岭道路。到了日据时代，为了“理番”需要，又增辟数条深山道路，并在这些原有的越岭道上设置驻在所。后来中横公路辟建时，也利用了这些古道的数段加以拓宽，其余部分

新中横／杨安生摄影

慢慢荒废而被人遗忘，直到这几年又重新被发掘出来，整修之后都成为不错的登山健行路线。台湾人爱爬山，全台各处都有山中“古道”，而翻越中央山脉的高山古道中，又以下面这三条最有名，几乎都会跨过3千米以上的鞍部棱线。

能高越岭道

能高越岭道东以花莲秀林乡铜门村为起点，西以雾社春阳部落为起点，全程约80千米，一般是走两天，也有人骑越野车，只不过有些路段要扛车。这条古道最早是南投雾社与花莲居民交易时走的道路，后经日本人拓建，待国民党来台之后，沿着这条路线建了许多大电塔，以便东电西送。这是几条越岭道中最宽阔、平稳的一条，也相当大众化，非常美的一条路线，一路都有指示牌及说明，会经过溪谷、老吊桥、高山湖泊、高山鞍部草原等地貌，危险之处，在于西段5.5千米处的大崩塌，路段直接在崩塌处开出一悬崖小路。路线中有数个保线所及山庄可供露营。

合欢越岭道

顾名思义，就是翻越合欢山的一条古道。这原本是条日本人用来“理番”的路线，

合欢山—武岭段

后多被开辟为中横公路部分路段，所以无法像能高越岭道一样在山中走完东西全程，太鲁阁景区内的锥麓古道即此道的末段部分，而越岭部分道路，就在合欢山景区内的大禹岭段，全程约20千米，合欢山麓气象万千尽收眼里，坡平和缓却不觉在高山上；此道可以骑越野车，但有些路段一样要扛车。

八通关古道

这是台湾的古道里，名气最大，历史最悠久、最神秘，也最难走的一条，几乎是台湾古道的代名词。但历代路线经常重修改线，很多路段已经被埋在荒烟蔓草之间，不可考了，今天山友们走的路线其实只有西段，必须原路返回。八通关古道的开拓与台湾史有重要关系，清同治十三年（1874年），日本借口牡丹社番杀害琉球海难渔民，大举进犯，为牡丹社事件，清政府只得派船政大臣沈葆桢来台交涉。事后，沈葆桢认识到抚番政策的重要性，力主开山抚番，于是兵分三路，自北、中、南三线开辟道路通达东部，而这三条道路，目前也只剩八通关古道一条。但目前能够走的八通关古道，大多是在日据时代重修的路线，这条古道饱经历史沧桑，寻访这条古道，除了可以见到山林景色，还可以看到清代开拓者的碑文、日警驻在所的遗址、日警之墓，甚至他们当年喝剩下的清酒酒瓶，整条古道已经是一级古迹，也是台湾最难到达的一级古迹。八通关古道从南投东埔出发，经陈有兰溪右岸的父不知子断崖、云龙瀑布、乐乐、对关，一直到八通关草原为止，再过去就不容易行走。可走路线来回40多千米，需两天时间。其中最危险路段父不知子断崖，为风化页岩的大崩壁，过去因断崖惊险、落石不断，即使两人同行至此也无法相顾。相传过去有少数民族父子路经此地，待走过，父亲回头一看，儿子已经不见，故曰“父不知子”。而到了终点八通关草原，视野超广，可观赏到台湾的百岳逾半。八通关步道经常有山难失踪事件发生，故务必准备全套登山装备结伴同行。而现存古道东段，可从花莲县卓溪乡卓清村的瓦拉米步道进入，这里已是玉山国家公园境内，若没有办理入山证，可从入口徒步至“佳心”，单程4.5千米，适合一般健行散步。

魔神仔

台湾的登山运动盛行，山友们以登上台湾的“百岳”为荣耀，但登山最怕的事就是遇上台风。因为通常一进山里就一个多星期，完全无法预期台风要来，过去常常有在深山里遇见台风、发生山难的事故，因此山里也有许多小木屋可供避难。再者就是怕迷路，幸运一点被政府派直升机救了出来，惨一点就是死在山里。

台湾总是少不了那些登山时遇到的灵异事件，这些大多是山难衍生出来的故事，其中让山友最闻之色变的就数魔神仔。魔神仔是闽南语“Mo Shin-A”，其实就是山里的精灵鬼魅之类的玩意儿，它们会迷惑人的心智，山友们总是口耳相传那些深山岔路中有人向你招手的传说，或是什么山中小矮人之类的。在台湾，最有名的“魔神仔”有两种，一为“玉山小飞侠”，相传在玉山南峰某岔路口有三个戴斗笠穿黄色小飞侠雨衣的男子，有些登山客心智被迷惑，跟着这三个人行走就失踪了。另一个曾让全台民众闻之色变的“魔神仔”就是赫赫有名的“红衣小女孩”，台湾人没有不知道“她”的。当年有一家人上山郊游时以DV拍摄游玩影片，其中一个人于游玩后病故，事后在影片中有人看见一名拥有老太婆脸，却身穿红色米奇衣裤的小女孩站在那位病故者后方。这段录像，20世纪90年代在电视台播出后全台轰动，造成一阵惊恐，可算是近年来台湾灵异事件之首，录像目前在网上还找得到，不过，不要找，很可怕。

总之，对山林要存着敬畏之心啊！

[行]

若短途，客运及铁路是最好的方式，连接了嘉义与各大城市的交通，嘉义最主要的客运转运站在火车后站边上，开往嘉义各处。但市区公交仍然少得可怜，台南的新营客运也兼营嘉义南边乡村的交通，只是往西部滨海偏远乡镇的班车仍嫌少。若乘高铁至嘉义，也有发往各地的免费接驳车。而嘉义的布袋港有开往澎湖的船班，90分钟一班。

[住]

如果只是从阿里山下来在嘉义过夜，火车站前的巷子有很多便宜又干净的小旅馆。背包客及文青们这2年最爱住的玉山大旅社通铺也可以体验一下，此外星级酒店当然不缺。至于阿里山的住宿，若要住好点，旺季时一定要提前预订，否则只有民宿可以住。山上某些教堂亦有地方可投宿，在一般乡镇，大一点的庙宇都有便宜的香客大楼可住宿。总之，平地的话就算不预定，也很容易找到住的地方。

一听到嘉义，有许多人的第一反应就是：哦？我知道啊！嘉义有阿里山和火鸡肉饭嘛！很有名啊！但这座城市除了樱花翩翩的观山美景和香醇卤汁、有嚼劲的火鸡肉饭外，还有许多淳朴的迷人之处，安静不宣扬地静静等待有缘人探索。翻开历史古册，早在荷兰人据台之前，颜思齐便从笨港登陆，计划性地在嘉义进行大规模开垦，这也是嘉南平原上首波的开垦定点。诸罗就是嘉义当年的名字，最初以诸罗为名的所在，是位于嘉义市的平埔族诸罗山社（Tirocen sha），当时许多汉人循着音译唤此处诸罗山，久而久之，诸罗古名就此根深蒂固，成为这片土地的代名词。

除了早期阿里山林业开垦带动城市繁荣外，嘉义随着农业的兴起与移民日渐迁入，人们对这片土地开始产生一股熟稔，以此处为家，落叶生根。悠久的农耕文化使嘉义人对土地有更深层的眷恋与离不开的温柔。然而现今仍有许多人对嘉义的第一印象停留在课本中那片绿油翠稻、美好的嘉南平原胜景。这几年青壮年人口逐年因为经济考量而迁居流失，许多稻田因现实的成本压力与人力考量被迫休耕。

倘若你旅行途经嘉义，手上捏紧车票，踏出车厢走下月台，你会发现这里不如其他城市的站前广场般新颖、宽敞，请先不要感到失落，缓缓走向站前，慢读广告牌上的一首新诗《嘉义驿》，就能精准抓到这座朴素城市的迷人神韵。“长长的铁道驳载着/几多难数迎送离合的……列车及戏码/带领回到日夜思念的故乡”，这是脑麻诗人李承瀚为故乡嘉义留下的诗作心血，也为这座城市留下婉转的注解——别离。

的确，嘉义日出而作日落而息的规律生活形态和清新的空气，让许多繁忙都市人连连钦羡，也因为这份得天独厚的优哉，总有人戏称嘉义是适合养老的好去处，听在嘉义人耳里，却是截然不同的两样情。养老的惬意生活环境固然令人钦羡，但要如何兼顾经济质量却也同时考验着年轻一辈的能耐，也是一道难以选择的是非题。但在外地生活的游子，只要在路旁看见“火鸡肉饭”这几字的排列组合，就会唤醒家乡浓、醇、香的味蕾记忆，那就是所谓的家乡味。

虽然嘉义仍存在着许多现实上的就业问题，但正因为它的些许缺陷，才更显得它在繁忙世代中的淳朴可贵。漫步在嘉义，你会发现此处的一砖一瓦都在唤醒你童年里熟悉的巷弄回忆，朴实的农村景象则让你想起每年返乡拜年的那股童真雀跃，空气中弥漫着一股熟悉感，拉近彼此距离。嘉义近几年来逐渐以它的舒缓步调蜕变，让人更加期待这座百年古城如何融合现代精神与古风传统，呈现专属台湾西部城市的迷人魅力。

嘉义市

现在嘉义市可看到很多大陆观光客，但通常都是从阿里山上下来在嘉义过夜而已，第二天就走。嘉义市在一般人印象里的确是没什么观光资源，不过要了解台湾人对政治的热情心态，嘉义市区的一些地方倒是可以去看看。

从嘉义火车站开始嘉义的旅行，如果你是坐火车到嘉义，会看到嘉义车站内还有一个窄轨的铁道及站台，那就是阿里山小火车专用站台。铁道的另一端，是嘉义铁道艺术村，嘉义车站原来是阿里山上伐木运下山后的重要转运点，但后来伐木业衰落，也留下成片荒废的仓库，现改为艺术村，钢筋混凝土的灰色建筑与色彩鲜明的艺术作品形成鲜明的对比，还能近距离看火车，目前有许多驻村艺术家在此创作，非常欢迎游客与他们聊一聊。

沿着火车站前的中山路往东走，可以见到嘉义市的最重要地标喷水圆环，台湾著名小吃喷水鸡肉饭，不是吃了会喷水，而是因当年有家卖鸡肉饭的小吃店就开在喷水圆环边而得名。而与喷水池交会的文化路，晚上则是名列全台十大夜市之一的文化路夜市，知名小吃众多，也是嘉义的重要商圈。

喷水圆环白天就跟一般的圆环没两样，到了晚上就变成七彩喷水池，只是它对嘉义的意义还真不只是喷水池和圆环而已。只要在各种选举的前一天晚上到嘉义，一定要到喷水圆环来看一看，喷水圆环的选前之夜太热闹刺激了，是全台湾都关注的地方，不同候选人会带着各自的支持者聚集在这里，各据一方，互相叫阵。有人曾断言，只要看哪位候选人在选前之夜呼声最高，那么开票结果也就相去不远矣。所以阵营此起彼落的喇叭声震动着耳膜，各色旗帜在街道上齐舞飞扬，简直就像六大派围攻光明顶，这已经成了传统节庆般的嘉义选前重要的狂欢仪式。喷水圆环，也成了嘉义作为“民主圣地”的重要符号。

喷水圆环

文化路夜市

许家班“民主圣地”

嘉义市作为台湾传统的“民主圣地”，它在过去国民党专制统治的时代，长期由无党籍人士担任市长，也因此出现了所谓“许家班”的家族式传承。一直到后来，嘉义市都敢于做些其他县市不敢做的事，比如立了台湾第一座“二二八”纪念碑，建了第一座“二二八”纪念馆等。

小小一个嘉义市不过三十几万人口，街上却到处都是老诊所，这个现象让人印象深刻，这必须说到早年的政治环境。在台湾光复时，嘉义人对于政治参与的热情是非常高的，只是后来发生的“二二八事件”，导致嘉义从此对政治噤声。所以后来，嘉义出身的一流人才子弟，很少从政，都当医生去了，你在嘉义街上可以看到许多老牌诊所与老医生。

在几十年间，嘉义市都是国民党人执政，一直到1968年，一位名叫许世贤的无党籍女医师当选嘉义市长，改变了嘉义市的政治格局，也开始了嘉义市“许家班”的时代。

隔年，许世贤计划拓宽中山路及兴建七彩喷水池。但是更高层担心她建了喷水池后，地位和名声会更高，所以千方百计反对并施压，不给补助，就算好不容易动工了，也是各方压力重重，但许世贤意志坚定，亲自上场督工，并直接向台湾地区各主管部门陈情，最后，喷水圆环顺利完工。从此之后，每逢选举，许世贤就到中山路与中央喷水池扫街造势，后来其他候选人也跟进，逐渐形成嘉义选前之夜的热闹传统。

现在嘉义街头，还能见到许世贤的铜像，她当年在市长任内做得不错，当地民众感念她。在1983年许世贤任内去世后，她原本也是医生的两位女儿，也以无党籍身份开始轮流担任嘉义市长，妹妹当完姐姐当，姐姐当完再换妹妹当，简直就像普京跟梅德维杰夫玩二人转似的。所幸两人风评都不错，嘉义市的选民也非常支持，也颇为自己的城市在当时全台一片蓝的情况下有这么一个无党籍女市长而自豪。

这种情况一直到2000年，张博雅在市长任内，调到台湾有关主管部门任职，这可让嘉义市民很不爽了，而原本的代理副市长陈丽贞，也在竞选连任后加入民进党，这简直背弃了选民的期待，于是乎，在2005年的县市长选举中，原嘉义市的官员黄敏惠，终于成功拿下嘉义市长的宝座，终结了许家班及其支持人选的执政。只不过就算许家班及其后继者不再担任市长了，嘉义市到现在仍然还是女人在当家，仿佛这里的选民不选人不选党只选性别，有人笑话说，那是因为嘉义市最大的一条路叫“垂杨（垂阳）路”，所以男人一直选不上嘉义市长。直到2014年，嘉义市40多年来首次有男性当选市长。

北门驿—阿里山森林铁路车库园区

阿里山铁路从嘉义站出发，下一站就是旧称北门驿的北门车站，从这一带开始走，路上又有好几个台湾重要的文化地标。北门驿是以前阿里山森林铁道的运材终站，“驿”也就是车站的意思。由于它的外观造型相当古朴可爱，是用阿里山高级红桧所盖的木造车站，所以也是许多新人来拍婚纱照的景点。因为北门驿是过去阿里山木材载运的终点，所以过去台湾最大的木材交易市场也在这一带，到现在还可看到一些老房子遗迹。其中，外地人不太知道的是北门驿旁的阿里山森林铁路车库园区，这里是阿里山铁路的维修保养场及调车场，铁轨纵横，各式火车头及车厢静静地停在园区的绿荫下。游客可以自由穿梭于车厢间，这是在其他地方看火车无法体验到的事，非常有史迹保存价值，这里没啥游客，喜欢铁道的人不可不去。

玉山旅社—洪雅书房

北门驿前的玉山旅社是对嘉义乃至于台湾都很重要的文化地标，这栋建于木材业繁荣时期的木造老旅社，历经60年的沧桑岁月，一度面临被拆除的命运，经过一些文化人士的努力，一砖一瓦自力修复，以修旧如旧的方式保留下来，这个努力的案例还上了台湾公共电视的报道。不像很多老房子改建之后失去原来的样子，这栋建筑仍然保存了老住家风格，一楼是提供公平交易咖啡的咖啡店，楼上是专供背包客过夜的榻榻米大通铺，真的就是台湾20世纪四五十年代的场景。老板是个很“左”的老愤青，平常还有些讲座或小型艺文活动在这边举行，来这里的客人聊的都是嘉义往事、土地正义、音乐、电影这些话题，只是经营不易，老房子还需好心人士捐款维护。

从共和路往南走一点到长荣路，就能见到号称“浊水溪以南最活跃的独立书店”，也是玉山旅社的“关系企业”——洪雅书房，坚持不卖畅销书，不卖文具，只卖生态环保、少数民族、台湾历史以及社会运动的书，还有一些独立音乐等玩意儿。在这里你可以找到很多在台北大书店找不到的书，格调不是左手星巴克右手iPad整天逛诚品的装潮假文青比得上的。这里也经常办些讲座，即使从不支付演讲费，许多台湾文化名人都对能在洪雅书房办讲座而备感荣幸，小小的洪雅书店，从早年单纯的书店，逐渐转型为社区、在地的公共信息平台，很多人戏称这家小书店是“书店敌国”。

阿里山森林铁路车库园区

洪雅书房

嘉义狱政博物馆

北门驿前共和路往林森路向东，不远处就是嘉义狱政博物馆，这是由建于日据时代的嘉义旧监狱改造而成，有90多年的历史。若是你看过高仓健演的《网走监狱》系列电影，就会觉得这里很熟悉，因为这与日本北海道网走监狱一样都采用宾夕法尼亚风格，并且采用扇状的掌控系统，是西方提倡的现代化监狱的理想原型，在当年颇有实验性。在这能实地走进监狱的各个场所，感受一下监狱风情。除了能看到监狱该有的那些东西外，还有些狱政等文物展出，包括当年犯人偷藏香烟的拖鞋等，内容相当丰富，也让人体会到自由的可贵。别忘了，出去后要好好做人。监狱旁边的眷村因多住着法制机关人员，所以比一般眷村感觉更严肃，侯孝贤当年拍《童年往事》就在这里取景。

新港

新港是嘉义最有历史内涵的地方，也是汉人在台湾开发最早的地方（详见：北港）。嘉义县十四乡，新港乡以远近驰名的妈祖精神吸引大批虔诚的信徒前往参拜，也为妈祖在新港孩子的心目中，比普通神祇多了一份亲切与敬爱。每逢过年、妈祖生辰，父母便会虔诚地牵着孩子的手，前往奉天宫妈祖庙参拜。庙内乌沉香香烟缭绕，阵阵鼓钟声响，庄严隆重的祭拜过程深植在每个孩子心中。妈祖不再纯粹是宗教化身，更是怀乡的母亲形象。

每年农历正月上元节的祈安绕境又称十八庄迎妈祖，以妈祖庙的祭祀范围作为基准，举办盛大绕境游行。并在绕境前夕前往绕境出巡之地张贴香条，预告路径，一方面为了民众安宁设想，另一方面更突显出神圣、庄严的宗教力。当绕境揭开序幕，鞭炮声响彻街头巷尾，各庄阵头舞弄姿态各显特色，让人目不暇接。伴随着锣鼓喧天，信徒正徒步簇拥着神轿，挥汗前进。绵延人龙正虔诚趴跪在地，渴望妈祖婆保佑来年平安顺遂，此时此刻，无声力量更胜有声。整场绕境活动并无宗教限定，只要有心跟随，你便能加入绕境队，了解大家对妈祖的执着，源自于对家乡的爱，真心盼望整个家族、社会能因为这份祈祷而更加美好。

除了妈祖绕境，新港奉天宫最广为人知的活动就是农历大年初一的“抢头香”活动，每年众信徒通常吃完年夜饭后，就蓄势待发，虔诚的信众们都拿着一炷清香在庙门守候，待零时新年鞭炮一响，庙门一开，信众们蜂拥而进，迫不及待地往香炉冲去，将手上的香插进去，据说第一个插进去的一年都能身体平安、一切顺利。

新港奉天宫、北港朝天宫的历史情结

妈祖垂目低眉以庄重、婉约的形象深植在每位信徒心中。妈祖信仰长久以来带给台湾深远流长的意义，早期因妈祖为海上女神，安抚海岛台湾动荡不安的人心。随时间推移，现今技术升级，再也不用多操心烦恼海面异象。妈祖仍以其庄严的宗教力，影响广大虔诚的信徒。各地妈祖庙也在每年初四，定期公开抽签解论国运，预告来年吉安。然而就在嘉义新港与云林北港两地相隔一条湍流——北港溪，却流传着三妈之争。这件百年历史公案，仍尚待有心人厘清真相。

北港朝天宫、新港奉天宫、溪北六兴宫相传各自祀奉在乾隆年间雕刻而成的三尊妈祖，相传这三尊妈祖原是由同一桩木头雕成，这桩自北港溪上游漂游而来的樟木，夜晚便会隐隐闪烁光芒，信徒依照神示将木头上中末三端，雕刻成大、二、三妈三尊神像，与另一尊"船仔妈——开台妈祖"共奉于笨港天后宫内，一时流为佳话。

但好景不长，相传一场无情大水，冲散三尊神祇当初紧密的感情，这也是正统之争的源头。流传洪水冲垮了笨港天后宫，将大庙里的三尊神祇和开台妈祖相互分散，因此住持和尚一心一意在新港发起建庙活动，获得王得禄将军与地方信徒鼎力相助，并奏请嘉庆帝御赐取名为奉天宫，自诩为古笨港天后宫的香火延

县定古迹奉天宫／嘉义县文化观光局供图

脉，而四尊妈祖神祇也据传被供奉于奉天宫庙内，接受信徒膜拜。

争端便由此展开，随着在笨港天后宫原址修建的北港朝天宫的完工，期盼迎回诸位神像，却引发诸多争论，王得禄将军迫不得已出面调停，将一尊移往朝天，一尊留守奉天宫，三妈则随他移师溪北六兴宫供奉。然而除了三妈外，另外两尊妈祖顺位仍是解不开的谜团，奉天宫庙方坚称大妈留守供奉，但北港以原天后宫主脉自居，此后双方为笨港正统血脉丝毫不肯退让，两座寺庙互争正统。

时间拉近到20年前，大甲镇澜宫往年八天七夜进香都到北港朝天宫进行，长年习惯却被信徒解读为妈祖回娘家，使两庙妈祖有正副之分的芥蒂。此时新港奉天宫积极争取，才使绕境活动移师新港，再加上好事媒体加油添醋的炒作，全台湾都知道了朝天、奉天宫两庙的陈年成见。

随着时间流逝，直到2009年，两间庙宇的董事长通过沟通达成协议，相互展开为期八天九夜的迓妈祖，在祈福过程中，奉天宫庙方一直避免用出巡、绕境等字眼，避免两庙的长尊之分而改用会香这一中性词汇，描绘这场难得的盛景。也因为两庙相互交流，使彼此逐渐放下心防，让妈祖文化得以用更多元包容的样貌，保佑民众，免于口舌之争，毕竟和谐才是宗教的立意之道。

此后两座乡镇仍分别以妈祖文化为号召，展开深具乡土文化教育意义的节庆活动，北港朝天宫每逢元宵便高挂灯笼，让民众得以祈福赏花灯，而奉天宫定期举办国际妈祖文化节促进民间、学术之间的交流，至于三妈六兴宫虽然地处交通不便的溪北村，但仍是地方居民不可动摇的守护神。三妈祖之间的顺序仍是一桩解不开的谜，但唯一不变的是民众那颗百年虔诚之心。

新港作为台湾著名的老镇，老街古风绵延，似乎每一块红砖上都记载了一个家族黏牙的回忆，紧邻的左邻右舍，不分亲疏自成一脉体系。在物质生活不丰裕的年代，每户人家或多或少仰赖着邻人的相互协助而过活，孩子们更是一群穿同件裤裆长大的换帖死党，抽陀螺、斗蟋蟀、骑铁马，用最简朴的游戏和爽朗的笑声，换得记忆里的无价童年。因此每当看见伴手礼新港饴的小巧袖珍的模样，更是唤起当年许多嗜甜孩子的共同回忆。

新港地区的社区文史保存工作在台湾也是典范，当地人非常善于发掘当地特色，离新港镇西边2千米的板头村即是这2年新发掘出的特色景点。新港的另一项传统产业就是交趾陶，交趾陶过去大量用在庙宇屋檐上的各种艺术装饰，而在板头村里，就随处可见用交趾陶剪黏制成的公共艺术，或者传统图案，或者卡通图案，或者用马赛克拼贴，没想到在这农村乡下的地方还能有那么活泼的气息。

古老的新港更是云门舞集创始人——林怀民先生的故乡，林怀民先生曾为舞作——

薪传开场：“10年来，我们走出来也走出去。”他选择以艺术走出外交困境向世界发声。闻名海外的他更不忘率领云门走回故乡，舞给每一位到场乡亲与同学欣赏，也因为林怀民先生的反馈，促使艺文人士返乡推动新港文教基金会的设立，推动乡内大小文艺、出版展出，林怀民先生更曾在家乡展出激发他创作原力的家族黑白照，显示因为这片土地的滋养为他的舞作注入血和肉的原动力。新港艺文正是以这样点滴接力的方式，逐步打造专属自己的乡土艺术特色。古老的新港，从这里开始与世界接轨。

东石与布袋

跟随着夕阳斜照方向驶离新港，奔驰在产业道路上，沿途农田飞逝，而不远处就是嘉义沿海的东石与布袋。微咸略苦的海风透过车窗隐隐飘进，路旁则有大字样的蚵字映入眼帘和炸得嗞嗞作响的各式蚵类小吃，这里就是嘉义沿海，蚵的故乡。

在这里，养殖渔业是许多家庭赖以为生的职业。养蚵人家的双手，无不历经冷冽风霜，任凭坚硬的蚵壳在柔软的指腹上划下无数刮痕而不埋怨。正因为他们的坚持，肥美的蚵肉是许多熟门熟路老饕不可错过的海产。近年来养殖户推动产业精致化，从外包装上的设计与安全品管上着手，致力营销蚵仔的迷人风味，重新为产业创新再定位，来到这一带，一定要尝尝蚵仔料理，又大又鲜又便宜。

东石渔人码头

这里是新兴规划的景点，吸引了不少观光客，木制步道与喷水广场则是观光巧思，结合自然与生态，让民众在木制步道上一睹蚵棚林立在海洋上的在地景象，眼看夕阳西斜在波光粼粼的波浪上。而岸边招潮蟹的神出鬼没，则带给孩子拍掌惊呼的惊喜。走完步道，携手来到一旁的喷水广场，乘着徐徐夏风，感受脚下沁凉的喷泉流水，大人小孩嘴边都牵起一抹满足的微笑。东石正是以亲子同乐为出发点，以自然融和产业逐日转型为全家出游的好去处。此外，若要前往台湾最神秘的一块土地——外伞顶洲，也要从东石港出发。

于嘉义火车站搭乘嘉义客运，往朴子方向，中途于东石农会下车，步行约10分钟即可抵达渔港。

东石渔港／嘉义县文化观光局供图

外伞顶洲／嘉义县文化观光局供图

布袋港

布袋海滨一带，是影响台湾好几代大学生的文学作品《千江有水千江月》的主要场景所在地，许多文艺青年被唯美的书写吸引来这儿，一看，啊！什么都没有，小破渔村，难免要失望。其实这里就是台湾西滨沿海村庄的一个写照，这些年布袋的规划及旅游发掘没有东石好，更让人觉得被边缘化。只是在布袋，你光是在夕阳西下的潮间带看那些养蚵仔的画面，其实就美得值回票价了。从布袋港出发有许多招揽潮间带旅游的行程可以参考，而港边卖海产的市场及餐厅，也很值得逛逛。此外，布袋港是台湾本岛离澎湖最近的地方，有许多船班经营两地来回，最快只要90分钟，给到澎湖的游客许多选择。

嘉义车站搭乘往布袋的嘉义客运班车，或嘉义高铁站搭乘台湾好行巴士盐乡滨海线，沿途经东石及布袋，一路可达台南北门及七股，或台南新营车站搭乘新营客运往布袋方向的班车。

阿里山

阿里山是大陆游客心目中台湾最知名的两大景点之一，另一个是日月潭，但当然也是最具争议的地方之一，可能是盛名太大，期望与现实有些落差，所以很多人到了阿里山之后会觉得浪费时间，最常听到的就是说比不上大陆的山水，毕竟大陆的名山大川个个都比阿里山壮丽太多，所以有“不来遗憾终生，来了终生遗憾”一说。

至于阿里山到底美不美，这本来就是见仁见智的问题，只是太多游客到了阿里山，只去阿里山森林游乐区，甚至只在区内的某个部分，不知道整个阿里山风景区还有太多不逊于森林游乐区，而且不收门票的景点，只是因为时间关系，无法跑遍全部地方。现在在阿里山森林游乐区里只安排一日游，匆匆上山匆匆下山，当然无法领略阿里山之美。

若欲前往阿里山森林游乐区，有几种方法：

1. 台北车站旁国光客运台北西站B栋乘车，经嘉义至阿里山。
2. 嘉义后车站旁的公交总站搭乘往阿里山方向班车。
3. 嘉义高铁站及后车站均有台湾好行巴士往阿里山。
4. 台湾好行有日月潭←→阿里山穿新中横公路对开巴士。

5. 在北门站搭乘阿里山小火车，但经常因各种不可抗力原因停开，须注意相关信息，先预订，请洽嘉义北门车站。

阿里山森林游乐区

虽然说这是观光客最多的地方，却也是阿里山景区的精华所在。如果你在这儿待一天，所谓阿里山五奇：日出、晚霞、云海、森林、铁路，在此都能看得到，风景区内的路标解说均已很完善，基本上照着路线走是不会迷路的，而当地人亦有口袋里的私房景点，可以请教他们。

日出：日出不是每天都能看得到，经典的路线是清晨4点爬起来从阿里山风景区的中心沼平车站，乘祝山线小火车上山，时间约半小时；春夏秋冬的日出时间不一，火车时刻也会随之调整，需要先查询。又或者走步行道可到祝山观日平台，约1小时。当就要日出，天已鱼肚白时，黑压压的人头攒动，所有人都屏息以待，待第一道亮光射出，一阵欢呼，然后众人散去，喝杯热热的阿华田然后下山，这是种如宗教仪式般的经典行程。阿里山一年能看到日出的日子平均是175天，如果你清晨醒来听到外面雨声淅沥，或者看到天上乌云笼罩不见星星，那还是倒下继续睡比较实在。

晚霞：高山空气较稀薄，紫外线相对增强，使得蓝天比在平地看绚丽，而晚霞也气象万千，绚丽而瞬息万变。

云海：一般来说，秋冬是赏云海的最佳季节，台湾可看云海的地方很多，但没有像阿里山这如丝绸般绵细的云海，看似绵细，宏观却波涛起伏，比大海更壮观。其实上阿里山多半是一种赌博，因为气候不好或气象条件不达标，就不一定看得到日出和云海。观赏云海最好的季节是秋天，最好的地点是二万坪、慈云寺、阿里山宾馆、阿里山火车站、沼平公园、祝山观日楼与第一停车场附近。

森林：阿里山上有多条森林步道，每一条都有不同的特色，走在千年神木群的步道当中，被绿围绕，被缥缈云雾缭绕，如同奇幻世界中的树人森林，那是一种很神奇的体验。而在阿里山每年3月中到4月中的樱花季时，数千棵开到极致的樱花树夹道迎人，轻风一拂，花瓣绚烂飞舞如雨下，小火车从花瓣雨中穿梭而过的画面是众人抢拍的对象（这经典画面在沼平车站旁）。

铁路：尽管所谓“世界三大高山铁道”已经被踢爆是自封的，但也不减阿里山森林铁道拥有的极其珍贵的文化价值。小火车在浓雾缭绕古木参天的葱郁森林中缓缓行驶，是台湾最具申请世界文化遗产的潜力点。你会发现它的运行方式是Z字形折返式路线，这独特

阿里山云海／嘉义县文化观光局供图

阿里山森林游乐区／嘉义县文化观光局供图

的工法就是要把小火车从平地开到海拔2.216千米的高山上。到阿里山不乘坐一次小火车那就白来了，冲着小火车也应该来一次阿里山。只是这几年小火车经常因不可抗力原因停开，须先查询，如果你想拍小火车在森林中过弯道的场景，记得坐后面一点的车厢。

在铁路旁，你一定可以看到一棵已经被锯倒的神木，这棵神木当年是台湾的象征，就跟现在台湾的宣传照都会出现101一样，当年台湾的照片一定都会出现这棵神木。

在1953年，神木还昂首挺立、绿意盎然之时，当时有个“一二三，到台湾，台湾有座阿里山，阿里山上有神木，明年老蒋带你回大陆”的顺口溜。那年正逢蒋介石生日，于是就有人在神木旁建了个“介寿庭”，祝蒋公与神木齐寿（虽然当时神木已经3600岁了）。没想到还没过3年，在一个雷雨交加之夜，一道雷电从天而降，直接把神木给烧死了，那惨了，不仅回不了大陆，那是不是代表蒋公的寿命也……于是，当地趁着神不知鬼不觉，在神木上再种一棵小树，表示神木生命力旺盛，又活过来了，可喜可贺。但又没想到，就在1997年，香港回归后不久，一场台风直接把这棵僵尸神木吹倒了一半，后来为了安全起见，隔年干脆就把神木放倒了，从此，阿里山的精神象征终于结束了一生的劳苦。

小笠原山

这是阿里山森林风景区内较不为人知的秘境，虽然观景平台老早就修好了，但就连管理处也不太宣传这里，似乎是不希望太多人到这里似的。直到前几年8•8风灾，传统观日出的祝山观景台被灭了，小笠原山才成了观日出的替代地点，从此才公之于世。这里不仅人少，还是真正绝景无敌的地方。游客可沿步道走上海拔高2.488千米的山顶平台，那是360度无遮蔽观景的绝佳场地，眼睛不管往哪儿看都美，可直眺玉山群峰、中央山脉，天气好时还能看见台湾海峡，不管是日出日落还是云海，在这里的景观都是最好的。在秋天时，也是绝佳的赏枫地点。90%的游客在祝山看日出，人声鼎沸，相比之下，小笠原山有真正的宁静肃穆。在祝山观景平台处有路牌指示，走500米可达。

奋起湖

作为进入阿里山第一站的奋起湖，也是阿里山铁路的中途停靠站，近年来积极开发观光，也留下不少观光客，这里是台湾十大老街中海拔最高的。这里保留了旧时光的气息，原汁原味的老街道与屋舍，依山坡而建，经常有影视剧组来此地拍摄。而各种怀旧的零食与小吃都是观光客的最爱。奋起湖的铁路便当相当有名，过去阿里山铁路还是蒸汽火车时，由北门车站出发，车辆必须在此加水添煤，停留较久，而时间也接近中午，故人员都在此休息，这也带动了这里的铁路便当行业。现在，似乎每个游客到了这儿，都要买上一盒铁路便当才满足。

山美村邹族部落

阿里山区是台湾邹族的主要地盘，所谓的“阿里山的姑娘美如花，阿里山的少年壮如山”指的就是邹族人，邹族各部落散居阿里山区各地，到达不易，而现在最广为人知的邹族部落，就是山美部落及当地的达娜依谷溪自然生态公园。

约在30年前，山美部落就跟全台湾所有的少数民族部落一样，面临着如青壮外流、交通不便、教育机会不均等社会问题，只种着经济作物，日渐消耗山里资源，看不到希望。但在1988年时，在那还没有人听过什么叫“生态旅游”的年代，曾经跑过船的年轻人巴斯亚，想起了南非的野生动物园，就在部落大会中提出了一个大胆的计划：要对已经被破坏的溪谷做复育，靠自然生态来吸引观光客。

原来，从日据时代开始，对阿里山区的滥垦与无理开发，已经切断原来尊敬自然的邹人与这条溪谷的关联。原本与山美人的生活紧密相系的圣地达娜依谷（邹语：忘忧），成了陌生的当局资产，与其他台湾河川一样，成了电流与毒液奔窜之处，鱼消失的速度比山美人还要快。

巴斯亚说服了族里的各长老，选定部分保存有原始风貌的达娜依谷两岸约6千米的原始林，划归为生态保育区，宣告封溪。山美从15到50岁的居民，全部日夜轮流无薪护溪护鱼，并宣示达娜依谷是山美村民共有的财产，不得进行任何开发。

当年部落居民此举，简直就是与政府杠上，所以过程也不是那么一帆风顺，遇到的阻力非常大。而经过几年达娜伊谷复育成功，开始吸引观光客之后，也不免成为财团觊觎的对象。所幸，守护达娜伊谷已经成为部落里的共识，随着观光收入的增加，山美各项财政支出都能达到自给自足，也有越来越多的年轻人愿意回到这深山里。

可能看多了名山大川，会觉得一个小小细致的达娜依谷实在没什么，但来到这里，除了看看很传统的邹族山里部落，领略少数民族风情，也可以向他们学习那大山子民的

奋起湖／嘉义县文化观光局供图

奋起湖老街／嘉义县文化观光局供图

淳朴智慧，如何在发展与环保中取得平衡。

“吴凤神话”与阿里山邹族

很多人误以为《高山青》这首歌是高山族民歌，其实这本来是1949年由上海国泰电影公司拍摄的电影《阿里山风云》的主题曲，剧组来台湾取外景，没想到拍了一半就风云变色，就只好留在台湾。而这部电影首映就在台湾，主题曲也广为传唱。

《阿里山风云》这部电影讲的是“吴凤”的故事，而“吴凤”这个人，在台湾曾经是家喻户晓的大圣人，小学课本里都会讲到他。过去课本上吴凤的故事是这样写的：

台湾的山地同胞，过去在祭典时有猎人头的风俗，又叫出草。可是只有阿里山的曹族（邹族旧称）山胞早就停止了这项陋习，这都是因为吴凤的关系。吴凤是200多年前管理阿里山地区的官员，因为他勤政爱民，很疼爱山胞，所以被山胞仰慕。当时每年秋末要猎取人头祭祀，刚好山胞在前一年所猎人头有40多个，所以叫他们以后每年用一个。不知不觉已过了40多年，祭祀用的人头已经没有了，山胞们就向吴凤请求允许猎人头，吴凤劝说因祭祀而杀人不好，就拖延了一年又一年。到第四年时，恰好当时又闹灾，山胞们无谷物可食，就前来说：“再也不能等了。”吴凤一想到治理山地40余年，对于这种迷信的恶习还不能革除，心里感到非常难过，就慨然对山胞们说：“那么需要人头的话，明日白天时，会看到一个人穿红衣戴红帽，骑着白马经过小路，你们可以把他的头砍下来祭拜。”翌日，山胞们埋伏在小路边，果然来了个戴红帽穿红衣的人。埋伏的山胞们马上杀了那个人，取下头颅。没想到一看，竟是他们最尊敬的吴凤，山胞们跪在地上号啕痛哭，十分懊悔、惊惶。此后，山胞们被吴凤舍生取义的伟大人格感动，于是决定将恶习革除。山胞们奉吴凤为神，并发誓以后绝不猎人头，一直到现在。

过去从来就没人怀疑过故事的真伪，大家都理所当然地相信，真的有这么一个具有伟大人格情操的人物存在。但这个故事一直让邹族人很不爽，让他们觉得他们好像是很残暴、很需要汉人来教化一样。而在他们的史观里，吴凤就是个剥削他们的无良官员，他们在毫无办法之下只能挺身反抗。而吴凤故事的疑点也挺多而且荒谬，最早只是一个乡野传闻，后来日本殖民者为了政治需要而推广，再后来国民党再加以强化宣传。

20世纪80年代，台湾少数民族平权运动兴起，“吴凤”自然就成了标靶，嘉义火车站前的广场本来有一尊吴凤骑马像，在1988年时，一群少数民族人士热血之下，直接冲上去拉垮了这座铜像，至此，原本高高在上、闪耀着圣人光辉的吴凤形象，可说是一夕间瓦解。而隔年，教育主管部门也迫于压力，宣布删掉课本中有关吴凤的内容，再后来，“吴凤乡”也改名为“阿里山乡”。

[行]

台南是大都市，对外交通方便，长途客运、高铁、台铁皆停台南；高铁站旁台铁沙仑车站可乘电联车至台南火车站。台南公交系统的口碑也是全台有名，谁经营谁破产，甚至让人有台南到底有没有公交车的错觉，所以你可能会看到：台南市区街上稀少的公交车，大部分竟然是由高雄客运来承运的。其实也不能怪公交系统差，因为台南人都习惯骑摩托车出行。

在台南观光，台南火车站前有台湾好行 88 安平线、99 台江线路公交至安平，绕经台南市区所有观光景点，一路到安平再往北到七股，但若要直接至安平七股，建议直接包车前往，节省时间。若您从嘉义至台南，或从台南至高雄这种短途路线，请不要搭高铁，直接搭台铁更有效率。

[住]

在台南基本不用担心住的问题，五星级酒店、商务酒店一应俱全，但现在去台南旅游，很流行住老房子改建而成的酒店或民宿。这些老房子很多都是设计的私宅，据说住这些地方更有“台南的感觉”。若你在西滨乡下一带需要过夜，甚至可以去几座大的宫庙，那里也都附设有香客大楼提供便宜又干净的住宿。

说到台湾就一定不会漏掉台南，因为台南是台湾发展的起点、台湾历史的开端。台湾近400年的历史中，台南作为首府就有263年。最初“台湾”这个名字，所指称的原来也就是台南。

由于台湾整体政经环境和城乡间的消长演变，如今说到台湾，台南一定在印象之中，不会忘记，却不是绝对突出。这种介于鲜明与淡远之间、悠然静默但却踏实的存在，是台南的特质，也是台南人的特质。也许是历史背景造就的性格。说是没落贵族的自尊和身段也好，又或者是环境给予的天性，台南人隐约有一种不匆忙、不争不抢，有些小事不太喜欢计较，看重人情的性情。这种好似处变不惊的特色，有人说是人情味浓厚，有人名之曰淡定，是好是坏很难说，看你用什么角度去看。台南是座有历史的城市，包容着异国色彩和脉络的历史；绝对有自己的特色，却有着宽容的温和。可见的事物如此，无形的人情也是如此。

到今天仍会听到有人说台南好像有钱人很多。这种印象大概也是跟发展得早有关，毕竟是台湾发展最早的商埠，彼时商贸活动兴盛，积富之家不少。台湾有许多传统财团都是从台南发家的，台南多的是家传富贵的“田侨仔”，嫁女儿时得“嫁妆一牛车”，这种通识概念便不胫而走。但时移世易，恐怕也是一种刻板印象了。

台南有些地区的婚嫁礼俗仍遵循闽南传统，程序做足，因此给人一种台南人很传统的印象。认为人与人之间必须得有来有往，重视礼数，台湾人说“厚工”，这种传统道德价值观的认同，确实也是台南人的特质之一。

在台南长大的导演李安，曾说台南的古雅气质塑造了他的个性：“我对世界的眼光，是在台南养成的。我的纪律，道德标准，行为准则，基本上是台南给我的。”台南这座城市的确有这种底蕴。

如今台南的名字又渐渐响亮，成为台湾观光的主要代名词之一。很多旅客喜欢来这里，因为这个城市的步调和其他地方不一样，充满了过往岁月的悠远痕迹，古迹在这里是活的。而因为开埠最早的长远辉煌，酝酿发展出尝不尽与回味无穷的美食，更是一大吸引力，往往还没离开，就已经想预约下一次的旅程。

出生于台南的当代台湾文学大师叶石涛说：“台南是一个适合人们做梦、干活、恋爱、结婚、悠然过活的地方。”只要在台南散步几回，心中总是浮现这句温暖的语句。台南就是个一切都“慢慢来”“淡定”的都市，有人说：“请大家以结婚的前提和台南交往，不要跟她玩一夜情。”来到台南，就是这么一回事啦！

台南沿海：安平、安南、北门、七股

安平

安平是台湾信史的起点，要考察台湾早期的开发史，被荷兰殖民者统治的那段历史，一定要来安平走一趟，现在这里还留着许多历代老建筑。此外，安平还有整片如迷宫般的古宅小巷，游客都喜欢在安平“迷路”，在那些房前的花花草草间，咸咸的海边空气中，与历史的气息相遇。没来过安平就好像没来过台南一样。

安平老街

安平老街就是指延平街、效忠街与中兴街这一带的旧聚落，有“台湾第一街”之称，因是荷据时期修建的第一条街道“台湾街”，曾经繁华一时。在荷兰人据台期间，安平曾是进入欧亚及东北亚航线的中继站，不同国籍的商人在此贸易，热闹非凡。这个老聚落一度有拆除之议，引发民间和文化团体的强烈争论，在某年一次文艺季老街巡礼活动后，大家发现及认识到该区域原来充满宝藏，老街一带重新得到关注，从而逃过一劫。如今每到假日这里便热闹非凡，街道两旁尽是充满古早味的店家，而邻近小巷弄里隐藏着许多值得探访的特色老建筑，比如胭脂巷、茉莉巷等，你会看到那些门楣上都有“剑狮”陶塑，据说那是当年郑成功操兵完随手将武器摆在门前，宵小不敢入，后居民纷纷学习，现在安平的新老建筑都喜欢挂上剑狮。

安平古堡

“‘台南市有哪些名胜古迹？请随便说一个！’哇咧！怎么问这种蠢问题？蠢到我

安平古堡

都懒得举手回答，竟然还有人答‘安平金城’，我还‘亿载古堡’呢”……如果你自认已经老了，那你可能就知道我在说啥。这就是网络小说《第一次的亲密接触》里的一个桥段，也是许多人第一次听说安平区的这两个古城。

沿着古堡街北走就是荷据时代的“热兰遮城”，是台湾最有历史的要塞建筑。现在仅余断垣残壁，日据时代于其上另筑高台，建造西式洋楼，改称安平古堡，旧台湾城原貌尽失，只留下一堵残墙作见证。因此安平古堡为多个时代的复合建筑，保留其历经数朝更替甚至是烽火的遗迹，现在是一级古迹。红色砖瓦建筑与夕阳相映的“安平夕照”，为知名的台湾八景之一。走在安平抬头经常可见的红顶白墙展望台，是众所熟知安平甚至台南的识别符号。不过游客对安平古堡的青睐，却令台南人胆战心惊，数百年的糯米墙和榕树根见证着台南一路走来的岁月，希望大家都能珍惜。在安平古堡旁边有一个小丘，全都是坟墓，当地人称为“汤匙山”，是台南地区历史最悠久、拥有四五百年历史的公墓。安平人的祖祖辈辈，从明郑、清朝、日据时代一直到现在，数万户祖坟都葬在这里，甚至还有当年荷兰人的墓。前几任市长觉得这片公墓是“都市之瘤”，一直想办法把它铲除。在观光客看来，这里突然出现一堆坟墓也很突兀，但本地人都强烈认为，这个地方才真正是代表安平的历史文化轨迹，墓碑呈现来自不同的祖籍地，公墓是慎终追远的具体表现，更是台湾文化发源的缩影，不同的墓碑还可看出不同时代的审美，总之，这是个很另类却很有看头的景点。

安平古堡旁有一间大庙，是开台天后宫，据说为台湾本岛最早建立的妈祖庙，供奉妈祖为郑成功船队自湄洲带来的三尊神像。而通过将香灰塑入新庙神像的“分灵”方式，全台湾的大小妈祖庙，都与安平的“开台天后宫”保持着血缘关系。日军侵台后由于屠杀及冤魂等传说，致香火寥落，天后宫一度荒废。今天所见为1966年重建完成之天后宫，香火鼎盛，假日时庙埕热闹如市集。逢元宵夜常有热闹的灯谜活动。另外开台天后宫有个非常特殊的地方，即安平人在拜妈祖时，还必须请国姓爷郑成功作见证，是其他庙宇没有的仪式。

德记洋行

沿着古堡街走到底，港边公园旁，有几家老洋行办事处。所谓洋行，即当时的外商办事处。清咸丰八年（1858年），中英签订《天津条约》，安平正式开埠通商，外国商人与传教士纷至沓来，国外机关、商行、宣教所纷纷设于安平。英商德记洋行即安平开港后的五大洋行之一。日据以后成了大日本盐业会社营业所，到光复后又改为台南盐场办公室和宿舍。市政府回收后辟建为蜡像馆。德记洋行为二楼白色殖民地式建筑，三面环绕拱廊，绿釉瓶饰栏杆，与安平传统民宅截然不同，非常醒目。

后方的安平树屋最早是德记洋行的仓库，墙砖据推断也是取自热兰遮城，现在所见规模则为日本人后来增建。因为一度荒置任由榕树寄生，形成了屋中有树、树上有屋的共生奇景，成为有名的景点——安平树屋。因为时日久远，加上内部光线阴暗空气湿凉，有种像吴哥窟般的独特神秘气氛，密集物恐惧症患者看了可能心头会麻麻的，不过这里夜间并不开放，否则真要让人想到伊藤润二的漫画。树屋经重新打造成为景观艺术建筑，屋内外设有参观步道，连接屋后观景台，可眺望堤外盐水溪风景。如果时间许可，也可以到堤顶走一走。

另一栋有名的洋行建筑是德商东兴洋行，于光绪年间建立，为当时安平五大洋行之一，以樟脑、糖出口及轮船运输为主要业务。后来成为安平外商贸易纪念馆，用以展示外商贸易和制糖的发展史。建筑迥异于德记洋行，采土洋合璧的红砖建筑，加高的地基、廊檐与百叶窗的设计都是考量气候因素，是中西合璧的完美呈现。现在的东兴洋行是以洋溢着异国风的古迹餐馆扬名，坐在拱廊下吃着德国猪脚、香肠，喝着啤酒，看着前方的水景公园，日夜有不同的情调，逢假日还有乐团表演。商业与文化的巧妙平衡，是古迹活化的代表个案。

安平金小姐与《安平追想曲》

在东兴洋行前，你可以看见“安平金小姐”与她母亲的雕像。眼神凝望着

东兴洋行

夕游出张所

远方的金小姐，五官较坐着的母亲轮廓明显更立体，这是一段从当地起源，并为台湾人广为流出的凄美故事。

关于“安平金小姐”的故事，在20世纪50年代因为一首全台传唱的《安平追想曲》而流传全台：

身穿花红长洋装，风吹金发思情郎，想郎船何往，音信全无通，伊是行船诛风浪？

放阮情难忘，心情无地讲，相思寄著海边风，海风无情笑阮戆，啊——不知初恋心茫茫。

相思情郎想自己，不知爹亲二十年，思念想欲见，只有金十字，给阮母亲做遗记。

放阮私生儿，听母初讲起，愈想不幸愈哀悲，到底现在生也死，啊——伊是荷兰的船医……

原来安平港在《天津条约》后开港通商，涌进大量外商，“安平金小姐”的母亲是一洋行买办的女儿，近水楼台与一位来台经商的老外好上了，但老外事后不理，只留下一金十字架拍拍屁股而去。后买办女儿生下了金发碧眼的金小姐，母女两人只能相依为命，金小姐长大后却又重蹈了母亲的悲剧，爱上一个来台经商的老外，下场亦跟母亲一样，只能在安平港边痴痴地等情郎想起她再次归来。

这首歌到底是有历史原型呢，又或者是作词家的浪漫想象？到现在还是台湾史学界争论不休的话题，唯一可确定的是，爱上老外但老外又拍拍屁股走人的这种事，好像从那时候到现在都没有停止过。

夕游出张所

这是最近很多游客指名和询问的新兴景点。在安平开阔的草地和天空下，小巧别致的“夕游出张所”名副其实，在向晚时分格外吸引人。趣致的名字来自日文しお（塩），出张所则是出差办公室的意思。木造的日式建筑前身是台湾总督府专卖局台南支局的安平支局（后改名安平分室），是盐业兴盛时代的重要据点，用以煎盐试验，为市定古迹。委托民间企业经营以后，给了它赋含历史身世和观光吸引力的新名字。展示以盐为主题，并开发出多种商品化的名物，游客最爱五彩缤纷的336色生日彩盐，每个人都能找到自己生日颜色的专属彩盐，另外还有雪盐烧、平安盐等，令游客爱不释手。

安平看夕阳首选

安平港走到最外头，是海滩公园，这里有一观夕平台，是欣赏台湾海峡夕阳的绝佳地点，这里是为了发展安平观光而打造的景点，为环港步道——远洋渔港步道工程的终点。在安平港区的另一端，安亿路旁，有一林默娘公园，这里的妈祖花岗岩石雕像与其他地方很不同，是座长发飘逸少女版的妈祖，脸部线条饱满健康，眼神柔美，现在这里也是看港区夕阳及夜景的好地方。

亿载金城

亿载金城即原来的二鲲鯓炮台，是一级古迹。鲲鯓指的是当时罗列在台江西岸的沙洲，所以你看到台南还有三鲲鯓、四鲲鯓等地。很难想象这个炮台当初是建在沙洲上并靠着摆渡联系，后来港口淤积，沙洲就慢慢连在一起。亿载金城的建立起因于日军犯台的牡丹社事件，由法国人设计，于1876年完成，是台湾首座西式炮台。西洋式红砖建筑，四方形城郭，而大部分城砖取自当时破落的安平古堡。四隅设有用来放置大炮的棱堡，中央的宽阔平地则用来操练军队。每到假日整点，炮台现场有穿着清兵服饰的人员跳炮操，操演古代打炮方式，有种浓浓的违和莫名喜感。穿越城门的长长隧道很有历史感觉，城外有护城壕，坚固的城池形制很完整，可以说是景色最怡人的古迹建筑之一。

亿载金城

四草红树林

今日的亿载金城已经离海甚远，周围林木草地甚广，护城河内放养有绿头鸭和天鹅悠游，足够大人小孩消磨大半天。

在亿载金城后方码头，有一德阳舰博物馆，原来这是国民党海军德阳舰退役后改造的军舰博物馆，这艘建于1945年的驱逐舰，参加过朝鲜战争与越战，直到2005年退役，共服役了一甲子，你会看到原来的老舰体上不断改装安上许多新式装备，也算是克难。

台南西滨海岸

安平过了四草大桥就是安南区，因为有好几条溪流在这一带出海，所以安南这一带给人的印象就是湿地。这里的湿地不得了，因200年前溪流改道大量淤沙而成，细读指标和资料，会发现这里的动植物种类及数量非常惊人，是黑面琵鹭的重要度冬区，高跷鸻在这里也拥有台湾最大数量的繁殖族群，是台湾第一处为单一鸟种划设的保护区，更是台湾沿海红树林保存最完整、歧异度最高的栖息地之一。

四草生态文化园区

四草地区其实是工业区，却与生态动保区奇妙地共存共荣。这里有一项特别的旅游行程，即乘船游台江的生态之旅。乘着胶筏，戴着斗笠，穿梭在红树林枝丫形成的绿色隧道中，好像在森林迷宫中，又好像是在亚马孙河探险，行船中伴游的虱目鱼会让你惊呼连连，这里是很少人知道的秘境美景。通过导览员的说明，可以多方面地了解台南的地理、历史和生活文化变迁，看到并亲身体验很多不一样的新旧玩意儿，像传统的定置网、利用杠杆原理的大型吊罾、桶间寮，或是到水上森林里一访招潮蟹、弹涂鱼等。

鹿耳门天后宫—鹿耳门正统圣母庙

安南有两座大的妈祖庙，两座都是非常华丽繁复，仿佛用六朝最奢侈的辞藻来形容都不够用，而光是看名字，就知道两座庙暗中在互相较劲，两座庙宇也都有相同的起源。郑成功当年在鹿耳门这里登陆，将带来的开基妈祖像供奉在此，但因后来此地遭遇洪水，妈祖神像流落民间，归属何方有了争议。两地村民都希望在自己的地方重盖庙宇，从而有了现在的情况，两座庙都强调自己才是最正宗的，都各自拿得出证据。其实台湾本岛很多妈祖庙都用各种名目强调自己是开台第一间，或者是直接从湄洲分灵，其实，心诚则灵，妈祖也不会在意在哪一间庙拜她。安南区的这两间妈祖庙虽然都是新建的，但都非常值得一看。

鹿耳门正统圣母庙的高峰盛事在每年元宵节，尤其是烟火表演，每每有国际团队参与演出，早已盛名远播，成为台南人年节期间固定的重头戏。当然也形成了热闹市集，拥挤人潮往往蔓延至大老远，只要循着车流人潮就一定能找到地方。而鹿耳门天后宫则长于文化工作，很热心于地方公共事务，经常与学校、学术界一同举办乡土活动，对地方文史资料的保存相当努力。两座庙互争正统，办活动也在较劲，搞得全台湾都知道，也变成了当地的活招牌。

台湾历史博物馆

在2011年年底才开幕的台湾历史博物馆，是台南新的必游景点，里面用真实场景的方式展示了台湾这几百年来的历史、生活与民俗，完全打破了过去博物馆给人冰冷枯燥的印象，游客自由穿梭在各个时代的场景之间，好像来了趟穿越台湾历史的时空之旅一样，两个字：好玩。跟台北正经八百的博物馆相比，完全是两种不同风格。

七股盐山

安南往北是七股，台湾人说的“盐分地带”就是指这里，过去七股亦是台湾最大的盐产地，但就跟糖业一样，这些年不敌进口盐的竞争，盐业也慢慢式微，现在观光客到这里，都是为了看七股盐山，这本来是盐工堆盐的地方，越堆越高，结果倒成了一座小山。七股盐山是这些年很红的景点，只是不知是观光客太多，还是空气污染，本来神圣纯白的盐山，现在变得有点灰蒙蒙脏脏的。除此之外，当然还有很多当年制盐的工具及盐田展示。以前这里的广告标语是“不出台湾也能仿佛置身雪山”，你就知道身处亚热带的台湾人对雪有多哈了。

七股所在的曾文溪口出海口一带是台湾最大最完整的潟湖生态区，认识潟湖的最佳方式，就是搭乘胶筏行驶在潟湖间，欣赏定置渔网、牡蛎养殖等美景，如果刚好退潮，还可以下船踩踩这里特有的面包沙。在冬天，大批国际级的濒危保育类动物——黑面琵鹭会飞来这里过冬，目前全球只剩2000多只，大多数会飞来曾文溪口，总是引来众多赏鸟爱好者远远观赏。

南鲲鯓代天府

台南最北端是北门，北门的南鲲鯓代天府这几年成了新的观光景点，尤其是每年农历四月的王爷祭庙会时候，数万人涌进这小镇，各式阵头及花车在广场前表演，花样百出，甚至被米其林观光指南选为三星观光景点，比阿里山的一星级、日月潭的二星级还高。二级古迹的代天府是台湾“王爷信仰”（详见：屏东—东隆宫）的开山庙，有300多年的历史，给人的感觉就是“巨大”，仔细看那些建筑的小细节，不管是山门、屋脊还是藻井，都让人叹为观止，是台湾宗教建筑艺术的巅峰之作。

北门的井仔脚盐田，那里还维持着淳朴的小渔村风情，有着马赛克地砖般、用瓦片铺设在盐田底部的瓦盘式盐田，游客在这里可以尽情堆盐挑盐，感受盐工的生活，如果你觉得七股盐山人会太多，就来这里好了。这里有台湾最后一道落日，夕阳的壮观美景，从来都是摄影家的最爱。

中西区

台南市的中西区，是最有“台南气质”的地方，即传统上“府城”的腹地。无所不在的老房子，弯曲如迷宫的小巷弄，隐藏在小巷弄里的老庙，老庙前的大榕树，大榕树下的

七股盐山／观光局云嘉南滨海风景区管理处供图

七股潟湖／观光局云嘉南滨海风景区管理处供图

南鲲鯓代天府

小吃摊，那是台南温润的人文气息及历史醇度。台湾庙宇密度最高的城市也是台南，中西区街前一座庙，街中一座庙，街尾一座庙，轮流办庙会，一条街整年鞭炮没停过。

孔庙

台南这座生活博物馆的散步，从孔庙开始就没有错，要认识台湾，就要先认识台南府城，要认识台南的气质，就要从认识孔庙开始。如果你时间真的很赶，务必沿着南门路、府前路、忠义路、友爱街绕一圈，这是台南的精华之地。

台南孔庙是全台第一座孔庙，同样也是台湾最早的文庙，建于明朝，一度是全台童生入学之所，所以在主入口东大成坊上有“全台首学”金字横匾。北侧还有一块知名的下马碑，上以满汉文并刻“文武官员军民人等至此下马”。东大成坊其实是孔庙的侧门，因为大门除大典的日子平时是不开的。台南孔庙现仍维持左学右庙的传统格局，前殿后阁，三进两厢，也是全台唯一有泮宫石坊的文庙。红色围墙缘于周朝服色，大成门门扇上不绘门神而设108根门钉，也不书楹联，都是表示对孔子的敬重。

台南孔庙始终维持传统，在春秋两季举办祭典，尤其是9月28日的祭孔大典最为盛大，从清晨开始，遵循古礼总共38个程序始完成。仪式过后的“拔智慧毛”那可是重头戏，太牢祭品中牛身上的毛，会被蜂拥而上的民众拔光，据说孔子享用过的祭品身上的毛，若能拔取到并放置于书包、笔盒或枕头里，就能脑袋开窍，学业成绩突飞猛进，对于

台南全年无休的庙会

老年人还有预防老年痴呆症的效果，所以，那抢拔智慧毛的场面，混乱而疯狂。

台南的孔庙不只是祭祀的地方，更是“生活”的地方。老人在参天的大榕树下专心下棋，聊社会的是非八卦，小朋友在庙里孔子眼皮底下那绿得穿透世界的庭院嬉戏玩耍，庙前热闹的桐花巷府中街，有各种知名又低调的小吃摊，老店与新潮小店共存，且走且停，且停且吃，最好的方式是骑着自行车逛这一带。孔庙这一片能让你优哉晃一整个下午。

孔庙往东走一点从一小巷拐进去，你可以见到一座永华宫，这是陈永华所建，你问陈永华是谁？就是“平生不识陈近南，便称英雄也枉然”的天地会总舵主陈近南啦！当年他作为郑成功的头号谋士一起来到台湾，在各地颇有建树，只不过这座庙的主神不是他，是泉州人的守护神广泽尊王，而这座庙最令人津津乐道的地方，还是他牵涉到了清末府城三大奇案之一的陈守娘显灵。

清末府城三大奇案

台湾有所谓清末几大奇案，全台皆知，几乎都发生在台南，这些案件都是当时真实发生过的，但免不了添加了后人的穿凿附会，让它更有神秘色彩，成了当时的“都市传说”——

1．陈守娘显灵

清末人氏陈守娘的夫婿林寿死后，矢志守节不嫁，但她的美惊动了县衙门的一位师爷，便用钱收买守娘的婆婆与小姑，想要包了守娘。守娘不从，婆婆小姑就家暴守娘，想逼守娘就范，最后守娘被婆婆与小姑用利器刺下体而死，这件事被守娘的弟弟发现而曝光，师爷则逃回唐山。

守娘冤魂不散，怨恨难消，上诉给地方神明，不过地方神明想息事宁人和谐掉，守娘暴怒成为厉鬼大闹县署、府署及林氏宗族，全府城都传出灵异事件。

这件事让地方困扰，就求助有应公，不过有应公法力不足，也无能为力，不得不求之于法力高强的神明。众神态度依旧，只有广泽尊王，挺身而出，但广泽尊王法力亦不够，与守娘冤魂只打了个平手而已。于是邻近德化堂观音佛祖大发慈悲，出面调停。最后陈守娘提出两个条件：一是在报冤期间，或伤及无辜，请准免追究。二是她守节而惨死，应准入节孝祠奉祀。观音佛祖答应，守娘乃归阴投胎转世。

陈守娘案是真有其事，连横的《台湾通史》中亦有记载，今日台南孔庙节孝祠中仍有守娘的牌位，曰：钦褒节烈邑民人林寿妻陈守娘神位；永华宫的石碑上也记载了这段广泽尊王镇压冤魂扰民的故事。

2．吕祖庙烧金

这个故事就发生在孔庙前的府中街，当年的“吕祖庙”内。相传当年有位屠夫之妻常到吕祖庙内上香，而庙里一位法师，六根不净，见屠夫之妻貌美便开始勾引她，两人开始暗通款曲，屠夫之妻经常假借到庙里上香烧金名义，与情郎幽会。

这件事是怎么曝光的呢？因为依民间习俗，每次到庙里参拜时除了金纸，还会准备糕饼等敬神供品，但屠夫之妻每次从庙里回家都忘了带糕饼，因而让屠夫产生怀疑，最后形迹败露，被屠夫捉奸在床，当场将两人杀死在庙后厢房，轰动全城。

现在台湾闽南语里也常说“吕祖庙摃篮假烧金”就有“做事遮遮掩掩”“矫情”等意思。

3．林投姐

林投姐可是台湾无人不知无人不晓的本土头牌女厉鬼，当然她的“厉”，也来自一个悲惨的故事。

林投姐李招娘本来是幸福的富家少奶奶，还有个爱她的老公，相传过去她的家就在现在台南民族路一带。但不幸的是，她老公赴大陆做生意时，因为船难而死，她成了寡妇，只好自己一个人靠着亡夫遗产抚养三名幼子。丈夫死了之后，生前好友周亚思常来家里走动，日久生情，李招娘遂再嫁，并放心把大批遗产交给周亚思打理。

周亚思接近她只为了贪图财产，得到钱之后，到处倒卖货物，获得一笔暴利后即回到大陆老家再娶一位年轻姑娘，遗弃了台湾的李招娘。李招娘的钱都被骗光了，只能等周亚思醒悟回台，渐渐地，坐吃山空，把前夫的遗产都花完了，生活陷入绝境，两个孩子相继在她怀中饿死，走投无路的她，在一个凄惨的雨夜，掐死了自己的幼子，而她也带着强烈怨气上吊于林投树。

从此，林投树树林附近总有女鬼出没的传闻，有小贩半夜卖肉粽，事后才发现收到的是纸钱，也有路人常常看到不明生物在飘来飘去。乡民为了地方上的安宁，只好为她盖庙供奉着，尊她为“林投姐”。还好她不是找木瓜树上吊，否则就没有凄美的感觉了。但林投姐怨气太重，盖庙也镇不住她，直到有一天，一位与周亚思同乡的算命先生因入庙躲雨，林投姐现身请算命先生带她渡海寻仇。

于是，林投姐的冤魂飘到周家，就在周亚思的次子满月请客那天，李招娘的怨灵现身，周亚思大惊而精神失常，拿起菜刀杀了自己的妻子与两名幼子，最后在众目睽睽之下举刀自杀。

孔庙以北的中正路五巷里，也有一座重庆寺，这也是座非常有意思的小寺庙。寺里主神虽然是观世音菩萨，可是大多数善男信女来这里都是请求解决情感问题。庙里的陪侍神“速报司”有一“醋矸”，不管你是要求防婚姻失和，另一半劈腿，或是想“除小三”，只要在速报司前逆时针搅三圈醋水，就能马上见效。虽然庙里也供奉月老，但月老是专门牵线的，在撮合方面他已经很尽责了，感情出问题就不用他出面，求速报司就行。你仔细看那速报司的神像，板凳只坐三分，前脚还微微抬起，一副马上要赶着去排解民情、很有效率的样子。在台南街头巷尾中，到处隐藏着这种有趣小庙。

在孔庙背面是融入古迹与文化的代表性建筑——忠义小学。从外面看校舍颇有传统风味，又具现代建筑的穿透感，没有一般学校死板的格局，学校把高墙拆掉，景色与孔庙融为一体。校内最知名的建筑是日据时代建的武德殿，现在作为学校师生集会的礼堂，虽然全台都有类似的大小建筑，这里却是式样最雄伟最特殊的一座。

孔庙旁府前路的另一侧是爱国妇人会馆。木质结构的日式洋风建筑十分醒目，为台南现存日据时期建筑中较为少见的形态。此处作为台南市定古迹挂上这块原生招牌的时间并不长，并不是太为人所熟悉。爱国妇人会其实是“二战”时日本主要的妇女团体，多由具有一定社会地位和相当教养的妇人组成，此为其台南分部。屋子共南北两栋，以廊道相连，战后移交红十字会，北栋曾出租给美国新闻处，后一度作为图书馆分馆。经过全面整修，成为现在的样貌。墙面大量开方窗，内部的隔间也很特别，整体建筑带有一种温暖的趣味，无论在背景还是建筑上，都与其他古迹大异其趣。现在这里是台南最棒的艺文场所之一，每年都邀请五十位艺术家、设计师以“重逢台南的五十个理由”作为创作思路，那是属于台南的温暖气息。

草祭二手书店

到台南一定要逛台南的二手书店，一家比一家有个性，其中最有名的算是草祭二手书店。书店建筑原是一栋印刷厂，但主人非常大胆地打通一楼与地下室间隔地板，粗犷又有层次感，明明是书店，却又像小剧场的舞台，书是观众，读者是演员。就算你不买书也值得参观一下店里的格局。店里的二手书大多四折贩卖，还有一些台湾本土的手作商品。在草祭二手书店旁，有个非常非常窄，宽不到40厘米，胖子都进不去的神秘小巷，上面的木头招牌有“窄门”两个字，挤进巷尾登上一栋老建筑的二楼，这就是台南文化地标之一的窄门咖啡。这恐怕也是全台湾最难找的咖啡店，充满了老派咖啡店气息的窄门咖啡，在台南文化圈非常有名，经常有知名作家出没，现在台湾文青们都认为不到草祭二手书店和窄门咖啡膜拜过，就不算到过台南。

台湾文学馆（旧市政府）

原为台南市政府所在地的台湾文学馆，是日据时期建成的台南州厅，被认为是日据厅舍建筑的杰出经典。第二次世界大战时遭美军炸弹击中，原有的马萨式屋顶几近全毁，经整修后改为两坡式屋顶。文学馆这栋建筑是日据时代建筑思想的一个缩影，在1910—1920年这段时期，大量受过西方建筑专业知识教育的日本建筑师来台，他们在台湾恣意发挥他们的建筑思想，主要以仿西洋古典样为主，并将之大量运用在公共建筑之上，一方面，殖民者除炫耀暗示他们联结了西方主导的现代性与进步性外，另一方面也隐约表现出威权的性格。

1997年，台南市府迁往安平区，原址配合古迹再利用，展开修护与重建工作。整修后大致恢复日据时期的旧貌。现改造为台湾文学博物馆，于2003年正式开馆，不仅外观迷人，吸引很多摄影爱好者，其实馆内空间的规划利用亦别有洞天，新旧融合得密切无间，就算你对台湾文学没兴趣，光是建筑改造也很有看头。

文学馆前的圆环是汤德章公园，台南人习惯称之为民生绿园。民生绿园圆环也是台

草祭二手书店

台湾文学馆

南人的精神地标，这座城市几条最有底蕴的道路从这个圆环延伸出去，造就了老台南的气质，每年圣诞节前都会在此处立一棵高大的圣诞树，点灯活动已经成了台南市的传统。

中正路往西走不远是原日本劝业银行台南支行旧址，这栋看起来带有神秘宫殿色彩的雄伟建筑，在1937年建成，当初也是建筑的异类，用专业点的术语来说就是种非西方正统古典语汇之异式建筑。整栋建筑采取埃及神庙式的廊柱与近似多立克柱式，夹杂南美、印度、日本的独特风格，你可以在壁面浮雕上看到西式的狮子头，也能看到日本的福神，还有卍字等。现在台北车站附近的土地银行大楼亦是这座建筑的姐妹品，有同样风格，不同的是，台南这栋有很多燕子在梁柱上筑巢，燕子巢密密麻麻的。

永盛帆布行—合成帆布行

沿着中正路往西，或者往东过汤德章公园圆环不远的中正路，各有一家帆布制品的老店。台南的老牌店真不少，大部分都是老头老太开了一辈子，老派的店面及橱窗，这些老师傅的制品充满了手作的温暖，现在都是老师傅们打发时间的地方，做到觉得不想做了，就收山养老去，蛮可惜的。这些台南手作老店中，转型最成功，足以列入教科书典范的，是中正路上的永盛帆布行以及中山路上的合成帆布行。台湾人对帆布都有特殊的情感，因为大家读中学时都背过帆布制成的书包，本来都觉得书包这玩意儿没什么，做书包也是夕阳产业，可是偏偏这两家店，就是有办法在帆布上做创意。两间店都是店厂合一，里面有缝纫机的嗒嗒声和旧风扇吃力的咔咔咔响，以大陆的说法就是街道弄堂工厂。可是现在，来自全台湾到这两家店要求特殊定做的订单可是接不完的，这两家店也没有因为出了名而神气起来，老板都很亲切热情。店里那浓浓ZAKKA风的帆布袋，让全台文青到了台南都会朝圣似的去买一个。

延平郡王祠

从汤德章公园圆环沿开山路往东南走会到延平郡王祠，这座建于清同治年间的祠堂是全台最早也最著名的郑成功祠，当地人称“郑成功庙”，是台湾众多闽南式建筑中少见的闽东福州式庙宇建筑，对本地人来说也是风光最怡人的古迹之一，过去邻近小学经常将这里作为远足的目的地。现今所见样貌是1963年所重建的，所以延平郡王祠事实上并未列入古迹，直至2010年才登录为台南第九座历史建筑。郑成功祠周围的围墙现已全部打掉，只留下主入口和正对祠庙山门的一部分作为照壁。太妃祠前有一株古梅，据说为郑成功亲手所栽，自明郑时的承天府署（赤崁楼）移植过来。祠中收藏有许多珍贵文物，尤其是为数众多的清代楹联和旧日府城的日常生活用品，如街牌、银票等。

府城隍庙

若沿着圆环往西面的青年路走，可到这座台湾最早的官建城隍庙，建于1669年，二级古迹，主祀台湾府城隍威灵公。一走进这里，你会被那块写着“尔来了”三个大字的横匾震撼到，就明白地告诉你，有一天，你会到我面前。正殿挂有大算盘，刻有“善恶权由人自作，是非算定法难容”，象征城隍爷以算盘计算世人功过。民间传说在夜里时常听闻庙里传来拨算盘的声音，故作恶之人不敢进庙。府城隍庙为阴间“府衙”，在台湾传统庙宇中规模颇大。庙内左右封闭，进深极长，幽暗的气氛与一般庙宇迥异。但府城隍庙也是学子们的重要寄托，每年考季，“学政司”“考功司”案前，总是摆满准考证影印本，热闹非常。

有名的台南东菜市就在城隍庙旁，虽然它已经有107年的历史，但拜媒体及网络所赐，最近红了起来，像烟熏鲁味、油饭、古早味蛋糕，甚至炭烤花生糖等，都是传统市场美味，还有许多传了好几代的食材摊。过去台南人遇到家里要请客或节庆，不管住哪里都一定要来东菜市采买，才有一种仪式圆满的讲究感觉。菜市场的存在，是为了满足区域居民的生活所需，照理说都应该具备一定的供给面向和功能。但是很奇妙的是，台南每一个菜市场，就是会拥有自己独到的特长、各擅胜场的传统市场。目前东菜市这里渐渐成为一个观光市场，从霓虹字牌和禁烟规定等就可看出。

东菜市民权路入口处不远就是建于明永历年间的东岳殿，在当地人口中称“岳帝庙”，很受官方重视，经常翻修，到清中叶已是三进双护龙、外有钟鼓楼的堂皇庙宇。

城隍庙

在过去史迹保存不被重视的时代多次拆建成现在的模样。幸而拆除的旧料都尽量被使用到目前的庙门上，维持住一些老味道。殿内供奉皆为冥府诸神，神像造型奇特，加以后殿高墙阻绝光线，庙内充满阴森凝重的诡谲气氛，为其他庙宇少见。东岳殿中保存的文物不少，一桌一炉皆年代久远，多自清代流传至今。

阳庙与阴庙

在台湾的民间信仰中，一般将庙宇分为“阳庙”及“阴庙”。阳庙供奉的是传统上有正式神格的神，如天公庙、妈祖庙、玄天上帝庙、保生大帝庙等；而阴庙供奉的是没有正式神格的神明，如万应公庙、一般人家的祖祠。你在台湾常会见到庙名是“万应祠、万应堂、万善同归、万善同”，或挂有“有求必应”这类的，这都是拜拜无主孤魂或是一些比如路边石头公、大树公、狐仙狗仙等的小祠堂，这都算是阴庙。台北有名的“十八王公庙”即属于阴庙。

阴庙的建筑在传统上通常不会有天井，特别将庙宇的屋檐做得比较低，让阳光不容易照进庙宇，营造出阴森肃穆的感觉。且传统上认为偶数是阴数，所以遵照传统建筑法则的阴庙，它们的台阶数、庙柱、窗户数目都是偶数。对阳庙的分辨一般大众就比较清楚，阳庙的建筑在传统上通常会把屋顶挑高，让阳光照进整个寺庙，营造出光明庄严的感觉。又因为传统上认为奇数是阳数，所以遵照传统建筑法则的阳庙，它们的台阶数、庙柱、窗户数目都是奇数。

在台湾，阴庙与阳庙没有正面或负面的意义，信徒拜了都是为了保平安。可是一般认为，“阴庙”沾染了更多民间功利的色彩，比如过去六合彩盛行时，“阴庙”前一定都聚集了许多赌徒“求名牌”，因为阴庙一般“有求必应”，只是应之后，“他”要向你索什么，那可就很难说了。

民权路二段

民权路二段是台南最早发迹的街之一，即荷兰时代的“普罗民遮街”，虽然现在看起来破破旧旧的，但经典老店林立，还是全台名人排行榜最多的一条街，比如统一集团最早就是从这条街发迹的。至今这里还住着许多很有名望的教授、老派知识分子与医生。不过这里恐怕也是早期国民党最头痛的一条街，因为它有一个耸动的外号“台独街”。原来当年许多台湾的异议人士、反对分子的老家都是在民权街上，都是从这条街上走出来的；台南作为传统台湾反对运动的大本营，据说，国民党在过去戒严时期，有所谓的“三台分子”，即台南人、台南一中、台湾大学。据说，蒋经国生前就一直觉得国民党会亡于“三台分子”手上，这“三台”简直就是反对运动流水线啊！

民权路往西走，有一B.B.ART艺廊，意思是“Beautiful Building of Art”，这里是台南新兴年轻艺术家喜爱聚集参观的地方。这栋建筑本来是几十年前台南贵妇们买美国货的地方，有个可爱的名字叫“美丽安洋品店”，经过重新改装粉刷成了艺廊，保留传统台南临街店面建筑的内部格局，空间宽敞而安静，很适合慢慢参观。台南的老房子改造都给人一种感觉，就是有故事的老房子，与新来的人不断相遇。

如果在民权路上继续往西走，路过永福路交叉口，会见到专门播放二轮电影的全美戏院，这是标准的台湾老派风格电影院，浓浓的怀旧风不是刻意营造，而是本来就是这样子。最特别的是，它挂在壁面上的电影海报广告牌全部都是用手绘的，现在全美戏院的手绘海报也成了台湾重要的文化资产。台南很多人从小就开始在全美戏院看便宜电影，就连大导演李安，也在当年的奥斯卡颁奖典礼后说“我从小在全美看电影长大的”。

西门市场

我一直觉得西门市场是台南最神奇的传统市场，这座被当地人称为“大菜市”的市场就像一座迷宫，里面的小道弯来绕去，很难不迷路。西门市场建于日据时代，你可以看到它的主体建筑还是巴洛克式的，内部却已任意搭建改造而残破，有种凌乱阴森而怀旧，类似以前九龙城寨的气息。市场里当然隐藏了许多台南经典的小吃摊位，可以慢慢去发现。逛台南中西区的巷弄，你多少要带着一点儿玩RPG的精神，不要怕迷路，带点儿好奇及冒险精神，下个拐角可能就会找到宝箱。

破旧的西门市场一旁，是佳佳西市场旅店。这些年台南吸引越来越多的年轻人回流，也有很多外地设计师来到台南就沉浸在此地不想走了，他们开始利用台南到处可见的废弃老房子作再利用，尽情发挥自己的创意，佳佳西市场旅店就是其中的代表作，掀起了台南老房子空间再利用的风潮。这栋纯白色的建筑以前也是旅社，在老旧不堪后，设计师重新打造，店内公共空间及房间内以各种台南的符号做主题，不仅是客房，也是艺廊，不住也应该来参观一下。入口隐藏在市场里的谢宅亦是相当知名的民宿，台湾民宿很多，但像谢宅这样可以红到变成景点的恐怕五根手指也数得过来。设计师谢小五从小就生长在西市场内，谢宅的格局是原汁原味的台南式老民宅，修旧如旧，一切老的东西都被留下，但在摆设格局上做了相当多的巧妙创意，旧而不觉得破，古朴又觉得它很潮。

基本上台南人看不起台北，认为台北历史短、没文化。在台南，新与旧永远可以共存，不是旧瓶新酒，就是新衣里藏有老灵魂。“都市更新”是近来流行的话题，但都市更新一定是大刀阔斧开肠破肚吗？在文明社会中，都市更新应该轻柔，润物无声地慢慢改变。很多城市都在做活化历史空间的工作，但都市更新的最重点仍然是“人及生活”，更新的不仅仅是建筑物，更重要的是心灵。

沙卡里巴

西市场往南一点，中正路、国华街、海安路之间有一块叫“沙卡里巴”的地方，这怪异的名称是从日文“盛场”的发音沿用而来。沙卡里巴在台南人心目中就是美味的代名词，早在几十年以前，这里就以小吃街的形式称霸一方。不过数度大火后，还留在这里的店铺已经寥寥可数。尽管如此，沙卡里巴还是台南人一致认可，很多人指名的小吃重地。台南人口中的沙卡里巴，指的是旧沙卡里巴，现在正式的路牌是康乐市场，鼎盛时期总共有100多家各式商店，现在狭窄的巷弄里只剩五六家小吃店，但都是台南人心目中数代相传的经典口味，仍然生意兴隆，像棺材板创始店、炒鳝鱼和米糕、香肠熟肉等。虽然市政府附近规划了新沙卡里巴，却未成气候，也少了代表性的“台南味”，不能替代也补偿不了台南人对昔日热闹的沙卡里巴的怀想，期待有一天能看到它重现光华。

往南直直走到保安路上，会见到宫殿凌霄宏伟、气势壮观的保安宫，不过这是座新建的庙宇。外地游客来到保安宫一带，不一定会去拜拜，可是一定都会来这里吃，保安宫门前一带，根本就是台南小吃的一级重战区，想吃台南小吃从保安宫开始就对了。

在台南，只要是“阿”字辈的小吃店，如阿才、阿美、阿狗，一般都不会难吃。

台南的“吃”

台南的地方特产很多，台南美食独步全台，是所有本地、外地人的一致认同，一到台南，那种“一直想要吃”的心魔就会越长越大。台南的吃说的不只是种类，如要说种类，你一天三餐吃三种不同玩意儿，连吃一星期可能还吃不完，有再多的胃都装不下。更让人敬佩的是台南小吃的平均水平，在台南生活过的人，到了其他地方一定会想念台南唾手可得的美味。

台南从小吃摊，到大餐厅很难找到不好吃的，因为老城市的气质，敦厚缓慢下藏着对品味质感的坚持。大多数的台南小吃跟台南这座城市的历史与文化背景有关，好比台南小吃偏甜是融合过去泉州一带的食物特色，随着明郑时期来台的贵族料理而带到台南，糖在昔时就像是一种显贵的象征，待明郑灭亡后那些御用厨师流落四方，也将皇室内的做法带进民间，贵气又传统的台南人从古时就爱

台南的老冰果室

西门市场

用糖，延续下来就变成如此这般的“台南甜”。台南人认为这种“甜”就是一种精致的古早味，是台南小吃的灵魂，故人家说台南小吃“吃巧”。台南有一句谚语“草地人惊（怕）掠，府城人惊食”，草地人指的是城外那些憨厚老实没什么见识的农民，只要听到与官府有关的事就心生害怕，所以怕“掠”；而府城人是属于经济条件较好者，有些田地能够租赁给城外人，收成时草地人进城来向业主缴纳租金，送土产时，业主请他们吃饭，满桌料理一下子就被一扫而空，吓到府城人，因此才有“怕食”的说法，也借以形容台南料理的精致。

有句话说，每个台南人口袋里都有一份美食地图，如果你有个台南的朋友，你一定要死皮赖脸地让他带你去吃一次。台南人这份美食名单对店家就分成近、中、远程三种。近程指的是家或公司附近，平时穿着短裤拖鞋走路或机车三五分钟就到的店，这种店通常都鲜为人知，但便宜又好吃。中程会扩大到以“区”为范围，通常是家附近很少有人卖的料理，可能是曾经路过吃一次就变成主顾，每隔几天都一定要去光顾一下。至于远程，就如同前面说的，台南人对台南有一种莫名的自信，远程就要跨区，通常会带上外来的朋友，坚持要拿出美食地图上最好吃的店家，让外地朋友对台南食物印象深刻，这远程的名单才是最精华的。台南人天生就懂吃又爱吃，又执着，而经过长远岁月筛选下来的台南美食，当然很难不在水平之上。

台南小吃密集度高，而且本省外省兼备，比如国华街从一段走到三段，猪舌包、春卷、烧肉饭、水仙宫韩式油饭、鱼丸、花枝米粉、虾仁肉丸、芋粿、江水号剉冰、吐魠鱼羹、状元糕……数不完。

不喜欢这些偏甜的所谓“台式”食物，也可以去南门路、大成路的水交社眷村旧址：有外省口味的牛肉面、烧饼、手工水饺、包子。要不然就去台南机场旁的二空眷村，有凉面、葱油饼、豆腐香肠、麻辣鸭血等，年关将至的时候，还有特别举办眷村年货大街。

台南人的早餐也是非常有名，口味选择之丰富，不管是台式、日式或西式，羊肉汤、牛肉汤、虱目鱼粥、米糕、鲁面肉粽，让外人无从选起，少吃一种都会焦虑，但台南本地人口袋里似乎也都有张私家早餐名单，每天从容地到不同店家吃早餐。许多外地旅客来台南，吃“台南早餐”也仿佛变成一种神圣的仪式，好像没吃过台南早餐就不像来过台南一样。

台南的小吃不仅仅是小吃，里面还有种很深很深的韵味，就算是街边的小吃店也都给人一种“诚意感”，那是店主对自己食物的一种坚持。在台南吃小吃，不用刻意，请丢掉所谓的美食情报介绍书，凭着本能，跟着人潮，询问街坊，再加上不迷路在古朴错综复杂的街道，一定可以不小心找到意想不到的美味小吃。

赤崁楼边的吃场

神农街

海安路—神农街

沙卡里巴穿出来就是海安路，现在这里很有名了，很多游客喜爱比手画脚地留影，但原来并不是这样的光景。你现在看到的海安路是市政瑕疵留下的烫手山芋，原来从20世纪90年代初就开始建个大地下街，结果搞得十几年弊案连连，花了几十亿都还没建好，一直烂尾在那边。为了修补这个头痛的疮疤，只好破罐子破摔，直接在那些残破、拆到一半的房子上做艺术创意。没想到这没有办法的办法竟然就此大获成功，在或新颖或破落的建筑墙面上，在没整理干净的动迁痕迹上，或虚或实或中或西，各式风格的彩绘与造景，和鳞次栉比的特色店家，令这条街道近来声名大噪。夜里的海安路又摇身一变成热闹的异国街道，灯火辉煌，流泻着自由的音乐与闲逸风情，这样的海安路其实还是"修补中的艺术"。

值得一提的是隐身其中的神农街，是昔日五条港时代最热闹的"北势街"，街宽仅约4米，但因为产权复杂且改建不易，许多清朝和日据初期的老房子因而保留下来。随着海安路艺术街的兴起，城市角落里的老旧街道也重新擦亮了招牌。神农街保存了昔时府城港口老旧街道的意象，最特别的是它是仍然生活着的古迹，除了一些艺术工作室和特色餐馆外，部分老房子仍是一般的民宅，居民在其间俯仰作息，走进其间就像走入时光隧道。带着岁月的迷人风情，夜里的神农街更散发着让人无法抵挡的神奇魅力。原本几乎被遗忘的老旧街道又活过来了，经常被用作老房子重生的成功范例。只是太受游客的青睐，宁静的生活和隐私受到打扰，却也成为神农街居民又爱又恨的烦恼。

神农街与康乐街交叉口处的水仙宫市场，亦是台南小吃的重要聚集地，所谓台南小吃三大战场即是保安宫、水仙宫、赤崁楼。因为这里紧邻台湾早期第一条有计划兴建的"普罗民遮街"民权路，是过去重要的货物集散地，至今仍有许多的批发商店，海鲜渔获的种类胜过其他市场，而且经常下午休市以后仍可交易购买。市场一直延伸到民族路、国华街的永乐市场，到了假日每每可见排队人潮。

台南的夜市

"大大武花大花花"，这是台南夜市的通关密语，代表每周一、二、五大东夜市开市；武圣夜市每周三、六开市；花园夜市则是每周四、六、日开市。台南的夜市是流动夜市，走进去各摊旗帜林立，你会误以为是八大门派集结准备围攻光明顶，多数摊位大同小异，仅是规模大小而已。

在台南各夜市中名气最响也最受观光客青睐的，是占地最广的花园夜市，无论吃喝玩乐，还是衣食住行等，新鲜玩意儿都最多，也是台湾票选"全台最受欢迎夜市”中的第一名。大东夜市是台南最年轻的夜市，集台南美食之大成。而最老牌的武圣夜市，许多名摊都是从这里发迹的。

各个夜市可能都有每个人心目中不同的隐藏版美食，每个台南人手上都有一份夜市地图。不同于其他多数呈线状延展的夜市，台南的夜市都呈块状，也会附有停车场设置，所以停车多数不成问题，要烦恼的反而是年节假日因为游客爆量，导致万头攒动寸步难行以及人气摊位前长长的排队人龙。尤其是花园夜市，你一走进去根本不用自己走，是被人潮“推”着走，可能一不小心又被推到出口才发现什么都没吃到。夜市盛名远传，身为市民固然与有荣焉，但成为游客必要朝圣之地，却又排挤了在地人逛夜市的空间和心情，热闹之余亦小有无奈。

杏林医院

胆子够大的朋友，这绝对是你值得一去的B级景点。这栋矗立在闹市中央，却如废墟般废弃已久，空无人烟的杏林医院，是民间口耳相传台湾最大的鬼屋建筑。当然，它不是一开始就是鬼屋，早些年停业后业主不急着处理，所以便一直空置，时间一久，灵异故事便绘声绘影。因为没有封闭，所以许多年轻人就喜欢组团跑进去开试胆大会。里面有阴森空旷的废弃医院回廊与楼梯，破碎的窗户，凌乱肮脏的病床，瓶瓶罐罐与针筒的碎片，散落一地的各式病历及旧书报，还有落满灰尘的废弃标本罐……撇开那些灵异传闻，这里的确是个摄影的好地方啦！听说之前还有人在里面拍婚纱照……

台南另一个著名的灵异地点就是西门路往北走不远的新光三越西门店，这栋聚集了众多一线奢侈品牌台湾最大的百货建筑，非常宽敞好逛，每到周年庆，这里的前面一定会塞车，是台南传统世家贵妇的最爱。除此之外，台南人都心照不宣地知道，这百货公司的旧址在日据时代是监狱和刑场，所以就有些都市传说出现了，说里头的电梯地板是个莲花图，就是拿来镇邪的，很多格局设计都是为避邪而做的，当然，关于这家店的灵异故事从开业时就没停过，只是业绩从来也没受到影响。

赤崁楼

赤崁楼是台南的名片，台湾人对台南的认识都是从赤崁楼开始的，是观光客造访台南不可不到的景点。赤崁楼最早为荷兰人所建的普罗民遮城，明郑时期这是最高行政机

杏林医院

关承天府，日据时代又成为陆军医院。迄今300多年来，历经各朝多次翻修增建，修修补补成了现在这模样，但对台南一直扮演着重要角色，赤崁楼静静承受着岁月加诸的风霜与变化。今天所见之赤崁楼中属于荷据时期的原物其实非常有限，原始的普罗民遮城已经不知道是什么样子了，更多的旧址仍被埋于城基下方，有待发掘。

游客在赤崁楼前可以见到“郑成功议和图”的铜像，荷兰人低着头手递降书，其实在更早以前，那个荷兰人是跪着、手高举着降书递给郑成功的。在1983年，两位荷兰国会议员来台南参观，特别要去看以前的普罗民遮城，他们到了这里看到荷兰人下跪的铜像，就有些不满，认为依照荷兰人的个性，打败仗投降顶多鞠躬敬礼，怎么可能下跪，于是就提出抗议，加上当年台湾正向荷兰买潜艇，还没交船，于是就在政治压力下，荷兰人的铜像就站起来了，成了现在的样子。

关于赤崁楼的故事很多，最知名的是那九只负碑的石龟。据说貌似龟的赑屃原来有十只，其中一只跑掉到了保安路的保安宫里。也曾有一张很有名的灵异照片，是夜间城楼上的窗户被打开，有一穿着明朝官服的人站在窗前吹风。不过今日的赤崁楼也是台南市民生活的一部分，有另一种热闹，夜间爵士乐流泻，灯光下的赤崁楼别有风情，是最贴近市民生活的古迹，而周边的美食小吃密度也非常高。

赤崁楼南边，隔着民族路走进永福路，就能见到武庙，武庙是祭祀关公的庙，台南市区有两座武庙——祀典武庙与开基武庙，用规模来分当地人称大关帝庙与小关帝庙，两者距离约100米，分别为一级古迹及三级古迹，现在一般说台南武庙都是指祀典武庙，这是过去清政府官方祭祀关公的地方。此外祀典武庙里的月下老人，名列全台求姻缘的三大灵庙之一。

赤崁楼旁的赤崁街往北走到成功路，是鸭母寮市场，这是台南三大传统老市场之一，因日据时期大水流过，聚集养鸭人家，就被称为鸭母寮。因为拓路的关系，今日鸭母寮市场的样貌与以前也有少许不同，但其间的摊商或小吃摊都有相当的历史，炭火煮的“垃圾面”，推车卖的四神汤，炸物佐面的点心店，甚至是已进柜至百货公司的熏味，随便一家都有好几十年以上的传承，是非常值得逛一次的传统市场。

大天后宫

从武庙经过一条都是算命摊的小巷，就是同为一级古迹的大天后宫，本地人俗称“大妈祖庙”，是台湾第一座官建妈祖庙。这建筑本来不是庙，与祀典武庙一样都是原明宁靖王朱术桂王府的一部分。明朝崇祯皇帝自尽后，南明桂王称帝，1648年，桂王则指派宁靖王朱术桂为郑成功的“监国”。但1663年，郑成功去世，郑经继位。隔年，为维持明朝正统之名，郑经从福建迎宁靖王至台湾，并于大天后宫现址建立宁靖王府邸，并供岁禄于朱术桂。直到1681年，郑经去世，郑克塽继位。1683年施琅攻下台湾后，郑克塽投降清朝，而失其所依的宁靖王朱术桂则连同家眷一起自缢殉国。

据说施琅攻下台湾后，就占用这座府邸不走，直到有人对康熙皇帝密报：施琅在台有恃功骄纵之虞，施琅怕功高震主惹来杀身之祸，就请清政府将这座宅邸改建为“大天妃宫”。你现在在庙里还能看见一块施琅的“平台记略碑记”，是全台湾最古老的石碑，讽刺啊！离宁靖王朱术桂自缢地点的圣父母堂不到20米。

现在一般认为，清朝在台高抬妈祖，大修妈祖庙，与武庙官方祭祀关公的意义一样，都有它的政治意图。最早的武庙是关公和岳飞并祀，后来清政府不希望人民从岳飞的抗金事迹联想起清朝也同样是外来的异族，于是，慢慢地改为独尊关圣帝君。而明朝从朱元璋开始，官方最崇尚的神祇就是玄天上帝，虽然东南沿海一带普遍信奉妈祖，郑成功来台时也带了几尊妈祖神像，但显然不被清政府重视；而清朝攻台将领施琅，就利用福建沿海一带讨海人对妈祖的普遍信仰，收拢跟随郑军中闽粤籍人士的认同，对抗明代的官定守护神，用现在的术语来说是不同意识形态间的对抗；施琅以征台之役一路航行作战都深得天上圣母的庇佑为由，奏请康熙皇帝将宁靖王府敕封为“大天妃宫”，后来又升格为“大天后宫”，和祀典武庙一样，成为官方设立、官方主祀的祀典庙宇。

五妃庙

这是纪念明宁靖王殉国时从死姬妾袁氏、王氏、秀姑和梅姐、荷姐五人之墓庙，建于1683年。经过历代多次整修，现列为一级古迹。五妃庙的最大特色，是它是墓庙合一的阴庙，庙宇和墓冢紧密相连，故气氛有别于一般纪念祠。单殿式建筑，殿前有拜亭，庙门两侧呈外斜的八字墙，两侧有厢房，其间夹有天井，而大门上绘制的是宫女图，相异于其他古迹和庙宇。庙旁还有义灵君祠，是两位侍宦的埋骨处，都是乡民有感于他们的气节而设。庙与祠虽小巧，但四周老树浓荫，或者也是一种呼应吧。

从五妃街转南门路往北走，可达台南府城仅存的18世纪城门及城垣，在南门路上的大南门城公园内，此处也是南门碑林，有日据时代由各处收集来的古石碑，共61座。碑分六类，每块石碑上都有一则故事，是记述台南历史的重要一页。如“甘棠遗荫”记载清代保障科举进士名额的方法、“示禁碑”禁止守城清兵滋事扰民等，很有意思。

明朝末代王孙——宁靖王在台的壮烈结局

就在崇祯皇帝自缢殉国后，明王室南下而有了南明王室，宁靖王朱术桂被

赤崁楼

大天后宫

委派做还在东南沿海抗清的郑成功军队的监军，郑成功几次“反攻”不成，转过头来赶走在台湾的荷兰人，但随后不久便病逝。

郑成功之子郑经继位时，南明众皇室人员几乎已全部被杀，而原明朝的残余军事力量就是郑经在台湾的军队了，因此1663年时，郑经将宁靖王朱术桂从金、厦一带接来台湾。郑经替他建造了一座豪宅作为王府，记载是长约300米、宽约150米，前为正宅，后有寝宫，中间有两座神明厅，分祀玄天上帝和关圣帝君，还有一座布置楼台亭阁、广植奇花异草的“一元子园”（一元子是朱术桂的别号），作为“正统”的代表，郑成功、郑经早期还是对宁靖王朱术桂礼遇有加。

只是郑经也在观望大陆那边的事态发展，有了一些自立的异心，想要押宝三藩一起反清或归降清政府学朝鲜一样做个属国建立“东宁王朝”，而开始慢待朱术桂。从现在的大天后宫，原宁靖王府正厅前的阶梯就可以看到，只有七阶，而不是象征九五之尊的“九阶”，这就是郑经当初在阶梯上暗示他，不要忘记自己的身份只是个“监军”而已，不要想些有的没有的，妄想称帝。所以宁靖王虽然贵为明室在台的唯一后人，却从未被扶正，只能说，朱术桂虽作为明王室的象征，在台湾过得却也挺憋屈。

郑经之子郑克塽继位后，更轻慢宁靖王朱术桂，他得不到钱粮，无人援助，不得不自己带领家人到今天高雄县的湖内、路竹乡一带开垦土地，种田自给自足，今天路竹乡的万亩良田，就是当年朱术桂的成果。

1683年，施琅率清水师克澎湖，郑氏王朝上下一片混乱，人心惶惶，几乎都在讨论该怎么投降好保命，只有宁靖王朱术桂，作为明王室的最后一人，他知道这一天终于来到，没地方去了，于是，他走了一条与满朝文武完全不同的路，决定以死殉国。

走到今天，死对他反而是一种解脱，他满怀歉意要五位年轻妃子从此隐姓埋名，或入庙为尼或改嫁为民，自行打算，“汝辈幼艾，可自计也”，没想到五位妃子回答：“王死俱死，请先赐尺帛。”尺帛就是指朱术桂的头巾，她们向宁靖王索赐白绫，即头戴凤冠、身披霞服率先于后寝宫悬梁殉节。

朱术桂虽决心一死，但心灵平静，他仍然有条不紊地处理完所有该处理的事。次日，他将五妃葬于魁斗山，就是今五妃庙现址，后，隆重着装，加翼善冠，被四围龙袍，束玉带、佩印绶，将宁靖王麟纽印送还郑克塽，虽然满朝文武皆知宁靖王朱术桂的必死决心，但显然此举并没有让他们感到羞愧，郑克塽只轻答：“嗟叹！”

回府后，他拜祝告天地和列祖列宗之灵，还请了许多高年有身份的朋友，来从容饮酒话别，这时街坊上老幼们都已知道宁靖王朱术桂决心自缢殉国了，都舍不得，跑进府来跪哭送别。朱术桂做的最后一件事，就是把自己的家财分别送给他们作为纪念，并且，特地烧毁田契，把数十甲田地全数送给佃户，待一切事情都处理清楚，他就翻起砚背在上面题上一首绝命诗，诗曰："艰辛避海外，总为数茎发。于今事毕矣，祖宗应容纳。"遂悬梁自缢，两位侍从亦随死在侧。

跟随宁靖王来台开垦的部属以及乡民，因为感念这位仁慈的王爷，将他与原配罗氏合葬在湖内乡的村中，并且把他的整座坟都埋于地下，还在附近造了100多座假坟，以混淆清军的搜寻。传说，为了不让宁靖王真坟位置外泄，当年参与埋葬的部属以及乡民，八位带路的人事后都自愿刺瞎双眼，八位蒙眼扛棺的人则是自毁声带成为哑巴。一直到1937年，这座王爷墓才被人发现，但也只是衣冠冢，棺中仅有几样文物，宁靖王的躯体始终未找到。

台湾光复后，湖内乡重建宁靖王墓，将附近100多座假坟一起作为墓园区纪念这段历史，郑家三代的墓都迁回大陆了，反倒是这"外来者"的墓留在台湾。而在路竹乡也有座宁靖王庙，名为"华山殿"。每年到了农历九月二十五宁靖王的祭日时，附近居民都会赶来祭拜这位命运坎坷的王爷。在2011年，举办了一次华山殿宁靖王回府的特别仪式，睽违328年后，宁靖王神像由路竹华山殿前往府城，回到原宁靖王府的大天后宫，先经郑成功家庙，由延平郡王引领进城，沿途再经五妃庙，会见殉节的五妃，进驻王府举行回府视事大典。随后，再巡游祀典武庙（宁靖王曾手书"古今一人"匾额）及北极殿（宁靖王曾手书"威灵赫奕"匾额），完成行程后回转路竹华山殿，也算功德圆满了。

成功大学

台南东区泛指火车站以东这一块，是比较传统的文教区，许多名校都聚集在这儿，所以气氛跟中西区那种老台南的气氛又有些不同了，温文儒雅的书卷气中又带点年轻的活力。

来到东区可以到成功大学走一走，这所毕业生最受台湾企业主喜欢的大学，整个学校弥漫着一种说不出来的气息，跟北部名校感觉完全不同，学生们好像都比北部的学校多了几分浪漫情怀。成功大学里那片大草坪中央的超大榕树是学校的标志，许多人爱在那下面拍照。曾经轰动一时的网络小说《第一次的亲密接触》的故事就是发生在成大。小说里的著名场景——大学路麦当劳仍然在那儿，只是新一代的年轻人早已不知道"两杯大可乐，与一份薯条"这经典的搭配。

永康车站到保安车站

从台南火车站出发往南往北三站，各有一小站，分别是永康站与保安站，这两个地方是台南的卫星都市，其实也是小地方，不怎么起眼，却有许多人特意跑到这里，就是为了买一张小小的两地区间的车票。原来，这个区间的车票，还是旧式的硬票，上面印着永康至保安，你看不出它有什么玄机，可是只要你逆时针念一次，就变成“永保安康”，多温馨的祝福。自从十几年前在电视广告的推波助澜之下，这两个小站家喻户晓，每到特殊节日或日期时，都有大批人排队就为了买一张“永保安康”的车票。此外，保安车站仍是旧式的木造小车站，非常有风情，就跟日本的乡下小车站一样，值得来这儿买张车票并看一看。

此外，保安车站所在的仁德区，有座奇美博物馆，是奇美实业创办人许文龙的个人收藏博物馆，亦是世界三大私人收藏艺术馆之一。许文龙是位有趣又风雅的老先生，虽然贵为大财团老总，但对艺术收藏、社会活动不遗余力，也亲自制作艺术品，玩音乐。在奇美博物馆里不仅收藏有几百支世界级小提琴名琴供演奏家无偿出借，还有许多以西洋美术为主的顶级世界名画、雕塑及乐器收藏，里面设计得“很好玩”，就算看不懂也不会闷，而且从开馆到现在，从来都是免费的。

官田—乌山头水库—台南艺术大学

台南附近有许多这样的地名：官田、新营、柳营……一听就跟军队或开垦有关系，这都是当年郑成功的部署屯田开垦之后留下的地名。

官田是许多台湾男生共同的不堪回忆，因为这一带就有三座新兵训练中心，每年一批

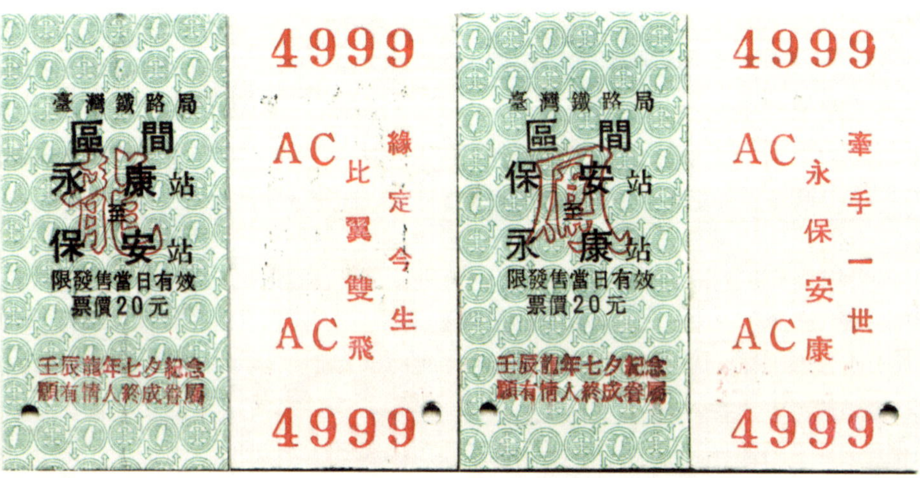

永保安康车票

成功大学大榕树

批的黑发男生被送到这里的隆田车站，一个月后一批批的光头男生又从这儿被送到全台各地服役。除此之外，官田西庄还是阿扁的老家，当年阿扁这三级贫户之子，就是从这个地方走出来的。现在阿扁的老家还在，曾经有一段时间成了热门的观光景点，阿扁妈每天的工作就是定时走出来向围观群众招手一下，到现在，这里还是最铁杆支持阿扁的地方。

台湾的大米仓——嘉南平原，几乎都是由官田的乌山头水库以及它的水利系统嘉南大圳所灌溉，乌山头水库是台湾风光最美的水库，潭中岛屿大大小小，形状就跟珊瑚一样，所以又名珊瑚潭。有人说它就是个比较小的千岛湖，不过也有日月潭的两倍大了。而乌山头水库旁的小丘，则是它的设计者八田与一的雕像与坟墓，还有当年的日式宿舍群。

八田与一及乌山头水库

八田与一出生于1886年，日本石川县人，在他24岁从东京帝国大学土木工学部毕业后，就到台湾工作，台湾许多重要水利工程基础建设，他都有参与，其中最重要、对台湾贡献最大的就是乌山头水库及嘉南大圳。

乌山头水库及嘉南大圳这套水利系统就像心脏与血管，密布纵横在这块嘉南平原的每个角落。过去嘉南平原是“看天田”，而且盐分又重，直到1920年，在日本技师八田与一的设计下，当时世界第三大的乌山头水库及嘉南大圳完工，才让此地成为良田谷仓，农作物产量翻倍。

八田与一在台湾30多年，直到太平洋战争爆发，八田与一奉派前往菲律宾进行水利规划，但在1942年5月8日，其搭乘的船只在日本外海被美军潜水艇炸沉，不幸罹难，享年56岁。当地人为他在水库边立了墓及一个铜像，但战争末期物资缺乏，怕铜像也被征收拿去熔化，当地人又把铜像给藏起来；战后，又因政治原因，铜像一直没有重见天日，直到20世纪80年代以后，铜像才又回到原地。

1945年日本战败后几天的一个清晨，八田与一的夫人外代树，由于思念亡夫，又不想离开这生活了大半辈子的台湾，于是留下一封遗书“爱慕夫君，我愿追随去”，跳进八田投入毕生精力的乌山头水库的放水口，结束了45岁的生命。当地人将夫妇俩的骨灰合葬在水库园区内，而他们在台湾出生的子女战后通通都被遣返回日本。

在那个“工业日本，农业台湾”的年代里，虽然日本殖民者的这些建设都带有战略目的性，但对当地农民来说，这套水利系统的建成，的确让他们受惠许多，而八田与一技师也与其他日本人高高在上的姿态不一样，能够与当地人打成一片，这也是他值得尊敬的地方。乌山头水库景区当然比不上大陆的那些名山大川，但若要了解台湾人对日本的复杂情感，乌山头水库及八田与一纪念园一定要来走一趟。

紧临着乌山头水库的另一边是台南艺术大学，说它是台湾最精致的大学校园都不为过，整座校园规划依中国的书院精神而建立，随着地势，红瓦白墙的校舍“藏”在各处，疏疏落落，森林、幽径、小桥流水，莲叶何田田。台湾从来没有一座大学像这里这样让人觉得那么可亲，可让人沉思。校园内有三座古桥是原封不动从浙江搬过来的宋代古桥，整个学校就是江南style，照第一任校长建筑大师汉宝德的说法，就是“当代中国建筑在台湾的版本”。学校的贩卖部很好玩，就像创意市集一样陈列了许多学生的作品，价钱也不贵。

盐水

现在台湾人一讲到盐水，就一定会想到每年正月十四、十五放蜂炮，在这两天，这只有3万人的小镇会涌进数倍以上的观光客，都是来感受蜂炮刺激的。所谓“北天灯、南蜂炮”，盐水蜂炮是台湾每年最疯狂、最刺激的民俗活动，在国际上也都有名。

之所以称为蜂炮，是因为装载了烟火与爆竹炮城密密麻麻的跟蜂巢一样，当点燃

蜂炮／月津文史工作室供图

天主堂

那一刻，一瞬间几千几万发冲天炮在夜空下的街道上乱窜，如同蜂群倾巢而出，嗡嗡如蜂鸣，久而久之也称为蜂炮。在元宵夜，盐水武庙的关帝爷绕境，在绕境沿路上，各家各户点燃放在自家门前的蜂炮城，各式烟火，射向神轿，一时间满城烽火，炮齐窜，炮声如雷，硝烟弥漫。游客们穿着厚重的外套及牛仔裤，头戴全罩式安全帽，冲入炮阵中感受近距离爆炸的滋味，就跟近距离枪战一样，当晚，整个盐水镇陷入疯狂，一直到深夜。

相传在清光绪年间，盐水一带发生瘟疫，死了不少人，居民祈求关圣帝君急救平安，于是，关圣帝君指示在元宵夜时，周仓爷做先锋开路，关圣帝君殿后护队，众信徒随神轿一路燃放鞭炮，绕境大街小巷至天明。从此，盐水地方才平静安定下来，于是，这一年一度放蜂炮的习俗就流传了下来。到现在，仅仅在元宵节这两天晚上，就疯狂轰炸50万发蜂炮，吸引了多达30万观光客来此。

盐水古称月津。都说过去台湾“一府二鹿三艋舺”，都忘了还有“四月津”，这个曾经的台湾第四大城，后来港口淤积，城市极盛而衰，成为一个小镇，盐水的桥南街是本地最古老的一条街道，你仍可从那些清代的气派老建筑住商混合街屋来想象当年的繁华。如果到了盐水，你可以顺便去看看台湾最可爱的教堂盐水天主堂，这座教堂在设计上作了很多本土化的努力，若不是屋顶的十字架，你会以为它是一座传统庙宇，堂内的圣母像是妈祖像，而上帝及众使徒们都是穿着中国传统服饰，还有一幅最后晚餐的壁画，不过餐具都变成了筷子，餐点变成了包子。

[行]

航空：大多数人到台湾，都以台北的机场为主，事实上，如果你是从南方城市或香港到台湾，从高雄进出，是更有效率的方法，高雄机场与大陆许多城市已经有航班往来，高雄机场比较小，但该有的设施都有，可以多加利用。

铁路：高铁的末站在高雄的左营，到市区可转乘捷运。如果你是来往于台南及高雄区间，就不用坐高铁，在市区乘坐台铁各级列车更有效率。

公路：若不赶时间，台北到高雄的两排座豪华大巴很有名，号称飞机头等舱按摩座椅，有可以上网、打电玩、看各种影片音乐的个人触控平板系统，会坐到你根本不想起来，不塞车约 4 小时，价钱只有高铁的一半。

[住]

高雄各级酒店均有，尤其市区有很多便宜的商务酒店及青年旅馆式的民宿，可多加利用。不挑的话，火车站前有很多便宜旅馆。

高雄是个很有爱的地方，而且，有爱就一定要喊出来。

来到高雄，一出车站，迎接你的是蓝蓝的天、热情的艳阳。大部分人一踏进台湾南部，马上就会感觉到这里与台北城市有相当大的差别，热了许多，静了许多，马路宽阔了许多，人少了许多，走在路上，人们的步伐慢了，动作更自然了，连人的态度都不一样了。随着高雄建设不断进步，近年来越变越美丽，人们的素质提升，但不失其南方海港人原有的自然热情。

一提到高雄，台北人的第一印象是乡下、交通不便。但其实，高雄是台湾的南方重镇，经济、社会、人文都有着高度的发展，这一块历史悠久的南方土地，物产丰富，海洋味十足。近年，原高雄县地区被纳入高雄市，行政区域的扩大，更扩展了高雄的观光资源，高雄是个有山、有海、有城市、有乡村，有现代文明和传统保存的市区与郊区，族群语言多元、信仰文化悠久，人民水平高，社会福利完善的南方大地。

高雄古名“打狗”（Takau），是当地平埔族马卡道族语抵御外敌的“竹林”之意，汉人依其音译为“打狗”，日据时期依“Takau”的日语谐音改写为汉字“高雄”。高雄的发展从17世纪说起：荷兰人来时“打狗”已是马卡道小渔村；明郑时期设万年县，开始高雄临海军事要地之屯垦开发，因而左营、凤山一带历史悠久；清朝则在兴隆庄（左营古名）兴建凤山县城；清时已有具规模的打狗港，而后经日本人大力整建高雄港为现代化港口，哈玛星（日文意为滨线）与盐埕区一带是当时发展最快最繁荣的地方。1945年后外省移民，高雄开始有眷村聚落，集中在左营、凤山与冈山。

高雄当地人文的亲水性，吸引许多诗人墨客与作曲家客居，如大诗人余光中，他们赋予高雄浪漫的昵称：港都，口耳相传下，也就渐渐成了高雄的别号。高雄人交谈以较有亲切性的闽南语为主，有其辨识度高的口音。民众友善热情、社会淳朴，亦不失现代化潮流，各方面显露出其亲水性特色的在地文化。高雄港为台湾最大出口港，曾为台湾经贸发展之主力，其加工出口区也在20世纪60年代为台湾妇女提供了许多就业机会。海港城市的特色，使高雄子女有着海一样的漂泊性格，喜欢自由，随遇而安。高雄的孩子朴素、直言、憨厚老实和纯真，其形象就是阳光、短裤、皮肤稍黑、闽南语口音、坦荡，较不如北部人显得含蓄与冷漠，北部人是相敬如“冰”，南部人相见如“亲”，你在高雄问路，高雄人经常会直接说“我带你去”。靠海的人总是有那么一点海洋性格，加上炎热气候的影响，高雄人就是那么热情与慢活。

也因其土质坚硬，便于其交通建设，故高雄路大又直，交通比北部方便，近年来工业污染也改善许多。随着交通日趋便捷，商业艺文发展，工作机会多，生活消费较低，生活步调慢且悠闲，许多年轻人都选择留在高雄，在社会与人民互利下，高雄成为一个适合观光、久居、享受生活与创业的好地方。

前金、新兴、苓雅区

捷运美丽岛站

世界上能作为景点的地铁站寥寥可数，而高雄美丽岛站绝对是其中的佼佼者。一出捷运月台，眼前一座非常壮观的装置艺术震撼你的视觉！这是国际知名意大利艺术家水仙大师亲手打造、象征祈祷的“光之穹顶”，以水、土、光、火的四个意义，呈现人在世界上，从出生、成长、荣耀到毁灭，而后重生的轮回过程。这部作品是全世界最大的一体成型的公共艺术作品，并荣获世界最美十大地铁站第二名。为呼应光之穹顶的祈祷意义，中正路上的捷运出口也设计成“贝壳状”，是日本建筑大师高松伸设计的，而这一切设计，使市容变得很不一样，好像电影里面的未来城市。美丽岛站是捷运橘、红线的交会站，其命名是纪念1979年在此地爆发的美丽岛事件。

美丽岛站出口是南华夜市，是一个衣饰批发聚点，在这里可以买到便宜的流行服饰、配件等，在附近巷弄还有好多好多小吃，是个很好逛的地方。走过去不远处就是远近驰名的六合观光夜市，六合夜市小吃应有尽有，完全能满足你对台湾夜市的想象。只不过，近年来夜市观光人口几近饱和，显得商业气息非常浓厚。现在大家都知道，如果高雄本地人去六合夜市，也都是直奔那几家老店。虽然六合夜市贵了一点，但味道都很好。而美丽岛站的中山路出口则是婚纱街，每次经过，光看橱窗摆设，就让女人有当公主的欲望。

三凤中街

三凤中街是“南部的迪化街”，平常是各种干货的批发地，到过年前就变成年货大街。所以来三凤中街的最佳时机是春节过年前，届时整条街人潮拥挤，叫卖声不断，可体验台湾年节期间车水马龙、繁华兴盛的办年货景象。重点是可以试吃很多好吃的，整条街走下来可能都吃饱了，在人潮的怂恿下掏出钞票都心甘情愿。近年来台湾电音三太子爆红，除夕前到三凤中街还有机会碰上他们。不过三凤中街年节之外可能就比较冷清了，多的是来拜拜的香客。与其他地方一样，三凤中街系因宗教民俗而形成人潮聚集的市场，其宫庙就叫三凤宫，以三太子爷为当地守护神。

三凤宫建于1672年，主祀中坛元帅哪吒太子，是全台规模最大的太子爷庙，俗称"三块厝太子爷庙"，故三凤中街早年称"三块厝街"。据传三凤宫首开二楼庙宇的建筑形式先河，是台湾庙宇建筑的一大转变，宫内外梁柱屋檐全为彩绘，而非雕刻，也是台湾庙宇建筑的一大转变。多走几步路，可到高雄火车站附近的建国路电脑街，建国路就像是台北的光华商场，但更大、货品更多，而且为开放的街道。火车站前的高雄愿景馆是旧火车站整座平移后规划而成的，展示了高雄的发展历史。半夜徘徊在站前这一带，总是有怪叔叔骑着摩托车追上来说"少年仔要不要爽一下"，看你没回应，可能还会说"学生证有打折哦"。那是因为，称霸南台湾的重点高中高雄中学，就在建国路上，所以这一带也是补习班云集之地，高雄各中学的学生下课之后都会跑到这一带来补习，路上随处可见努力的学生，更是由于学生人多，使得附近巷弄内小吃很多，衣服小物商店也不少。

三多商圈

这里是女人的天堂！三多商圈与五福商圈、梦时代商圈并称高雄三大商圈，是近年来新兴的现代购物区。三多路百货公司林立，有新光三越、SOGO、大远百、A+1精品百货等，附近巷弄（兴中夜市）有许多餐饮、流行服饰等摊位，是时尚购物地标，故名为“三多商圈”，媲美台北东区。“三多”是多福、多寿、多男子的意思。高雄市有全台最特别的街道命名：一心、二圣、三多、四维、五福、六合、七贤、八德、九如、十全，彼此皆为平行街。由此可知高雄棋盘式的街道规划，使市容显得井然有序。三多四路往西走，可以见到高雄85大楼，其实你在高雄任何一处都可以看到这栋呈“高”字形的摩天大楼，现在高雄85主要是五星级的金典酒店在使用。但对许多外地游客来说，85大楼就是“日租海景套房”的同义词。如果你能上到第74楼的景观台往下看，你会发现，高雄的城市格局，跟台北是完全不一样的。

梦时代

才开业没几年的统一梦时代购物中心，已经成为高雄最新的购物地标，也是台湾最大的购物商场。在夏季炎热的高雄，大家都知道去梦时代纳凉完全可待上一天。因为梦时代这里还有大片空地，就跟台北市政府广场前一样，现在高雄有什么大型活动、跨年晚会都会选择在这里举行。自从摩天轮建好之后，梦时代就更让人疯狂了，虽然它的高度跟台北美丽华摩天轮的高度差不多，但众所皆知，高雄的海港夜景台北完全比不上。梦时代是统一集团投资兴建的，在台湾生活，简直就离不开统一集团，就拿统一集团投资的便利商店7-11来说，在台湾，就算在偏远的山上或海边，只要有了7-11，就等于有了全世界，任何疑难杂症都能解决。而大家都知道，7-11的吉祥物是“OPEN将”，可爱的形象简直深入人心，所以你在梦时代，到处都能见到OPEN将的图标与周边商品，简直就是台湾最萌的购物商场。

一个汉堡引发的网络动乱

2009年1月3日，台湾最大的网络论坛最热门的板块台大PTT实业坊八卦版，爆发了史上最大的洗版事件，3小时内数千包含关键词“丹”标题的帖子出现在版上，比如“有没有丹尼尔的八卦？”“有没有淘气阿丹的八卦？”“有没有不丹的八卦？”“有没有丹提咖啡的八卦？”……类似的洗版帖子呈现失控状态

三凤中街

丹丹汉堡

被贴出，版主也来不及删文，最后导致该版崩溃，以隐版收场，史称“丹丹之乱”，而这一切，都起源于一篇“有没有丹丹汉堡的八卦”。

“丹丹汉堡”在台湾是一家很神奇的快餐店，对很多网民来说，它简直就是神一般的存在，但他们的连锁店仅仅开在台南、高雄、屏东三个南部限定的县市，根本没有往北部开的打算，所以尤其是北部网民，到了南部都要去丹丹汉堡“膜拜”一次，号称南部的骄傲。

丹丹汉堡的亮黄底色招牌，上面有一只可爱的鹈鹕，很容易让人注意到，不管是什么时段，店里面永远充满了客人；丹丹虽然名曰“汉堡”，可是你以为它只是纯粹的美式快餐店就too young too simple了，它除了卖炸鸡汉堡、薯条、热狗之外，还卖台式面线、广东粥、咸酥鸡及糯米糕饭团，甚至还有排骨便当等。在很多人心目中，台湾第一好吃的汉堡就是丹丹的炸鸡汉堡，鸡腿炸得滑嫩多汁又大块，不得不提的是他们的套餐，不像麦当劳与肯德基，都是主餐+薯条，丹丹汉堡的套餐是“双主餐”，这也是丹丹汉堡之所以值得让全台网民行军礼致敬的地方，他们竟然把这些食物一中一西，中西合璧搭配成套餐，而且最神奇之处是吃起来完全没有违和感，一口汉堡咬下去，再一口台式面线羹，任何第一次吃的人都会觉得这种搭配很怪，吃下去后却如同背后浮起升龙，大喊“太销魂啦”。此外，丹丹汉堡的价钱几乎都在台币80元左右，分量及口感上很符合台湾人的喜好，性价比完胜麦当劳与肯德基，无怪乎，很多北部人到南部尝过一次后，都含着眼泪回到没有丹丹汉堡的北部。

这么一家充满传奇性的快餐店，为什么仅仅只开在南部，一点都没有要往北部拓点的计划呢？据说那是因为创办人很坚持地认为，食材的质量的掌握度是经营成功的秘诀，所以丹丹汉堡永远把所有分店的点控制在一个他认为不会因为食材运送的时间成本而影响质量的地理运送圈内，而这个点的最北端就在台南市的麻豆一带，短期内并无超过这个北界继续往北拓点的计划。

当然，这个说法非常像是商业杂志里经常出现的“企业家的坚持”，不过台湾就那么小，稍微了解台湾物流配送过程的，就会知道这理由根本不合理，食材配送到台北可能比配送到南部某个小镇方便多了，所以大多数的人还是比较倾向于另一种说法，丹丹是家族性企业，开分店都是直营店，不给加盟，所以也仅仅开在南部。

在台湾，只要一牵扯到“南部”“北部”这种地域帖都很容易被唯恐天下不乱的网民拿来在网上“战”，所以当“有没有丹丹汉堡的八卦？”这篇帖子问“为什么北部没有丹丹汉堡”时，有些人抓到机会就开始战南北的老梗，北部人故意说不屑吃这种东西，南部人故意说北部的东西难吃，要不然就是互相反串，虽然大多数人都是在搞笑，可是，就像干柴烈火，越烧越旺，累积许多能量，终于，一篇叫“有没有艺人阿丹的八卦？”很明显是来捣乱的，这也释放了众网民心中虎视眈眈的恶魔，终于酿成台湾网络史上最大的洗版事件。

“丹丹之乱”经过了几天终于平息，几位带头勇者被禁文三到六个月不等，也被封为“丹丹三十六烈士”，而“丹丹之乱”之所以值得加载史册，因为它也成为往后台湾“关键词闹版”的始祖。

当然，最大的受益者还是丹丹汉堡，那几天，丹丹汉堡各分店涌进了大批尝鲜的顾客，一夕之间从南部很local的店家，一跃成为全台知名的一线快餐连锁店。

中央公园站（五福商圈）

这个地方有点特别，有的时候很吵闹、人很多、很有年轻人的味道；有的时候这里的夜晚比白天美；有的时候它是一个宁静、空气好、舒服、适合运动与看书的地方；有的时候它充满书香文学气息；有的时候它呈现活泼的生命力，就连捷运出口电扶梯都以花草装饰。而公园内出口的外观由建筑大师理查•罗杰斯设计，如飞扬的祥云，这就是名列世界十大最美地铁站第四名的高雄中央公园站。它之所以充满活力，是因为，这里是高雄市的核心、闹市区和文学中心，而且有个很大很漂亮的公园，中央公园好比台北的大安森林公园，是市区的生命核心。中央公园连接附近的新崛江商场、高雄文学馆、大统商场，步行还可到大立百货、大立精品百货与汉神百货，且顺着这方向，就可以到爱河。

新堀江

新堀江就好像台北的西门町，但规模较小，不过一样不会让南部小孩跟不上潮流。与其说它是西门町，不如说它更像日本的原宿广场，所以在巷口做了一个牌坊，命名它为“原宿玉竹商圈”。很多高雄人觉得，逛新堀江比去台北逛西门町清纯多了，因为西门町那里总是略带些微情色气息，暗巷、气味儿不好的电影院、男公关、怪老伯伯充斥街头，相较之下南台湾的新堀江就没这些不良玩意儿。不过比历史可能就比不上西门町：新堀江之名来自盐埕区的旧堀江，1988年开发者鉴于盐埕堀江商场兴盛又没落的经营过往，故选择在邻近港都最热闹的大统百货公司旁成立，呼应盐埕堀江商场而命名为“新堀江”。新堀江是高雄的不夜城，在假日总是人潮大爆满。

中央公园站

战南北

就跟京沪之争、广深之争、成渝之争一样，台湾北部与南部也有心结，主要指台北与高雄台南等地，在台湾的网上，有个专有名词，叫“战南北”。

网民总是唯恐天下不乱，好事者在网上有关南北的一切差异，但凡吃喝玩乐、衣食住行都可以拿出来“战”，台北的人嫌南部又土又落后，南部嫌台北又挤又冷漠，从来都战不出个结论。

在台北人的观念里，高雄一直算是个“工业城市”，污染严重治安又差，市容又不怎么样。但这十几年，高雄突然有了颠覆性的翻新，很多台北人到了高雄，简直无法相信眼前所看到的，而高雄捷运那两座美丽又得奖的地铁站，也让一些“好战”的台北人有些吃味，“战”起来都酸酸的。附带一提的是，台北捷运以前提倡电扶梯“左行右立”，后来发现一些弊病，这几年已经不提倡，但台北人已经习惯“左行右立”了；而高雄捷运并不提倡左行右立，所以高雄没这个习惯，所以，这理所当然也变成了一个“战”的点。你就知道，“战南北”是一件有多无聊，却又流行于台湾网络上的有趣现象了。

在高雄人面前表达你对高雄的热爱，经常能得到意外的帮助，尤其是与台北相比较的时候。

爱河

爱河，高雄的血液脉动，永远如夏夜的高雄之夜。微风伴着沁凉的河水拂面而来，情侣三三两两手勾着手，有人在慢跑，有人带着孩子、牵着宠物在散步，远处桥上灯光浪漫；河面上几艘爱之船漫游着，船上的人热情地对你打招呼；岸边公园的露天餐厅，三五好友愉悦地喝咖啡、喝啤酒相聚，台上歌手的歌声像谱出了高雄的夜曲。假日，你闲晃着光顾艺术市集，走过一两个手作物饰品摊，顿觉好可爱，令人心动！爱河这名称最早可能源于1948年，当时爱河畔有一家“爱河游船所”，在台风过后招牌损坏，只剩下“爱河”二字，不久后发生情侣跳河殉情，这浪漫凄美的故事，通过报纸传播，爱河的名称便开始流行。这些年就有个冷笑话：小明与小华双双坠入爱河……三天后被捞起来。每到年节时，爱河边便是举办大型庆典的地方，比如元宵灯会、端午龙舟赛或跨年夜，这里也是放烟火、举办水舞表演最佳的场所。爱河曾因缺乏整治而变脏变臭，几十年前，爱河是用来“闻”的，不是用来欣赏的，1987年时，市政府首长为了宣示整治爱河成功，亲自带队跳下河游泳，还喝了一杯爱河水，轰动台湾，真委屈他了。

爱河旁五福三路有玫瑰圣母圣殿，这座哥特式与罗马式尖塔建筑的教堂外观虽然不算起眼，也比不上欧洲教堂，却有150年的历史，是高雄及台湾南部地区的开教圣堂，也是近代台湾天主教的发源地。圣堂这块地当年原属前金有钱人家——黄家，1859年由福建来的西班牙籍郭德刚神父在当时已为打狗港岸的前金登陆，地点就在市中路爱河岸现址。黄家收留了没有资金的神父，并成为台湾第一位教友，从此热心教会，遂出资建造，经过几次重建而成为现在模样。后来黄家几代皆为传教人，家族中出了许多神父修女，在教堂正门还悬挂“奉旨”，用意是告诉当时的社会大众，天主教来到台湾传教是得到皇帝许可的，别再有不理性的仇外行为及滋生事端。

盐埕区

盐埕埔

闻到了浓浓的咸水味和老店铺的气息了吗？高雄也有个曾经繁荣、商业兴盛的港口边，怎么说这一带呢？仅就“传统”“古老”二词。盐埕埔早期为海岸边晒盐之地，故名为“盐埕”，后因港口发展，商业繁荣。以前外籍船员常在这里停留、消费，所以这里是高雄娱乐事业的起源地，原来的崛江商场就在这儿，从盐埕港边沿着爱河岸发展，使五福、前金、盐埕、鼓山、哈玛星等邻近地，到现在都是高雄市中心闹区所在，包括

新堀江

天主教玫瑰圣母圣殿

爱河之夜

高雄历史博物馆

隔着一条水沟的旗津半岛，都是见证都市发展的“老城区”。这地方有浓厚的港口文化，港湾与轮船多年来一直跟高雄市民融合在一起，如在渔人码头看海中夕阳和大船入港，搭船到旗津、在码头边吃海产聊天，是高雄人的生活情趣。如果拿台北做例子，盐埕埔就好比大稻埕。

高雄历史博物馆

这座建于日据时代的帝冠式（帝国冠帽式）东西混合式样建筑，又是日据时代的一种建筑典型。卢沟桥事变与太平洋战争后，公共建筑的风格又与之前仿西方古典式（详见：台湾文学馆）有所不同，建筑风格与政治意识形态联系在一起。这批建筑大多以一个东方式的屋顶加封在钢筋混凝土的建筑物上，被称为“兴亚与帝国冠帽式建筑”，集中在当年日本的“南进基地”高雄，在台湾不多，时代感却很鲜明。

这栋建筑曾经是高雄市政府所在地，现在则成为展示高雄过去历史及未来展望的所在地，有时也有电影放映。

电影图书馆

在爱河边上的电影图书馆，这2年是高雄文青的最爱，一楼展示电影相关文物，二楼则有视厅教室及限供馆内借阅的片库。除此之外，这里还经常举办不同主题的小型电影节，能免费拿票，完全能满足不同的观影爱好者。

高雄的特色码头

港都高雄，曾经是世界出货量第三的港口，整座城市与港口密切不可分，电影《痞子英雄》里的“海港城”，其实就是高雄。但在过去，港区属于“军事重地”不能随意出入，无形中也阻断了城市与港口的关系。这些年“空间解严”，原本属于港务局的港区土地还给了市民，慢慢地规划为一座座港边公园，也为这座城市增添了许多好去处。入夜后，城市的点点灯火与绚烂的光雕造景倒映在港内，波光粼粼，是港都特有的风情。

香蕉码头：又叫渔人码头，20世纪50年代台湾香蕉从高雄大量出口日本，从这个码头上船而得名。因香蕉输出趋近没落，原来的仓库逐渐走进历史。近年历史建筑空间再造，为此地注入新的生命，所以你看到现在的招牌都是黄澄澄一片。香蕉码头正对高雄港第一港口，隔海与旗津为邻，有许多餐厅入驻，是个晚上休闲纳凉的好地方。

驳二艺术特区：驳二指的就是第二号接驳码头，过去高雄施放烟火都是在这里，这个艺术特区由原来的旧仓库改造而成，现开放作为市民艺文空间、现代艺术展览中心，是类似北京798那样的地方，跟台北的艺文特区不太一样。高雄一直以来给人工业与海港的印象，好像是“文化沙漠”，但这几年政府有意推动文化建设，造就了驳二整个展区的气质，很能反映很有高雄热情的特色，作品都“很热血”，相对来说，在驳二里的展出实验性质会更强烈一点。而作为台湾的大港口、工业重地、加工出口中心，高雄也曾经拥有大量的劳工族群，这里也有一座旧仓库改的“劳工博物馆”纪念这段历史。

真爱码头：真爱码头矗立在爱河的出海口，站在这里，可以欣赏到高雄市摩天大楼林立的都市风貌，也可以眺望高雄港的海洋之美及欣赏大船入港的震撼感，而《痞子英雄》里那充满高科技感的“南区分局”就在这里。近年来，高雄大力支持电影拍摄，尤其临港这一带，更是电影及偶像剧争相取景的地方。此地亦有环高雄港游船，环绕高雄第一、二港口与整个旗津岛，全程大约1小时20分钟。

光荣码头：真爱码头过了旧铁桥自行车道，就到了光荣码头，是另一座港边公园，过去此地为军用码头，专门对金门、马祖做运补的任务，几十年来不计其数的台湾年轻人从军从这里上船，故名光荣。日据时代，台湾人被日本人征召到南洋打仗从这里上船；国共内战时，国民党在台征兵兵员也从这儿上船，后来台湾男人服兵役抽中“金马奖”渡过台湾海峡到离岛当兵，其实哪有光荣，当兵抽中“金马奖”，简直比天塌下来还严重，倒霉死了。高雄市现在的港边自行车道，从七贤路口至15号码头再向南延伸至凯旋路口，向北延伸至渔人码头，串联城市绿廊道与沿岸风光，有机会一定要来骑行一趟。

苓雅区海边路旗津、鼓山、盐埕及前金港边地区沿路都设有自行车道，可骑自行车探访新旧交融的港湾城市风情。西临港线自行车道：渔人码头—七贤路底—香蕉棚—驳二艺术特区—真爱码头—西临港线跨河铁桥—光荣码头—新光码头—成功路—凯旋路。其实，这块地方说起来蛮虚拟的，因为城市发展，这里并没有“看起来像个风景区”，而是城市里的一部分。

鼓山

鼓山区一般分为南鼓山与北鼓山两地，南鼓山就是哈玛星一带，而北鼓山通常指的是环柴山一带。

哈玛星隔着高雄港和对岸旗津相望。原来这里是一块由日本人造出来的海埔新生地，即日文的“滨线”（Hamasen）音译。1900年，日本在此建立火车站，沿海滨铺设的滨海铁路干线，汉字写作“新滨町”。哈玛星是高雄港现代化发展的起源地，高雄最早的鱼市所在地，也是高雄最早的行政中心，并拥有第一条整齐的现代化街道。

打狗铁道故事馆：这里原来是铁路临港线高雄港站的办公室，自从临港线停开后就改为博物馆。馆内仍完整保存了以前办公室办公时的模样，还有很多有关火车的小文物，就如同昨天还有人在这边上班。站外，铁道、调度站、蒸汽车头都被留了下来，可以一窥20世纪六七十年代高雄港铁路货运的盛况。原来的铁道也改为行走道及自行车道，排排旧铁道配上青青绿草，加上高雄的蓝天，总是很有层次感。一路从真爱码头、哈玛星、驳二艺术特区骑自行车过来，发现许多民众来此游憩，活化历史空间本就该如此与民众日常休闲相结合。

鼓山渡船头：由这里出发，可搭乘渡轮前往港区对面的旗津，本来这条航线专供两岸居民交通之用，结果现在也成了观光客必到的景点之一，整个航程大约15分钟，可以欣赏到美丽的海港风光，与大船擦身而过。夕阳西下时，看着海平面波光粼粼的美景，

驳二艺术特区

那真是美。

在轮渡码头的西侧，鼓山的南末端山丘上是旧打狗英国领事馆。位于山脊上面对高雄港出海口的旧英国领事馆，建于1865年，美景天成，是观光客到高雄的必游之地。你会觉得这座建筑与鼓浪屿上面的那些洋楼很像，原来的设计者是英国人，但建材红砖及工匠都是从厦门来的，而且竹节状的落水管是清末洋楼的特色，转角的砖柱为双柱并立，构造更为稳固。现在也辟为高雄史迹文物馆，陈列有关打狗开拓及近代史之文献、照片及模型。这里右看西子湾，左抱高雄港市天际线，一直都是拍摄高雄港全景的最好地点。

西子湾

位于柴山西南山脚，隔海与旗津岛相望，许多高雄子女都有在此看“大船入港”的独特成长经历。著名的中山大学校园就坐落于这美丽的山海之间，许多人都因其美丽浪漫的景色而选择在此度过人生最后一段学生生涯。中山大学门口就对着西子湾海边，一对对大学生情侣习惯在此依偎观海，情话绵绵，成了城市另一胜景，海边的景观雅座被称为“情人座”。旁边的西子湾海水浴场建于1975年，是所有高雄人孩提时代必去的休闲去处。

城市与海港

柴山、寿山

高雄人的登山健行指的就是爬柴山，你在登山入口会看到有许多摊贩卖香蕉，那是因为要给柴山的主人——猴子当作来访的见面礼。除了猴子，柴山还比较特别的是地上的贝壳、岩壁上的化石，那是几百万年前的生物；还有些印象是登山客彼此间的笑容，互道早安；善心人士提供的爱心伞和开水。这是另外一种既安静又热闹的城市中的山林生活。柴山是寿山的俗称，高雄市开发已久的登山区，有南北两个出入口，习惯上大家俗称“北寿山、南柴山”。而称呼“柴山”则是因为早期荷兰人从此地运木柴到台南（当时的热兰遮城）；寿山其实就是日据时期的打狗（打鼓）山，当时台湾总督府来此庆寿，建立行馆，才称“寿山”，再后来为了替蒋中正祝寿拍马屁地尊称“万寿山”。这里原属于军事重地，近年来才逐渐开放，有时候还能看到赤膊只穿着小黑短裤的特种兵在这里锻炼，一直传说他们集训时的半夜会在这里裸奔。山上有土鸡城、忠烈祠、市立动物园。因为台湾是几百万年前从海底隆起，所以寿山上可以看到许多珊瑚礁和贝壳化石，石灰岩地形的岩洞、石笋、石柱等钟乳石结晶，景观相当特别。寿山邻近中山大学，在学生们的创意中，近年于山腰上开设了咖啡休闲区，可边喝咖啡边俯瞰美丽的高雄港湾，堪称浪漫。不过登山客喂食猕猴的习惯，改变了山上猕猴的生活形态，渐渐影响到了市民的生活与安全：它们越来越大胆，不仅到市场上逛街，与游客抢食，也到中山大学里的学生宿舍觅食，变得有些“猖獗”了。

吱吱与蛆蛆

就跟大陆网上经常会互骂“五毛”或“美分”，在台湾的网上，绿营人士喜欢骂蓝营为“蛆蛆”，而蓝营的喜欢骂绿营的叫“吱吱”。原来前几年柴山上的猴子太猖狂常常上新闻，而高雄又是绿色大本营之一，因此就开始用猴子叫声“吱吱”讽刺绿营支持者；而绿营支持者不甘示弱，认为国民党行政效率低下，做起事来就跟蛆走路一样慢，故称其“蛆蛆”。在台湾网络上，每次只要有关于猴子的新闻，下面的第一个回复永远是“吱吱”。

旗津

旗津别名旗后，是个传统的渔村，却是高雄早期人口最多的地方，清朝时这里已经是高雄的首善之区，当时高雄本岛的民生物资听说都还须到旗津采购呢！本来旗津是一半岛，南边与高雄相连，后因港口扩建将南边相连处截断，在过港隧道、驳二与其他码头尚未开发时，旗津与高雄本岛仅靠唯一的渡轮站联结。来到旗津，一切娱乐与“海”离不了关系，海水浴场、观海赏夕阳、海岸公园野餐休闲、逛夜市吃海产。一到旗津轮渡站，记得先到游客中心索取旗津的旅游地图及相关资讯。旗津轮渡站前有“红9”公交，经过旗津大部分景点。

旗后炮台

在旗津岛上最北端的旗后山，扼守高雄港口，军事地位非常重要，清朝时沈葆桢聘英国工程师在此设计炮台。分为两处，在旗后山上者题额为“威震天南”，在港口北岸边的即为“雄镇北门”炮台。旗后炮台成为一座威力强大的近代西洋式炮台。整座旗后炮台要塞的格局像“目”字形，使用铁、水泥及红砖为建材，兵舍屋顶为密集的木梁及很厚的铁水泥层。最引人注意的是入口墙上有砖砌成的“囍”字，在台湾的炮台古迹中，颇具中国风格。旗后山另一边是旗后灯塔，这里又是另一个欣赏高雄港区的制高点，纯白朴拙的灯塔、青翠的草地与南台湾的蓝天，那可是让北部人羡慕死的。

庙前路

旗津最热闹的一条街就是轮渡站旁的庙前路，所谓“庙”指的就是创建于康熙十二年（1673年）的旗津天后宫。庙前路一般称为海产街，整条街上摆着一缸又一缸的鲜鱼、鲜虾、螃蟹等。到旗津必吃的就是烤小卷，小卷就是鱿鱼，炭火烘烤后再涂上秘制酱料，吃得大呼过瘾，好像没吃烤小卷就不算来过旗津一样。

庙前路走到底就是旗津海水浴场，现在旗津岛上已经有良好的自行车环岛系统，骑着车迎着海风，从海水浴场的海岸线骑到南边的风车公园，再绕岛的另一侧回来是最快活的方法。

大陈新村

1955年，国民党自大陆沿海的最后一个据点——浙江大陈岛撤退，1.8万名大陈人跟着来到台湾，当年称之为“大陈义胞”，安置在台湾各处。与一般外省“眷村”没有长辈不同的是，大陈新村里的大陈人均全家全族一同来到台湾，故有较完整的家庭体系，当年国民党政府还帮他们安排工作，准予娶妻生子，你在全台各地的大陈村中，还可以听到一些老一辈的人操着浙南口音。其他外省族群对蒋介石褒贬不一，但大陈人普遍感念蒋介石当年把他们带来台湾，因此在这儿，竟然有两座蒋介石的庙——蒋公感恩堂与蒋公报恩观，两庙相距不到400米。蒋公感恩堂主祀观世音菩萨，左侧是蒋公，右侧是三官大帝，门口还写着蒋介石的名言：以国家兴亡为己任，置个人死生于度外。这两座庙，不仅仅只有历史价值，还代表着对原乡的怀念。

劳动女性纪念公园

这座当地人称“二十五淑女墓”的地方，是过去台湾经济高速发展时期的一个悲剧性缩影。20世纪70年代，高雄前镇有全亚洲最大的加工出口区，每天大批的女工由旗津乘坐轮渡往对岸前镇工作。在1973年某天，轮渡在严重超载的情况下翻船了，有25名未婚女性罹难，最小的只有13岁，也有姐妹同时丧生者。后来，罹难者家属就将她们合葬于此。从此，关于这里的灵异传闻也不断，除了时有冥婚找女婿的传闻之外，什么单身男子深夜开车或骑车经过这里，就会发生突然熄火或跌倒的事故。以前六合彩在台湾流行时，也有些彩迷会前来求明牌，中奖还会买些化妆品来还愿。很长一段时间这些灵异传闻反而盖过了这墓的意义，对罹难者极不尊重，对罹难者家属也是一种伤害。而当年的纪念碑文，也挺和谐地未提到通勤安全及劳工安全等因素，在妇女意识和劳工意识抬头的情况下，2008年时墓园整修，正式更名为“旗津劳动女性纪念公园”，以纪念这段不幸的城市记忆，作为警醒。

风车公园——战争与和平纪念公园

风车公园是旗津南边的海岸公园，几个用来发电的大风车很引人注目。旁有一栋建筑，墙面图案是分别身穿日军、“国军”、解放军制服的军人，原来这里是为纪念一段不为人知的黑历史。当年有许多台湾人日据时代被征去南洋当兵，后又被征为“国军”打内战，被俘后又成了解放军。纪念馆创办人许昭荣老先生就是这种身份，他一直为同样遭遇的战友在奔波请命，最后因当局不重视，自焚于纪念碑前。馆内展物不多，但看了心里很沉重。

左营

左营在整个高雄来说算是个比较异类的地方，有别于高雄的海港文化，它有着独特的传统军营氛围与眷村文化，明郑时期为万年县军营屯垦区，故称左营。1949年后大批军眷移民于此，是台湾最重要的海军基地，也成为全台规模最大的海军眷村区。

在这一带游览，假日可以乘坐“旧城文化公交车”，几乎所有景点都能经过。

莲池潭风景区

龙虎塔、春秋阁为左营地标：以龙喉为入口，虎口为出口，象征吉利，旁边有龙禅、虎禅两塔，塔有七层高，指佛家七级浮屠；春秋阁为纪念关公的两御阁。莲池潭风景区设有自行车道，自行车桥造型特殊，加上灯光设计，夜晚无论是散步或骑车，或坐在池潭边谈心，潭水沁凉，微风吹拂，皆显得浪漫。你会感觉它简直就是座超现实的宗教建筑，日本观光客尤其对龙虎塔情有独钟，曾在日本的旅游杂志中评点为台湾景点第一，比台北101还火爆。

沿莲池潭西岸往西走是西陵街，俗称军品街，在台湾的部队或营区旁都会有这么几家神奇的军用品店，每当要装检，阿兵哥缺什么物料，只要上军品店找几乎都能帮你搞到。军队的装备后勤保修厂总共有五级，但阿兵哥都称军品店为“六级厂”，也就知道军品店在阿兵哥心目中有多重要了。最早，西陵街上都是外省人为了生活而开的简陋小商店，而现在这里也汇集了大陆大江南北的小吃，很多在台湾几乎只有左营西陵街这儿吃得到。

西陵街旁边就是左营旧城，此为台湾第一座中式城池，是1825年时建的，目前清代在台湾所筑之城池，除恒春古城外，就数左营旧城保存最完整。东门、南门、北门（拱辰门）及城墙、护城壕、镇福社、拱辰井（现在只剩个水沟盖，不容易发现）是一级古迹。北门外两侧绘有门神，是台湾古城墙中的特例，相传因民间认为北门是鬼门，才在门洞上绘门神，以护佑县城平安。左侧门神称为“神荼”，右手持剑、左手执锤；右侧为“郁垒”，右手执环、左手持剑，不过年久掉漆不仔细看就会忽略掉。现今的左营在清代的时候是凤山县县治所在，但人们习惯叫它左营旧城，并不是因为城池破旧，而是因为在凤山县另建有新城，故左营县城就被称为旧城了。

眷村文化馆

在左营，有很多社区挂着“新村”“一村”“二村”“三村”，那都是眷村，随着

旗津海岸

旗津港边夕阳

龙虎塔

这几年老旧眷村开始改建，传统的眷村形式开始改变。作为台湾近代史的一部分，现在许多人开始重视眷村的历史，毕竟这是一整个族群的时代记忆。

在莲池潭南边的眷村文化馆是由早期的海胜里眷村活动中心改建的，在更早的年代，这里是海光三村的诊疗室。将这栋建筑物留下来，用很居家的方式尽可能呈现出当年眷村里的生活实况。

瑞丰夜市

这在高雄本地人心目中，绝对是人气最高的夜市，超过1000个摊位，让人想逛都不知道从何逛起，从入口起，就是与朋友失散的开始。相比六合夜市的观光功能，瑞丰夜市可说是性价比超高，吃喝玩乐都找得到。在很多人心目中，可能也是台湾最具传奇性的夜市，许多新的小吃都从这里被发明出来，而它也从原本的凌乱不堪到现在的管理有佳，也成为台湾夜市管理的典范。夜市吃太饱，逛累了，还有专业的盲人按摩舒缓筋骨，夜晚可以顺便在附近的汉神巨蛋商场逛一逛，那里很安静、很凉爽，夜晚灯光又很美。

凤山

虽然凤山与高雄市区连成一片，但过去凤山属于高雄县，现在县市合并，再也不独立于高雄市外，由于捷运开通，凤山对高雄市区居民来说已不再陌生。凤山曾经是台南府城以南最繁华的县城，也是南台湾最重要的古邑，自古以来，凤山就是个很“庶民”的地方，传统文化在巷弄与市集中持续发酵。

在这一带游览，可以乘坐“凤山文化公交车”，所有重要景点都能经过。

大东文化艺术中心

高雄文化新地标，整座园区包括演艺厅、展览馆及艺术图书馆，其中艺术图书馆是台湾首座以艺术为主题的图书馆。整座艺术中心外形也很特别，是半户外的交叉式结构，最吸睛的当数户外区11个热气球造型的屋顶，晚上会随着五彩灯光而颜色变幻，已经成为台湾南部外拍的重要景点。

从大东捷运站出来后往南，就可以见到陆军官校，即过去黄埔军校在台湾的复校地址，周末时你经常可以见到官校生放假出来玩，部队的三军官校都在高雄，分别是左营的海军官校、凤山的陆军官校、冈山的空军官校。这2年高雄市政府一直在向军方争取，能够开放军校作为旅游景点。

兵仔市

凤山因为营区部队众多，专供部队伙食的市场——第一市场也就应运而生，如果你凌晨三四点到这里，会看到一辆辆军用大卡如大军压境往这边开，都是各部队来采买的人员，叫卖声热络而激烈，数以万计的阿兵哥一天的伙食在此成交，而凤山的一天也从这里开始。凤山街道新旧交杂，歪七扭八，这里是最核心地带；兵仔市是一座充满了南台湾热情魅力的市场，早上是市场，晚上则摇身一变成为夜市，本地知名小吃店都聚集在此。

凤山城隍庙最早于嘉庆年间设立在左营旧城，后随县治一起搬到凤山新城。一进庙里抬头可见一个大算盘以及一块上头写着“你来了”的匾额，这很有意思，因为这三个字非常白话，又意味深长，是说人总有一天会去见城隍爷，而爷儿就很亲近地说句：你来了。像是在等你。这样的庙给人的感觉并非神明高高在上，而是与百姓在水平位阶上相互着，那个大算盘则表明了人生在世，举头三尺有神明，一切都看在眼里精算着。其实从庙宇和民间习俗中可见台湾信仰中人神亲密的关系，像是家人一样在爱护神明，管理庙宇，在神面前却又会像孩子般对它们倾诉，希望它们给予安慰和平安。城隍庙旁的古迹为凤仪书院，保有明清时代民间书院的风格，可惜现在在整修进不去。

大东文化艺术中心

红毛港文化园区

小港区为高雄重要临海工业区，以前一般觉得高雄空气不好，一半是对小港这里的印象。靠海的红毛港聚落也是个古村，但位处高雄的边陲地带，连城中村都不是，对外交通不便，就算在闹市附近也好像被遗忘一样，这一带曾经是台湾的拆船业中心，20世纪80年代时曾经是世界上拆船最多的地方。红毛港在还没整修前已大部分是断垣残壁，早些年在这里要规划货柜中心，结果居民不同意，一抗争就抗争了几十年，现在村民通通搬走了。现在在港口边成立红毛港文化园区，利用以前那些断垣残壁做壁面重新进行艺术设计。因为此地在高雄港出海口的南端，因此可以非常非常近距离地观赏轮船入港与出港，24小时不停起落的货柜装卸，仿佛伸手便可触摸。景色壮阔而震撼，那是高雄的生命力与战斗力。

乌山顶泥火山自然保留区

在高雄的燕巢有几座泥火山是锥状喷泥丘构成，火山喷流口能间歇性喷出泥浆，每分每秒都有泥浆不停流下来，自然景观相当独特。泥火山乃因泥浆与天然气同时喷出地面后堆积而成，外形为锥状小丘或盆穴状，丘的尖端常有凹穴，并且间断地喷出泥浆与气体，伴随着涌泉般的声响，流出来的泥浆范围可达到直径70~80米，日积月累下来，竟然也成了一座座小山丘。这在世界上都算是特殊的地貌，但基本上这是个很少有观光客来到的地方。

现在新的喷发口还是会不定期不定点地冒出来，2012年时就有座泥火山直接在一间工厂里喷发，淹没了整个厂房。泥火山经年累月地喷发，泥浆几乎覆盖了整个燕巢区，土壤中含镁成分，土质却意外地适合种植芭乐（番石榴），种出来的红心芭乐又大又好吃，景区门口有许多卖红心芭乐的小摊，价钱便宜，可向他们购买。

佛光山

位于高雄市大树区的“佛光山”，是台湾四大佛教山头之一。一般台湾人称的四大佛教道场是：慈济、法鼓山、中台禅寺、佛光山，而佛光山也是台湾最大的佛教道场，创办人星云法师，1967年起带领弟子披荆斩棘，一砖一瓦建立起“佛光山”，提倡“人间佛教”，这些年广为众人接受，成为台湾信众最多、最负盛名的

红毛港文化园区

高雄港

佛光山

佛门圣地。

由于长年来前往佛光山参拜者众多，严重影响僧众清修，1997年开始封山3年，谢绝观光客进入，直到2000年元旦才重启山门。佛光山这些年名气非常大，海峡两岸政商名流竞相拜访，而星云法师因政商关系良好，还曾经任国民党的中常委。

佛光山除了最主要的寺院建筑外，最具特色的是大佛城，是“佛光山”的地标，四周皆有480尊小型金身阿弥陀佛塑像围绕，景象庄严。此外，佛教文物陈列馆珍藏古今各国文物多达数千件，有机会上山值得一观。每年元宵节期间是佛光山最热闹的季节，满山挂满花灯，入夜后一片灯海，满满都是参观的民众。

内门宋江阵

宋江阵是台湾南部庙宇庙会时的一种阵头，以模仿《水浒传》里108条好汉的武术阵形为主。而今天一提到宋江阵就会想到高雄的内门。

相传宋江阵是宋江发明的攻城阵势，而今流传于台湾的宋江阵却与少林拳术有关。原来当年在郑成功来台湾之时，泉州南少林拳也从此开始在台湾传播，一般学界认为与当时的军事训练有关；待施琅攻下台湾，清朝怕台湾动乱，不赞成百姓聚众练武，拳师们不得不改换面目，以岁时节目娱神示敬为明，摆阵头舞狮以资娱乐，实则暗中练武。

而早期台湾各地大小动乱、民变不断，故也有乡勇团练的组织，宋江阵就是其中的代表，平常练武健身，庙会时成为赶热闹筹神的阵头，到现在，宋江阵在高雄内门传承发展得最兴旺，现在这里已经有20多个宋江阵的阵头组织，通过社区聚落的共同参与来延续与保存，从小学生到60多岁的阿伯都喜欢参加，已经成为台湾重要的民俗庆典之一。

每年农历二月二十九，佛祖诞辰日前后一星期是内门最热闹的时刻，从境内紫竹寺出发，宋江阵阵头迈大步浩浩荡荡绕境，沿途吸引大批民众观看。宋江阵的主神明是宋江爷与田都元帅，阵势以36人、72人最多，配乐为锣、鼓、钹的阵头。出阵时所有成员皆谱上宋江阵主角——《水浒传》中108条好汉的脸谱，穿着古战服，成员人手一种兵器，有宋江的烈火旗、黑旋风李逵的双板斧、大刀关胜、双刀双口日月刀、雨伞等。各阵头中因领队者不同，有“跋头旗”的宋江阵、“跋狮头”的宋江狮阵、“跋白鹤”的白鹤阵、“跋龙头”的宋江龙阵等。每年庙会期间，总会吸引很多观光客来此，小小一个内门，因为宋江阵而全台闻名。

整个宋江阵活动持续约两周，其中最精彩的部分当数台湾各高校参与的创意宋江阵大赛决赛，从服装、音乐、阵法、动作等各方面都为传统宋江阵注入新元素。来内门看宋江阵，不会只是看不懂看热闹的宗教仪式，经常可以看到生动活泼、以现代手法重新演绎传统武术阵法的表演，甚至可以亲自下场COSPLAY水浒英雄。当然，在此期间，也绝

内门宋江阵

对是美食飨宴，闻名全台的内门总铺师纷纷推出自己的拿手好菜，让游客也感受一下台湾的“办桌文化”。这个只有1万多人的小镇，每年这期间，就涌入了近30万游客。

“办桌”与“总铺师”

闽南语“办桌”就是外烩，在台湾你可能经常会看到街头巷尾，或者学校操场，或者居民活动中心，搭个棚子，里面摆了一张张桌子在大开宴席，通常是婚丧喜庆或庙会的场合，旁边一角又有一群人正忙着烹饪及上菜，这就是“办桌”。

台湾有很多这种外烩团队，一接到客人预约，从采购、运输、租赁桌椅及餐具到最后的外烩，通通都会帮你搞定，而负责其中调度的，就称为“总铺师”。在台湾“办桌”，小则十数桌，大到万桌都有人办过，不同的宴席场合有不同规矩，小到餐盘桌椅，大到菜色排场，这时就是考验“总铺师”现场调度能力的最佳时刻，也因此，很多外烩团队及总铺师都是家传行业。

小小的内门，总铺师的总数亦是全台之冠，因为早期内门穷山恶水，内门人只能出外打工，而外烩行业打出名号后，一个牵一个，全乡1万多人，目前拥有正式厨师执照的总铺师估计近200位，每五户乡民即有一户人家是靠办桌维生，内门乡的“总铺师”可说是全台知名。每年，你只要在农历二月二十九左右来到内门，就有机会吃到由内门总铺师操盘的流水席，免费吃到你撑爆。

如果来到台湾，见到有人在办桌，如果时机许可，一定要想办法厚颜无耻地套近乎去蹭一餐，你可以体会到什么叫台湾传统的宴席菜以及普通大众的热情。

美浓

山脚下的美浓，平和静谧，是一个标准的客家风情小镇，深厚的客家文化、农村景致与淳朴诚恳的居民，总是吸引追求淳朴的外地游客来到这里，他们离开之后又不断地想再去美浓。在美浓，你能找到心灵的平静。

美浓并没有什么特别壮丽惊人的自然景观，但这里一直是个观光业发达的地方，整个社区主要都围绕着客家文化延伸出古迹、民俗人文等旅游活动，但可贵的是，这里也没有因为观光客的涌进而改变了本来的生活步调，美浓仍然是全台湾客家传统保存得最好的客家庄，充满了原生态的客家农村田野风情，每个人都能在这里找到属于他的旅游体验。

游览美浓小镇，最好的方法还是骑着自行车，随走随停。从200余年历史的永安老街开始，这里代表着美浓的历史记忆，从广东梅县蕉岭等地来此的客家祖先，为求永久安居而取名永安街。在19巷内的区域，是当年最繁荣的商业道路，古色古味的客家建筑有着完整的门楼红砖。烟叶是过去美浓的一大产业，永安街上有一典雅古朴的红砖门楼，就是过去美浓首富烟叶大王林春雨先生的门楼，林氏早年专心投入烟叶生产，曾拥有十栋烟楼，成为美浓当时的首富。

在美浓也许会路过敬字亭，美浓自古就人文荟萃，在科举时代产生了进士三席、举人二十余席，一直到现在都是文风鼎盛，人才辈出，可说是地灵人杰，这与客家人生性刻苦勤俭，却对文化敬重，崇尚文风有关，表现在日常生活中自然是对书写后的字纸敬重有加，因此，字纸不能随便乱丢，还要统一收回敬字亭焚烧。

在美浓的大小道上乱逛，也千万不要错过各所小学，各所小学都非常地接地气，一校一主题，有的是旧城楼造型，有的是烟楼造型，还有以生态为主题的学校，都带给游客意外的惊喜。

如果你对客家文化有兴趣，那可以到美浓民俗村参观，台湾人都知道美浓的一大名产是纸伞，现在的美浓纸伞已经跳脱过去生活的用途，更朝向精品化、艺术品化发展。美浓民俗村就是原来的纸伞厂，在园区内，可参观纸伞的制作过程，也介绍客家文物、手工艺品、民俗技艺及各项创意产品，让观光客对于客家文化有更加深入的了解，当然，在这里还可品尝到美浓当地的传统客家美食、美浓特产及客家乡土小吃美食哦。

如果你在每年的农历五月到七月间来到美浓，一定要到黄蝶翠谷，位于美浓溪上游

美浓／杨安生摄影

丘陵地，过去因大量种植黄蝶的主要食物——铁刀木，每年农历五月的大发生期，满山满谷尽是黄蝶飞舞，超过5000万只，是全世界产蝶密度最高的地方，足以美得让你说不出话来。从1995年起，固定每年农历七月在黄蝶翠谷举办黄蝶祭。黄蝶祭融合客家传统祭仪，先将黄蝶翠谷内象征山神的双峰伯公，及象征生物的黄蝶伯公奉请至祭台结坛，然后由身着蓝衫的主祭团，以三献礼祭告天地，随即以客语诵读祭文“扬叶仔、飞归来”，向天、向地、向所有参与者宣示保育蝶翠谷的决心。

美浓反水库运动

从20世纪80年代开始，为了高屏溪中下游的石化工业用水，当局决定在美浓建水库，引起了美浓当地人民极大的反弹，虽然这并不是第一次有在这儿建水库的计划，但日据时代的工程师，20世纪50年代聘请的德国工程师都认为此地地质不宜建水库而作罢，反倒是20世纪80年代为了发展石化工业，而强行将这水库计划上马，黑箱作业霸王硬上弓，就美浓当地人而言，美浓水库不仅将淹没珍贵的双溪生态资源，离镇上超近的坝址势将对独特的美浓客家社会文化造成残酷的破坏与威胁。

过去在台湾人的印象中，客家族群总是既坚毅又逆来顺受的一群人，所以当1993年4月16日上午，台北的有关部门门前，出现200多位来自美浓操客家语的请愿群众时，震惊了整个台湾。这些美浓乡亲坐着夜行巴士北上，早晨，许多身着传统蓝色长衫的老年妇女，手执美浓手工艺品油纸伞，以沙哑的嗓音唱出声调悲凄的客家语哭调，以母语不断高喊“反水库、救美浓”，用极具地方色彩的口号传达了反对水库兴建的意志。

当年为了反对修建水库，整个美浓以及美浓出生的子弟都动了起来，返乡知识青年结合农民、地方政治领袖、乡土艺术家，提出论述，发动抗议、政治游说与社区文化活动，这场运动在台湾非常有划时代的意义，被认为是一个小镇对抗整个当局机器的行动，整个台湾社会从不理解，进而慢慢接纳，最终形成了全体社会的共识，最终在2000年迫使美浓水库的计划中止。

值得一提的是，夺得2002年台湾金曲奖最佳乐团的交工乐团，就是美浓反水库运动中，一群美浓年轻人组成的乐团，他们的音乐大量采集自抗争故事，还有故乡美浓小镇的点点滴滴，音乐形式则以传统客家八音为基础，用锣、鼓、唢呐、月琴、三弦等传统乐器，结合摇滚乐，创造了呼应现实社会的客家新民谣，其专辑《菊花夜行军》是台湾流行音乐史上不朽的名盘。

[行]

其实在屏东出行也很简单，往东港、垦丁沿海一线，可以直接在高铁左营站、高雄火车站、小港机场、枋寮火车站前搭乘台湾好行垦丁线或其他公司大巴前往。到其他地方，请在屏东火车站前转车，屏东客运网页有清楚的路线查询。

[住]

到垦丁一定要住主题民宿，而且一间一种风格特色。若在 4 月音乐季前往，务必提前预订；垦丁有几家五星级酒店有自己的沙滩，是很棒的选择；不管找什么地方住，一定要找临海的，因为……爽快。至于屏东其他地方，只要不太挑，住，并不是问题。

金黄色的耀眼阳光，透过白色云朵，刺眼却温暖地照射在这美丽的土地上，北回归线以南，一年的平均温度，是令人感到舒适的24.5℃。长达九个月的夏季，却没有想象中的高温以及炎热，由于台湾海峡、巴士海峡以及太平洋的环绕，依靠海洋性季风吹拂，散去令人烦闷的酷热气息，酷暑的7月温度，却比台湾其他地区来得低，那美得如画一般的地方，是充满绿色的屏东。

冷冽的东北季风，由于纬度偏低，屏东大武山脉以及中央山脉的阻隔，因为阳光日照充足，除了寒流来袭的日子以外，温暖和煦的金色光芒，让屏东的冬季，即使是在最寒冷的1月，依旧维持在舒适的20℃。日照充足、四季如春、气候稳定，让屏东这片土地也成为地道的水果国度，被称为黑珍珠的莲雾、消暑又解渴的椰子、如初恋般诱人酸甜的杧果、香味扑鼻的凤梨，让屏东一年四季都有应景的水果，也让屏东到处都充满了令人舒服的果甜香味。

很多人一听见屏东也有星巴克这充满小布尔乔亚象征的店，就一副不可置信不能接受的样子，好像屏东就应该是他们想象中的那样。对很多人来说，屏东却是个遥远的地方，就算隔着高屏溪与高雄为邻，却从来就不是个主流都市。似乎到香港、上海、东京都比到屏东近一样。对屏东的认识，好像除了垦丁都不知还有哪里，也充满了一些近乎讽刺的刻板印象，比如说“屏东人是不是都吃土”“屏东人都坐牛车”“屏东人都好黑”，这些印象每每让屏东人哭笑不得。

城市有的东西，屏东都会有。而屏东有热情如火、比基尼辣妹如云的垦丁海边；屏东的平原上也有勤奋敦厚的客家精神；屏东还有生猛无比的渔港文化，历史悠久全台瞩目的传统祭典；屏东有高山，有纯真善良乐天知命的少数民族。更可贵的是，那么丰富的屏东仍然保有自己淳朴、热情、真挚的性格。

雾台—玛家—三地门

屏东除了垦丁这片海外，山也很有特色，三个在屏东东北边靠近中央山脉的乡，是鲁凯族和排湾族的传统领域。两族人生活习惯相近，装饰也相近，给人的印象就是鬼斧神工的木刻及华丽无比的服饰。在这一带的山区，经常可见到乌亮的石板屋依山而建，错落有致，每个部落都好像一个充满原始力与美的民俗艺术村。

三地门

三地门这个地方属于平原要进山里的交接口，只要走24号省道，你就开始看到一些石板屋出现，就知道接近三地门了。三地门是排湾族的世居地，排湾族以精致的工艺制作而闻名，所以在三地门部落内，处处可以见到当地住民的巧思，比如石雕、木雕就摆在家门前，在建筑上刻画出太阳、百步蛇等传统图腾等。

许多年轻的排湾族艺术家这几年纷纷回到三地门开工作室，如雕刻、陶壶、琉璃珠、织染等，都有人开始继承学习，几乎是别的地方看不到的手艺，如果有机会来这儿可以带一些纪念品回去，算是对少数民族文化传承的支持，比在大型工艺品店买好多了。

雾台部落—神山部落

雾台乡在台湾很知名，因为每次台风大雨，一发生泥石流，这里的村民都要全体转移，几个部落被冲毁好几次。当局一直有迁村的建议，但在少数民族观念里，宁愿回到原地也要守住祖先的土地，加上当局的迁村政策也粗糙，因此这里一直是台湾的焦点新闻之一。雾台乡的雾台部落与神山部落位于鲁凯族圣地的大武山区，这两个部落比较幸运，没有迁村的需要，这里的人也很坚持自己的民族原则，不太愿意有过多的商业色彩进入他们的领域，只要能过着乐天知命的生活就觉得很幸福，这两个部落有另一个名称“石板之乡”，因为这个山区有丰富的黑板岩及页岩，这里少数民族就地取材，这些年新建的房都尽量依循传统，用石板做成，走进部落里的岩板巷，能看见旁边一间间特色民宅门前的雕刻、壁画、阶梯与步道，高低错落的石板建筑非常优美，从这里就能看出鲁凯族人的艺术天分。

部落里，鲁凯族文物馆、雾台小学与雾台长老教会是传统少数民族建筑工法与现代建筑方式的结合，文物馆用石板砌起来，绘以传统图腾壁画，展示各种鲁凯族的老器物，还有一座老式石板屋的复原模型，是了解鲁凯族文化的重要窗口。

雾台小学很有趣，在校园里你看不到制式的班级牌，取而代之的是云豹、百步蛇，老师和校长以长老、头目的身份登场，加深小朋友们对传统文化的领略程度。校园内还有一处值得探索的宝藏——校长室的收藏，在历任校长的精心收藏下，校长室宛如一座鲁凯族的博物馆，收藏了陶壶、连杯、传统服饰、打猎工具等。

雾台长老教会是座糅合鲁凯族及西方特色的美丽教会，整个雾台乡有90%是基督徒，很难想象这座教堂是村民以轮工的方式，运用各自所学专长，靠着鲁凯族祖先传承下来的力学原理，完成许多艰难工程，花了3年的时间打造而成。此外，邻近雾台部落的神山部落，同样以石板屋和雕刻闻名，有座神山天主堂，这更绝了，将宗教与鲁凯族文化融合得更彻底，不仅耶稣与圣母都穿着鲁凯服饰，就连教堂内的一个个座位都木雕成鲁凯勇士的形状，椅子背后的勇士编织袋则是用来放《圣经》的。这些建筑的巧思都是来雾台与神山部落不可错过的地方。

在这里，还可以吃到鲁凯族特色的野菜小吃，忠于大自然原味的烹调方法异于平常吃到的重口味添加剂食物，此外，小米酒加咖啡、小米爱玉冻都是不可错过的特殊美味。照例，如果你来到这里，请多多消费赞助他们。每年8月15日前后是鲁凯族举办丰年祭的日子，就跟汉人的过年一样，祭典当天，有各种活动：迎灵、献祭、山地歌舞、秋千大赛……热闹非凡。

万峦

台湾人一提到万峦，下面两个字接的一定是“猪脚”。据说，当年蒋经国亲至万峦乡旧市场内视察，并于猪脚店摊品尝，于是声名大噪。此后，万峦也成了猪脚的代名词。但除此之外，万峦也是个充满特色与故事的小镇。

雾台／雾台部落供图

神山天主堂座椅

万金圣母圣殿

万金村是个很有意思的地方，在台湾南部一片传统民间信仰气氛浓厚的乡镇里，万金村有九成以上的村民却信仰天主教，一到万金的路口就会看到一尊圣母雕像在欢迎各位。而每年到了12月，整个村子居民都会在自家门外布置起七彩灯饰和马槽，夜晚格外缤纷美丽，大街小巷洋溢着浓浓的圣诞气息，这都跟万金圣母圣殿很有关系。

1861年，在高雄的西班牙道明会士郭德刚神父在高雄建立了前金天主教堂（详见高雄前金天主教玫瑰圣母圣殿）后，从高雄步行至此传教；到了1863年，首批教友领洗46人，建立了小土房教堂；1865年，南部大地震，圣堂墙壁倒塌大半，虽修建但已不敷日益增加的信徒使用，遂计划建大教堂。

这座新教堂的建筑材料由福州把福杉结成木筏，随海潮漂流至东港，再以牛车运到万金，不用钢筋而以碎石、石灰、黑糖、蜂蜜、木棉及火砖等物混合代之，建成宽45尺、长116尺、壁高25尺、墙厚3尺的万金圣母圣殿，如堡垒一样坚硬无比。工匠大多来自福州、厦门。圣堂大钟则远自西班牙运来，而游行用的圣母坐轿则由福建名雕刻家雕刻。在1870年12月8日举行开堂大典，并以“无染原罪圣母”为教堂主保，为现今圣殿“堂庆”之由来。

万金这个地方，早期由于地处闽客、平埔、排湾等各族群交会之地，在屏东平原的开发史中，是族群关系紧张的地方。其实建个如此坚固如堡垒的教堂，也是因为教徒在那对天主教仍有误解的年代，经常被以各种理由攻击。还好信徒却不减反增，因此，新教堂的设计，也决定采用西班牙古堡的建筑形式，希望遇到族群冲突时，教友们能有可以躲避的地方。

但自从新堂建好之后，族群的纷争与对立反而慢慢消弭于无形，1874年，当时的清朝船政大臣沈葆桢来台巡视途经万金庄，认为教会可以敦风厉俗，又可做抚番工作，消弭种族歧见，于是奏请皇上。同治皇帝乃特亲赐“奉旨”照准及“天主堂”敕石，于1875年分别镶嵌在教堂山形墙和门楣上，自此路过必下马行礼。1984年，教宗若望保禄二世册封万金圣母无染原罪天主堂为“宗座圣殿”，直属教宗管理，华人教区中，被罗马天主教廷册封为“圣母圣殿”的，也只有万金教堂、高雄玫瑰圣母殿和上海佘山教堂三间，因此，后来也被称为万金圣母圣殿。

每年一进入12月第二个星期日的主保堂庆，万金这个小村子就热闹起来了。这一天，全台各地的教友和慕名而来的人都涌进万金，圣母神轿游行前先由小朋友齐唱圣歌，拿着旗子的教友一路上也高唱圣歌，就跟台湾其他地区的神明或妈祖绕境一样，在万金圣母绕境时，也会有乐队、有花车，沿路也不断有信徒放鞭炮。到了24日晚上，整个万金村街上的圣诞彩灯全部点亮，就连传统庙宇上也挂满圣诞彩灯，整个万金村人头攒动，平安夜弥撒挤都挤不进去，大家都想来这个台湾圣诞气氛最浓厚的村子感受一下。

万峦猪脚

万峦整条街上都是卖猪脚的，却也衍生各猪脚店家之间互争“创始老店”名号之正统，不过争这个实在也没意义，到了现在，其实各家店都有各家的做法。猪脚一般给人的印象就是油腻，但万峦猪脚强调只用猪蹄部位，且保留“猪脚筋”部位，放入内含八角、桂枝等数十种各家秘制的中药材的卤锅卤制而成。煮出来以后，猪皮呈现透明琥珀色，其猪脚之皮、肉、筋，韧性中带点脆的感觉，口感强调嚼劲，让人却步的油腻感顿时消去不少。现在卖猪脚的老店都集中在民和路上，请当地人指点你比较快。

六堆客家文化园区

这个很漂亮的园区展示了高屏一带12个客庄行政区之客家生活风貌。园区分为伞架客家聚落景观区、九香花园景观区和自然及田园景观区，其实展示的并不是很大气的东西，就是一些客家人几百年来胼手胝足努力开垦，在这片土地生存下去的生活小细节。户外还有客家烟楼、砻米间等客家庄都会有的聚落元素，整个园区就是客家小镇的生活重现，如果想要了解台湾的客家文化，这里非常值得参观。

六堆

六堆这地图里从来没有出现的两个字，在台湾开拓史上占了一个很重要的地位。屏东万峦到高雄美浓一带，是台湾客家人在南部的主要聚集地，也是传统意义上的“六堆”。

康熙六十年（1721年），台湾朱一贵事变，高屏一带的客家人为了保护身家性命和得来不易的垦地，他们决定以拥护朝廷为名义，组成民兵讨伐朱一贵。他们将屯垦所在的高屏平原上的客家庄，划分为六个区域，按照位置分别命名为前、后、左、中、右、先锋六个“堆”，每堆管辖若干聚落，你可以把“堆”看成古代军队里的“营”，这个“堆”其实就是指“队”，在暗示自己如国家的军队一样，但又没那么明目张胆。万峦即是先锋堆（队）。

六堆联合清兵讨伐朱一贵，化解南部屏东一带客家人被灭族的危机，这样的举动也得到朝廷的“忠义”封赏，让清政府终于解除粤籍人来台的限制，潮州、惠州客家人纷纷渡台。“六堆”这种民团的联防组织方式就这样一直流传下来。到了后来林爽文事件、1895年的乙未战争，六堆都有参战。六堆本来是战斗

万金圣母圣殿 / 万金圣母圣殿供图

万金圣母绕境 / 万金圣母圣殿供图

组织，后逐渐变成当地客家人聚落所在的标志，现在你到高屏原来的六堆那一带，老一辈的人都还是讲某某堆而不是讲什么乡。

早期南部客家先民由于迁徙来台的时间晚于其他族群，通常只能在比较靠山的原始森林开垦，在这种相对恶劣的环境下求生存，只能团结起来，所以“六堆”不是一个行政区域，它是属于同一个族系在语言、风俗、习惯相同之下所产生的一种血浓于水的感情联结，“六堆”也变成一种代表客家人团结不屈服的精神和一种认同感。如果你想了解台湾的客家人，那一要知道桃竹苗一带特殊的“义民信仰”，另外就是代表南部客家人的“六堆精神”。

东港

东港一向是台湾捕黑鲔鱼的重镇。台湾一直是全球黑鲔鱼捕获量第一的地区，以前大多外销日本，这几年东港因为办黑鲔鱼季而被炒得火热。东港另一个全台瞩目的地方就是三年一度的烧王船，总是会涌进大批游客信徒参与。而到了东港，除了感受渔港的特殊文化，一定也要试试海鲜小吃。

盐埔渔港

东港所有的景点都是围绕“海”展开的，当然第一站就要到渔港。参观渔港最好的时间是清晨5点天刚亮，渔船陆续回港的时候，岸边灯火通明，渔家此起彼落的卸货声、买家的喊价批货声，热闹又充满乡土活力。如果你起不来，第二次入港约在中午12点，在岸边就能看到渔船卸货的热闹场景。

每年五六月间登场的“黑鲔鱼观光季”，是东港渔港的观光旺季，你会看到几百条巨大的黑鲔鱼整齐地排列在渔港边，那个画面是摄影师的最爱。所谓东港三宝：黑鲔鱼、樱花虾、油鱼子，樱花虾与油鱼子都是不能错过的东港特产。

如果想了解一下整个东港渔业文化，可以到渔会办公室后面的东港渔业文化展示馆，馆内借着历史照片与模型，展示东港地区的历史文化、民俗活动等，馆内一楼是餐厅及特产销售区。东港镇上光复路三段边都是海鲜餐厅，每一间店都有独门菜及配方，任君挑选。如果你不太挑环境，下午3点开始，可以到小琉球渡船码头后方的黄昏市场——华侨市场开开眼界，这是一座仍然维持传统的鱼市动线，一字排开的现流鱼摊，非常火爆，当季的生猛海鲜都能在此找到。在市场内也有像香港的大排档，你现买海鲜可以请店家现场帮你烹调，店家售卖的各种海鲜小吃也不错。

东隆宫

东隆宫主祀温府千岁，温府千岁姓温名鸿，字德修，生于隋炀帝大业五年（609年）。相传某年唐太宗李世民微服出巡时遇难，为温鸿率35名勇士舍身所救，李世民便赐封彼等为三十六进士，其后进士乘船出巡时遇难海上，唐太宗痛失三十六进士，于是追封“代天巡狩”，下旨九州建庙祀拜，并建造温王船，上书“游府吃府，游县吃县”，王船所到之处，百姓皆虔诚迎接拜祭。

据庙史记载，清康熙四十五年（1706年），东港海岸上发现大批写有“东港温记”字样的木材漂来，又有神灵显示温府千岁欲在此地建庙，于是乡民为之立庙，取名“东隆宫”，意为“东港兴隆”，其后经过多次重建、修整，成为现在的模样。

东隆宫以“王船祭”声名大噪，尤以烧王船最为人所熟知，这是台湾规模最盛大、名气最轰动的超级庙会祭典之一，至今仍笼罩着神祕、严肃的气氛，每次总吸引络绎不绝的信徒前往朝圣。王船祭在每隔3年的农历九月举行，但确实日期需当年请示王爷。在祭典中的王船仿效古代战船，采用柳安或红桧等高级木材，施工费时，因此都提早在大科年的前2年安龙骨开始建造。因为肩负着祈福、消灾、解厄的任务，所以王船的建造过程，都是遵照古法。王船祭醮期长达七天，第一天是到镇海里海边“迎王驾”及“过神火”；第二天起连续四天“王驾出巡”，绕境东港镇各区及邻近乡镇；第六天是王船“陆上行舟”绕境法会；第七天凌晨“送王”，游行至海边于吉时烧王船送神，沙滩上金纸如山，一声“时辰到”，鞭炮噼里啪啦，引燃了金纸。刹那间，整船的纸扎、洋房、华服及猪、牛、羊三牲，陷入熊熊烈火中，那一刻，神秘而惊心动魄，象征送走一切秽气。下一次的王船祭在2015年。

王爷信仰

在台湾的民间信仰中，除了妈祖外，“王爷”也有相当多的人信奉。“王爷”又称“千岁”，王爷是代表天帝巡察人间善恶的神祇，主要职务在于“代天巡狩、燮理阴阳”，如人间钦差、巡按的职务一样，所以一般王爷的造型为威严的面貌，大多穿得像汉官的模样，有锦袍玉带的文官，还有顶盔贯甲的武将。一般认为，王爷有尚方宝剑，能先斩后奏，为人民驱除瘟疫与魑魅，奖善惩恶。所

火烧王船

恒春西门

以在台湾供奉王爷之庙，通常都称为“代天府”，如台南的南鲲鯓代天府，王爷出巡则亦称为“代天巡狩”。

王爷信仰之所以在台湾兴盛，那是因为早期台湾瘴疠瘟疫横行，大小天灾不断，百姓认为这是妖魔鬼怪作祟，认为王爷可以驱逐瘟疫保护百姓生命财物安全，于是王爷信仰在民间就成了一种普遍的信仰。

在王爷信仰兴盛的地区，或多或少有烧王船或类似的仪式，在闽南一带，认为王爷奉天命来代天巡狩，必须欢迎、欢送，故在福建有“送王船”的习俗，将王爷的神像连同祭物粮食载在一艘富丽堂皇的大船中，任其漂流，假如王船漂到某个村，该村便要迎神奉祀一番，然后再将之放流。后来有人就把王爷直接留下来建庙保护当地民众。但早期因生活条件、经济状况不太好，收到王船的地方一办祭典，必使其乡民耗尽银钱，为了体恤其他地方的民众，后人则多改用焚烧王船的方式，送神归天，也有送走瘟疫的意思。台湾各地民间宗教信仰仪式看似铺张浪费又迷信，那是你没用民族学的角度去看，若你知道台湾早期是个朝不保夕的移民开垦社会，那你就能体会为什么会演变出这样的仪式了。

小琉球

很多人只知道屏东有个垦丁，不知道屏东还有个很美的小琉球。小琉球是个很简单、很适合散漫度假的地方，不像垦丁人那么多，也不像澎湖一进入冬天风浪就大，一年四季，小琉球的碧蓝海水都有让你马上跳下去的冲动。

这些年小琉球已纳入大鹏湾风景区一并管理，所以相关设施均已完善。从东港搭船到小琉球大约30分钟，骑车环岛一圈也才40分钟，想玩一天或两天都可以。大部分到小琉球的人都会在白沙码头下船，这里是整座岛最热闹的地区，不管你是要找各种行程、租车，还是住宿、超商，在这里都能找到，建议先到小琉球游客中心拿一张导览图，这样你的问题就解决一大半了。

在小琉球的行程主要是看海景与玩水，现在也流行浮潜。玩水一般都是到岛屿东北角的中澳沙滩，海滩平直而清澈，是小琉球最适合玩水、进行水上活动的地方。蛤板滩，又称威尼斯海滩，这里是一条布满贝壳沙及星沙的小海湾，只不过这里水流较急，有时不适合下水。除了玩水，这里也是看夕阳的热门景点。在不远处的杉板路海滩，海水湛蓝清澈，有一大片平坦的礁台，是小琉球绝佳的浮潜地点。岛上的景点几乎都在环岛公路沿线，如果你骑车环岛一圈就全部看完了，如果不骑车，也有随招随停的环岛公

小琉球／杨安生摄影

交车，岛上如花瓶岩、美人洞、乌鬼洞等景点都可到达。

小琉球每三年一次的王船祭也是很有名的，与东港王船祭不同的是，在这里多了一个“巡港脚”的祭仪，也就是在首日请王日，小琉球大小船只都会加入“巡港脚”行列，搭载头旗、神像和神轿海上环绕岛屿一周，随后四天为王驾出巡各村落街巷，路窄人多，热闹非凡。接续展开王船绕境、王船法会和宴王仪式，压轴是最后一天进行的送王（烧王船）仪式，把凡间的病痛给送走。下次王船祭是2015年。

若你在黑鲔鱼季节来到这里，一定要吃黑鲔鱼及各种海鲜，每年屏东东港的黑鲔鱼季，其实一大半的渔获都是从小琉球来的，并且，在这里吃海鲜会更便宜一些。

垦丁

虽然有太多可替代的地方，但作为南台湾最重要的旅游胜地，垦丁现在已经是游台必去的地方，前几年的电影《海角七号》更是为这股热潮推波助澜。对于台湾北部人来说，寒流来袭大家都包得紧，看到电视上垦丁还是阳光沙滩比基尼，让人羡慕到无法冷静，所以“到垦丁”已经如同一个朝圣般的仪式性行程，一定要去感受一下。外地人可能不知道垦丁所在的恒春，甚至可能不知道屏东，但一定知道垦丁。屏东人不管住在山上还是海边，几乎都被人用很羡慕的眼神说“离垦丁好近哦”，足见垦丁的知名度。

高铁左营站、高雄火车站、枋寮火车站均有巴士至垦丁，若你是四人成行，直接包车价格与坐大巴差不多。

从东部过来者，须在枋寮火车站下车转乘。

很多人以为垦丁很小，就一个地方，其实垦丁至少也有一个香港那么大了，并且景点很分散，所以在垦丁移动，租摩托车或电瓶车是最好的方法，要不然，在恒春转运站也有“垦丁街车”的公交服务，垦丁各大景点均能到达。

恒春

恒春这个地方就如同它的名字一样，四季如春，这个台湾最南端的乡镇，古地名“琅峤”。而现在的名字“恒春”源自于沈葆桢于同治十三年（1874年）奏中“冬不寒沍，草木蓬蓬；下不酷暑，黍苗芃芃：名曰恒春”。但由于垦丁名气太大，结果大家都只知道垦丁而忘了垦丁是在恒春镇上。

台湾最南端的一座城池恒春古城就在恒春镇中央，是台湾保存较完整的古城墙。城墙以砖石灰土砌筑而成。这是在清同治十三年（1874年）时发生“牡丹社事件”，日本人借口琉球船民遭排湾族人杀害，派兵占领恒春半岛，事后，清政府为加强南疆边防，乃命沈葆桢为钦差来此督建城池。

而现在的恒春老街则大部分都是日据时代所建，这几年为了发展观光而开始整修，当然自从《海角七号》上映之后，镇上好几个景点都意外爆红，就连穿着绿色制服的恒春邮差也成为摄影的对象，其中聚集人群最多的就是光明路上的阿嘉的家，就是一栋小旧楼，恒春到处都是，本地人都不知道在红什么。

每年农历七月十五，恒春抢孤是南台湾最负盛名的中元节活动，与宜兰头城的抢孤齐名。抢孤者须攀爬涂满牛油的孤柱，翻上12米高的孤棚，取得孤棚上的贡品与顺风旗，以表达普度孤魂、慎终追远的含义。这几年抢孤活动多在东门外的广场举行，热闹而有趣。

西岸公路沿线

海洋生物博物馆

这座号称全东南亚最大的水族馆，因为以实际比例铸造的几只抹香鲸跃出水面而广

夜宿海底隧道／海生馆供图

为人知，还没进馆就先震撼了游客。走到馆内，总共有三个展示馆：台湾水域馆、珊瑚王国馆、世界水域馆，主要以超巨大水族箱以海底隧道的方式呈现，也模拟台湾海岸及溪流的各种生态环境。珊瑚王国馆则模拟了南中国海的生态环境，有几条海底隧道穿梭在如沉船或洞穴的场景之中，让人一睹珊瑚及热带鱼的绚烂海底世界。世界水域馆用的是虚拟实境的互动影音方式，呈现无法到达或难以到达之水域，感受远古时期的海洋、巨大的海藻森林、深不可测的深海水域及寒冷的极地水域。

不可不提的是海生馆的最新玩法——夜宿海生馆，你可以避开拥挤的游客，在下午4点进入海生馆，到次日11点离开，有完整的套装导览行程。最让人为之疯狂的是，你可以睡在海底隧道或者超大水族馆中，在蓝色世界中，伴着鱼群入眠，嗯……醒来第一眼就看到白鲸在对你笑，那是很妙的感觉。

在海生馆旁边的后湾渔村，是一座小小的很有古味的渔村，经常平水无波的小海湾，清澈的海水，是吹吹风散步的好地方。电影《海角七号》的晚上宴席之后，众人酒酣饭饱吹海风的地方就在这里，也因此让这本来没啥人知道的地方大红，现在这里的步道系统规划得不错。

更往南一点的万里桐，也是海岸边的一个小渔港，因为《海角七号》里阿嘉每次翘班都爱在这里看海而红了起来，现在很多人也爱坐在那个堤防拍一张同样的照片，此外，因为这里海水水质好又清澈，也一直是浮潜欣赏热带鱼及珊瑚的出发地。

关山

由于这里地势高亢，展望极佳，关山是垦丁许多游客去观赏落日的地方，平常你走上去没什么人又热得要命，每到下午近落日时分，就看到底下停车场的车啊人啊一下子不知道从哪里冒出来，热闹得很。在关山上看日落，居高临下，海被染得金黄，真的很漂亮，游客们到垦丁山的关山看日落已经变成膜拜般的仪式，欣赏完完美的日落，带着满腔意义感下山……来过垦丁了。

白沙

白沙是垦丁仅次于砂岛贝壳沙含量最多的海滩，海滩长达500米，因为东侧有台地屏障，冬天不会受到落山风影响，所以全年都适合水上活动。白沙顾名思义就是细白的沙石，海水也非常湛蓝，在主要公路旁，热门的南湾、大湾、小湾人少了很多，加上缺乏建设，白沙没被污染，还保持着纯真自然的面貌，恒春本地人玩水来白沙比较多。

猫鼻头

位于恒春半岛的东南岬的猫鼻头，位于台湾海峡和巴士海峡的交界处，隔着南湾与鹅銮鼻遥遥相望，是个鸟瞰垦丁全景点的好地方，这里的海岸为典型的珊瑚礁海岸侵蚀地形，就像女孩的百褶裙，故有裙礁海岸之称，并与鹅銮鼻形成台湾最南之两端。由高处望去，这个地方的海岸因为受到长时间的海蚀、盐渍、风化因而产生崩崖、壶穴、礁柱、层间洞穴等奇特景观。而猫鼻头名称的由来，乃因岩岸旁一块突出的珊瑚礁岩，其外形像蹲坐的猫而得名。

后壁湖渔港

在猫鼻头东侧的后壁湖是垦丁景区内最大的渔港，自从建了游艇码头，这里就成为垦丁地区水上活动的大本营，半潜艇、浮潜、拖曳伞等项目最受欢迎。如果乘游艇出海，还能从海上观赏垦丁地区的丰富海岸地形。到了下午渔船入港时，还有很多新鲜的渔获可以挑选。在这儿有许多绝对生猛的海鲜，尤其是便宜又大盘的生鱼片，足够你吃到把脑浆呛出来。

后壁湖渔港旁出口灯塔南侧有个秘密景点星沙湾，星沙其实是贝壳的一种，只是体形像沙子一样大，形状跟星星一样，有些还是活的。这里也是个水美沙白玩水的好地方，人不多，不过星沙和贝壳是这里的珍贵资产，请不要把星沙带走。

鹅銮鼻—东半岛

垦丁国家公园游客中心

一般人会以为“垦丁国家公园”是从那个漂亮的牌楼进去才开始算，结果那只是林务局的垦丁森林游乐区而已。真正的“垦丁国家公园”很大，包含好几个区域，在这个游客中心里，主要提供“垦丁国家公园”内所有相关风景据点的信息，先走一趟对整个垦丁会有概括式的了解，如果有什么疑难问题也都能在这里问。

南湾

南湾指的是位居恒春半岛中央的海域，也是整个垦丁名气最大的地方，没到南湾就好像没到垦丁一样。600多米长的金黄色弧线，碧海蓝天以及远处蛋形的核电场，是许多人对南湾的深刻印象。南湾波浪适中，海岸平坦，沙质柔软洁净，所以一直是游泳和水上活动的大本营，南湾的各项设施已经都很齐全，相当方便，所以游客众多，在这里女的不穿比基尼，男的挺着啤酒肚似乎都是一种罪过。只是南湾的水上活动业者的霸道是出了名的，要是你下海游泳，眼睛要放亮一点，不要被那些香蕉船或水上摩托车等撞到了。

垦丁大街

垦丁最热闹的地方就在这里，白天它是台26线主干道，但入夜以后就变了个样，变得狂野了，满大街的旅馆民宿、酒吧、异国餐厅、炭烤、潮店等，到处传来电音、落魄民歌手的呐喊，或者是台客音乐，从晚上6点一直热闹到凌晨，你只要想象这里是丽江或凤凰的海滩版就行。尤其假期来这儿，你会被人潮给吓到，好像全台湾人都涌进垦丁一样，女生上半身穿比基尼，男生穿汗衫仿佛已经成了这里的制服。虽然来垦丁本来就不是来逛街的，但既然来了，垦丁大街还是要来膜拜一趟的。

八宝公主庙

这又是台湾的“奇庙”之一，你会看到早已荒废风化的半艘船只残骸，旁边的万应公庙，供奉的除了福德正神，墙壁上还挂着一幅外国女性金发碧眼的画像，还很日漫风，那是传说中的八宝公主。

据说1641年年底，荷兰公主玛格丽特为了寻找她的爱人，远渡重洋来到台湾，没想到来台湾后才知道，她的爱人到台东卑南探金，已经被当地少数民族杀害了。痴心的荷兰公主觉得生要见人，死要见尸，也坐船要绕过鹅銮鼻到台东去，哪晓得在大湾这个地方遇到风浪触礁，船上60多人通通都被当地称为“匈蕃”的少数民族杀害了。她随着船骸埋在沙堆中，很快，灵异事情发生了，她托梦想回到荷兰去，希望当地居民能帮她打造一艘船送她回去，船还没有开到很远，她又托梦说愿意留下来庇佑当地居民。村民在这里挖出了荷兰公主的遗体以及她随身的八样女性用品，故称为八宝公主。后来重建庙宇时，因为年代久远也没人知道她长什么样子，就只好根据漫画来描绘她的像，形成了这奇特的庙宇。

大湾 小湾

在垦丁大街边的沙滩，很多地图会标“垦丁海水浴场”，说美也是很美，只是垃圾“稍微”有一点多。大湾是个很坎坷的地方，以前它是个无人管理的沙滩，所以整个滩面上脏得要死，到处都是垃圾。后来有间酒店把它租下来当作私人沙滩，有赖酒店整理有佳，环境变得好一点了。只是等环境变好一点后，又有人开始抗议说沙滩怎么能租给财团，再加上前2年台风过后沙石流失，待重新开放给一般民众之后，又“稍微”到以前有点乱乱的样子，现在是靠近酒店那一边，会干净一点。其实，大湾是垦丁交通最方便的沙滩。而在垦丁大街尾端不远的沙滩是小湾，这里以前很乱，现在因为有酒店管理才变得比较清洁，这里的水上摩托车也不少，不过有浮桶隔开，相对来说管理得比较好。阶梯下还设了一间海滩的露天PUB，是晚上一个不错的去处。

香蕉湾

如果想找一个安静点的地方好好看看海玩玩水，可以往南一点到香蕉湾，这里以前是捕鲸的基地，现在则是一个小渔港，也是浮潜胜地，湾里的矶石好像围绕出一个天然的海水游泳池一样，海水清澈无比，也没什么波浪，很适合小朋友玩水。旁边的树林，是台湾硕果仅存的热带海岸林，有许多珍贵的树种在里面，目前还没有开放。著名的帆船石也在这附近，亦有一小海滩，可以顺便看看。

砂岛

毫无疑问，砂岛海滩是垦丁最纯净的贝壳沙滩，所谓的贝壳沙主要由贝壳、珊瑚、有孔虫组成，历经海水长期冲刷而比一般海沙更洁细晶莹。不幸的是，以前游客常把沙子带走，甚至被卡车大量地偷运出去贩卖，破坏非常严重，所以现在游客只能远远观赏这片沙滩，旁边建了一座贝壳沙展示馆，并介绍砂岛沙滩中的单细胞有孔虫等珍贵资源，不过不能下去也别失望，馆内也有一个触摸区，可以感受一下贝壳沙。

鹅銮鼻灯塔

1883年建成的鹅銮鼻灯塔是台湾最南端的灯塔，也是照射距离最远的灯塔，这个地标性的建筑已经成为观光客来垦丁必来之处，很多人喜欢在这里拍照留念。天气好的时候，仿佛只有蓝白绿三色，景色非常美丽，如果你晚上在垦丁过夜的话，其实这是一个很好的夜游地方（记得带手电筒）。循着指标，在灯塔的南端有一台湾最南点碑，碑的后方海潮澎湃，那是太平洋与巴士海峡的交汇处（碑在鹅銮鼻公园外面）。

龙坑自然生态保护区

鹅銮鼻半岛的东岸多是海蚀作用形成的各种特殊景观，比如海崖、海蚀平台、海蚀壶穴等，并且会有大批候鸟在此过冬，已经被划为生态保护区。不过这里因为每天只限200人进入，所以游客若要进入龙坑，得先到垦管处网站在线预约申请，申请成功后还必须预约到垦管处游客中心听取简报的时间，等听完简报后才能进入保护区参观。

龙磐公园

龙磐公园也是垦丁重要的景点，如果你喜欢辽阔空旷、空无一人，只有苍茫大草原、蓝天与海，那就来这里。由于地层隆起，部分珊瑚礁岩层崩落，而形成居高临下的崩崖地形，青翠的草原，面对辽阔的太平洋，视野十分开阔，很多人喜欢到这儿来拍照。这里晚上无光害，成为观星的好地点，由于纬度及星球运转的周期，垦丁每年4到6月的晚上有2小时可欣赏到南十字星。

佳乐水

在恒春半岛东岸的佳乐水，原名佳落水，是从闽南语“高落水”翻译过来的，为瀑布之意。1975年蒋经国先生莅临巡视，取安和乐利之意而赐名“佳乐水”。这里海岸地形主要是由砂岩和珊瑚礁构成的，在久经强风和海浪的侵蚀下，雕琢出各式各样的奇岩怪石，如蜂窝岩、海蚀平台等。沿岸布满各种奇特巨石，有些因节理形似方格状，形成棋盘石景观。蜂窝岩布满坑洞的外形，主要是结合面的生物碎屑，经海蚀或风蚀扩大而成。

台湾很多公营的风景区是不收钱的，佳乐水所在的满洲乡，很多景点都要收钱，比如佳乐水门票就要130元，比野柳还贵（当然比起大陆很便宜）。满洲乡公所的抢钱是很有名的，只要有一点观光价值都要收门票，所以经常被公众非难。不过满洲乡是属于比较穷的乡下地方，乡民收入也普遍比较低，所以乡公所用公共造产的方式经营，这些门票收入拿来资助乡内的学子上学，从小学到大学都给予补助，也算是“抢钱有理”了。

龙磐公园／杨安生摄影

垦丁小湾／杨安生摄影

“春天呐喊”

起源于1995年的“春天呐喊”，是台湾地下乐团的盛大聚会，这场盛会最早是两位已经定居在台湾并成家立业的外籍人士——Jimi和Wade所创办主持至今。当时虽然已经开始唱自己创作的歌曲，但演出的乐团也大多还是表演翻唱歌曲，经过十几年的摸索，逐渐发展为独立乐团表演的平台。

近年来，越来越多各式音乐类型的场子，不管是电音、混音，或是各种音乐节，挂着“春天”招牌的各类活动，已经有近20场均在4月同时在垦丁举办，形成战国时代。因此，4月一到，整个垦丁就陷入一阵狂热，不断涌进的人潮都要来这里凑热闹，感受一下气氛。对热爱音乐的年轻人来说，到垦丁参加“春天呐喊”，是迎接春天来到的重要仪式。

让“春天呐喊”主办单位很困扰的是，因为“春天呐喊”是最早在此举办音乐节的单位，名气太大，但现在突然冒出了很多不同的场子，每个名字都很类似，这些场子出入人士复杂良莠不齐，一出了什么事，不明真相的媒体通通都把责任推到“春天呐喊”头上。你稍微留意一下每年4月初的台湾报纸，一定会在媒体上看到如大批警力驻垦丁、音乐季现场搜出毒品禁药、群交乱交PARTY之类的新闻，社会上一般都把这些事推给“春天呐喊”，无形中“春天呐喊”就被污名化了。

如果想参加4月初在垦丁举办的音乐祭，除了先挑好喜欢的音乐类型，还要睁大眼睛看这个活动的口碑如何，如果误入一些龙蛇混杂的场子，说不定还会惹上一些麻烦，另外，大家都知道一些比较小的场子举办活动后的隔天，海滩上会黏黏的……

[行]

去台东，不管你是坐飞机或坐火车，别想着没计划等于青春，一定要先订票，尤其是旺季去绿岛、兰屿的飞机，订不到票的概率很高。县内客运主要在中山路与新生路的客运总站为出发点，很多地方一天只有数班车甚至一班车，需要先查好时刻。至于市区交通，市区不大，几个主要景点都在走路范围内。基本上，台东的景点，山线（台 9 线）和海线（台 11 线）都有班车行经，只要方向对了，都有车能到。

[住]

在市区各种等级的酒店均有，在乡镇也一定找得到旅社或民宿。虽说如此，很多小地方办活动时民宿仍然一床难求，尤其绿岛跟兰屿，一到旺季简直一床难求。并且，台东的民宿主人都热爱土地，不太提供一次性洗漱用品，要自己准备。如果你想省钱，就算在小部落里也都有天主教堂附设通铺或房间可以过夜（不过男女不能同房），此外，延台 11 线有很多可露营的地方。要是真的找不到，就直接找派出所吧！卖萌一下，警察叔叔们极可能就会拿出让你眼前一亮的睡袋，保护你在所里平安睡一夜。

说到台东这个地方，台湾人一定会想到一首歌，就是歌手沈文程的《来去台东》，这首充满泥土味的歌是这样唱的：

你若来台东，请你斟酌看，出名鲤鱼山，亦有一支石雨伞，
初鹿之夜，牧场唱情歌，红头屿、三仙台，美丽的海岸。
凤梨释迦柴鱼，好吃一大盘，洛神花红茶，清凉透心肝。
你若来台东，请你相邀伴，知本洗温泉予你心快活。

这首歌几乎成了台东的“县歌”，把台东的特色通通都写了出来。台东这个地方的确就跟歌里写的一样那么丰富，只是在很多人的环台行程当中，台东是个“路过”的地方，你也许在火车上经过花东纵谷，会感叹地大喊好美，只是你仍然错过了它，只有车停池上短短几分钟你会跳下来跑去买个便当而已。但不仅仅是外来旅行者，就连台湾人，都经常错过这片好山好水。

台湾人称东部为“后山”，对台东其实很不了解，很多大都市的人遇到台东来的人，第一个反应竟然都是：“你是原住民吗？”要不然就是开玩笑说：“台东都是骑山猪的。”对台东不了解、陌生，弦外之音就是交通不便。到花莲，就好像到另一个国家一样；到台东，那简直像到另一个世界。由于地形上的崎岖和海运上的不便，在19世纪中叶以前，台东都还是清朝政府眼中的化外之地，除少数逃犯外，多数百姓视入后山为畏途，到现在台东仍然是个交通不方便的地区。据说，每当逢年过节，旅外台东人见面的问候语就是：“有订到票吗？”

正是交通不便这个原因，让台东成为现在的样子，对于旅游者来说，台东是个让人放松的地方，你不用为了刻意想着放松而放松。这里有拔地而起的崇山峻岭、翠绿的水田、蓝蓝的太平洋、如珍珠般的海岛；云雾缥缈在纵谷间，骑着自行车，穿过金黄的油菜花，处处见到生活的惊喜与美好，时时遇到好人好物。台东，那是个会让人自然而然放松下来的环境。如果在台东一些环境优美的偏远海边或田间，你会惊讶地发现有那么多台北人搬来这里种田，宁愿在这里过着闲云野鹤的后半生。

台东并没有什么非看不可的景点，尽管悠闲逍遥自在地玩，想去哪里去哪里，这就是最好的玩法，你平常在生活中是不是总觉得缺少些什么？来这里你会恍然大悟，台东，好像什么都吸引人。

台东市

依山傍海的台东市，其实跟一个比较大一点的镇没什么两样，如果一个台东人跟外地人说“这是台东最热闹的地方”，那人一定会露出无法置信的表情。作为台东旅游的出发点，台东市区还真是一个容易被人遗忘的地方。台东市区最热闹的地方本来是火车站，以前铁路经过台东要绕一个弯进市区，后来在郊区盖新站截弯取直后，市区站前也跟着没落，很多人就觉得这是官员想炒地皮的主意。总之，台东跟花莲很像，处处是日据时代的老房子，虽然这里开发得比花莲早，却没花莲热闹。简单地说，这里商业起不来，长期以来也就是那死样子，所幸环境还不错，百姓也就变得乐天知命了。

铁花村

如果你在台东市只能选一个地方逗留，那就去这个地方吧！几年前诚品书店入驻台东，旧铁道场站改为艺术村，整块区域连成一片，才被人意外地发现：“啥？台东竟然也有这样的地方！”很多台北人到台东，简直就无法相信台东竟然也有诚品书店及星巴克。

铁花村很像武侠小说里的村落名，其实这是因为它在铁花路附近，而这铁花路是为纪念胡铁花而命名的，当然不是《楚留香》里面那个胡铁花，而是清朝时的台东直隶知州胡铁花，也就是胡适的父亲。当年，台东一穷二白，啥都没有，胡铁花带着3岁的胡适来到此地任职，虽是知州，也只能暂住在庙里，胡适的台湾童年回忆，就是在嘈杂的庙宇及荒凉的台东度过的。

现在的铁花村是一个很棒的地方，这整片公园是由台东音乐人和艺术工作者共同打造的音乐聚落，每天都有乐团在林子里随性搭台表演，大家也都随意坐在地上欣赏，你也可以带把吉他自己进场随性演出，就跟天天都在办音乐节一样，这里大多都是台东当地少数民族所组成的素人乐团，但少数民族唱歌的水平是很高的。可是别小看了这地方，多少知名歌手都想在这个地方办小型LIVE还不一定挤得进来。铁花村也有很棒的创意市集，贩卖许多地道的手工小物，或从台东知名农作土产到网罗众多台东艺术工作者的创意作品，像以漂流木制成的饰品摆设、创意乐器及少数民族乐者的唱片等，让人眼花缭乱。

旧车站园区

正气路

正气路的颜色永远是绚烂的，各种鲜艳的热带水果，成串或堆垒，摆满整条街，这也是台东最有名的水果街。你来到台东，一定要试试“释迦”这种水果，它的形状就像释迦牟尼佛的头而得名，吃起来软软糯糯而清甜，又充满奶油味，吃一次就会爱上。台东是释迦的原产地，超便宜，来台东不吃释迦还能到哪里吃？正气路也是台东市有名的夜市街，是晚上在台东市区的好去处。

公东高工教堂

现在很多人一窝蜂地出国参观清水混凝土建筑，但很少有人知道，包括台东本地人，早在20世纪60年代，在台湾偏僻的后山台东，就有一栋由建筑大师达兴登（Dr. Justurs Dahinden）设计的现代主义清水模建筑，那就是台东公东高工的圣堂大楼，到如今，沉默矗立东海岸已50余年。

1959年，来自瑞士的天主教白冷会的锡质平神父来到台东，他认为只有教育才能改变当地年轻人的生活，于是筹办了公东高工，并从欧洲请来许多各有专长的志愿者来台，以师徒制的方式教授工艺。在楼高四层的圣堂大楼设计中，达兴登同时运用了两种截然不同的现代建筑理念。一至三层是实习工厂、教室及宿舍，四楼是教堂，教堂的设计手法充满

七八月份台东街头经常举办的丰年祭

热气球嘉年华

了象征意义，运用两边不对称的斜面屋顶、喷上粗面水泥的墙面、贯穿教堂主轴向的天光和墙面镶彩色玻璃等方式，达到一种肃穆、充满宗教象征性、沉思静谧的圣堂空间。说得通俗一点，那个空间，门一打开，就会让你忍不住发出“哇”的赞叹声。

其实在台湾乡间，不乏一些国外知名建筑师设计的教堂，如台南后壁的菁寮天主堂，是由普利兹克奖得主哥特佛伊德•波姆（Gottfried Böhm）设计的，这也是他的第一件海外作品。

台湾史前文化博物馆

如果你喜欢史前文化，这是个挺值得走一趟的地方。1980年时，在这里兴建火车调车场，进行大规模的施工，没想到挖出了丰富的史前文物，称为卑南遗址。许多石板棺及棺内精美的陪葬品纷纷被掀露地表，此后10年间，大规模的考古工作在此进行，发掘面积达1万多平方米，出土1500多座墓葬与数万件陶器及石器，是台湾考古史上发掘范围最大的遗址，也是台湾新石器时代中晚期十分重要的代表性遗址，在环太平洋与东南亚一带，还没有规模这么大的石板棺墓葬群遗址。

知本温泉

前几年台湾台风，有一整栋大楼横倒在泥流滚滚的河上，电视新闻一播再播，那就是知本温泉区。不过现在知本温泉已经重建完了，如果你打算在台东市区过夜，可以考虑市郊西南的知本温泉区，这也算台湾名泉之一，是世界少有的咸水温泉之一。跟一般的硫黄泉不同，这里的泉水硫黄味比较淡，容易让人接受，洗后也不会有黏涩感，在温泉区从五星级酒店到一般民宿都可以找到，不过现在大陆旅行团一般都会在这停留，很多酒店都被订走了。如果你还没找住宿的地方，你从车站一出来就会被“小蜜蜂”拦截（就是向你推销饭店房间的机车骑士啦），你倒是可以跟他去看一下民宿或酒店。

炮炸寒单爷

在台湾元宵节除了各地举办的灯会，其他广为人知的大型庆典，台北有平溪放天灯，台南有盐水放蜂炮，还有台东的炸寒单爷，这个活动比起前两者，口味更是重。这个仪式是清代流传下来的民间庙会活动，每年都吸引了大量外

炮炸寒单爷

来观光人潮。

现在关于“寒单爷”的传说有好几种，但大多认为寒单即“玄坛元帅”，俗称武财神，相传是商朝的武官“赵公明”。在《封神演义》中，商周交战时，赵公明衔命助殷商之力，后殁于姜子牙法术。功成圆满后，成为职司禳灾保安、买卖生财之神，御位中路财神（为正财神），为财神界之主宰；因又受玉皇大帝敕封为三十六天官之首，命他率领四位部属迎祥纳福（为偏财神），统管凡间之福祸，故合称“五路财神”。这位武财神据说非常怕冷，所以人们在每次出巡时都会大量地燃放鞭炮来替财神爷驱寒，以求能留住财神爷，得到财神爷的眷顾，保佑今年能发大财。

但比较流行的说法是寒单爷本是流氓，欺压乡民、鱼肉乡民，但有一天得到仙人的感化指点，于是大彻大悟、痛改前非，站上软轿要乡民们用鞭炮炸他，直到死去为止，乡民们感念此人便尊为“寒单爷”。

炮炸寒单爷，是台东元宵节特有的传统习俗。一般是将寒单爷的神像绑在竹椅子上，然后，在椅脚绑上两根长竹竿，由四名身材彪形矫健的轿夫抬着上身赤裸的寒单爷，由数位年轻气盛的真人轮流上轿，赤膊裸身只着一条红色短裤子，头上包裹着红布巾，用以保护头发、耳朵、眼睛等部位，而手中拿着一把榕树枝叶，把鞭炮挡下来保护身体。寒单爷站在竹轿上等鞭炮从四方凌空而来，顿时火光十色、震天价响，寒单爷只靠着手上的榕叶扇，挡掉不断投掷而来的炮火。一般商家相信，如果鞭炮炸得越旺，那一年的财运也就越旺。参加扮演寒单爷者，因要上阵接受鞭炮轰炸，须具备足够的神勇胆识，再加上寒单是流氓神，因此大多是由黑道兄弟扮演，常见一身都是刺龙刺凤的兄弟上阵受鞭炮轰炸。

早期当局觉得这是股“歪风”，为抑制这股“暴戾之气”，曾经被禁止好一阵子，尤其是20世纪80年代中期，台湾有一次“一清扫黑项目”大扫黑，结果这些“兄弟”怕树大招风，敢被炮炸却不敢当寒单爷，怕被盯上，直到20世纪90年代才重新举办。元宵节你要是觉得放天灯太小清新，蜂炮又不够刺激，倒是可以来台东感受一下重口味的炮炸寒单爷。

鹿野

相对于台11线的海岸风光，台9线一直到花莲的玉里一带，花东纵谷这狭长的谷地就是整片绿野平畴，翠绿的田野，很安静，仿佛只有风吹过稻浪的声音。

如果你在花东纵谷真的要停留一个地方，在高处一览花东纵谷风光，那就来鹿野高

台，此处位于海岸山脉、中央山脉交会的狭长谷地，地势369米，是台湾少有的高台。青翠的缓坡，没有任何的阻挡物，高台居高临下，视野甚佳，远处青山翠谷，宽广的卑南大溪河谷一览无遗，可远眺花东纵谷以及龙田河阶上方整齐的农田景致。窃以为，这个景色比我们经常见到的瑞士乡村照片还美，鹿野高台也是滑翔翼爱好者的天堂，稳定的气流和美丽的风景，让人心旷神怡。现在这里最热门的活动就是飞行伞体验，从高台上往下飞行，纵谷风光尽收眼底。每年夏天，这里就会举办热气球嘉年华，才办短短几年，就把这里给炒红了，台东县内只有10万人口，结果2012年来了快90万游客。

鹿野产的红乌龙现在也很有名，这种汤色橙红、明亮澄清具有光泽，滋味甘、甜、滑润，冷热泡皆宜的红乌龙，兼具乌龙茶茶香，茶汤就跟红茶一样如同红宝石。台湾研发出新茶种，一般要20年才会让挑剔的茶客接受，结果红乌龙一推出才没几年就爆红，现在台湾很多本来不喝茶的年轻人都从喝红乌龙开始认识茶。

池上便当的正确吃法

许多人环岛就算不在台东停留，火车短暂停在池上这个小站时，也会冲下车买个知名的池上便当来尝尝。池上这一带好山好水无污染，产的稻米远近知名，可说是全台湾质量最好、口感最佳的米，用木片装着池上米的便当，也是这个小镇的招牌。

池上是个绝对宁静又清新的小镇，少有人停留，花东纵谷一望无际的青翠田野，远处地平线上山岚缭绕在高山间，不管你是骑着自行车穿越田间，又或者一边欣赏窗外风景一边吃便当，都是一大享受。不过在火车上享用池上便当，请记得下面几道程序，这是内行人的吃法：

火车快要停站时，就要蓄势待发，准备好零钱70元（2014年价），门一开，马上冲到小贩面前买了就跑回车上，不排除有跑太慢来不及买到的可能性。卖便当的大概都站在7、8、9节车厢处；

打开便当盒香喷喷的，别急着吃，先把配菜通通夹到盖子上，只留下白饭与柴鱼酥，把柴鱼酥搅拌到饭里再开始吃；

吃完后一定有饭粒黏在便当盒里，请把盒子边框比较短的那边的木片拆下来，当作铲子把剩余米粒铲下来吃，功德圆满；

吃饱了好好睡一觉，花莲就到了。

绿岛

绿岛这个神秘的小岛现在真的是流浪的好地方，仿佛这个小岛就是用来毫无目的地享乐，生命就应该浪费在这样的碧海蓝天似的。台湾本岛都是周休两日，绿岛人自称周休五日，你一踏上绿岛的土地，马上就会忘记这片海以外的世界。

绿岛旧名为火烧岛，关于这个名字的由来，有很多说法。最常听说的是，从台湾本岛看绿岛日出，金光闪亮笼罩整个岛屿好像火在烧，因此得名，直到1949年才改名为“绿岛”。很多人一听到绿岛就想到《绿岛小夜曲》这首歌，还穿凿附会、煞有介事地描绘这是当初男女政治犯互诉衷曲的歌，其实《绿岛小夜曲》里的“绿岛”指的是台湾岛，不是这个绿岛，只是将错就错，这首歌也就成为绿岛的代表歌曲了。

到绿岛都在南寮港上岸，这里也是整个绿岛最热闹的地方。最快了解绿岛的方法就是先造访此处的游客服务中心，不管你来绿岛是想看海岸风光、浮潜、参观人文遗迹或泡温泉都，记得先拿张导览图，里面的资料，能够让你对绿岛有个概括性的了解。

风和海雕琢出来的奇景在绿岛上到处可见，在海参坪的睡美人岩与哈巴狗岩都是著名的海岸景点，要观赏这两块巨岩的最好视角，就是登上海参坪的步道。这个步道沿着山丘棱线如细带般蜿蜒起伏，在步道的尽头是景观亭，从这里可以看到绿岛最美丽的海岸风光。

绿岛哈巴狗岩／杨政昌摄影

朝日温泉／杨安生摄影

一片青翠的牛头山让人心旷神怡，山顶是一大片绿草如茵的大草原，这也是绿岛欣赏日出的好地方。很多年以前，陈升在这里办过一次户外演唱会，当时有4500名歌迷跟着他一起来绿岛疯。晚会结束后，所有的人索性办起篝火晚会，不过就在气氛HIGH到最高点时，就下起了大雨。几年后，陈升再度到绿岛办演唱会，就在绿岛灯塔下。在他眼里，绿岛是个再天然不过的地方。

很多人知道绿岛的海底温泉——朝日温泉非常有名，那是许多人对绿岛“金光闪闪”的回忆。在日据时代就称为旭温泉的朝日温泉，水温介于53~93℃间，是世界少见的海底温泉，现在在海边岩岸砌出三个不同温度的圆形池子，你也可以在旁边的礁石间选适合自己水温的水洼泡汤。在这里泡温泉泡的是一种感觉，不管是在碧海蓝天海风吹拂下泡，或者是入夜后在满天星斗下泡，又或者如温泉名凌晨三四点就来泡汤，当太阳从海面升起，海面池面染成一片金黄，如同瞬间沸腾。

绿岛的浮潜也很有名，要潜入水中看这座岛屿才精彩。绿岛可算是世界级的潜水圣地，你可以选择浮潜，或者坐船到外海深潜，有多种潜水项目及教学提供。当你潜到海点，会发现各色的珊瑚与悠游的热带鱼，构成了美丽的海底花园。如果你真不敢下水，还有玻璃船或潜水艇带你一览海底世界。这几年绿岛非常流行“跳海”，在岛屿西北角的中寮港，水质清澈，常见到年轻人在堤岸上奔跑，蹬出，呈个大字形飞跃，大吼一声落入海里。在灯塔下方的污油窟，是个被珊瑚礁岩隔开的海水池子，就如同洁白沙滩中的碧绿眼珠，水深才1.5米。

绿岛虽美好，但近年来也面临着观光与环保的两难，这小岛每年涌进约30万观光客，而绿岛常住居民也不过2000多人而已。除了自然生态受到伤害外，大量涌进的观光客也开始改变岛上原本的作息，绿岛都快变得不是绿岛人的绿岛了，而观光客也总好像一辆摩托车呼啸而过环岛一圈就算是绿岛之旅。现在一直有每日上岛总量管制的建议，只不过观光有时候也像一剂麻药，若不是岛上居民与业者有共识，胃口会越来越大。

环岛公路鬼故事

骑摩托车夜游绿岛好像已经变成来绿岛晚上必玩的行程。绿岛就有这么一则乡野传说：几年前，一对情侣来到绿岛，也是半夜骑摩托车要去泡温泉，骑着骑着都忘记速度过快，结果一个不小心摔车，女生就这样飞了出去直接撞到头，颈椎直接折断当场死亡，死状极惨，而男生也受了重伤。从此之后，就经常发生游客半夜骑车前往泡温泉途中，遇到一名女子在荒郊野外徘徊，只要你停下来问她需不需要帮忙，“她”就会转过头来，露出满是鲜血的脖子说：“你可以带我回台东吗？我好想回家。”

绿岛人权文化园区

台湾人称绿岛为“大哥的故乡”，很多大哥也以自己去过“绿岛大学”深造为傲。绿岛从日据时代以来一直是关重刑犯的地方，有什么大哥级的人物被抓，都是受全副武装直接坐直升机降落到绿岛监狱这种高规格接待的。

绿岛只有小小16平方千米，过去有3座监狱，分属“国防部”及“法务部”，若你掀开台湾的历史，尤其是白色恐怖那一页时，几乎所有的案件，最后都会指向一个地方，就是绿岛。

在将军岩前面，有一座隶属“国防部”的绿洲山庄，就是以前白色恐怖时期关押政治犯、思想犯的地方，有许多罪名匪夷所思或莫须有的异议分子被关在这儿。绿洲山庄完全保留了昔日高耸的围墙、铁丝网、操场、礼堂和八卦楼。进入绿洲山庄会经过一个名叫“鬼门关”的洞口，意味着一进入这里，生还机会渺茫。现在绿洲山庄内还展示许多白色恐怖时期的相关史料，窄小的监狱被幽暗沉重的氛围笼罩着，即使在多年后，游人走进这里，那份沉重仍然在其中挥之不去。只是近年来，绿岛莫名其妙的监狱纪念商店也早就盖过当年党外人士所代表的价值。

著名作家柏杨曾经就是绿洲山庄中的一员，被关了10年。柏杨生前回到这个地方，曾开玩笑说应该把这里改成旅馆，客人可以自己选择睡“施明德房”或“柏杨房”，然后他提了一句“如果你想不自由，就必须付费”，闻者哈哈大笑，却又感叹万分。柏杨过世后，按其遗愿，部分骨灰带回河南安葬，另一部分则撒在绿岛海域。

当年大量政治犯与监狱是绿岛百姓生活的一部分，监狱没有影响百姓生活，反而提供了很多工作机会给百姓，几乎每一家都有在监狱上班的公务员，后来要撤除监狱时，当地百姓还曾抗议过。绿岛除了自然资源，这些历史小细节也是绿岛之所以有趣的地方，很值得跟绿岛本地上了年纪的人聊聊。

到绿岛旅行的旺季是5~9月，一般是从台东机场坐德安航空飞机或在台东富岗渔港搭乘船班，最好是提前买票或订票，否则旺季经常买不到票，有时因台风或风浪过大会停开，要去的话要预留一天的行程。

岛上最方便的交通方式是骑摩托车，绕岛一圈也才18千米而已，但摩托车也是岛上生态的一大杀手，绿岛夏季晚上经常有陆寄居蟹下海产卵，产完再回到山里，一个晚上两次经过马路，被夜游的人碾死不少，也因此，现在陆寄居蟹的数量在绿岛减少很多。

兰屿

小小一个兰屿岛，骑车2小时就能绕完一圈，但这遗世独立的小岛上所拥有的超乎你的想象，有浓密蓊郁藤蔓攀缠的热带雨林，咸咸海风中带着淡淡的花香草香，也有考验你想象力的形态各异的海岸线，还有充满海洋气息的当地文化……原始、神奇的兰屿令人迷惑，吸引无数观光客前来感受。

兰屿的公路不错，一条路通到底，最便利的方法就是租摩托车，来兰屿就是要环岛。拿着一张导览图开始环岛，想要顺时针逆时针都可以，这样所有海岸的景点都能看到，喜欢的就停下来休息看看，看到阶梯就往上爬，然后，兰屿就玩完了。这也是最经典的游玩方式，不过，别因为碧海蓝天，兜风得太爽快就没注意到岛上的活动红绿灯——若无其事横过马路的黑猪与山羊。

兰屿过去称红头屿，台湾光复后因热带雨林盛开的五叶蝴蝶兰而得名兰屿。居住在这个岛上的少数民族是达悟族人，是台湾唯一的海洋少数民族族群，属于马来波利尼西亚语系，一般认为是800年前从菲律宾北部的巴丹群岛渡海而来，到现在两边语言有60%都还能相通。

环兰屿的各部落，一定都能在部落前的小海滩见到船身上有美丽几何图纹的拼板舟。在兰屿，不会钓鱼不会游泳的男人不算是男人，没有船的男人也不算男人，兰屿有自己的一套造船文化，达悟族人做船用的树木都是很久很久以前的，男人会先考虑自己的儿子、孙子要造船，早在二三十年前就在山上种树，画好记号，为子孙作准备。一般大船以27块木板，小船以21块木板拼成，每个部位依性能会用不同的材质，一艘船讲究的话可用到20多种木材，达悟族人认为板舟有灵，每造一条舟需要3年时间，制造过程必须遵守各种禁忌，每个步骤都马虎不得。

达悟人的传统住宅是半穴屋，很富有传统智慧，看起来好像只有黑色屋顶，其实下面深入地底两三米。在这个多台风，夏天热冬天冷的小岛上，用穴居的方式，土层不仅有隔热效果，冬暖夏凉，还能防台风防震，在屋旁多有两到四块的大石头立着，多面向海，那是工作过后男主人用来坐着望海聊天，向下一代传授生活知识的靠背石，多潇洒悠闲！但这些传统半穴屋现在也不太多了，只有在朗岛与野银两部落会看到比较多。

在兰屿似乎只有三个季节：飞鱼来了、飞鱼走了、飞鱼快来了。每年从二三月开始，就进入达悟人最重视的飞鱼季，兰屿六个部落会分别举办招飞鱼，到7月飞鱼季结束期间只能捕食飞鱼，让其他鱼族生育繁殖，等待飞鱼季结束才捕食其他鱼类。

在飞鱼季时，兰屿几乎家家户户都晒飞鱼，在竹竿搭起的晒鱼架上晾着，蓝天白云下晒飞鱼，成了兰屿的经典画面。在这一切都很简单，但简单中又蕴含着无穷生活智慧的兰屿，你可以学着当地的生活，男人上山下海获取食材，女人在芋头田里耕作，饿了，从田里采摘些芋头野菜，或者下海捕鱼，就是一餐。

兰屿人很和善，烦恼很少，好像每个人脸上都带着阳光般的灿烂笑容，即使不认识

晒飞鱼干／郭文吉供图

也会与你点头微笑。但兰屿人不喜欢观光客乱照相，尤其是老人，请千万不要对着老人拍照，如果是对着船、飞鱼、房屋拍照，尤其是女人要碰拼板舟前，请先征求同意，以免引起不必要的误会。

你在GOOGLE输入“兰屿”，第一个关键词就是“核废料”，因为兰屿有台湾核废料的储存场，就在龙头岩与象鼻岩之间。几十年前台电忽悠该岛乡民说要在此地盖罐头工厂，乡民满心期待着能够促进就业，结果没想到是高污染的核废料，到现在为止放了快10万桶，加上台电对核废料的管理存在疏漏，一直让人很不放心。从20世纪90年代初期开始，达悟族人就经常穿着丁字裤、战甲，手执长矛赴位于台北的台湾有关部门门前，用“驱逐恶灵”的方式表示要核废料滚蛋。不过到现在核废料这个问题在台湾仍然是无解，不管搬到哪里都不受欢迎。

此外，台湾最有名的基层民警——金曲歌王陈建年就在兰屿岛上的小小派出所当警察，如果各位有缘，说不定还能遇到他。

到兰屿旅行的旺季是5月至9月，一般是从台东机场坐德安航空飞机或从台东富岗渔港搭乘船班，船班通常先经过绿岛再至兰屿，垦丁的后壁湖渔港亦有船班前往，比从台东前往还快。

旺季是抢票的季节，以机票来说通常要提前两个月订票，要到兰屿旅行，建议规划行程时，多预留一天，因为这个季节多台风，以防航班或船班都会取消或是延误。

岛上没有ATM机，请带现金。

兰屿风情

兰屿—拼板舟下水

[行]

从台北到花莲，或者从高雄到花莲的火车票可能是全台湾最难买的，慈济一办活动，肯定又是买不到票。所以，想要坐火车去这个地方，一定要提早预订，必要时分两段买，比如台北—宜兰—花莲。嫌时间太多，可以坐站站乐的慢车慢慢晃到花莲，还可以心血来潮地在沿途漂亮的海岸小站下车。当然你也可以选择坐大巴或飞机。

神奇的花莲客运营运范围几乎涵盖整个东部，但花莲有一大半地方都是山区，公交车或巴士经常都是只跑主干道，有很多地方到不了，但观光景点是一定有车到的。所以如果你要住民宿，最好是找刚好在路线上的地方，否则，只能苦求民宿主人来接你了。

在花莲很适合租自行车或摩托车来玩，如果你住旅馆，可以向旅馆寻求租借自行车的协助，毕竟市区说大不大说小不小，公交车班次又不太多。在花莲，某些地方还有自行车专用道。对于骑车环岛的人来说，要走山线还是海线那可是一个难题，因为，两条线路都很美。

[住]

花莲是旅游胜地，从五星级酒店到民宿都有。夜宿花莲，晚上经常可以感受到 4 到 5 级地震，是不是观光客就看这时是淡定还是哇哇叫了。在花莲强烈推荐住民宿，花莲许多民宿都是厌烦了大都市生活，“逃”到花莲的（前）精英人士开的，都非常有个人风格。但花莲的特色乡间民宿大多远离主干道，建议你从客运路线上来找民宿，可能容易些。如果你有个非常感人或热血的故事，告诉民宿主人，说不定他们还会泪流满面地给你的住宿打折（高级民宿就别打这主意了）。

如果你一不小心流落到了某个偏僻小部落，建议你可以去找教会。部落里一定有教会，一般都有住的地方，便宜又干净。

花莲，古称“洄澜”，此地名来自花莲溪出海口。来此定居的第一批移民，见花莲溪与太平洋交界处，浪潮澎湃，波澜回旋，极为壮观而命此名。这个地名似乎也预告花莲成为一个“激荡交会之地”。在地质上，花莲位于欧亚板块和菲律宾海板块的交界面上。两大板块经亿万年的推挤，不只创造了台湾屋脊——中央山脉，也造就了绵延于太平洋左岸的海岸山脉。两座山脉之间，也形成台湾最长的一条狭长谷地——花东纵谷，绵延花东100余里。陆地花莲，被中央山脉、海岸山脉、花东纵谷三分天下，它们站立在岛屿的东岸，一起面向地球第一大洋——太平洋。

蓝色太平洋，紧紧贴在花莲的东侧，在花莲外海形成一深度四五千米的大海槽，孕育无数海洋生命。流经其上的，更有北赤道洋流，因其潮水深蓝黑邃，故又有另一名字——“黑潮”。黑潮，带给花莲湿暖的气候，带来丰富鱼汛，带来南岛语族的千年海洋浪迹。相对于陆地花莲，海洋花莲之深广、神秘，更是让人无法揣度臆量。

世居于斯的少数民族们，亦如山海花莲的丰富多彩。在花莲，三大族群（闽南、客家、少数民族）恰恰各占约三分之一。其中少数民族除最有名的，也是人数最多的阿美族外，另有布农、太鲁阁族，和于2007年正名的台湾第十三族——撒奇莱雅族。这样多元且无优势族群的人口组成，使花莲呈现一种有别于外地的族群交融与互敬互助的景象。

除了世居于此的少数民族外，花莲也有一群新住民——“岛内移民”定居。在花莲常流传着这样的话：“这里的泥土很黏！”意思是只要曾经来这里生活过一阵的人，都会萌生留下来落地生根的念头。花莲是个相当有包容力的地方，有很多可能性，每个人好像都能在这里找到他想要的。这些新住民，随着慈济志业体（慈济医院、慈济大学、慈济技术学院等）和东华大学的陆续成立，更有推波助澜之效。一批批的医护人员和学者文化人士，在这里找到安身立命的差事，也跟着爱上这片山海大地，就此成家生子。他们为花莲文化注入了新鲜血液，也让这个原本就族群盛放之地，更增添了多样的色彩。

来到花莲出了火车站，很快你就能感觉到这里的步调，就是“慢”，慢慢走、慢慢看、慢慢地活。这种慢的个性，你可以在许多少数民族部落里发现，他们总能用乐天悠缓的心情，把生命放在开阔的大地之上，细细品尝。而这种“慢慢生活”的姿态，也吸引许多西部人来此定居，放下“竞争与生存”，来这里学习“感受与生活”。这种慢，不只是在步调上的放缓，更是价值的另类选择，也是重新思索“生存意义”后所做的决定。赚钱和效率，在这里不是最重要的事，过程和其中的趣味才是。在乡间，你可以看到慢慢骑着脚踏车的村民，主动对你微笑（如果你的速度够慢的话）。如果你的车子抛锚，很快就会有人停下来帮你。如果你跟路人问路，他甚至会自己骑车领你到达目的地。这就是花莲，因为悠缓，所以总有余裕把双手空出来、把微笑送出去。

这种慢活情调有时会被都市人误解为“懒”，觉得花莲人这样活，很难和外面竞争。不过很不巧，花莲人的自我认识就是“没有比较级”的，是非常直觉的，套句成语就是“夜郎自大”，在后山当山大王。但这样的理所当然，也成就了花莲不媚于俗、独树一格的雍容格调。如果你来到花莲，试着放慢自己的脚步，放慢大脑的转速，清楚而放松地去体验生命的每一分每一秒，或许你也会发现，这座可以让时光停歇的慢活之城。

太鲁阁公园

太鲁阁公园位于花莲北端，是花莲境内的国际级景点，早在日据时代，日本人就惊叹迷恋它的美，把它列为“台湾八景”之一，其雄伟奇峻，随着中部横贯公路的开通，让世人有了一窥其真面目的机会。中横公路1956年起造，1960年通车。这条凿穿中央山脉的横贯公路，堪称台湾公路开发史中最辉煌的纪录。至今中横沿线仍有部分景点和中横有关，如燕子口附近的“靳珩桥”是为了纪念筑路时殉难的工程师靳珩，而长春祠即是祭祀因开凿中横公路而受难的212位工程人员。

太鲁阁最震撼人心之处，即是立雾溪切穿大理岩所形成的峡谷地形，美国DISCOVERY频道曾把这儿列为世界十大必玩景点之一。中横公路自燕子口、九曲洞至天祥这一带，便是欣赏峡谷地形的最佳处，大理石无比坚硬，光凭冲激，竟然能下切垂直近1千米，那

燕子口

是一种惊心动魄、壮阔雄浑的奥义。大自然的力量真是神奇，要欣赏这形式各异的天然雕刻，强烈建议徒步前行。

抵达天祥后，可参访有“全世界最高的地藏王菩萨像”的祥德寺，古刹静林，能沉淀人心、洗净忧烦。而天祥再往内的西宝村，有一座迷你森林小学——西宝小学。西宝小学这些年非常出名，其无围墙且几何形融合生态地景的校园设计，充分地表达了对自然的尊重，也成为旅客驻足之地。据说还有部分台北家长特地把孩子送来这座被群山围绕的迷你小学就读呢！你可能会注意到，在台湾越是偏远的地区，小学盖得越是漂亮、有地方特色，反倒是政府办公楼破破旧旧的，那是因为偏远地区也没有太多事务，但是现在已经都有共识，学校是传承当地社区历史、民俗文化的重要基地，所以一般偏远地区的小学反而比都市小学更有地方特色。

中横公路建成之前，太鲁阁境内其实就有一条“合欢越岭古道”，是由日本人筑造的。日据时代，日本常和各地的少数民族发生冲突，太鲁阁地区在1914年即爆发一场“太鲁阁战役”。当时的总督佐久间左马太率领日军分东西两路进入太鲁阁山区，沿途讨伐各部落。而为了运送枪炮弹药，乃筑成“一战”时的军用道，称“合欢越岭古道”。目前这条古道里保存最完整的是燕子口附近的“锥麓古道”，已被列为史迹保存区。

太鲁阁峡谷景区有许多条辟好的步道，都很适合走访。一般游客到太鲁阁玩，也就是走马观花看那几个景点，很可惜，太鲁阁的灵魂，其实是公路旁那些经常被忽略的步道，只要你愿意多花一点时间，哪怕就1小时，一定有条步道通往山的深处，换个角度看太鲁阁，也才能真正看到太鲁阁的美。在景区内除了观光客必看的燕子口步道及九曲洞步道外，众多步道从简易的散步级到PRO探险级都有，当然，通常级别越高，景色就越美越壮丽，以下选出几条有代表性、又受游客欢迎的步道。步道在雨季或地震后经常性崩塌，请先在服务处询问是否开放，至燕子口步道，请务必头戴安全帽，以防被落石砸伤，有些人会问为啥不把岩壁整整铺上水泥？你说铺上水泥还看得见人工开凿的痕迹吗？就跟普通山洞没两样，有啥好看的！

砂卡礑步道：此条路线是本区易达性最高也极具特色的步道，砂卡礑步道沿砂卡礑溪辟筑，在大理石峭壁中开凿而成。最早是太鲁阁族狩猎及部落间联络的小径，后来在日据时期为了兴建电厂运送输水管及于砂卡礑溪上游建立拦水坝之故，才加以辟建而成。步道沿途穿林过水，由于溪谷布满大理石，故溪水流经此处，会激起大理石释放出其中所含的碳酸钙，处处可见砂卡礑溪溪水呈现澄澈的宝蓝绿色，让人有如置身仙境之感。沿砂卡礑步道继续往深山里走也是通往目前仅存的遗世独立太鲁阁族传统部落——大同、大礼的通道，但路途遥远且陡峭，有专业登山者或太鲁阁族人带领前往较佳。

白杨步道：这是太鲁阁众多隧道中最神奇的一条，特点就是沿途有许多隧道。因为以前在凿隧道时不小心挖断水脉，使得大量地下水由隧道内顶部的多处裂隙倾泻而下，

白杨步道

锥麓古道

如同在隧道中有着瀑布一样，水声轰隆轰隆，像水帘洞一般，走出隧道，眼前风景豁然开朗，立雾溪的支溪瓦黑尔溪在脚底下湍急流过。这是一条极适合情侣一同走的步道，两人在漆黑不见五指的步道中同撑一把伞，感情绝对急速升温啊！记得带手电筒。

锥麓古道：如果你时间够，胆子够，一定要走一次锥麓古道，古道有一段刚好就是在一般游客都会去的太鲁阁峡谷正上方，走在窄窄仅容一人的大断崖古道中，脚下750米就是滔滔滚滚的立雾溪，光是看照片都觉得惊心动魄而脚软。但只要你勇敢走上去了，你会发现整个天空都是你的。这条古道见证了日本侵略者对少数民族的压迫，历史上风风雨雨，现在也当作史迹在保存。

苏花公路—清水断崖

苏花公路的清水断崖段是眺望太平洋的绝佳地点。第一次来到这里的游客，很少不被震撼住的，因为那不是普通的海，那叫“海洋”。想吹太平洋的风吗？这里是最好的地点。太鲁阁口北边的崇德部落，是著名的苏花公路的起点，该公路连接宜兰和花莲两县，成为通往后山的重要通道。事实上，早在清朝，该地便有一条“苏花古道”，作为开山抚番之用。日据时代则依该古道修凿“苏花临海道”，也就是今日苏花公路的前身。早期苏花公路只有单行道，不同点不同方向通行，晚上禁止通行。苏花公路在几近90度角的悬崖上开凿，底下数百米就是波涛汹涌的太平洋。车在断崖公路段行驶时，车窗外是一片无垠汪海，惊险的程度就如腾云驾雾，其实你也没空欣赏美景，只能全神贯注驾驶，跑苏花公路简直就像跑鬼门关一样。

现在苏花公路有新的线路，隧道较多，隧道旁的岔路经常都是沿着悬崖凿开的旧单行线，有些路段因塌方严重落石多已封闭，游客切勿自行闯入，不过在台风豪雨过后，苏花公路也经常封闭。对于环岛单车骑士来说，苏花公路东澳段非常不友善，此段隧道密集且多弯道，土方车又多，骑士经常会被挤到没有容身之处。在隧道内骑行，除了要注意光线、路况外，更要注意，土方车辆擦身呼啸而过时，车侧气流的吸力。在此路段遇大车别贪快，请干脆让路。

苏花高速路的两难问题

台湾东部俗称“后山”，因为交通不便，发展一直不如西部，过去几十年

苏花公路清水断崖

一直有各种东部开发计划出台，但都因为官僚办事效率不彰没得到落实，不知幸或不幸，东部却也因此保留了好山好水。

旧时出入花莲，也就苏花公路和中横公路，但一遇塌方就被阻断，而北回铁路，到现在票都常常无法买到，让花莲人觉得出入不便。近年一直有筑“苏花高速公路”的计划，比照雪山隧道模式凿山挖洞，贯穿中央山脉。然而，该公路因通过许多环境敏感区，会破坏当地生态景观与水文地质。另一个问题是，苏花公路究竟会带来经济发展，还是反而加速在地产业的消失，在花莲当地有很大的争议。目前苏花高原案已搁置，但另一“苏花公路改善计划”已开始动工。面对开发的两难，或许应该思考的是：对未来东部的想象是什么？回家的路是变快速了，但，会不会家也因此面目全非了？

海洋的花莲

在花莲，亲近海洋变成一件很容易的事，狭长的海岸线，处处与太平洋邻接。知名的几个海滩，包括邻近市区的七星潭、北滨、南滨公园以及东海岸的矶崎海水浴场、石梯坪等，每个海滩都因其地质条件不同而呈现各异风采，均值得一游。若想俯瞰海岸之美，则推荐之处分别有：奇莱鼻灯塔、四八高地、芭崎瞭望台。这些地方或在海之岬角，或在山脉之顶，但都是从制高点瞭望山海大地。

出海去认识海洋花莲，也是一条可尝试的路线。在花莲港有多家赏鲸船可供选择，会带领你驶进太平洋，探访海中精灵——鲸豚的踪迹。赏鲸行程一趟约2个小时，船上也有专业解说员带领大家认识海洋之美。若你对海洋想要有更深度的认识，建议你可以拜访“黑潮海洋文教基金会”，该基金会由花莲知名海洋文学作家廖鸿基创立，廖先生长期关注海洋议题，并参与许多海洋保育行动，举办海洋相关议题的讲座和活动，该基金会是一个非常用心且充满活力的当地组织。

大山大海，是花莲的壮阔舞台，也是造物为世人留下的传奇。若你曾搭乘赏鲸船自花莲港出海北上，行至太平洋上回望花莲，你一定能同意，当年葡萄牙水手为何行船至大清水断崖时，会忍不住赞叹：“Ilha Formosa！”（多美丽的岛屿啊！）这里即是山海交会最极致处，清水断崖临海拔立，气势磅礴，与海日夜临对。福尔摩沙，美丽之岛。而花莲，似乎已把岛屿的山海之美浓缩其中了！

七星潭

七星潭

对于大多数的台湾西部人来说，七星潭这个地方颠覆了他们对“海滩”的印象。西部人到海边，是踏浪，需要阳光与沙滩，还有比基尼；而花莲人说的“到海边”，是走在“咔啦咔啦”七星潭石砾上，不能下海，也不能玩沙埋人的游戏。这里的海跟西部不一样，蓝得深邃，海天壮阔，不同的时间都有不同的美感：早晨，总是聚集着人群等待从太平洋海平线升起的第一缕阳光；白天，蓝得分好几个层次，除了蓝还有更蓝；晚上，听着海潮声，数着星星，海面上作业的渔船偶尔传来几声马达声。突然有一阵轰鸣，原来是F16战斗机呼啸而过，就降落在一墙之隔的军机场。七星潭，就跟花莲人的后院一样，不管是晨练、饭后散步或是晚上吃饱没事干，都爱来七星潭走走。

一些环岛的大陆旅行团，行程会安排先去日月潭，再去花莲的鲤鱼潭，游客看了之后难免抱怨都是一些小湖：“我们大陆的×××都比这里不知道大多少倍！”但台湾那些油条导游也不是省油的灯，把团带到七星潭海边后，气定神闲地说：“这才是我们台湾最大的潭，潭对岸就是美国。”

七星潭海边有一曼波海洋生态休闲园区，曼波本来是种舞步，近年来花莲为了推销翻车鱼这本来没什么人吃的鱼种，也将翻车鱼改称为“曼波鱼”。曼波园区所在的四八高地，本来是保护机场的高炮阵地，这几年也适度开放观光，结合了军事文化及海洋文化，园区内有战地文化公园、生态咨询室、观景平台、生态战管中心、观海平台等设施，不过有些地方仍有军人驻守，游客要识相一点。

1.七星潭常会有突然而来的大浪，俗称疯狗浪，以前就有旅行团成员被卷下去的记录，还好被救起来了。别看着很美就走下去玩水，七星潭也是台湾十大危险海域之一，走进海里没多远就是踩不到底的海沟了。

2.请不要把七星潭的石头捡走。

静思精舍

这造型素雅简单又安静的地方，是慈济创办人证严上人从20世纪60年代开始修行及居住之地，也是全球慈济人的精神中心。现在看到的建筑，是经过多次改建的样貌。虽名“静思精舍”，但其中的精神主要在强调内心的思维，并同时借由劳动工作来养性，就如同上人所说的“工作不碍修行，修行不碍工作”，因此在“静思精舍”，还可以看得到工厂、仓库以及办公室等用途的场所。

新城天主堂

如果你去太鲁阁在新城车站倒车，倒是可以来这风格特异的教堂看一看。教堂所在地本来是日本神社，后改为教堂。整个爬满藤蔓的诺亚方舟形教堂，内部的彩绘玻璃窗，有一幅穿着清朝皇室服装的圣母及小耶稣图。除了有基督教符号外，外面，你还可以看到早期种的松树、神社的石犬石兽、宫灯以及最后一道鸟居。

在天主堂附近有一间佳兴冰果室，现在台北已经根本看不到这种传统老牌冰果室了，这家店在环岛骑士圈里特别有名，大家路过新城都喜欢聚集在这间店喝甜汤凉水，店前面总是有许多摩托车、自行车停放。旁边有家新城照相馆，这栋已经130年屋龄的平房，有70年的照相馆历史，在这里可以看到斑驳的招牌及橱窗内老派的黑白照片，因为几年前电影《盛夏光年》在此取景，因此爆红，小清新们都爱在这儿拍照（用黑白或LOMO风那是一定要的）。

花莲金三角商圈

整个花莲市区最热闹的地方，就是由中山路、中正路、中华路所围成的金三角商圈，如果你夜宿花莲，可以来这里逛逛，该有的店，百货公司都会有。当然，这一带也集中了花莲比较有名的小吃店，比如公正街的包子、海埔蚵仔煎、焦糖包心粉圆、戴记扁食等。如果你想买特产，一些老牌的特产店，如曾家麻糬、曾记麻糬（两家是吵架分家的麻糬店）、洄澜薯道、花莲馅饼、德利豆干等，这些全台知名的花莲伴手礼店，也都在这里的“名产大街”上，来到这里，你根本不用担心买礼物的问题，能进这条街的，都是有一定质量口碑的店。

在中山路与节约街的交叉路口，有一旧铁道徒步区。你可以想象这里是花莲版的“西门町”，也就短短的百来米，有许多街头艺人在此表演，歌星若到花莲做签售会也会选择在这条街上。在此街地上，有一条铁道经过，那是以前花莲火车站至海边的铁道，以前火车是从路中间穿过的，自从废线后，铁道也保留了下来。现在街上除了有以前天天见火车经过的老牌店家，又出现更多创意小店。

如果想找石头艺品，可以往南走一点到广东街石艺大街，很多人知道花莲产石头，整个太鲁阁峡谷就是大理石峡谷。如果你是参加旅行团到花莲，导游一定会大力鼓吹并忽悠你到大理石加工厂购物点去买大理石工艺品，也不能说购物点的东西不好啦，就是总感觉少了一些选择。现在花莲有专门辅导并展示石头加工品的地方，就是石艺大街，有数十家店在此聚集，有些店还能自己DIY，每逢周末晚，还有少数民族歌舞表演，是花莲市区主要的夜生活去处之一，搞得还算用心，有需要的朋友可以到这里参观（你如果是背包就别考虑买了，石头很重）。

继续往南，就是南滨公园，这也是花莲一个看海的好去处，不过去过七星潭就不用来这儿了。南滨公园旁边就是花莲市区最有名的南滨夜市，这应该是全台湾唯一在海边的夜市，一边逛夜市一边听海浪的声音，海边还常有莫名其妙的人没任何理由地在这儿放烟火。

花莲的滨海自行车道以南滨公园为起点，沿途行经北滨公园、曙光桥、花莲港区、七星潭风景区至终点德燕渔港，约16千米，花莲市区的滨海风光尽收眼里。

花莲创意文化园区（花莲旧酒厂）

自从花莲酒厂搬迁后，占地4公顷的旧厂区在文建会的管理规划下，将之转型为创意文化园区，你可以想象这里为缩小版的台北华山创意园区，不定期会举办各式展览、活动。

不看活动，这里也是个清幽的地方，比起华山创意园区的纯水泥建筑，花莲创意园区多了几分木头厂房的桧木飘香。因为来的人很少，不管是外在建筑，还是内部摆设，都很有20世纪老建筑的风味，现在40岁以上的台湾人都很熟稔这种风格的建筑，因为以前的小学礼堂、社区活动中心，就是这种风格。也许这种感觉台湾人会比较熟，悉心有戚戚焉，但对于观光客而言，如果在花莲市区逗留，倒是可以来走走，这是个摆拍的好地方。

花莲港亲水游憩区

花莲港区当然不能随便进入，但是现在开放了一些不那么重要的地方作为公共空间。对很多外地人来说，讲起花莲除了太鲁阁及苏花公路，可能就是从小就有教的花莲港了。花莲港是台湾四个主要港口之一，虽说是定位为国际商港，但主要还是以岛内沙石运输为主。鸟瞰花莲港，你会发现它至出海处会经过一长长的防波堤，长到你以为那是一条水道，在世界上的港口都罕见。那是因为花莲港区原本是一块沼泽地，当年建筑时，硬是用东西两侧的防波堤将它围起来形成一个港口。从中兴路进入港口路，首先见到的是一大红景观铁桥，这里是眺望花莲港最好的地点，桥下是只载货不载客的花莲港铁路，不远处可见到花莲港车站，这是台湾火车迷眼中的幽灵车站之一。从桥上经过，

时光二手书屋

临港自行车道

酒厂文创园区

可跨越铁道进入亲水游憩区。

接着，你会看到花莲港之一号仓库，又是一个老旧仓库改建的艺术空间。仓库外墙上，是大理石材拼贴“白灯塔的印记”艺术墙，上面有火车、太平洋的日出、白灯塔、海浪、风与太阳等图案，在这里不定时有艺文展出。

园区内除了可徒步，还可骑自行车，因为园区本身就是花莲滨海自行车道的一部分，在这里可以近距离观赏大船入港。

港区的对岸是花莲渔港，外面是零售鱼市，贩售渔民现捞的新鲜渔获，在港区内，除了会看到渔船上下货，还有激烈的叫卖外。值得一提的是，携缆绳的柱子由整块花岗岩做成，这些名贵的石头在花莲可真不值钱啊，而且做得像板凳一样符合屁股的弧度。在港边多家海鲜餐厅，游客可以先在鱼市挑选喜爱的海鲜种类，再依个人喜好请店家烹煮，尤其是这里由鬼头刀鱼制成的鱼丸，那是一定要尝尝的。这里也是花莲市区的主要赏鲸出发地。

时光二手书屋

在花莲市区散步就是一场“小确幸”之旅，你永远不知道下一个拐角又会出现怎样一间特色小店，时光二手书屋就是其中的代表。时光二手书屋俨然已经变成了花莲的重要人文地标，花莲并没有大型的连锁书店，二手书店倒是不少，其中最有名的就是这家书屋，不知道从什么时候开始，它就在网上火了起来。尽管诚品书店一直有进驻花莲的打算，但很多人就摆明了还是喜欢这里的感觉，许多到花莲的游客都会刻意造访，感染一下那种调调，毕竟老房子加上二手书，一听这种感觉就是无敌啊！

在这座低矮的日式木造老房子里，充满了安详的感觉，如果你在夜间造访，那老房子散发出的橘黄色灯光，暖暖的，一转进巷口就能见到，好像在吸引人往这儿走。店里除了二手书，还卖些小杂货及简单的轻食饮料，大可选一本书，点杯饮料，慢慢坐在书店的阅读室装腔一翻。店里有主人捡回来的几只猫狗，就跟所有有腔调的咖啡店、书店一样，这些阿猫阿狗也必须练得一身博客人欢心的好本领，变相地打工换食宿。安静的店内，除了翻书的沙沙声、交头低语声之外，恐怕最多的就是照猫狗的快门声了。

书店旁边就是花莲鼎鼎有名的葱油饼街，卖全台知名的炸蛋葱油饼。所以，书店门口也写了“禁食葱油饼”。

慈济文化园区

全台最大的慈善机构慈济基金会的总部所在地。园区占地宽广，绿意盎然，虽在花莲市区却又让人感到宁静祥和。慈济创办人证严上人一生致力于“慈善、医疗、教育、文化”四大志业，四大志业环环相扣，由慈善开启医疗，而后由医疗开启教育，又从教育而启人文，因此此园区也包含了慈济医学中心、静思堂、静思竹轩及慈济大学园区。

观光客参观慈济文化园区最常去的就是静思堂，堂内长期展示慈济四大志业的成果，慈济多年来的善举遍及海内外，动员能力及效率之强大，已不用多言。创办人证严上人期望以静思堂来呈现慈济人“无缘大慈”“同体大悲”，将慈济的慈悲济世精神一直流传下去。

证严上人与慈济基金会

全台最大乃至全球知名的民间慈善团体——慈济基金会，至今历史已近半百，现分支机构遍布全球近70个国家与地区，会员及义工也有近1000万人，而在台湾，大约每五个人就有一个人目前是或曾经担任过慈济的义工。

慈济的精神领袖证严上人，师承人间佛教的创始人印顺法师，从1966年开始，在当时经济交通都还不发达的后山花莲，筚路蓝缕，开始了她的伟大志业。

关于慈济的创办，台湾大众皆知的就是“一摊血”及“三个修女”的故事。1966年，证严法师前往花莲凤林镇某私人医院，见地上有一摊血迹，后问才知，有一丰滨地区的少数民族妇女小产，急赶8小时路程抬至凤林，却因缺少开刀所需保证金新台币8000元而无法开刀，只得又带回部落，产妇因而死亡。不久后，有三位花莲当地教会学校的修女，带着学生郊游时路过上人修行的普明寺，不期而遇聊了起来，其中一位外籍修女说：“佛教信徒这么多、力量这么大，如果做社会服务的工作，影响会更大。”一摊血这件事和这句话都给上人极大震撼，让她决心展开社会救济的工作。就在当年春，她在花莲创立“佛教克难慈济功德会”，简称“慈济功德会”，“慈济”二字之意义为“慈悲为怀，济世救人”。

慈济精神一步一脚印，在各地行善，越来越多的人受到感召，加入了做功德的行列。从社会救助起步，后又感于台湾后山地区长期缺乏医疗资源，进而推动医疗志业，慈济医院在创办之初，立下免缴住院保证金之先例，后来卫生署也规定全台医院也照此办理。再后来，又成立了慈济大学及技术学院，一方面培养医疗人才，另一方面也推动教育业，可以说，花莲近年来有那么多知识分子被“黏”住，慈济功不可没。这些年，慈济也积极推动文化产业，除了原本的平面杂志外，也成立了广播电台及电视台。

尽管早在20世纪80年代慈济就立案为基金会，但台湾一般民众仍习惯称之为“慈济功德会”。慈济发展到现在，在台湾影响力广大，组织严密，动员能力很强，在台湾这些年历次的重大自然灾害中，都能见到慈济的身影，常常被认为效率比当局还强。不仅在台湾，在国际赈灾海外救助上，常常都能见到慈济人冲在第一线。

作为台湾组织最庞大、向心力最强的慈善组织机构，慈济虽然宣示不涉入政治，但也常是政治人物选举时极力拉拢的对象。此外，慈济也难免树大招风：慈济缘于“一摊血”事件，但前些年争议最大的也是“一摊血”事件，这件被慈济人认为是不可置疑的故事，在2001年时重新引爆，该诊所医师后人控告毁人清誉，整个事件就如同罗生门般，各方都有理。此案慈济败诉，本欲再次上诉，后证严上人公开声明：决定不上诉。全案暂告终结。

也有许多人批评，慈济吸收太多慈善资源，导致还有许多中小型的慈善组织捐款不足难以维持，这的确是个问题。而作为庞大的组织，慈济内部也不免出现一些别有居心、互相攀比的人，甚至给人一种“庞大组织的傲慢”，这都让人不太乐见。话虽如此，我们仍然见到许多慈济的义工默默地在社会的每个角落行善做好事，就像证严上人的那句话“甘愿作，欢喜受”。

现在在台湾，很流行用闽南语“感恩”来代替“谢谢”，据说，这种说法就是由证严上人开示时带动出来的。

松园别馆与美仑溪日本宿舍群

花莲的大山之美无须多言，巧妙的是，花莲市区也有一座别致的小山丘——美仑山。美仑山坐落在花莲市东侧，高108米，恰好成为花莲市与太平洋之间最好的屏障。日据时代因为军事掩护的考量，在美仑山上种植了大量琉球松，目前遗留下的数十株大松树已成为美仑山的珍宝，而美仑山一带也因此成为花莲高级住宅地带。

松园别馆兴建于日据时期，当时为花莲港兵事部办公室。若站在松园，你很快就能明白这里为何被选为军事要地。背倚美仑山，前临美仑溪出海口处，可俯瞰花莲港和北滨海滩，在军事上正是极好的天然制高点。太平洋战争时，据说此处也是日本神风特攻队出发前最后饮“御前酒”之地。还没整修成艺文空间的松园别馆，曾是一片荒烟蔓草，有很多鬼故事传说，更因这些大时代的战争背景，增添了神秘气氛。不过松园别馆目前已成为花莲当地闲置空间再造的成功例子，不论室内室外，都已整理成展演空间，定期有艺文展览和活动，是个极其小清新的地方。最知名的为每年11月的“太平洋诗歌节”，邀请重量级诗人来此吟诗品文。松园户外的木栈道与生态池穿梭错立在松影之间，你可以在这里徜徉取景，或坐下来喝一杯有松针的下午茶，是非常悠闲的享受哦！

沿着松园前面的大斜坡（花莲人称美仑坡）往下，还没过美仑溪的中正桥前，有一日式老屋社区。该区被当地人称为“陆军港”，乃因清朝时即有驻军驻扎当地而得名。但2008年曾受“蔷蜜”台风侵袭，灾损严重。庆幸的是，该地区所属之民生社区居民积极保护这些老宿舍，成立环保清洁队并投入社区营造和古迹修复工作，也让这些老宿舍能风华再现，成为花莲人永远的历史记忆。此处可以顺道走访美仑溪，美仑溪穿越花莲市区，水缓且清，常有游鱼跃出水面，很适合游人慢步缓行，体验慢活好滋味。

吉安乡

吉安乡是花莲的副都心，很多人在花莲乱逛逛到了吉安乡都不知道市区连成一片了，而过去这里也是日本人的主要移民村之一。吉安的庆修院，是一个保存完整的日式寺院，原本的格局完全被保存下来，曾供奉不动明王及毘沙门天王，光复后也顺应台湾人民的宗教信仰，改奉释迦牟尼佛与观世音菩萨。

花莲市与吉安乡交界处的自强夜市，这几年快速崛起，是花莲夜市界的新兴力量，不算大，但是应有尽有，也有越来越多其他夜市的老牌小吃加入这里，这里的特色就是老板普遍比较年轻活泼一点。

花莲是个多元族群融合之地。要观察这样的景象，最好的地点就在传统市场。从“食物”的角度窥看花莲人的日常生活。花莲最有特色的传统市场是位于吉安乡中山路和中华路交叉路口的黄昏市场。若你顺路到了这里，便可以看到各色各样的族群小贩，叫卖着他们自己的食材。除了在其他传统市场可见的一般生鲜摊位外，这里也会有少数民族的野菜，比如山苦瓜、凿岜、藤心等汉人不知道怎么吃的植物，阿美族人经常自嘲是“最会吃草的民族”，甚至你还会看到整盆的活蜗牛！近来很流行少数民族美食餐，花莲一堆五星级饭店的主厨都要蹲在那里跟阿美族妈妈套近乎，套出她们的烹饪秘方。你可以看到挥汗如雨的小贩除了辛勤叫卖外，邻近摊位常聚在一起聊天抬杠，不分族群肤色，大家一起为生活打拼奋斗，展现幽默乐天又坚忍的市井生活。另外，早市的寿丰火车站前、重庆市场、美仑市场也有野菜贩卖。如果到了花莲只是去看七星潭太鲁阁，而没有去野菜市场，你的东部后山之旅就好像少了些什么。当然，也别忘了跟亲切可爱的阿美族妈妈多聊聊天哦！

吉安乡的阿美文化村专门供游客欣赏阿美族的传统舞蹈及民俗演出，平常是旅行团比较多，有些人心里可能会抵触这种表演形式，觉得太商业化。这是见仁见智的问题，的确，就是这种“商业化”，才能让更多少数民族青年，不用离乡背井，留在家乡，一方面保存传统文化，另一方面也有生活保障。文化村里还卖些少数民族手工纪念品，这都是一些部落工坊的产品，价钱也不贵，如果喜欢可以买一些。

寿丰地区

进入花东纵谷后，即为寿丰地区。此区因位于鲤鱼山南麓，旧称“鲤鱼尾”。鲤鱼山里藏着一座鲤鱼潭，在萤火虫发生季时于环潭步道就可看到萤火点点，迷幻动人。而寿丰地区的河床地一带，更为清朝年间汉人来花莲屯垦的初始据点。

鲤鱼潭

每本台湾旅游书都会写到鲤鱼潭，对一般台湾观光客来说，这里的确是花莲的旅游胜地，但对大陆的朋友来说，就是个被群山包围的小湖，这样的景其实在大陆到处都是，恐怕连3A景区都排不上。如果你正赶着环台的行程，这里的性价比有点低，你看了恐怕会失望到发怒。但鲤鱼潭的优点就是清幽，到了晚上，才是鲤鱼潭最精彩的时刻，萤火虫多到会把你包围，看个人喜好喽。

东华大学

寿丰境内有目前花东唯一一所综合型大学——东华大学。其校本部占地广大，约251

东华大学

公顷。据当地耆老说，当时东华大学购地时，原为整数250公顷，后来得知寿丰地区的知名饭店——理想大地占地亦有250公顷，主事者认为："堂堂大学，怎能逊色于财团？"于是将校地面积增加一公顷，成为今日251公顷的东华大学。

关于东华大学的校名，在创校之前就起了颇大争议，最早，校名计划叫"花东大学"，因花东地区无高等院校，后有好事者认为不如取"华东大学"，理由是在中华之东，并借口反正"华"是花的古字。但这个方案在20世纪90年代初，引起轩然大波，上升到了政治高度，两方争吵不休，最后折中，取名"东华大学"。

东华大学有广阔无垠的大草坪，给人开阔畅朗之感。清晨时分若在此散步，常常在草地上撞见保育类动物环颈雉与台湾野兔。草坪旁的建筑物则采用欧式学院风格，红砖色的基本色调，再以花莲的清澈蓝天为底，更见醒目耀眼。并且校园内有三座湖——东湖、华湖、小华湖，除东湖容易寻找外，另外两座湖都是东华人才会知道的私房景点。由于地点隐蔽，华湖甚至已成为雁鸭科鸟类栖息的地点。东华的天宽地阔、绿草如茵，是西部地区院校学子完全无法感受体验到的，使其被誉为全台最美丽的大学，经常有人在里面拍婚纱照。在台湾有些地图册里面，东华大学标的不是"学校"的图标，竟然是标"观光点"的图标，怎么会这样呀！

丰田村

沿东华大学往南，进入寿丰乡过去的风华地带——丰田。丰田在20世纪50年代曾是花莲最富有的地区，原因是这里的山区蕴藏一种"丰田玉"，正式名称为"台湾闪玉"，在当时大量攻占国际宝石市场，也曾创下世界第一产量的纪录。当时丰田民众因为玉石快速致富，据说玉商们都搭乘出租车往来花莲市区，并以丰田玉作为车资给付。丰山村街上甚至出现了电影院，在20世纪50年代的台湾可说是十分稀有。后来因国际玉石抢攻市场，玉石利润空间不大，加上政府考量生态保育，目前已停止开采丰田玉。目前丰田玉转型为当地的观光产业，有数家小型工作室提供教育解说与DIY体验等课程。

走入丰田社区，你会发现这里的街道整齐划一，有如棋盘式格局，那是因为丰田地区也是当时日本人在花莲建立的移民村之一。日本人为推动官营移民政策，乃比照日本农村模式，在花莲选中吉野（今吉安乡）、丰田、林田（今凤林镇大荣村、北林村）三个地点建立移民村。规划棋盘式街道，并兴建各种公共建筑，成为今日丰田日本移民村的样貌。

在整个丰田村中，有许多小而美的历史人文景点，如居民的信仰中心——碧莲寺，过去是日本神社，供奉释迦牟尼佛和不动明王等，至今香火鼎盛。社区内还有许多保存良好的日式旧建筑。

而这些历史现场之所以能保存完善，均有赖社区居民的共识与努力，背后更有一灵魂舵手——牛犁社区交流协会。牛犁团队号召社区居民成为志工，开办青少年服务队、社区老人照护、台湾夜莺保护区等，将人文、社区、生态等概念实际投入于社区工作中，使丰田地区能继续保有其昔日风采，成为一个具有希望能量的好地方。

其中“五味屋”是这些景点中别具意义的一家小店。五味屋位于丰田火车站一出站的左手边，是一日式风鼓斗建筑。而这家商店的头家，不是大人，而是社区里的小孩！他们要在这里负责拣选二手物资、标价、上架、解说、完成一笔笔生意。一手创立五味屋的东华大学教授顾瑜君认为，学习不应该在远方，生活的“本身”、社区的“这里”就是学习最好的场域。孩子们要靠自己的努力去学会一切应对进退的本事。这家小小的二手屋，却汇聚了大大的能量。最后要记得，五味屋的老板平常是要上学的，所以这家店只在周末营运。

凤林、光复、瑞穗地区

林田山文化园区

从日据时代一直到20世纪60年代，林田山是花莲主要的林场，因林场而生的小镇盛

苏花公路清水断崖

极一时，这山中小村最多时挤进过4000多人，热闹直追花莲市区。只不过后来伐木业没落，经历了大起大落的林田山繁华不再，只剩下部分世居于此、见证林场兴衰的三十几户林场第二代以及老旧厂房，还有淹没在山林野花野草间的铁道，斑斑驳驳。近年来在当地文史工作者及“林二代”的努力下，做了一些特色推广，将整个旧厂区及倚厂区而生的老社区整体保留下来，游客从保留下来的绿墙黑瓦的房舍、商店、剧院等遗迹中追寻过往的繁荣。苍苍郁郁，日本味浓重的山中老社区与山林共处得那么和谐。

但对于大陆游客来说，这是个争议性颇大的地方，在目前见得到的自由行游记里（当然也只有自由行的人才可能到这里），喜欢这里的情调和觉得来这是浪费时间的比例刚好是一半一半。后者大多觉得此地景色普普通通，就一山中小镇；前者就是喜欢山中安静村庄的小情小调，至于要不要去，请自行选择。我个人倒是觉得这是个适合文艺青年情侣一同去的地方。喜欢小镇的人可以去探探，那种感觉，其实就是商业开发前的九份。

过去从林场出发，轨道一直向山内延伸，沿着棱线一直到南投那一边。近年铁道多已荒废，现在这里的居民在积极争取从凤林车站拉来一条铁道，让老铁道复驶，往山里延伸到温泉区，到时候会更有卖点。

光复糖厂

台湾现在的自产糖很少了，因为加入WTO之后自产糖成本太高，因此糖厂纷纷关闭或转型观光。光复这个地方过去因为糖厂而繁荣一时，街上的老建筑比起邻近几个乡镇气派许多。在花莲主要的光复糖厂，现利用原有厂址及设备，转型为文化观光之旅为主，游客在此除可参观过去的制糖过程外，也能自己DIY。不可错过的是糖厂自产冰棍及各种冰品，就像大陆以前国营厂的门市部一样卖些自制的产品，当然这也是台湾各糖厂都有的特产。

瑞穗牧场

花东地区很多这样的牧场，景色其实也很普通，如果你时间不够或只想看主要景点，基本可以略过这个地方。只是对于台湾人来说，“瑞穗牧场”出产的“瑞穗鲜乳”就是高价鲜乳的代名词，就跟大陆那个特啥苏一样都是走高价路线。在瑞穗牧场除了有可以近距离喂小牛喂鸵鸟这个卖点外，也就是在这山清水秀的地方喝杯咖啡，品尝各种乳制品，悠悠闲闲地坐上一下午。可贵的是，在台湾众多观光农场牧场中，瑞穗牧场的特色就是尽全力保存牧场原本该有的样子。有机会到台湾，还真得到超市里找找瑞穗鲜

瑞穗牧场

乳尝尝。

瑞穗牧场在舞鹤村，“舞鹤”，这多优美让人遐想的地名，在舞鹤村子里有两根各重达十数吨的石柱，台湾的考古学界则认为这是属于新石器时代的巨石遗址，但作用是什么，现在还是一个谜，若经过舞鹤村，可以顺便看看。舞鹤这里也有少量的咖啡种植，特别的是，当地人不但种咖啡树，还将柑橘、蕉树、辣椒、柚子等，如食物森林般一起种植，依照季节采收所需。所以这里的咖啡风味感特别强，别处少数民族部落都在喝小米酒，只有他们这在喝咖啡。

瑞穗也是台湾最大的温泉区，很多人来到这里就是为了泡温泉。作为一个游客，花东纵谷几个景点可以跳着玩，当天完全可以选择在这里过夜。

秀姑峦溪泛舟

泛舟就是“漂流”，台湾最有名的泛舟地点就在秀姑峦溪。秀姑峦溪泛舟简直就是当年台湾无数没钱出国旅游的少男少女的美好回忆，对许多台湾人来说，这是他们的“成年礼”。泛舟全程有24千米，需费时3~4小时，有20余处急流和浅滩，惊险刺激，你可以饱览秀姑峦溪切穿海岸山脉的壮阔景色，用身体在大川里感觉溪流的力量和韵律。泛舟终点即为横跨秀姑峦溪的长虹桥，是台湾第一座悬臂式单拱预力混凝土桥。出海口的溪床里，可见白色皎洁的大块溪石，有一美名曰“秀姑漱玉”，在地质学上的正式学名则为“港口石灰岩”，是有孔虫和石灰藻所形成的化石。港口部落在人文和自然地景上，都极为丰富，值得旅人放慢脚步细细体会。

玉里富里地区

很多大陆的朋友到花莲，不管是从台北坐2个多小时过来，又或者从高雄绕南回铁路过来，行程也就是看看太鲁阁，看看苏花公路，可能再加上一个大家都知道的七星潭，最多待个两天一夜，然后感想就是一句“哦！花莲好美”就没了。我想不通的是，很多人可以专程飞到大理、丽江等地闲云野鹤地过上一两周，为什么在同是适合慢活的花莲，就搞得如此匆匆忙忙。整个花东纵谷，就是那种小情小调，喜欢看大山大海的人可能对这不太感兴趣，却是值得你专程来这懒懒散散、悠悠晃晃当几天花莲人的地方，全台湾最小清新的地方就在这里。

走到花东纵谷南端，即进入玉里富里地区，本地区水质清澈、土地丰饶，因此已成为全台知名的稻米产地，所见之处，一片绿油油的稻田，田的尽头，翠绿的山峦拔地而起。玉里很安静，骑着自行车徜徉在县道上，仿佛只有风吹过稻浪传来的沙沙声，光是在田野间行走，都会快乐得想唱歌。

玉富自行车道

玉里自行车道

有种旅游叫作简单，玉里地区这地方还真没啥说得上的景点，现在台湾人到玉里最流行的玩法就是什么都不玩，只要骑着单车到处乱晃就行。这里有条沿着铁道废线所建的自行车道，总长10千米，纵贯整个玉里地区，其中一段，还可以骑上横跨秀姑峦溪的旧玉里铁道桥。横跨秀姑峦溪的旧铁道桥，正好位于欧亚板块与菲律宾海板块交接处，为了安全而停驶，改为自行车道。迎着风，与火车并肩同行，花东纵谷的明媚风光尽收眼底，让人不感到累。

往南骑可以到东里车站，这是个旅客不多、班车不多的小站，却是台湾铁道迷口耳相传的秘境车站之一。偶尔火车隆隆隆呼啸而过，远去之后马上恢复了只有自然之声的宁静，一望无际的田野。你如果站在站台上，每当天气晴朗时，还能看见玉山主峰。这小站事情也不多，站务员也颇自得其乐，没事就把车站当成自己家的花园一样装饰，弄得漂漂亮亮的，这是号称全台拥有最大天空视野的车站。

东里车站有新旧两座，相距不远，旧站已废弃，杂草丛生而荒芜，但许多摄影爱好者喜欢跑这儿来拍照。

天使之钥二手书摊

花莲这地方的人看似散漫，其实特别热血，他们会很热血很单纯地想让自己住的乡镇社区变得更美好更完善，让每个居民的凝聚力更强。而这些年新移民的涌入，也带来许多NGO概念，你会发现花莲这个地方民间NGO组织的力量不是一般的强大，有很多百姓自发性的公益活动及事业，为这块土地主动付出。

被誉为“上帝的二手书摊”的天使之钥二手书摊即相当知名有代表性，创办人是已经来台40多年的法国刘一峰神父，他是个“非典型神父”，经常穿着T-Shirt、牛仔裤、凉鞋，开着小货车穿梭于玉里各地，进行纸类资源回收的工作，靠变卖所得照顾社区中有需要的人。他过去收废纸时常常还会发现旧书，遂保存下来。经过10年的努力，玉里天主堂一楼的阅览室，竟然就靠此收藏了近千本的书籍。

附近居民受到神父感动，不管是教友或非教友，纷纷把回收物和旧书捐出，结果教堂书满为患。刘神父又想到一个妙招，成立了“天使之钥”二手书铺，专门请有身心障碍的居民在此打工，自主经营赚取生活费。一本才20块，比起其他地方的二手书便宜太多了，如果你有机会经过玉里，一定要来这边给他们打打气哦！

安通野溪温泉

以前到东部去玩，人家经常会问你：“玩山线还是海线？”如果是环岛客，逆行台湾到了台东时肯定很纠结，从这里开始公路分为山线及海线，中间被高耸的海岸山脉所隔绝，走海线，迎着太平洋的风而行；走山线，在翠绿纵谷间穿行。两条路都是那么美丽，这真是两难。在花莲，穿越海岸山脉的原来只有光丰公路，连接光复乡与丰滨乡。还好2007年后，全长16.2千米的玉长公路通车，成为连接玉里镇与台东长滨乡的新干线，也使旅人能更自在地在台9线和台11线山海线之间穿梭，享受山海之美。

玉长公路沿途最知名的景点为安通温泉，距离玉里也才不到8千米，其泉源自安通溪，属于硫酸盐氯化物泉，温泉水溢流于溪岸边。这里的温泉从日据时代开始开发，现在你可以在其中一家“安通温泉饭店”后方见到保存最完整的日式温泉旅舍建筑，这已经被划为史迹保存。你可以在温泉的露天浴池爽快地泡着，仰望璀璨的夜空天际，也能学当地人的泡法，在溪岸自己挖一个坑往下跳，这是安通最有名的野溪温泉。来安通温泉，也别忘记试试这里特有的温泉咖啡。

玉里的“疗养院”

玉里是台湾东部第三大城，但台湾人提到玉里这个地方，第一个反应经常就是跟“神经病院”联系在一起。玉里有好几所“疗养院”，从20世纪50年代就开始收容精神病患者，当时那么多外省人来台湾，回不了家，思乡积郁，年复一年而演变成了精神病。当年，全台湾军中的精神病患者都集中到玉里疗养，人口不过3万人的小镇玉里，却有5000名精神病患者。过去精神病患者也参与了玉里的开发，团体出来到街上购物，也为玉里的经济贡献了不少，所以玉里百姓对精神病患者多有宽容之心。在那台湾白色恐怖的年代，玉里的这些疗养院也曾是政治犯“被精神病”的地方。那时，一谈到玉里，就让人闻之色变，这小小的玉里还曾被国际人权组织给盯上，上了国际媒体。

花东一带住着很多1949年跟着国民党来台的外省老兵，他们在退伍后投身花东许多重大工程建设之中，待工程结束就在此留下居住，因此，在台湾当年每个重大工程附近都能见到简陋的眷村。你沿着台9线坐大巴，会发现车上的乘客不是当地人就是外省老兵，他们经常在某个毫不起眼的小村子下车。这些老兵迈入中年后，也想娶妻生子一圆传宗接代的心愿，但因条件不好，又老又没钱，没有女人愿下嫁，许多人最后只能娶同样弱势的智能不足女子。结果，生出的下一代也经常是有精神方面的疾病。

现在你在玉里这里的疗养院或东部医院的精神科经常可以看到一个画面：已经迈入垂暮之年的老兵带着他智能不足的妻子，一同来看他们精神病刚发作的子女，那画面之震撼，足以让你永生难忘。

赤柯山与六十石山

每年夏末到9月底，这一带整片的山头棱线，就是漫山遍野的金针花。从山上制高点往下看，整片的金针花海波浪，花东纵谷与中央山脉也尽收眼底，那是种属于秋天的壮阔之美。

这里的农夫很多是客家人，客家人总是很勤劳，他们刚下田插完新苗，就赶上山继续种金针与香菇。可是在台湾还不是那么注重食品安全的1988年，消费者文教会检测市面的金针，发现全部二氧化硫超过标准值，简直就是剧毒，此后金针价格一落千丈，这给本地的金针产业带来致命的打击。中国加入WTO，使金针价格更不具竞争力，但也促使当地农民开始思考转型问题。于是花莲县政府开始推动赤柯山从传统农业转型为休闲观光农业，以金针花海为卖点，相继于每年八九月金针盛开期举办大型活动，带动观光人潮，自此赤柯山成为著名金针花海胜地。这里是台湾秋季限定的美景。

六十石山

位于富里乡的六十石山也是另一知名金针产地，海拔800米，较赤柯山稍低。至于六十石山名字的由来则有二，两种由来也使六十石山的发音因此不同。若念“Dàn”则为重量单位，相传过去这里稻田一甲约可称产六十石稻米，因此称六十石山。若念“Shí”，则可直接意会，乃指石头，指山顶遍布许多大石，其数约为六十，故称六十石山。六十石山上山路陡峭且窄，开车时尤须注意安全，爬到山顶后却是一个平缓宽阔的台地，金针花于此盛开时，山头尽是黄花迎风俯仰，美不胜收，故又得“台湾小瑞士”之美名。

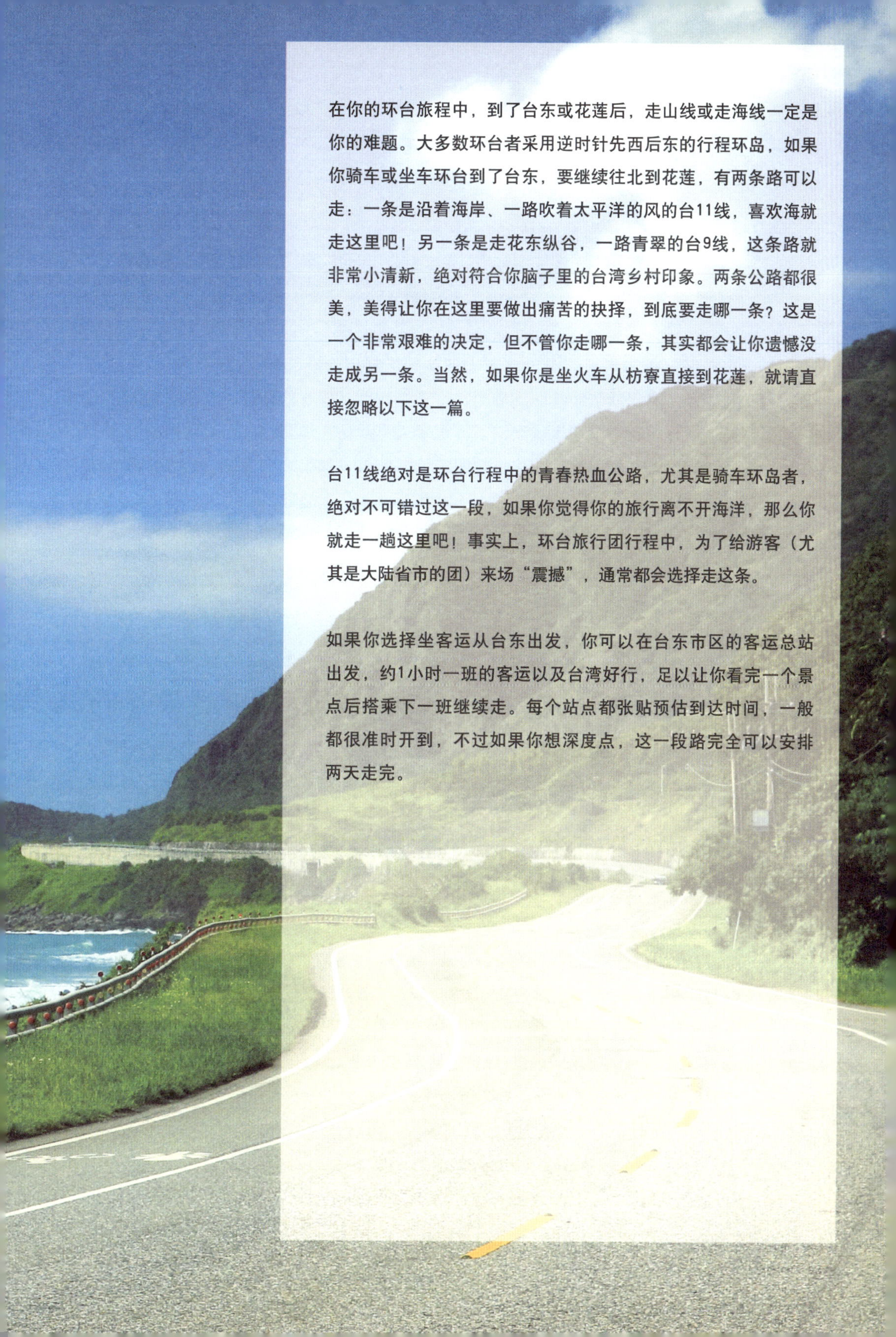

在你的环台旅程中，到了台东或花莲后，走山线或走海线一定是你的难题。大多数环台者采用逆时针先西后东的行程环岛，如果你骑车或坐车环台到了台东，要继续往北到花莲，有两条路可以走：一条是沿着海岸、一路吹着太平洋的风的台11线，喜欢海就走这里吧！另一条是走花东纵谷，一路青翠的台9线，这条路就非常小清新，绝对符合你脑子里的台湾乡村印象。两条公路都很美，美得让你在这里要做出痛苦的抉择，到底要走哪一条？这是一个非常艰难的决定，但不管你走哪一条，其实都会让你遗憾没走成另一条。当然，如果你是坐火车从枋寮直接到花莲，就请直接忽略以下这一篇。

台11线绝对是环台行程中的青春热血公路，尤其是骑车环岛者，绝对不可错过这一段，如果你觉得你的旅行离不开海洋，那么你就走一趟这里吧！事实上，环台旅行团行程中，为了给游客（尤其是大陆省市的团）来场“震撼”，通常都会选择走这条。

如果你选择坐客运从台东出发，你可以在台东市区的客运总站出发，约1小时一班的客运以及台湾好行，足以让你看完一个景点后搭乘下一班继续走。每个站点都张贴预估到达时间，一般都很准时开到，不过如果你想深度点，这一段路完全可以安排两天走完。

富岗渔港—小野柳 162千米

从台东市区上中华大桥，跨过卑南大圳就到了富岗渔港，和其他的港口一样，每天早上一到10点，船就陆陆续续回到港内，一篓篓新鲜又好吃的海产，放在码头上卖，想吃那新鲜又便宜的海产来这里就没错了，很多人喜欢站在堤防边，欣赏这浩瀚的太平洋，天气好时还可以看到绿岛，在这里拍照绝佳。此外，如果你要前往兰屿或绿岛，都要在这里搭船出发。

渔港的北边是小野柳，这里有丰富多变的海蚀景观，足以媲美北海岸的野柳，因而得名。最好是先到地质景观展示室看详细说明，再走到海边岩石上仔细辨识豆腐岩、蜂窝岩、蕈状岩等各种奇形怪状的岩石。

杉原海岸开发争议

台11线158千米处是杉原海水浴场，一个蓝色海湾有着柔细的沙与平坦的滩面，照理说，是个玩水的好地方，现在如果你要走下去非常麻烦，阻碍了不少游客，更不幸的是，这片美丽的沙滩已经卖给旅游业者建度假村，经过这里，你一定可以看到海滩边的那栋建筑，那就是这几年全台热议的美丽湾开发案的焦点。

这个开发案的争议点就在于，杉原海水浴场是台东海岸唯一的公共海水浴场，是人民共同拥有的海岸。2004年，台东县政府却与业者签约开发，成为台东第一个BOT案，而业者也未经环境评估即违法开发，加上地方官员的非法庇护，沦为财团的产业，就是《海角七号》里的那句“山也BOT，海也BOT”，实在不符合公平正义。

台东县政府的立场是，希望以BOT方式催生“美丽湾”，将美丽湾作为产业指标，带动观光发展的火车头。而环保人士的立场是，一方面，土地使用没有经过环境评估就强行上马，恐怕对环境造成破坏；另一方面，将公有海滩贱卖给财团，不符合土地正义，也有图利财团的嫌疑。

经过快10年的诉讼、抗争，这案子仍然没有结果，所以，建好的楼就烂在

杉原海岸／郭文吉供图

那里好几年，而海滩上，经常还可以看到环保人士搭的抗议小茅屋。这其实也是说不清的事，以垦丁的例子来说，海滩还是公有时，大家都来用就不懂得珍惜，后来沙滩变私有了，因为业者定时打扫反而变干净，如何在公平、环保与开发间取得平衡，这恐怕大家都要谦卑学习。

台东拥有着好山好水，却也经常听到人在“保卫”“抢救”某某地方，只是美丽湾开发案声势太大，反而压缩其他环保议题的空间，比如山林的保护、水土流失等，都是刻不容缓的问题，虽然有人关心，但都引不起共鸣。

都兰 147.5千米

在147.5千米处有一水往上流的奇观，很多人会摘下一片树叶放入沟渠，树叶就像一艘轻舟往上漂流，这原理其实很简单：水沟旁的道路是条下坡路，但水沟并非下坡，反而是坡度很小的上坡，所以当游客们站在低处，并连着道路一块看时，就像是水往上流一般。

进入都兰部落这个阿美族人传统的部落，这里因为都兰小学那个帆布书包而爆红。近几年，这海岸小部落来了很多从台湾各处来的新移民，“隐居”在这里。在海岸边有不少咖啡店与民宿。在都兰，“慢”是一种生活态度。到都兰，可以顺便造访艺术新聚落新东糖厂。创建于日据时代的糖厂，在荒废多年后，2003年开始一群来自各地的艺术工作者先后进驻，改装旧仓库成为创意园区，这一栋栋旧厂房或宿舍，有不同的主人，有些是博物馆，有些是戏剧排练场，有些是展览空间，还有咖啡店，竟然也有卡拉OK店，不过新歌量不多，导致这里的初中生都只会唱老歌。这个创意园区与其他地方很不一样，没有一个主管单位，所以每家每户都自由地任意随性发展，也正是这种自由的风气让人一来到这儿就不想走，甚至长居了下来。你来到这儿会发现，这里的艺术风格跟台北那些大城市的艺术品风格有很大的不同，那是粗犷鲜艳中带着尊重自然的风格。意外的是，很多欧美日观光客都指名要来新东糖厂，你可以想象它是海边版的大理，奇人异士群聚，不过游客又比大理少很多很多。就如此地一间民宿的宣传词：这个地方适合站在人生岔路口、不知何去何从的你来的一个地方。

都兰的警察局在自行车环岛客中也特别有名，他们的后院有个免费的宿营地，还24小时提供热水及洗澡，最重要的，晚上睡不着还可以跟警察叔叔聊天。

关于“都兰小学书包”

现在都兰小学帆布书包在台湾很红，到处都可以见到，在都兰这一带，更成为纪念品在卖。那都是因为马英九的夫人周美青几年前到这里一游，买了一个回去，过几天到机场送女儿的时候，身上就带着一个鲜红色的都兰小学书包，媒体的图片影像一出，这书包马上热卖，成为潮货。

但这款书包在都兰当地的意义很不同，有个不为人知的文青版本故事：都兰这里有块突出海面的岬角，称为都兰鼻，传统上这里是阿美族的圣地，在阿美族神话里，他们的祖先就是在此上岸的。但十几年前，都兰这里也跟许多海边小镇一样，面临要接受财团的开发或维持自主性。在当时，大家都觉得事不关己，只要有钱赚就好，只有一位从台北来此定居的表演艺术工作者——陈明才，为了反对这开发案而到处奔走。2003年8月29日，陈明才从都兰鼻纵身一跃，坠入海中，在岸上只留下他经常背、已经磨白的红色都兰小学书包，书包里有几件私人物品，还有一篇《天佑都兰鼻》。

陈明才在当时的台湾剧场界可说是一位鬼才式人物，现在的新东糖厂闲置空间能够转化为艺术家合力经营的艺术文化园区，也是他极力争取而来。他也积极组织社区运动，甚至在离开人世的前几天，他还参加了都兰鼻开发案的公听会，他的死，震惊了台湾文化界。

现在在都兰鼻，立了一块书写着“守护传统领域”的巨木碑，陈明才的死谏，也唤醒了阿美族的长老们，整个都兰部落展开了一连串争取恢复传统领域的行动。你现在会看到那条直挺挺往海边的柏油路忽然中断，就是因为开发案就此中止的结果。

后来，陈明才的朋友以及都兰当地人士，都背起了都兰小学书包，表示对都兰的认同。早在周美青背起这书包前，它就已经在小众圈子中成为认同当地文化的象征。

东河部落 131千米

在131千米处的叉口转入，顺着指标不远可达东河部落，这个海边小部落这几年积极在推广部落观光，小小的部落多是以阿美族传统建筑方法建成的屋子，一栋栋竹屋茅顶，远方海面吹来的海风吹得椰子树叶沙沙作响，你会以为是在某个南太平洋的小岛上。如果有时间，可在这里住上一夜，如果是路过，也非常欢迎弯进来这里参观。东河包子亦是台11线在东河一带的名产，有好几间打着东河包子招牌的店，其实都是一家店分出来的，路过的游客都会在这稍停一会儿休息，你看到连7-11都在这里开店就知道此处位置的重要了。

三仙台 112千米

经过成功镇，就是三仙台风景区。台东那么长的海岸线，最知名的景点就是三仙台，那宛如一条巨龙的八拱跨海步桥，已成为东海岸极为著名的地标，原来这里是一处岬角，因海水侵蚀逐渐断了岬角颈部，而成了离岸岛。过去要上岛的游客只能利用退潮时，涉水而过，但太危险，到1987年才建了那座桥，涨潮时望着桥下汹涌的海潮，真的是会有点害怕。

至于这里为何叫三仙台，是因为岛上有三块巨岩，相传吕洞宾、何仙姑和李铁拐曾登临此岛而得名。但这基本是编出来的，因为这一带都是少数民族活动的传统领域，所谓三仙的故事当然只是汉人的臆想而已。

石雨伞 106千米

石雨伞是由海岸延伸至海中的海岬，有1千米左右，属于石灰石隆起的海蚀地形。这

东河部落

三仙台

里有块平衡岩，是由一块较细长的岩石悬空向上，托住了一块较大的岩石，形成一种特殊的平衡结构，看起来就像一把雨伞，因而称为石雨伞。这有一小渔港被几块巨岩包围成海湾，这小湾也没受污染，很少有人发现这里，是天然的海水游泳池，发现这儿的人很少不想冲下海中的。

八仙洞 78千米

八仙洞，有自然形成的十数个海蚀洞穴，地方上称为“八仙洞”。但除了海蚀洞景观，更重要的是这是台湾最早的史前文化遗址。八仙洞本来是在海底的，此处的地形乃因地壳上升过程中受海水侵蚀，由上而下依序形成一群大小、深浅不一的洞穴，高低散布在高100多米的崖壁上，每一个洞的高度都在10米以上，现在有长达2.6千米的木栈道联络通往各个洞穴。

1969年，台湾大学的一个考古队在八仙洞若干的洞穴中，做过五次考古发掘。结果不但找到了属于新石器时代的文化层，而且在洞穴的底层发现非常丰富的旧石器时代先陶文化，这跨度从3.5万年到5500年，这是台湾迄今为止发现的最古老的文化单位，命名为“长滨文化”。

即使这里是那么重要的史前文化发现地，但依台湾人有什么拜什么、什么地方地貌神奇就在什么地方修炼的个性，这洞里也盖起了庙宇，这庙宇基本上不是文物。而日本观光客也最爱这里，称这儿为obankoyu，就是女阴的意思啦！日本版的台湾观光手册里一定有这个地方。

75千米处的樟原教会也很有特色，建成一个诺亚方舟的形状，1990年时原来的教堂毁于台风，原本只想重修，结果部落信徒竟突发奇想，改造成方舟的形状。这是本地阿美族人以抓青蛙、卖野菜、义卖方式，定期奉献，自行设计和建造而完成的教会。

港口部落 67千米

在台湾，许多少数民族的所谓“联合丰年祭”，已经成为当地政府赚观光财而举办的大型嘉年华，不是地方长官发发言送红包拉票的场合，就是迎合观光客的演出，早已失去对部落本身的意义。但在花莲，目前还是有为了凝聚部落意识而办的丰年祭，均集中在秀姑峦溪的沿线，包括奇美、静浦和大港口部落。而其中最负盛名的，就是港口部落。

港口部落，古称Makotaay（发音：马古大埃），意思为“浑浊的溪水”，指的就是秀姑峦溪。地名透露出港口部落的地理位置，它就位于秀姑峦溪出海口的北岸。该部落属海岸阿美族，长年生活在海岸山脉旁的狭小腹地上，他们靠海为生，在大港口部落曾流传一句笑话："靠山山倒，靠人人跑，还是靠太平洋最好！"可见部落人与太平洋互依互存的深厚关系。在这里，潜水是每个青年的基本技能，下海不是运动休闲，而是养活妻小的每天例行任务。

港口部落就是个安静的小村庄，如果你在花东地区路过少数民族的小村落，一定要走进去看看，到他们的小学里去参观。这些学校人数虽少，但每所学校都被小朋友画得五彩缤纷又有民族特色。另外须注意的就是部落里的教堂，就跟汉人的每个小村庄都有庙一样，少数民族每一个部落都有一座教堂，部落里的信徒经常也发挥巧思，打造他们心目中教会的样子。

阿美族丰年祭通常在每年6月中旬到8月下旬举行，每年各乡各部落均举办，从两天到五天不等，尤其港口部落一办就是五天，外出工作的族人都一定要回来参加，不回来还要罚钱。在大港口部落丰年祭期间，你还能看到阿美族的"年龄阶级组织"。年龄阶级组织为阿美族男性在成年后进入青年集会所时的分级，类似我们教育体制的"年级"，在大港口，称为"八大年龄阶级组织"，每个阶级各自有其任务与需要学习的技能，譬如Miawaway（发音：米嗷嗷外）就需要负责部落的巡守，而最高级的"青年之父Mamanokapah"（发音：玛玛努噶爸）就是部落负责指挥执行的领袖阶级。年龄阶级组织在丰年祭时可以清楚看见，每个阶级会穿上属于自己阶级的服饰，并在队伍中依序排列站立。年长的阶级可以指挥命令年轻的阶级，而且"不能抗命"，上面下达什么命令，下面就需要完全服从。这种严厉宛若军队的组织方式，外人看来不合理，却正是成就大港口部落千古不衰的重要维系力量。

港口部落丰年祭／耆播·拉黑子供图

只要在7、8、9月到花东一带，有心一点一定可以看到阿美族的丰年祭，确切时间地点请查询花莲县政府网站。少数民族相当热情豪爽，但大部分丰年祭毕竟是部落里的重要活动而非观光活动，有人说，少数民族是靠歌舞与祖灵在对话，看似简单的歌舞都有严肃的意义。若要到部落参观丰年祭，可要先打听清楚规矩，若没有被邀请进场，只能乖乖当个旁观者。

从台东出发搭乘鼎东客运往北的终点是静浦站，若要继续往北到花莲要在此等花莲客运班车；但若要到港口部落，直接过长虹桥就到了。

石梯坪 64千米

石梯坪是最佳的海洋生物教室，此地海蚀地形十分丰富，海蚀平台、隆起珊瑚礁、海蚀沟、海蚀崖等触目皆是潮间带可以观察到极为丰沛的海洋生物，有些壶穴，在大浪冲进时，甚至会喷出有一层楼高的水柱。附近65千米处有藏在海岸山脉里的月洞，是一钟乳石石窟，栖息大量蝙蝠，必须乘船低头进入。

在静浦到矶崎这一带海岸线，你随时可以见到写着“飞鱼”的招牌，那是卖熏烤飞

石梯坪

鱼干的地方。每年3月开始是飞鱼季，住在海边的阿美族人都会将捕获的飞鱼，用古法：梅汁、酒酿腌制过后再用相思木熏烤8小时。味道很赞。

快到石梯坪前200米的路边，有一个阿美族阿姨的烤飞鱼小店，在环岛客圈子中小有名气，经常跑这条线的人路过，都会向她买烤飞鱼及飞鱼卵香肠。她还有许多私藏的阿美族料理，都是用本地有机蔬菜做的。店不起眼，车速一快就忽略了，可是经常有熟客在这休息吃东西，每个礼拜六在此有农夫集市，附近从事有机蔬菜作物的农夫都会将蔬果拿来这里卖。店对面是一艺术工作室，咖啡店里摆了许多本地艺术家的作品，前面是一望无际的太平洋，这是个半路休息放松身心的好地方。石梯坪这里亦是台湾赏鲸风潮的发源地，有许多乘船出海赏鲸及夜钓的行程。在石梯坪景区内亦有露营区，24小时提供热水洗澡，简直就是佛心。

海岸梯田 42千米~43千米

行经新社村，可见一大片的海岸梯田，这百年前从宜兰移居来此的少数民族噶玛兰族人，因为想念宜兰稻米的滋味，于是在这海岸山丘边开了梯田。春天，翠绿的水稻绵延到海的那一头；秋天，金黄色的麦浪与远处的海浪共起伏，待收割后，这里又种上波斯菊及油菜花，又是一片花海。一年四季的颜色不同，都是层次感十足。这是一个很隐秘、很安静的地方，经常让坐车路过的游客惊鸿一瞥。

矶崎小学 37千米（龟庵站下）

已经荒废的矶崎小学，那是台湾电影《盛夏光年》的取景之处，但整个校园与蔚蓝的太平洋景色融合在一起，有种荒凉的美感。这个地方没什么标志，但久而久之也引来许多游客刻意造访摄影，很多人喜欢在那平台上拍跑步的动作，很有日剧的感觉。就算你不懂摄影，只需在手机配上美图秀秀的日系淡雅风，那拍出来的影像绝对会小清新到让你蛋疼。学校旁边有一水牛草原，成群水牛在紧临着太平洋的草原上闲晃，非常有趣的一个景色。

芭崎瞭望台 31千米

如果环岛走台11线一定会经过这个地方，若你是骑自行车，这是段艰苦的上坡路，但到了这段路的最高点，却能见到绝美的山海景色。在花东海岸公路，半路上常有休息站，这些休息站经常就是无敌海景所在之处，而芭崎瞭望台，就是其中最高一处，可瞭望整个丰滨海岸。

牛山呼庭 26.6千米

严格来说，这里其实算是个民宿，但又是个看海的好地方，与其他地方不同的是，这里不是那么容易找到的，所以特别安静，有个只有海涛声的宁静小海湾。

牛山原为阿美族人放牛之地，当地人称为“呼庭”。这里原是一片荒地，后被列入军管区，早些年一般游人根本无法进入，再后来，又被划为火力发电厂预定地。可是这里不管是生态系统或海潮都不适合盖电厂，被视为花东地区最重要的自然环境带之一，在环保团体一再抗议下，终于作罢，土地还给了原始所有人的后代。一位汉名叫吴哲雄的阿美族年轻人回来开荒，经过十几年的努力，终于变成现在可以在上面打滚的翠绿小山丘及蓝色小海湾，园区内有许多用漂流木重新雕刻而成的作品，还有一间间度假小木屋，与世无争，充满了原始的粗犷之美。

漂流木

在台风过后的台湾海岸，经常可以见到许多被山洪冲下来的木头躺在岸边，这就是漂流木。在东部阿美族人素来就有拿漂流木来做装饰的传统，现在也有许多捡漂流木来创作的少数民族素人艺术家，他们经常运用木头的纹理与特性，创作出有民族特色，又具淳朴美感的雕刻艺术品。

漂流木的归属，曾经是一个很大的争议性问题，因为漂流木中总是有些如桧木、扁柏等高价值木材，民众会争抢。还有一些不法的盗伐集团，台湾俗称“山老鼠”，他们趁台风前先在山里将高价木砍下，待山洪后再到海边捡拾，结果每每台风过后，相关单位也要快速到现场去查看有没有高价值木材，给人一种与民争利的感觉。后来，有些地方干脆开放，只要申请，就能在专人陪同下去捡拾。

东部许多少数民族部落里现在都有“工坊”，辅导少数民族利用捡拾来的漂流木再做加工，制出每张都独一无二的桌子、椅子，这些本该腐朽的漂流木变身为文化商品，也带给少数民族更多的经济收入及自信心。

和南寺 12千米

到了盐寮一带，有一值得探访的寺院——和南寺。这是非常特别的一座寺院，它是佛教艺术的重镇，多年致力于佛教多媒体艺术的创作，试着将佛学、文学、音乐、美术、配音、摄影及计算机科技熔于一炉，将艰涩玄妙的佛经通过优美动人的声光影像，自然而然将佛教智慧深入现代人的心灵。和南寺与一般的寺庙不同，以素色为主，有很幽静的空间感，其寺之最高处有一高约6丈的“造福观音像”，是由国际知名雕塑家杨英风先生所作。夜晚的造福观音大放光明，也成为盐寮地区渔民海上作业时的“灯塔”。

盐寮净土

盐寮小渔村是一个纳聚奇人、人文气息浓厚之处，很多人离开大都市来到这里，在这海岸边的山坡上，开起一家家别具特色的民宿。现在盐寮是港台许多环保人士、灵修人士向往的乐土，在某些人士心目中，这个小渔村就如同乌托邦一样，他们喜欢来这儿居住来这儿学习，享受单纯的生活。开启盐寮传奇的，是一个名叫区纪复的人。区先生他在化工界担任工程师时，有一天体悟到石化业是污染环境的最大元凶，于是辞职来到盐寮，创设了“盐寮净土”，长时间推广简朴生活，让人学习用极短缺的物资活下去。他们每天限制用水，甚至到重庆市场去捡拾菜贩不要的蔬果菜叶。成立20余年的盐寮净土，已成为推广简朴生活的一个重要据点。

盐寮净土可住宿，不收费，自由赞助，但禁烟禁酒禁垃圾食物。很多人到盐寮净土就是专程去拜访区先生，但他近年往返于台港两地推广简朴生活，不一定在，要拜访他只能靠缘分了。

[行]

宜兰是观光大县，交通配套措施相当完善，往各旅游景点的班车密集。现在从台北往宜兰的班车多经雪山隧道，1 小时可达，非常方便，可安排一日游。

[住]

作为台北人周休二日的好去处，住在宜兰并不是什么问题，几个比较大的城镇，如礁溪、宜兰、罗东车站前都有便宜旅馆。现在宜兰乡间有许多高级民宿，值得一试。

自从台北通往宜兰的台湾第一、全世界第五长的公路隧道——雪山隧道群在2006年开通启用，这个号称向来封闭又丰富的台北后花园（其实宜兰人不太喜欢这一说法），就此在世人面前展开另一个新的面目。近年来由于雪隧开通，开放大众运输客运上高速公路直达台北，打通了以往让宜兰人诟病的交通不便，让宜兰人向来为傲的好山好水成为台湾著名的旅游胜地，也成就了2012年台湾电影金马奖颁奖典礼的所在地。

宜兰三面环山，东临太平洋，中央为兰阳溪冲积所产生之冲积平原，是一个有如畚箕形的地理环境，为台湾少数民族——平埔族噶玛兰人生活之地，因此旧名称为“噶玛兰”或“蛤仔难”。

1796年来自唐山漳州的吴沙，带领漳州、泉州及客家子民移民台湾，从淡水沿着草岭古道驻垦兰阳平原和头城地区，立乡约、征租谷、辟道路，建立许多“结”或“围”的自治共垦单位，这也是宜兰地名“二结”“四结”“五结”“壮围”等地名的由来。

宜兰自古以多雨闻名，台湾有俗谚云“竹风兰雨”，就是描述新竹多风而宜兰多雨的现象。特别是在冬季东北季风盛行的时候，东北季风由东面畚箕地形开口注入，而让宜兰冬雨绵延数月，是宜兰的特殊气候现象。

在台湾的政治版图上，宜兰县的宜兰市和嘉义县的嘉义市，是当代台湾民主发展的根源地。在宜兰市，早在日据时期已有蒋渭水医师为民主的先驱。在日本殖民时期，宜兰县的民众通过历次的选举，以民主的力量来选择自己的未来，建立起有别于台湾其他地方的特有文化。

提起宜兰，一定会被老宜兰人提及的，一个是位于宜兰外海，状如乌龟的地理精神地标——龟山岛；另一个是创造“宜兰经验”的宜兰前县长、号称“陈青天”的陈定南先生。陈定南在两届民选县长8年任内，以企业管理手法，经营县政、改造宜兰，首创“青天计划”，全天候日夜雇人驻厂监测并严惩污染，彻底改善环境质量，并持续领导宜兰县民“反六轻”，为地方政府对抗台湾当局违法金权挂钩唯一成功之案例。就在那几年，宜兰县脱胎换骨，面貌一新，确立了宜兰以观光立县的目标。

兰阳博物馆、乌石港

从头城要转接台2庚线滨海公路，或由台北经滨海公路接近乌石港时，远远就可以望见一座造型尖锐的建筑物，那就是认识兰阳在地文化最佳的博物馆——“兰阳博物馆”。

“兰阳博物馆”从1989年开始由宜兰在地人士倡议筹建，一直到2010年才终于跨世纪地诞生。主要建筑以北关海岸一带常见的单面山造型为设计依据，屋顶与地面夹角20度，尖端墙面与地面呈70度，由土地中成长茁壮，与周遭整片的保护湿地区形成一幅共存和谐的画面。

兰阳博物馆

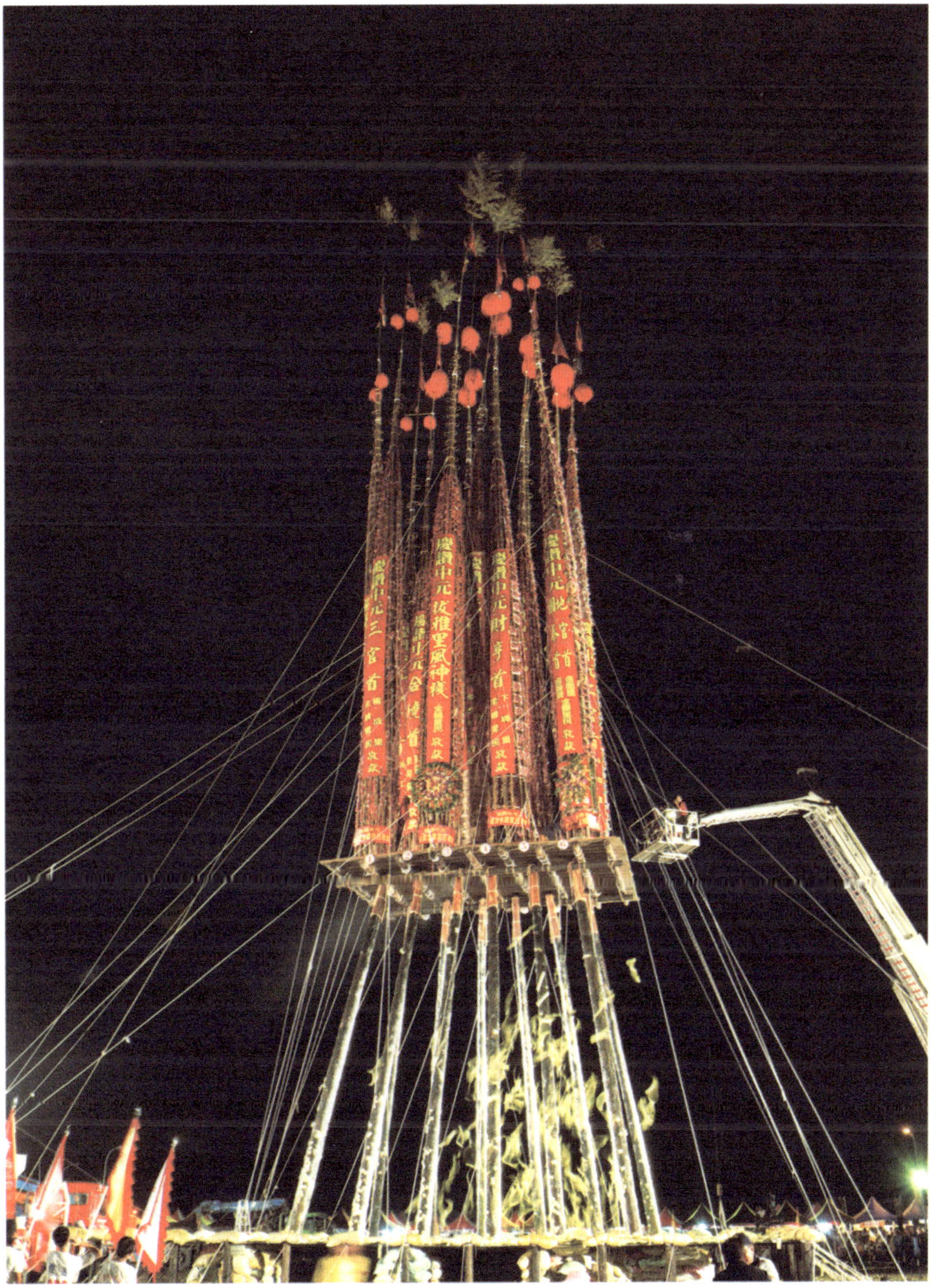

头城抢孤

兰阳博物馆的范畴不只囿于建筑主体，建筑基地本身就是乌石港遗址，是清代宜兰货物进出之咽喉。遥想当年乌石港万商云集，只可惜自19世纪末以来，洪水带来的土石泥沙陆续淤积河道，再加上日据时期宜兰铁路已经通车，使乌石港失去功能而沉寂。

如今的乌石港因为兰阳博物馆的兴建落成，又成为宜兰重要的观光景点之一。港区内设有“乌石港游客中心”，提供游客赏鲸、游龟山岛等旅游咨询及购票服务。此外，港区的“乌石渔港直销中心”则是游客直接购买渔产及品尝海鲜的地方。

头城抢孤

“抢孤”是台湾农历七月中元节的重要民俗活动，台湾最负盛名的抢孤是宜兰头城与屏东恒春的抢孤活动。一般的说法是“抢”有强制驱离的意思，“孤”则是孤魂野鬼，在七月鬼门关之前，阳间的人们要轰轰烈烈地办一场抢孤活动，把鬼魂驱回阴间，而参加抢孤的人也象征鬼魂抢食供品，得到普度。

抢孤要先搭设许多宽143尺，约16层楼高的“孤棚”，也就是柱子，上层再搭“孤栈”，并在上头摆放供品以及旗帜，而棚柱上涂满牛油，抢孤队伍要同心协力从底下想办法爬到最高处，先拔得孤栈的顺风旗者得胜，考验的不仅是团结、智慧，还有勇气，整个过程可谓惊心动魄，一直热闹到次日凌晨2点，旁观的人也都不停为他们捏冷汗。

这个活动类似香港的“抢包山”，早年常有意外发生，据说在清朝时抢孤活动曾被禁止。1991年，宜兰头城恢复举办抢孤，当然，也增加了安全措施。现在每年的头城抢孤活动，都是农历七月的最后一天午夜在乌石港举行，详细时间请上网查询。

龟山岛

不管你从哪一条路线进入宜兰，龟山岛总是在第一时间映入你的眼帘。龟山岛是孤悬于宜兰外海的火山岛屿，因为其形状有如浮龟而得名，全岛东西长3.3千米，南北长1.7千米，面积只有2.85平方千米。早在清代时期，龟山岛即以“龟山朝日”“龟岛磺烟”“龟岩巉壁”“龟卵观奇”“神龟摆尾”“神龟戴帽”“眼镜洞钟乳石奇观”及“海底温泉涌上流”八大奇景闻名遐迩，尤其以“龟山朝日”名列兰阳八景之首。龟山岛海底，在热腾腾的硫黄及强酸的环境之下，还有成千上万的螃蟹生存着，也是奇景之一。

台湾重量级文学作家黄春明，是宜兰人。他曾经写过一首诗《龟山岛》，最能描写龟山岛在宜兰人心中的重要地位：

龟山岛
每当兰阳的孩子搭火车出外
当他从车窗望着你时
总是分不清空气中的哀愁
到底是你的，或是他的

龟山岛
兰阳的孩子在外乡的日子
多梦是他失眠的原因
他梦见浊水溪
他梦见台风波蜜拉，贝丝
他梦见你，龟山岛
外地的医生教他数羊
一只羊、两只羊、三只羊
四只浊水溪、五只台风
六只龟山岛

龟山岛

龟山岛
每当兰阳的孩子搭火车回来
当他从车窗望见你时
总是分不清空气中的喜悦
到底是你的，或是他的

昔日有“台湾走透透，龟山游未到”的龟山岛，于2000年正式开放观光，可至乌石港搭船前往，但须申请才能登岛参观。

礁溪

到宜兰有两种泡汤的选择，一是北边的礁溪可以泡温泉，一是南边的苏澳有冷泉。

礁溪是台湾著名的温泉乡，温泉资源丰富到街上随便都有让人泡脚的温泉亭子，真的让外人羡慕嫉妒恨，它的温泉区曾是宜兰最繁华的区域。日据时代，日本人发现礁溪的温泉水质良好，于是进驻此地，但是礁溪真正的繁华岁月，却是在20世纪七八十年代，由于美军、日本商社人员和观光客的涌入，使当时的旅馆结合了餐饮和娱乐，成为国际知名的温泉乡，当然也是“温柔乡”。黄春明有一篇著名的小说《莎哟娜啦•再见》，即以该时的礁溪温泉为其故事背景。

为提高礁溪温泉的观光效应，宜兰县政府除了设置“汤围沟公园”，免费提供给游客歇息泡脚的好去处，更于礁溪温泉会馆游客中心现址，规划设计礁溪温泉公园。在温泉公园内，不但有大大小小、温度不一的免费足汤池，另规划有与自然融合、大众化价格的优美“森林风吕”供游客泡汤。如果你环台，你完全不用从花莲直接赶回台北，可以晚上住在礁溪，一方面礁溪旅馆比台北便宜很多，更重要的是每家都有温泉，第二天早上，再坐车1小时就可到台北市区。事实上，这也是许多日韩游客的玩法。

关于《莎哟娜啦•再见》

20世纪70年代，台湾经济刚起飞，贸易非常兴盛，有大量外商来到台湾做生意。但那个时代也是国民党在国际上的外交不断挫败的时代，因此，一方面想赚外国人的钱，另一方面又想要自尊心，矛盾的心理交织在那时人的心中，这种心态也是那时代的文学主题之一。《莎哟娜啦•再见》即是描写这种社会气氛下心理状态的经典名篇，后来还改编成电影，由钟楚红主演。

故事的主角黄祥，本来是个老师，后改行去贸易公司工作，有一天，老板要他招待七个来自日本的客户，于是，黄祥带着七个日本人到礁溪温泉旅游。这七个日本人来自不同的公司，是童年的伙伴，“二战”中都当过兵，他们自己组织了一个“千人斩俱乐部”，就是希望今生能睡满一千个不同的女人。

当年礁溪是台湾的买春盛地，也是黄祥的老家，这让黄祥心里很矛盾，一方面自己长辈在日据时代与日本人有不共戴天之仇；另一方面能找到现在这份工作很不容易，还要养家糊口。天人交战后，他终于还是接下了这个任务。

一行人直奔礁溪温泉旅社，随即摆开酒席，叫来十几位小姐，将房间围得满满的，日本人手可不老实，弄得小姐们又笑又叫！待酒酣饭饱，日本人要找小姐陪宿。黄祥来到柜台，却巧遇昔日学生的母亲阿秀，这让他很不好意思。阿秀安排小姐到日本人的房间后，也想找小姐陪黄祥，他只能拒绝。

黄祥内心不断讽刺挖苦日本人，也帮着小姐狠宰了日本人一笔，但日本人的确又在他们的“战绩”上添了一笔。隔天，他们几人坐火车回台北，在车厢里遇到一位台大的学生跟他们打招呼，黄祥谎称这一行人是日本的大学教授考察团。年轻人请他做翻译，想与日本人套近乎，找些机会。他利用信息不对称，故意两边都乱翻一通，就在两方均不知情的情况下，变成关于日本侵略战争的自问自答，借这个机会刺刺日本人，也训训小老弟。

礁溪街头随处可见的温泉泡脚池

故事的结尾，年轻人准备下车，临别向日本人还说了一句“莎哟娜啦”，日本人也用中文回一句“再见”，彼此像煞有介事很尊重地握手道别。

设治纪念馆、宜兰文学馆

宜兰市区没有什么非来不可的景点，只有几个小情小调的地方，不小心流落到这里有点时间逛逛就行。宜兰火车站旁的幾米广场是目前最热门的景点，用装置艺术重现了幾米绘本中的经典场景，比如《向左走，向右走》的男女主角；《地下铁》里的行李箱；《星空》的飞天公交车等，路过宜兰，可以顺便逛逛。来到宜兰市中心，很难不被“兰城新月购物中心”这么庞大的百货公司吸引。这里原本是宜兰县政府的旧址，后来经过都市更新之后，才改建为现在的百货公司。如果沿着“兰城新月购物中心”往员山的方向前进，可以看到有几幢日式风格的建筑群落。这些建筑群落，包含“宜兰设治纪念馆”和“宜兰文学馆”。这是几栋保存得比较完好的日式庭院建筑。

设治纪念馆

宜兰的文史工作做得特别好，那都要归因于宜兰人对自己的土地都有一种超乎其他各县市的强烈认同感及骄傲，这点你可以在几个小小的公共空间感受到。

宜兰设治纪念馆就在九芎埕人文空间的后方。喜欢漫步、体会悠闲的朋友，可以沿着“宜兰旧主秘公馆”也就是九芎埕艺术广场，一面看着地上特别烧制的宜兰古地图瓷砖，一面沿着旧围墙走到“宜兰设治纪念馆”，喜欢拍照的朋友可以在这里拍到不错的景致。进去参观“设治纪念馆”需要购票，在纪念馆的入口售票处，还有纪念戳章可以盖。

至于这幢这么有历史感的纪念馆，取名“设治”，就是宜兰从清朝、日据时代到国民政府时期都有设官治理的意思。“设治纪念馆”的前身是宜兰历代地方首长的官邸，目前内部主要陈列三个时期的文物史料，分别为清朝噶玛兰厅时代、日据的宜兰厅时代、光复后迄今的宜兰县时代。在馆外有一片日式户外庭园及被县政府列管的百年老樟树群，主体房舍则融入了和风与西洋古典建筑风格，木造房舍的桧木建材，则来自台湾三大林场的太平山。官邸本身历经多次改建修复后成立纪念馆，才转型为观光历史景点。

宜兰文学馆就在设治纪念馆旁，日式风格的建筑建于1906年，前身为宜兰农林专校校长宿舍。此栋建筑在2001年指定为宜兰县历史建筑，直到这几年才整建开放。

宜兰文学馆内部保留着官舍的日本和室风格，书架上有许多文学书籍可以阅读，蕴藏着一种深厚的文艺氛围。走进文学馆内，拿出一本自己喜欢的书，就算坐上一整天也不觉得厌烦。这里还不时会举办文艺活动，邀请作家或艺术家前来演讲。

罗东

罗东林业文化园区

罗东镇面积只有11平方千米，是台湾本岛现有县辖乡、镇、市级行政区面积最小的镇级行政区，却是宜兰最热闹的一个镇。罗东地区在未开发前是山林地带，尤其有很多野生猴子群居于此。“罗东”这个地名缘起于当地少数民族噶玛兰族将“猴子”称为“老懂”，汉人开垦兰阳平原后沿用其名，称此地为“罗东”。

日据时期，当时太平山山区伐木业兴盛，砍伐的木材均由铁路运至罗东作为加工转运中心，使罗东逐渐兴盛，成为兰阳平原的商业中心。正是由于太平山林业与罗东镇的发展息息相关，所以“罗东林业文化园区”这个区域曾在历史上扮演过极重要的林业生产角色，承载着老罗东人桧木飘香的记忆与对林业深厚的情感。

“罗东林场”的全名叫“罗东林区管理处”，在太平山的伐木时期，所有林区的木材在这里交易及批发，所以林场内有一座大型的储木池，如今则改辟成观光休闲园区，在广阔的水池内仍真实地漂放着一些原木，不时还可见到小鸊鷉等野生水鸟优游其中。伴随着木头的香气，沿着储木池铺设的木栈道可以环池一周，除此之外，罗东林管处更整修旧时的森林铁道终点站——竹林车站，并于园内展示昔日的运材蒸汽火车、森林铁路，部分闲置的日式宿舍也改设为宜兰县文化创意产品展览馆，供艺文人士使用及发表产品。

罗东观光夜市

每到假日时刻，罗东总是吸引各个县市的人潮前来旅游，而获选为全台十大夜市之一、最友善夜市的罗东观光夜市，更是游客到宜兰晚上最爱的去处之一。

罗东观光夜市是沿着罗东镇正中央的中山公园四周所发展的夜市，不但全年无休，罗东镇最繁华的商圈也依此处向外扩张。

罗东夜市贩卖各种传统风味的小吃、商品，有平价服饰店、鞋店、小吃店等。此外，每到特殊节日，在中山公园大舞台更有表演活动，尤以每年暑假的“罗东艺穗节”踩街活动为整年内的高潮，是罗东镇年度重大街头嘉年华活动。

如果再往西走一点到北成路上，可见到哥特式的罗东圣母升天堂，这是偶像剧《命中注定我爱你》里的重要场景之一，最近也吸引了不少剧迷。

大同乡

太平山森林游乐区

太平山森林游乐区的前身为台湾三大林场之一的太平山林场。其实早在太平山伐木时期之前，太平山借着本身的云海幻景、日出奇观等天然景观，已经是台湾十二胜景之一。内行人都知道这里的日出跟云海，一点都不比阿里山差。然而号称全台湾林木生产纪录保持者的太平山林场，也因为桧木资源的枯竭与时光流逝而逐年减产，终于最后将伐木林场正式转型为太平山森林游乐区，其范围包括了土场、鸠之泽温泉、中间、兰台、白岭、上平、太平山、独立山、翠峰湖、大元山等。来到这里，除了可以看到林场全盛时期伐木生产作业所遗留的森林小火车、流笼、台车、桧木房屋等遗迹，还可以泡温泉、煮温泉蛋或者欣赏日出、云海等美景。

来到太平山，当然要坐一下蹦蹦车。太平山蹦蹦车的前身为林务局罗东林区管理处辖下的太平山林场运材铁道，这条铁道最早完成于1924年，为日本人开采太平山上的桧木资源而兴建。蹦蹦车除了特定保养日停驶外，每日都有行驶，有想要拍照的朋友，建议可以坐到后面的车厢，才可以拍到蹦蹦车过弯的全景照片。

马告生态公园

马告生态公园是由“栖兰”与“明池森林游乐区”“一百棵桧木神木园”共同组成的，范围跨宜兰、新竹、台北、桃园的深山交界。“马告”在台湾泰雅族语是一种“山胡椒”的植物，果实粒小成串，味道辛辣，且充满香气，泰雅族人用来提振元气及作为调味料。栖兰山因生长许多马告而被称为“马告山”。这片台湾硕果仅存的巨大桧木林，面积和规模都足以成为台湾排名第一的温带原始针叶林。

这里的山林生长着近百棵树龄千年以上的巨大红桧与台湾扁柏，其中51棵树形特殊的桧木，依照其树龄对照中国历史古圣先贤来命名，显得特别生动有趣。为了让游客欣赏这些千年桧木，园区内特别规划了穿越神木生长地带、长短程的两条步道，让游客可以用轻松散步的方式欣赏神木及其生态之美。除此之外，巨木的脚下也有许多台湾特有的植物值得游客特别驻足观赏，像是七叶一只花、一叶兰、八角莲等。走在林雾缭绕的森林里，除了与千年古木共存，更可以让在马告森林中漫步的旅人，享受富含芬多精和负离子的珍贵森林浴，得到与自然同调的真心。

而同属马告生态公园区域的明池国家森林游乐区，园区中的明池湖则为高山湖泊，池中有许多野生鸳鸯优游其中。外围则围绕有杉林巨大白木林群，使得原本就充满神秘色彩的明池在杉林枯木的衬托下，更显其与众不同。

冬山河亲水公园

冬山河虽然不长，景色也很普通，却在台湾河流整治史及观光发展史上具有相当重要的地位，也是陈定南在宜兰县当县长时的重要政绩之一。

过去的冬山河，每逢豪雨必淹，中下游无一幸免。后来在陈定南任内将冬山河截弯取直，冬山河有了新的面貌，也不再逢雨必淹，在精心设计规划后，以“冬山河本身就是个完整的水生态博物馆”概念，完成了冬山河流域的规划，其中，“亲水公园”就是一个典型景点。

“亲水公园”是一个以“水”为主题的风景区，在亲水设计上利用冬山河的河水、地下水、自来水三种水源，发展出三大亲水区——划船区、涉水区和戏水区。值得一提的是亲水公园内的建筑物，有以三段梯状层层蜿蜒入水的“双龙护岸”，是由800位宜

太平山蹦蹦车

冬山河亲水公园

兰的小学生用红、黄、橙、蓝等彩色瓷砖嵌绘而成的美丽堤岸；造型颇具特色的休憩凉亭，则是用颜色缤纷的玻璃片镶在三面大方块组成的屋顶上。而经过截弯取直后的宽广平缓水域，是兰阳地区龙舟竞赛的最佳场所，也是符合国际水道的标准划舟水域。

另一令宜兰人引以为傲的“宜兰经验”，是每年7月初到8月中旬，为期一个半月的“宜兰国际童玩艺术节”，在台湾可说是无人不知、无人不晓，是台湾元老级的地方节庆，也是台湾第一个得以自给自足的公办收费活动，被称为活动产业的模范生。自1996年开办以来，共计邀请过67个国家172个外国团体到冬山河亲水公园演出。在户外戏水区部分，则充分展现宜兰丰沛的水资源，运用举办场地亲水公园的地利条件，加上无比的创意，设计出许多原创开发的大型戏水设施，是盛夏到宜兰不可错过的大型节庆活动，也是全台湾小朋友翘首以待的暑假盛会。

传统艺术中心

在冬山河畔除了亲水公园可以一游之外，传艺中心是游宜兰平原的另一个必访之地。传统艺术中心占地共有24公顷，除了作为推广、研究传统艺术的场域之外，园区也开放给一般游客参观。游客来此，有必逛三街——民艺街、临水街、传习街；必拜一庙——文昌祠；还可以欣赏古宅之美——黄举人宅、广孝堂。而展示馆与戏剧馆里，则有当代工艺与一流团体的登台献艺。

来传艺中心，不只逛热闹，还可以看门道。园区里面的建筑由多位知名的建筑师合作建造，从戏剧馆、曲艺馆、图书馆、工艺传习所、目仔窑、民俗街坊、住宿中心至文昌祠、戏台等，把台湾传统闽式建筑表现得十分精美，非常有台湾味。这里的街上经常有融合了街景的传统戏剧表演，游客要随着剧情发展，边跟着演员走到不同场景区，很有意思。

如果逛得不过瘾，还可以到传艺中心设置的码头搭船，一路游览到冬山河欣赏美丽诱人的河岸景色。这里主要的河运路线，是从传艺中心到冬山河亲水公园，来回一趟要40分钟左右。

陈定南大战王永庆

所谓“平生不识陈定南，便称英雄也枉然”。很多人到了宜兰，都会觉得宜兰怎么那么纯净？怎么规划得那么好？宜兰人怎么对自己的乡土那么骄傲？其实宜兰在30年前还是台湾的穷县，这一切改变，都不得不提到陈定南。

1981年，从来没有政治经验的陈定南代表党外阵营参选宜兰县长，在众人跌破眼镜下高票当选，终结了台湾国民党40多年来在此的执政。当时陈定南只有38岁。

陈定南担任宜兰县县长期间，在地方建设方面，以严苛与高效率闻名全台，用完美的标准检验公共工程，对细节的要求非常苛刻，当时大家都知道他最爱跟厂商说“打掉重做”，搞得厂商人人自危。在行政方面，他全力改造公务员体系，并且很多措施都是敢冒当时之大不韪：比如撤除公共场合悬挂的蒋介石遗像。

宜兰本来是个穷县，但就在陈定南担任县长的8年中，却有了翻天覆地的变化，成为全台湾人人羡慕的宝地，也赚了不少观光财，这都与他“环保立县”及“观光立县”的信念有关，这其中，到现在都还令人津津乐道的就是“陈定南大战王永庆”。

当年，台塑老板王永庆计划在宜兰建设六轻炼油厂，这对穷困的宜兰来说，能增加相当大的税收。陈定南虽然年轻时曾经在台塑工作过，他却坚决反对六轻设在宜兰，为此，陈定南当年还亲自上电视与王永庆公开辩论。这场电视辩论在台湾已经成为“环保或经济发展”的经典讨论，一般称“陈定南大战王永庆”。

因为陈定南的力阻，台塑中止了在宜兰建六轻的计划，宜兰也得以保留了好山好水，这些丰富的自然资源，反而吸引了更多观光客前来宜兰，台湾其他县市的观光规划很多都是在学“宜兰经验”的。而陈定南当初对公共工程的严格要求，也为后来宜兰建设奠下了良好基础与典范。你如果遇到宜兰人，当他说“我是宜兰人”时，大家都听得出那是带有一点自傲口吻的。台湾很多人戏称陈定南为“宜兰神”，那可不是讽刺，那真的是一种尊敬又亲切的称呼。

苏澳—南澳

苏澳冷泉

苏澳冷泉位于苏澳镇北方，放眼全世界，目前仅有意大利的西西里岛和中国台湾的苏澳冷泉为“从地底冒出的纯正碳酸氢盐水”。但西西里岛冷泉因为盐度过高，只能作医疗用；而苏澳的冷泉因含盐浓度低，可浴可饮，更容易亲近，冷泉温度经年保持在22℃左右，水色相当清澈，并溶有大量气泡。

日据时期，日本商人看中含有丰富二氧化碳的冷泉，在冷泉区内的七星山下，开设台湾第一家汽水厂——七星凉（汽）水厂，生产出所谓的“弹珠汽水”。日本人中村真一则运用冷泉特质，于白米桥边设厂制作“羊羹”。这些特产都是拜冷泉所赐。

苏澳镇公所规划了完善的冷泉公园，里头有男女露天大众池与个人汤屋。清澈的池水，铺满石头的池底，从石头的缝隙中，会冒出很多的泡泡！冷泉刚泡时会有难以接受的冰冷感觉，但泡过一阵子之后，会觉得皮肤有灼热感，皮肤上也会被小小的气泡覆盖，是很特别的经验！

白米木屐村

位于苏澳市区边缘的白米社区，日据时代，日本人利用白米地区的自然条件，发展了石灰石、石粉等加工产业，并设置水泥厂，是一个饱受废气、污水污染、沙石车满街跑的村落。1993年，白米社区一群对乡土文化及社区活动有兴趣的社区居民成立了社区发展协会，积极动手整治遭到污染的家园。1995年，白米社区开始接受“社区总体营造”的观念，经过多次聚会讨论后，社区居民由下而上自主决定，利用白米森林里既有的资源——制作木屐用的江某树，以传统木屐产业作为从事白米社区总体营造的切入

南方澳渔港

点，来深耕地方文化与社造工作，于是发展出木屐产业，这也是白米木屐村的由来。

白米木屐村是台湾社区总体营造相当成功的一个例子，白米社区推动社区总体营造10余年，木屐成了社区居民重生的起点，木屐工艺也成为白米社区的特色与资产。白米社区自从发展木屐文化产业之后，出现了系统性改变，包括居民与居民之间的互动更为紧密，并且也建立了信心，找到社区里新的生产方式，使得生活环境和生活质量大幅改善。

木屐村为了将社区往观光产业发展，多方挖掘当地文化创意产业的一些经济价值，所以木屐不只是用来穿的，还可以当装饰品、吊饰或设计成功能性的减肥木屐、脚底按摩木屐或运动木屐等。除此之外，游客到此，还可以自己动手做木屐彩绘，三人两脚玩起木屐同心协力，或跳跳木屐舞。

南方澳

南方澳是台湾东部最大的陆连岛，与苏澳港相通，地势天成。外海的“黑潮”行经之处洄游鱼类丰富，形成非常好的渔场，是台湾沿海及远洋渔船的重要基地，为台湾三大渔业重镇之一。作为观光客，来逛南方澳鱼市场，不但可以体验渔港里叫卖的活力与朝气，也可以吃到新鲜鱼味。南方澳的渔获全年均产有花飞、四破、剑旗鱼及鲨鱼，另外4~6月则产鬼头刀、鲔鱼、红目鲢、白带鱼等，这些都可以在苏澳区渔会鱼市场购买。

另外，这里除了鱼市之外，每人一袋南方澳的飞虎鱼丸，更是到南方澳必有的体验。买一大袋温温热热的现煮鱼丸到海边吃，像在吃零食点心一样，是南方澳独有的风情呢！

除此之外，还可以到南天宫妈祖庙，看全世界最大的金身妈祖神像，或者登高到苏花公路起点的炮台山，看清代的炮台与日本的神社等历史遗迹，不论白天或晚上，炮台山上的昭安观景台都是观日出或是拍摄苏澳港全貌、看渔船进出的好所在。

南澳

南澳这个“很剽悍”的泰雅族小乡，很容易被来往苏花公路或北回铁路的旅客所遗忘，但却是个一尘不染的地方。山和海距离得那么近，还有神秘小港湾与沙滩，只留给静下心来的旅人慢慢发现。

汉本车站是南澳最知名的地方，都是拜几年前那部掀起单车环台热潮的电影《练习曲》所赐，主角遇见立陶宛女孩的地方就是汉本车站。车站一边是深邃的太平洋，另一边是高耸的中央山脉，在站台上就能享受山海风光。在这里下车的人很少，如果一个看起来明显就像游客的人在这儿逗留，站员还会热情地坏笑说“看过电影哦”。

[行]

从台北、台中、台南、嘉义、高雄，每天早上七八点就有飞往马公的班机；从高雄也有飞往七美、望安的班机，不过比较少。热门时刻订从台湾本岛到澎湖的班机简直是噩梦，提早订好要去的日期，知道航空公司哪天开始卖票，凌晨就开始抢，有抢春运票的经验应该能驾轻就熟。

坐客轮的话，一般来说嘉义布袋港、高雄港皆有船班到澎湖，从 90 分钟到 5 小时不等，以嘉义布袋港最快（请参照嘉义布袋港），但船班有时会季节性停开。

在澎湖本岛上，作为一个公交车班次很少的地方，要到各景点，坐出租车或包车或租车当然是最好的方法；如果能租到摩托车也是个很好的方法，在澎湖的烈日下骑摩托车，好有公路电影的 feel；自行车……如果你想狂流汗洗肺排毒，那也是不错啦！此外，澎湖人很少认路名，很多地方根本没有路，要问路直接问"地方"，不要问"路名"。

到北海各岛屿，需要在白沙岛赤崁的北海游客中心搭乘船班。到望安或七美等南海的船班都在马公港的南海游客服务中心，就在马公第三渔港，各家游艇及交通船在游客中心都有柜台。在旅游旺季时，有时候还会买不到票，因此马公有许多南方海岛跳岛游的行程，一日可以逛三个或四个岛，行程狂可考虑参加。

[住]

澎湖的旅游季节是每年 4 月到 10 月，而 10 月以后东北季风增强，澎湖的观光业可说完全停摆；在旅游旺季七八月时，一定要事先订好机票及住宿，不然会让你欲哭无泪。在马公市区有各级酒店宾馆，也有青年旅馆和民宿，如果你想找一个有海滩人少的小渔村纯度假几天，下文介绍的海滩边上都有民宿可住。在一些离岛上，也有度假民宿、海边小小屋可选择。如果你看到有特别便宜的民宿也别开心太早，说不定他们会半强迫推销套装旅游行程给你，毕竟一分钱一分货。当然，有些行程可以请民宿主人或酒店帮忙安排，并且海边的民宿主人也经常有私房行程，他们都会很乐意推荐帮忙。

澎湖的正式开发早在1281年，元朝政府在此设“巡检司”。到了明朝洪武年间，澎湖却成了倭寇海盗盘踞的地方，后随着海禁政策，岛上的居民被迁至福建漳州、泉州，此后有251年的时间，澎湖一直被海盗占领，后又被荷兰人占领；直到1661年，郑成功率兵先取澎湖，又击退荷兰人；到了1682年，清政府派施琅征讨台湾，以澎湖为中继站。从清代开始渡台人数增多，欲跨越海象多变的“黑水沟”——台湾海峡，中点的澎湖也如同沙漠中绿洲般的存在，能稍作休息，澎湖也日渐繁荣。

澎湖是由64个岛屿组成的岛县，其中只有20个岛有人居住，其他都是无人岛，据说，退潮的时候会增加到100多个岛。澎湖现在主要靠的是观光与服务业，其实经济不是太发达，很多居民只能赴台工作求发展，很难想象这里比台湾本岛早开发了400年，历朝历代，人来人往，现在则成为台湾人著名的观光目的地。

每个台湾人似乎相簿里都有一张在澎湖的照片，在那出国还不是太方便的时代，学生或新婚夫妻想要感受碧海蓝天，“仿佛在夏威夷”，首选就是澎湖，那是能够顺理成章离开台湾岛的第一选择；而对于上了年纪的妈祖虔诚信徒来说，有400多年历史的澎湖天后宫也是不可不去的进香地点。澎湖是个多变的地方，有纯美的沙滩，有清凉如碧的海水，有生猛的海鲜，还有丰富的历史文物，对于许多人来说，还好没有赌场进来。澎湖的海比三亚强太多，跟马尔代夫有得一拼，就算在台湾，澎湖的各色海景也完胜知名的垦丁。澎湖就像散落在台湾海峡蓝色海洋中的宝石，而行驶其间小艇所激起的白色水花，就是串起宝石的线索。

天人菊是澎湖的县花，随处生长，在干燥贫瘠的澎湖土壤上能散发出强劲的生命力，充满鲜艳的色彩，这跟澎湖人很像，就算澎湖的环境再怎么恶劣，仍然不屈不挠，乐观开朗，乐天知命。有些人觉得澎湖人嗓门很大好像在吵架，那是因为海风强讲话声音就要大一点的关系，变成了一种习惯，其实澎湖人很直爽大方，热情，爱交朋友。

很多人会问，澎湖要怎么玩才好玩，仿佛要把澎湖玩遍才值回票价。澎湖是个可以来很多次的地方，也没必要非想一次跑完所有景点，也不需要别人照片有的地方就一定要跟着去。澎湖主打就是海，私房的绝美海景太多了，没有规划就是最好的玩法，只要找个安静的海边，忘掉平常压力够大的工作，吹着海风，听着浪涛，就好像度假一样。时间到了，吃得饱饱的再出来看看满天星斗，感受一下澎湖人海岛人的生活方式，足矣。

感谢澎湖风景区管理处提供本章图片。

马公市区

马公是澎湖的中心，最早称为“娘宫”，后施琅征台，在此祭拜以求讨伐成功，此后娘宫也改名“妈祖宫”，简称“妈宫”。后来在1920年被当时驻守妈宫的日本海军改为“马公”，即现在的马公市。江美琪的《亲爱的你怎么不在我身边》MV全部都是在澎湖拍的，前几句基本上就是在描写马公。

中央街

当地人称“街内”的中央街，是从妈祖庙前延伸出来的一条街，也是澎湖群岛开发最早的市街，最远追溯至宋、元时代。澎湖本来只是个小渔村，在清朝将澎湖纳入版图后，因为驻军来到，消费性需求增加，天后宫附近才逐渐出现店家。近年来中央街规划重修得很不错，颇有古意，成为澎湖重要的观光地点，除了老遗迹，也聚集一些艺术家、潮店、特色民宿等，晚上来特别有气氛。在窄窄的街上有一四眼井，是早期中央街居民取水之地，四眼井其实只是一个井，并非四个井，只是水泥井盖凿开四个孔。很多人在四眼井会汲水玩乐，甚至有些导游还会忽悠说泉水可以喝，不过还是奉劝各位洗洗手冲冲脚就好了。在四眼井旁的干益堂药房也是知名老店，观光客到了一定都要吃一天卖1000个的药膳蛋，虽然比不上日月潭的阿婆蛋，但也算是澎湖名蛋了。

中央街内的施公祠主祭“清朝靖海将军施琅”，是台湾唯一的施琅庙，墙上的对联写着“施门心路史家论”。施琅到底还是个有历史争议的人物，从某个意义上来说，施琅在当时被汉人视为汉奸，施琅生前他的家族跟他到了澎湖，他死后，家族为了怕麻烦，改姓氏为“才”，这是百家姓中找不到的姓氏。如果你在澎湖遇到姓“才”的，那就是施琅的后代。不过施公祠现在是有人居住的民家，所以平常是不对外开放参观的，在外面看一看就可以了。

天后宫

澎湖天后宫

台湾的妈祖庙很喜欢比谁资格比较老，尤其是几座传统大庙如北港朝天宫、新港奉天宫，或是台南大天后宫等，但是比来比去，谁都不敢跟澎湖天后宫比老，它始建于何时到现在还没有定论，但能确定的是早在1604年就已立庙，经多次翻修，现在是一级古迹。天后宫最早是“澎湖娘妈宫”，“娘宫”也是马公最早的地名。在施琅成功讨伐台湾后，为了感谢妈祖庇佑军事行动成功，他上奏清政府，皇帝特册封妈祖为“天后”，被赐“神昭海表”匾，从此清代各地的妈祖庙都被尊称为天后宫，澎湖天后宫在清代成为台湾地区很重要的妈祖庙，因为官员往来大陆与台湾大多经过澎湖，来此总要上香保平安。参观天后宫，建议在外面看看正面外观屋脊的建筑形式，再看看里面的木雕与泥塑艺术，最后宫内也有相当多的文物的历史故事，从这里你就大概可以了解天后宫与澎湖发展的历史关系了。

天后宫殿后有一块“沈有容谕退红毛番韦麻郎等”碑，是目前台湾地区出土的最古老的一块碑；韦麻郎（Wijbrant Van Waerwijck）是1604年时荷兰东印度公司的司令官，他率两艘船到澎湖，并派人往福建请求贸易。福建当局立即严禁人民出海接济，并派都司沈有容率兵船50艘前往澎湖，要求荷兰人撤退。韦麻郎见求通商无望，又缺乏补给，于是在当年底离开澎湖，前往台湾。

传统宗教在澎湖人生活中扮演了重要角色，整个澎湖有近200座庙宇，平均每座造价超过2000万新台币，每座庙内神明平均20尊，除了妈祖外，有许多因应澎湖特殊环境的神明，比如可防风的风神和水神等。

过去庙宇多是渔民所捐建，每艘渔船在出海前都会先声明在渔获量中提出一定数量作为公积金，但是谁也不让谁，都会报多不报少，这样下来，就累积了许多建庙基金。

每年农历三月的妈祖诞辰，照例要绕境，由于澎湖地形特殊，四面环海，岛屿繁多，只在陆上绕境并不适用于澎湖群岛，因而开创了妈祖海上出巡之首例。以浩荡的妈祖船队巡绕澎湖群岛的各个港口，场面之壮观极具特色，接着再回到陆上绕境以契合澎湖特别的地理要求。

澎湖眷村文化园区

从中央路老街区，绕进中山路走过澎湖最后一道城门顺承门，就到了笃行十村，这是全台湾第一个眷村，现在村子里已经空荡荡没人居住。低矮平房挨家挨户的地基沿着缓坡街道起伏，村内小巷纷陈，纵横交错，很安静的地方，除了少数游客外没什么人出

张雨生纪念馆／观光局澎湖风景区管理处供图

澎湖花火节

入，是个很适合独自乱晃并迷路的眷村。现在已经规划为眷村文化保存区，并有澎湖当地的艺术团体一一进驻从事艺术表演与展览。

笃行十村出了不少名人，已故歌手潘安邦与张雨生都曾经是笃行十村的村民，《外婆的澎湖湾》写的正是从笃行十村内看见的澎湖湾风景，现在潘安邦故居已开放参观，而张雨生小时候曾经生活了10年的家，现在也改为张雨生故事馆开放。

笃行十村沿介寿路往北的观音亭是马公欣赏落日晚霞最佳处，这里也是每年澎湖花火节放烟火之处。这里正前方有一海水浴场，是玩风浪板的绝佳去处，旁边有一澎湖青年活动中心，刘若英当年拍《为爱痴狂》MV时就是倚在这里的窗台上唱歌的，这里也是看夕阳的绝佳位置。

渔人码头

澎湖这几年新流行的夜间活动就是夜钓小管，有几个梯次，傍晚6点30分或更晚10点都有，乘着渔船从渔人码头出海，约3小时回到港口。钓到小管后，船夫会帮你将钓上来的小管制作成生鱼片，端到你面前来，一边吃着小管生鱼片一边钓小管，而且常常有螃蟹或是其他鱼被集鱼灯所吸引跑了过来，可以顺便用网捞。回到岸上后，还可以吃到船夫用澎湖有名的西卫面线煮成的小管面线。每年6~9月是小管盛产的季节，这个时候出海几乎都能满载而归。在澎湖一定要吃海鲜，这里捕捞的海鲜完全无污染，特别鲜美。如果参加夜钓行程，傍晚6点30分出发能看满天红霞，10点出发则是满天星斗。渔人码头是个晚上散步的好地方，还有些咖啡屋，竟然连星巴克都在这儿开店了。

澎湖本岛南环

从马公出发往南绕内海一直到对岸的风柜半岛，这是澎湖本岛南环路线，有好几个美丽的小沙滩藏在各处，游客可以根据自己所爱，住得离哪里比较近就选择去哪里。走南环大约要用半天的时间来回。澎湖天气好时天空就是一整个暴力蓝，要拍照的人，务必用偏光镜。

从马公出发沿204县道转201县道，约20分钟可抵达山水沙滩。如果说这里是澎湖最棒的沙滩应该没有人会反对，本来这是个只有澎湖人知道的私房沙滩，但因为这些年太多MV和广告在这边拍摄而广为人知。山水沙滩短短200米，洁白，大片的翠绿马鞍藤，金色阳光耀射蔚蓝水面，海水富有层次感，色调饱满是它给人的第一印象。因为靠近村子，所以近来也流行在此夜游。山水海滩有传说中的夜光沙，一瞬即逝，寻找夜光沙也是夜游的热门活动。不过近年来因为筑堤等原因，山水沙滩消失得很快。

消波块

在台湾的海岸、港口边，一定可以看到这巨大的三角大型水泥块叠在一起，有一点丑，又有一点碍眼，它就是俗称“肉粽”的消波块，台湾1600千米的海岸线，约40%的海岸线放了消波块。

消波块顾名思义，用意在于防波浪侵蚀海岸。对于凡事求快速见效的台湾人来说，在海边放消波块是很便利的方法；再加上消波块一块动辄几万元，用来消耗用不完的公共经费，那真是太好用了。可是消波块从长远来看弊大于利，这“水泥长城”除了超级难看，阻碍人类亲近海洋，也让许多种海洋游憩活动无法进行。而这几年大量放置消波块，也改变了海岸的地形地貌，使沙滩流失、走位，或改变堆积层，对植被、潮间带也造成不可逆转的影响。放置消波块在台湾一直是个存在巨大争议的问题。

你如果到了台湾海边，绝对不要因为想玩水跳到消波块上面去玩，因为消波块通常放在浪最大的地方，而且如果掉下去被卡在里面，那就几乎是等死了。

消波块也是台湾网络上著名的黑色笑话梗，只要讨论到黑社会的八卦的时候，下面就会出现“楼主变消波块”“被载到港口灌浆丢海底”“听……海哭的声音”等。

继续往北过了井垵海堤，就会看到一道半弧形的美丽海岸线，那就是莳里沙滩，这里曾经是澎湖最著名的海水浴场，不过近年来经营不善，无人管理，所以有些颓废的味道，这让它在澎湖众沙滩中多了一点宁静。不过这里没有救生员，所以戏水自己要注意。

从201县道进入风柜社区前，也有一片沙滩，特别的是这滩上散布着七彩玻璃片，玻璃片受海浪冲击翻滚，已经都磨成圆滑的表面，阳光直射在沙滩上，折射出耀眼的七彩光，非常迷人，有人称之为情人海滩。

风柜半岛因为侯孝贤的电影《风柜来的人》而出名，观光客来到这里，都是去看所谓三大奇观：风柜涛声、水柱喷潮、海水抽吸声。在风柜这一带的沿海地形主要是柱状节理玄武岩，由于海浪长年的冲击，形成了狭长的海蚀沟及海蚀洞。当巨浪激荡，冲向洞口，岩洞内一阵阵如雷涛声，如风箱鼓风，如遇到风势大、风向恰好、海水涨潮时，还可见到水柱喷潮的奇观。

在蛇头山南侧面向马公港处，有一法国官兵坟冢，中央立有花岗岩打造的四角形石

内垵沙滩

碑。这是1885年中法战争时，法军占领澎湖，但因水土不服又瘟疫流行，死亡者众，集体埋葬在这里，又称为万人冢。

这里有风柜小学，小朋友从小就在海边长大，到了全校运动会，比赛的项目也跟一般小学很不同，是冲浪板接力赛、浮潜竞速，甚至还有挑珠螺肉等比赛，有趣吧！在风柜，有很多隐藏版小海湾，平水无波，清澈透明，小渔船停在海上就如同浮在空中一样。

北环

如果有空，坐上大巴往北环，沿着澎湖湾的海湾、大桥，在烈日下经过一个个的岛，形态各异的海岸景观不断在眼前出现，好像没有终点一样一直坐下去，那是幅很像公路电影的画面。走北环，来回至少花一天时间。

白沙岛最西端的通梁古榕是夏季烈日当头、中途休息的好地方，这垂下气根无数的大榕树绿荫蔽天，覆盖面积660多平方米了。相传300多年前，有一厦门的商船遇大风浪沉没于通梁近海，其中有株榕树苗被人拾起随手栽植于保安宫前，没想到这株榕树像落土归根似的，繁茂生息，经过几百年的岁月一点也不畏惧澎湖的风霜，长成巨榕。对通梁当地人来说，小孩大多会给古榕当义子，每年春节、端午等节日就会准备简单的祀品前来树头祭祀树神。

在上跨海大桥前，有传说中的澎湖仙人掌冰激凌创始店易家仙人掌冰的摊子，也是游客路过不可不吃的点。他们家的仙人掌冰吃起来浓稠，贴近仙人掌果实的原味，这与他们使用的仙人掌果肉比例有关，这可是老板一家人亲自拿着特制的铁具到山边摘采仙人掌果制作而成，用料实在，也因此他们的售价比其他摊贩贵，一球叫价30元。如果想尝鲜，爱吃酸的人可要到他们的摊子试试。

往前走不远就是跨海大桥，这座全长2.494千米的桥在1970年完工时曾经是亚洲最长的跨海大桥，也是当年澎湖的风景照一定会出现的地标。如果经过跨海大桥，可以往下看看这条“吼门水道”，永远是波涛汹涌，发出万马奔腾的吼声，这是澎湖最凶险的一条水域，几百年来不知多少船只在此沉没。过了桥到了西屿乡，这里的二崁聚落是台湾少数保存完整的古厝群，因为人口外移严重，加上少开发而保存了传统聚落的样貌。古厝以当地咾咕石与玄武岩为墙身，支撑屋顶结构，并以彩绘瓷砖、交趾陶、泥塑等装饰，平房、门窗屋檐完全是闽南古式，为民风淳朴的澎湖与二崁地区增添传统工艺之美。二崁社区旁是一片大草原，绿色草原与远方蓝蓝的海天一色，许多MV亦爱在此取景。

二崁往西是池西，海岸边的池西岩瀑亦是罕见的自然奇景。岩瀑的学名是柱状玄武岩，指熔岩流喷发后遇到海水，快速冷却收缩成六角状的柱状玄武岩节理，从西屿小池

吉贝屿

西屿西台／
观光局澎湖风景区管理处供图

外垵渔港／
观光局澎湖风景区管理处供图

角北上一直到大池角网垵沙滩，这一整片海岸都是这类的玄武岩地形景观，不过这里没有滨海道路，要看这一奇景可要特别小心走过海岸。

继续往南，可以到一级古迹的西台古堡。中法战争过后，清政府终于认识到澎湖防卫上的重要，因此责成李鸿章在澎湖大兴军事防务工程，妈宫城、西台古堡等古迹于是诞生，三面悬崖峭壁的西台古堡门上方镶嵌李鸿章亲题的“西屿西台”石额，居高临下，所有进出的船只都逃不过它的眼睛。炮台内部，分布许多拱顶、隧道，四通八达，隧道两侧的砖砌房间是官兵起居之所。一旦发生战况，官兵可以在隧道内往来联络。但当年建了2年的坚固要塞，在1895年日军侵澎时仍然没发挥出作用，因为要塞内守军不战而降，当时日军清点西台古堡军火时发现有数百颗未发炮弹及数十万颗枪用子弹，但也因此西台古堡整个以完整的面貌保留了下来。不过这地方就别想夜游时跑去了，住这一带的人都说，晚上这里会遇到穿着英军、清军、日军、“国军”制服的啥啥啥。

古堡旁的渔港就是外垵渔港，小小的外垵是个很有特色的渔村，背有高丘屏障，洁白的房舍依势而建傍海而筑，从高处看，外观很可爱精致。每年元宵节，此地有传统的“渔船灯会”，晚上7点开始，渔火通明，将外垵的夜空照得犹如白昼，为来年祈福平安和渔获丰收。

西屿公路的最尾端是西屿灯塔，创建于1778年，经过多次整修，在1824年才有今日的白色圆柱的西洋式外形，是台澎地区最早建造的现代化灯塔，也是台湾第一座西洋式灯塔。纯白色的圆柱状塔楼、西洋式洋楼等，与现在流行的地中海风、希腊风还颇有相似之处。西屿灯塔不单是由外国人所设计，很长一段时间，连守塔者也是由外国人担任，目前在灯塔西侧围墙外，还留有一座外籍人士的十字墓碑。西屿灯塔所在的崖边视野非常好，这里也是欣赏夕阳美景的绝佳位置，平常还有一些牛在这边放养，刘若英《为爱痴狂》MV里的那片悬崖草坪就是这里。

湖西

从马公走204县道就可到美丽的隘门沙滩，就在机场附近，现在是澎湖旅游的黄金景点。它有一个传奇性的故事，隘门沙滩曾经因盗采沙石业者的入侵，怪手和沙石车来去之间，贝壳沙滩成了裸露的岩层，加上垃圾乱丢，蔚蓝的海湾成了成堆的垃圾山，海沙大量流失，沙滩倒退了四五十米。当时60多岁的老村长李天育不忍珍贵的海洋资源日渐消失，所以他决定用土法来复育海滩。于是，老村长一个人在狐疑的眼光中，天未破晓之时便在沙滩上捡拾成堆的乱石和垃圾，又在烈阳下以木杆和破落的渔网搭起了拦沙网，想把海风偷走的沙子给硬拦下来，他终于感动了村民一起来守护家门前的这块海滩。经过好几年的努力，终于将海滩整成原来的模样，吸引了许多游客来此玩水。隘门沙滩现在与旁边的林投金沙滩连成一片，是上千米的沙滩，如果你在澎湖只能选择一个沙滩玩水，那就来隘门沙滩吧！

澎湖的海洋生态中，很重要的一环就是“潮间带”，在潮间带中孕育了丰富的海洋生物，在湖西乡北寮村的奎壁山，每遇海水退潮时，就会有一条S形的潮间带海中步道露出水面，可以由此步行到对面的无人岛赤屿，长约500米，是非常有趣的行程，不过这些年澎湖的潮间带因为游客的无知和“好玩”，生态系统遭到一定程度的破坏，如果要在潮间带玩，千万不要因为好玩或有趣乱捉其中的生物，就连石头也别乱翻。澎湖的潮差很大，若要走潮间带，一定要注意每日涨退潮时间，一般来说，走潮间带务必在退潮前后1小时内进行完毕，如果走回来发现涨潮了，别怀疑，快走回头，别勉强通过。

离岛

离岛之旅一直是澎湖旅游的重头戏，几个热门岛屿都各有特色，但也有人专门跑到少有人去的几个小岛享受清静。这些离岛不管是环境或海水水质都是一流，如果不怕闷，倒是可以来住上几天。以下是几个比较经典的行程，每个澎湖人口袋里其实都有个离岛名单，如果想要“非主流”一点，可以请当地人推荐。

离岛游可以自行前往或参加套装行程，自行前往适合散漫没时间压力的人，套装行程则是包括接车的一切行程旅行社都帮你安排好，不管你是想参加水上活动或是浮潜都有，建议第一次到澎湖的人最好参加套装行程，记得货比三家。

离岛的阳光比本岛毒辣多了，而且很多地方没有遮阳处，防晒油宜选系数最高的，不过通常也是在擦安慰，美白的女生怕晒的话，把自己包成采茶妇人就对了（马公市区许多SPA馆提供晒伤肌肤修复课程）。

吉贝

在本岛北端的吉贝，从20世纪70年代开始就一直是离岛游最热门的地点，一般游客均是安排一日游到岛上那拖着数千米的沙尾沙滩玩水。这整片风景绝佳的金黄色沙滩，地势平坦，海水清澈，也是整个岛上的观光命脉，相关设施已经很完善，吉贝的重头戏是水上活动，即香蕉船+水上摩托车+滑水汉堡+鸳鸯飞艇+专属浮潜喂鱼区，可以照喜爱去玩。

如果只有短短时间要选一个离岛玩，吉贝是最佳选择，几乎到澎湖的观光客都一定会到吉贝，不过当然也因此到处都是人。吉贝还有用玄武岩咾咕石砌成的古聚落等地方可以看一看，只是一般观光客普遍认为，吉贝除了海边戏水的绝佳环境之外，也真没

澎澎滩

望安花宅古厝

有什么其他观光资源，如果不玩水其实吉贝是个很无聊的地方，在岛上过夜的人真不太多。当年《海豚湾恋人》绝大部分的海边场景就是在吉贝岛上，不过像易天边遇到徐泽亚那种事就别做梦了，此外，嗯……吉贝物价很高。

若要到吉贝，须先从马公到白沙乡的赤崁码头搭乘轮渡，这里有北海游客中心，能够询问索取北面离岛的一切信息，在吉贝的码头旁也有游客服务中心，有什么问题找他们都能帮你搞定。如果是第一次去澎湖，可以参加吉贝旅游的套装行程，这可以请洽澎湖各旅行社。

澎澎滩

这个有可爱名字的无人岛屿，在澎湖本岛北边的白沙与员贝屿之间，真的就是在蓝色海洋中浮出的一弯雪亮的金黄色海滩，整座沙滩由珊瑚碎屑、贝壳、有孔虫以及石英等构成，是澎湖新近的热门景点，是在这20年才冒出来的小岛。

但其实澎澎滩随着洋流及风向一直在移动，可能没过几年就会与其他岛上的陆地连在一起。在澎澎滩上的主要活动也是水上活动，不过岛上四分之三的区域规划为海鸟保护区，游客不得跨越管制线，仅能在水上活动区域内戏水。因为是无人岛屿，当然也就无固定船班前往，游客要前往只能在白沙的岐头参加套装行程。在岐头，还有往东海其他小岛的行程可以参考。

望安

在南海的望安是澎湖第四大岛，这些年，望安因为绿蠵龟上岸产卵而知名。望安岛总共有六片沙滩，游客最常来的就是网垵口沙滩，这是一处由贝壳、沙子组成的沙滩，游客很少，只有潮水慢慢推来，比本岛的沙滩更安静。相传郑成功登陆澎湖时也是先经过网垵口，只见望安岛一片宁静的沙滩田园风光，岛的四周海岸线蜿蜒曲折，而玄武岩海崖气势磅礴，地势缓缓起伏，中央冈丘地带草原萋萋，牛群怡然地优游其间。看到此景，郑成功心中的不安和焦虑顿然消散，所以称呼这座岛屿为望安，就是望而心安的意思。

望安的花宅很有名，又称中社，目前是澎湖地区保留较完整的集体古厝民宅，距今有300多年的发展历史。因为台湾光复前后即有大量住民迁徙至马公跟台湾，所以原本150余间的古厝在后期因无人使用亦未曾改建，形成今日的古厝林立却大多颓倒的画面。这里的古厝大多是咾咕石为主的建材，却是很典型的闽南式三合院建筑，有门楼、有亭、壁砖及生活空间的配置，它的意义在于保存汉人开拓台、澎的一个足迹，颓废又沧

七美双心石沪／观光局澎湖风景区管理处供图

桑，其实是个很适合女文青外拍的地方。在2003年时，“世界文化遗产基金会”（WMF）公布世界100个濒临危险的文化遗址，中社村被列入。结果政府一兴奋，就拨了一笔钱大整修，不修还好，修了就悲剧了，铺了一条完全不搭的石板路。

每年5月下旬到10月上旬，平常觅食、成长、睡觉都在海底的绿蠵龟会回到它们的出生地产卵，但出生地地形一旦受到破坏，就从此再也不来了，所以现在望安几个绿蠵龟产卵沙都已经列入保护区。每当绿蠵龟产卵或小海龟出生，总会吸引很多人观看，但没有人敢出声，每个人都是屏息以待，就怕惊动了绿蠵龟。绿蠵龟产卵的机会可遇而不可求，岛上的绿蠵龟保育中心每天晚上有介绍绿蠵龟的课程，如当晚刚好有绿蠵龟上岸产卵的话，中心人员便会带游客到沙滩上去见识见识。每到绿蠵龟产卵时期，特定海滩夜晚禁止进出，只有由专人带领，才能进入保护区就近观察。如果你在这时候到望安，过夜的话可以充分利用这项服务。

潭门港是望安主要的码头，到望安都在这里上岸，也是望安最热闹的地方，不管是游客服务中心，或是绿蠵龟保育中心都在附近。

七美

七美这岛名来自七美人冢，七美岛古名大屿，因为七美是澎湖离岛中最大的岛屿，官方为了追念七个贞烈女子的德行而将岛屿名称改为七美。相传明朝万历年间，七美岛上经常有倭寇流窜，某日岛上男人大多出海捕鱼之际，一批海盗从七美南方登岸，有七名在山上劳动的妇女因来不及躲藏而一路逃到七美人冢附近，终于没路可逃，为了保有贞节不受凌辱，于是退到井口后相偕跳井自尽。村民于是土填井口为墓，纪念这七位贞节的烈女。说也奇怪，井口上竟然就长出了七株常年茂绿的树种——香花树。就算强烈的东北季风降临，岛上的树木都枯萎，香花树仍然常年翠绿。

七美岛上各处都是奇形怪状、姿态各异的地形景点，每种石头都有某个形象的名称，而七美名气最大、吸引众多游客恋人的就是双心石沪。石沪就是捕鱼的陷阱，利用石头搭成沪墙的高度，涨潮时鱼儿入沪，退潮时海水比沪墙低，鱼群就被困在沪内，石沪拥有者就可以到沪房内去撒网抓鱼。一个石沪通常要数年的时间且集合数个家庭共同完成，所以大部分的石沪都是私产，也是数人共有的。澎湖其实到处都有石沪，只是大多数都废弃不用，双心石沪的特别之处在于它筑成两个相连的心形，当年筑此石沪的人肯定没想到现在它会变成一个浪漫的象征。其实双心石沪可以走下去当海水游泳池游泳，只不过会被崖上的人一直拍照。

澎湖本岛的海水水质已经够好了，但七美更清澈，在七美的月鲤港与卧牛海域就是浮潜的好地方，这里是七美珊瑚最密集的地区，想与珊瑚和热带鱼共游来到这儿就对了。月鲤是一片广大的平静海域，海岸主要是以贝壳沙和珊瑚碎块为主，月鲤以北的卧牛则是海蚀平台地形。月鲤港内也是玩水的好地方，经常是平静无波，就这样跳下去就行了。

南沪港是七美岛的门户，也是游客踏上七美岛之处，整个岛上最热闹的地点就在这里。此地有游客中心，可询问岛上相关信息。